risis Management Communication of
Governments and Corporations

정부와 기업의
위기관리 커뮤니케이션

이 연 지음

博 英 社

머 리 말

2010년은 1월 4일 새해 벽두부터 함박눈이 폭설로 변하여 수도권이 온통 교통마비로 아수라장이 되었다. 어떤 기업인은 자동차에서 6시간이나 갇혀 시무식에 참석하지 못해 결국 차안에서 핸드폰으로 직원들에게 신년 인사를 하기도 했다. 또한, 연초부터 전국적으로 지진이 잦아지기 시작하더니, 마침내는 수도권인 경기도 시흥시에서 진도 3의 지진이 일어나 우리 국민들이 놀란 가슴을 쓸어내리기도 했다. 그렇잖아도 아이티 지진이나 칠레, 중국, 타이완 등의 대지진으로 세계의 지구촌이 지진 공포로 떨고 있던 터라, 그 충격은 더욱 컸다. 게다가 지난 4월에는 '천안함'의 침몰로, 46명의 장병들이 희생당하여 남북 간은 일촉즉발의 전쟁위기로까지 치닫기도 했다.

독일의 사회학자 울리히 벡(Ulrich Beck)이 현대 사회를 "위험 사회(Risk Society)"라고 규정할 정도로 우리 사회는 대형 재해와 재난이 끊임없이 일어나고 있다. 미국은 지난 2001년 9·11 테러 이후 국토안보성을 신설하는 한편, 재난관리청(FEMA)의 기능을 대폭 강화한 바 있다. 그러나 미국 경제는 2008년부터 불어닥친 서브 프라임 모기지 사건(Sub Prime Mortgage)으로 금융위기를 맞는가 하면, 세계 경제를 온통 위기 속으로 몰아넣기도 했다. 마침내는 유럽 경제도 뒤흔들리고, 그리스 재정도 파탄나게 되었다. 그러자 그리스 총리 게오르게 파판드레우(George Papandreou)는 5월 16일(현지시간) 한 방송을 통해 유로존의 경제 파탄에 원인을 제공한 미국의 투자은행들에 대해 조사하겠다고 선언하기도 했다.

한편 우리나라도 지난 1998년 IMF 금융위기를 맞았으나, 이후 "금모으기 운동" 등으로 허리띠를 졸라매면서 이를 극복한 바 있다. 이것이 예방주사가 되었는지, 미국의 모기지 사건은 우리 경제를 치명적 위기로 몰아넣지는 못했다. 의외로 이러한 경제위기 속에서도 우리 정부와 기업은 발 빠른 외환 대책으로 선방하고 있다.

그러나 우리나라는 다른 한 편으로, 삼풍백화점 붕괴사건이나 성수대교 붕괴사건, 2003년 대구 지하철 가스폭발사고 등 대형 재해・재난의 다발로 '사고 공화국'의 오명으로 얼룩져 있기도 했다. 이와 같은 오명이 채 가시기 전에, 또 다시 2007년 12월 태안의 "허베이 스피리트호 기름유출 사고", 2008년 1월 "이천 냉동창고 화재 참사", 같은 해 2월의 국보 1호 "숭례문 방화사건", 4월의 "김제 AI발생" 등의 대형 재난이 연이어 터지기도 했다. 또한, 2009년에는 "신종 인플루엔자" 확산으로 온 국민이 감염 공포로 불안에 떨기도 했다. 이는 당국의 준비 부족에서 초래된 것으로, 국가적인 위기 상황에서 신속하고 기민한 대응책을 내놓지 못하는 모습을 보여줬다. 게다가 당국은 지진이나 천안함 참사에서도 속수무책인 모습을 드러내어, 온 국민은 위기관리 무방비상태에서 불안감을 감추지 못했다.

앞에서 언급한 천안함 참사에서 동료를 구출하기 위해 차디찬 바닷물 속에 목숨 걸고 뛰어든 한준호 원사에서부터, 구조 부탁을 받고 기꺼이 출동한 98금양호 선원들에 이르기까지, 장렬히 사망한 희생자들은 국가 위기 극복에 살신성인으로 기여한 사람들이었다. 자식의 시신 앞에서 통곡하는 어머니, 아빠의 죽음에도 해맑게 뛰노는 어린아이의 모습을 보면서, 나도 모르게 눈시울이 뜨거워졌다. 왜 우리는 위기관리에 소홀했는가? 언제까지 이런 원시적인 방법으로 대응하여 참사가 반복되어야 정신을 차리겠는가? 중동이나 외국 건설현장에서 땀 흘려 벌어들인 달러를 순간의 부주의로 수천억 원씩 날려버린 위기관리 시스템이 원통하고 한스럽다. 왜 우리는 G 20 의장국에 걸 맞는 선진국형 위기관리 시스템을 구축하지 못할까 라는, 항상 안타까운 마음에서 이 책을 집필하게 되었다.

우리나라도 청와대나 국무총리실, 방송통신위원회, 행정안전부, 국방부, 보건복지가족부, 국토해양부, 소방방재청, 기상청 등을 중심으로 국가위기나 재난 발생에 적극적으로 대처하고는 있으나, 재난정보를 효과적으로 관리하고 분석・전달하는 시스템은 미비한 상태다. 게다가 각종 재난정보 전달 시스템에 대한 '가이드라인이나 매뉴얼', 그리고 재난정보 컨텐츠에 이르기까지, 아직 개선해야 할 점이 한두 가지가 아니다. 2009년 신종플루 사태의 경우에시도 효과적인 재난정보 시스템의 미비로 국민들은 6개월 가까이 불안해하기도 했지 않은가? 또한, 작년 임진강 참사의 경우도 재난정보 전달 시스템의 문제로 피해가 훨씬 더 커지기도 했다. 이번 '천안함 참사'와 같은 일련의 재난 사건들이, 국가적인 '위기관리 컨트롤 타워'가 얼마나 중요한가를 새삼 깨닫게 해 주었다. 참사 초기부터 정부가 효과적으로 재난에 대응하지 못해, 정부 발표에 혼선이 있었는가 하면 각종 추측이나 설만 난무하여 유언비어가 양산되기도 했다. 대형 재난 발생시 가장 중요한 것은 한 목소리(One Voice)로 국민들이 정부 당국을 전적으로 믿고 따르게 하는 것이다. 즉, 정부의 발표를 절대적으로 믿게 해야 하는 것이다.

한편, 우리나라는 러시아·중국·일본·북한·미국 등 초강력 국가들의 이해관계가 얽혀 있는 특수한 지정학적인 지역 환경에 놓여 있다. 더욱이 북한이 2차 핵실험을 할 정도로 휴전선을 중심으로 심각한 대결구도가 벌어지고 있다. 국가안보 개념도 통상 탈냉전 이전까지는 전쟁 억제를 위한 군사적 위기관리체제였다면, 9·11테러 사태를 겪으면서 전시 또는 평시 구분 없이 군사적·비군사적 안보 위기에 동시에 대처하지 않으면 안 되게 되었다. 뿐만 아니라, 지진이나 풍수해 및 각종 인재 등의 인간의 생명을 위협하는 사건들이 빈번하게 일어나자, 안보의 개념도 미국과 같이 포괄적으로 바뀌면서 군사적 위기관리 외에도 정치·경제·사회·문화·환경·종교 등 비군사적인 산업 분야에까지 위기관리의 중요성이 부각되고 있다.

우리나라는 최근 지역이나 이념, 계층 등에서는 심각한 수준의 '사회갈등' 현상을 겪고 있다. 이러한 사회갈등 현상은 2004년 3월 12일 노무현 대통령의 국회 탄핵(제16대) 결의를 계기로 우리 사회에 분출하기 시작했다. 이는 2008년 5월 미국산 광우병 쇠고기 파동 등으로 인한 촛불집회, 2009년 5월 23일 노무현 전 대통령의 조문 정국 등을 둘러싸고 절정을 이루었고, 우리 사회 내의 계층이나 이념 갈등의 위험성을 적나라하게 보여 주었다. 실제로 한국의 사회갈등 지수는 OECD 회원국 중 제 4 위로 최상위권에 속하는 것으로 나타났다. 특히 우리나라는 사회 갈등 위기로 인해 1인당 GDP의 27%가 소모된다고 하니 심각한 문제가 아닐 수 없다.

마지막으로 국가위기 관리에 있어서 가장 중요한 소통의 커뮤니케이션이 제대로 작동하지 않고 있는 점이 가장 큰 문제점으로 지적된다. 2008년 미국산 쇠고기 수입 반대와 광우병 파동 등에서도 국민들의 지역 간·계층 간 소통의 부재가 위기관리 커뮤니케이션에 문제를 초래하였다. 국가위기 발생 시에는 정확한 정보가 신속하게 전달되어야 하고, 전달된 메시지는 신뢰성을 갖추어야 한다. 더욱이 유언비어나 허위보도는 위기관리 수습에 있어서 최대의 금기로 여겨진다. 그럼에도 불구하고 현실은 소통의 부재로 인한 불신과 반목, 대립으로 얼룩져 있어, 갈등 관리에 대한 지출이 수조원에 이르고 있다. 따라서 정부는 청와대를 중심으로 국가위기와 재난을 총괄하는 '위기관리 컨트롤타워'를 설치해 이를 제도적인 시스템으로 해결해야 한다.

또 한 가지는 우리나라도 이제 연간 2조원 대에 달하는 재난피해를 줄이기 위해서 하루속히 선진형 '재난정보미디어시스템'을 구축하는 것이 국가적으로 시급한 과제라고 생각된다. 실제로 지난 1월 4일 '서울 경기지역의 폭설정보'나 '숭례문 방화사건', '태안의 기름유출사고' 등 최근 대형재난이 일어날 때마다 많은 피해가 발생되고 있으며, 이런 대형재난의 경우, 재난정보 전달시스템의 문제로 피해가 훨씬 더 커지기도 했다.

재난방송 주관사인 KBS는 물론이고 기존의 미디어인 지상파방송, 위성방송, 케이블방송과 뉴미디어로 부각된 DMB, IPTV, 와이브로, 3세대 이동통신, 트위터에 이르기까지 미디어는 신속한 재난정보 전달에 최선을 다해야 할 책무가 있다. 신문이나 잡지, 인쇄매체까지도 방재기관으로서 미디어의 사명을 다해야 할 것이다. 하지만, 이를 전달할 효과적인 체계, 콘텐츠, 전문성 부족과 제도의 미비 등으로 해마다 막대한 재산 피해가 나타나고 있는 것이 현실이다.

이러한 안타까운 현실에 직면해, 필자는 늦게나마 한국재난정보 미디어 포럼을 통해서 미국이나 일본 등 선진형 재난정보 미디어 시스템을 연구하는 한편, 뉴미디어 환경 하에 신속·정확한 재난정보 전달을 위해 재난정보 매뉴얼이나 컨텐츠 개발에도 적극 나서고자 한다. 아울러 우리나라의 종합적인 위기관리 커뮤니케이션을 성공시키기 위해서는 정부나 관련 부처, 그리고 국회, 방재기관 및 한국방송통신위원회 방송사, 통신기관 등의 적극적인 협조 없이는 불가능하기에, 필자는 이를 해결하기 위해 적극적으로 노력하고자 한다.

이 저서를 위해 10여년 가까이 자료를 수집하고 원고를 집필하다 보니 또 다른 한편으로는 새로운 행정부서가 생겨난다든가 법령의 개정 등으로 내용을 계속 수정해야 하는 어려움 때문에 오랜 산고를 겪었다. 일정이 촉박한데도 불구하고 방대한 원고의 출판을 쾌히 수락해 준 박영사 안종만 회장님과 안상준 팀장, 이정은 대리께 진심으로 감사드린다. 또 원고를 세심하게 수정해 주신 박규태 선생님께도 깊은 감사의 말씀 전해드린다. 마지막으로 국가와 기업의 위기관리 커뮤니케이션에 대해 독자들의 많은 성원과 이해를 부탁드리고자 한다.

2010. 7. 18.

이 연 올림

차　　례

제1부　국가의 위기관리 커뮤니케이션

제1장　미국의 위기관리체제와 커뮤니케이션

제 2 장 일본의 위기관리체제와 커뮤니케이션

제 4 장 국가위기와 소통의 정치, 그리고 커뮤니케이션

제 2 부 기업의 위기관리 커뮤니케이션

제 5 장 선진 기업의 위기관리 커뮤니케이션

제 6 장　기업의 방재업무에서부터 위기관리 커뮤니케이션에 이르기까지

제 7 장 기업의 위기관리체제와 커뮤니케이션

제 8 장 기업의 위기관리와 정보전쟁

제 9 장 기업의 위기관리 교육 · 훈련 및 평가

제10 장 재해대책본부의 조직과 역할 및 긴급비상연락체제

제11장 기업의 홍보와 위기관리 커뮤니케이션

제 1 부

국가의 위기관리 커뮤니케이션

제 1 장

미국의 위기관리체제와 커뮤니케이션

제 1 절 미 연방정부의 위기관리 커뮤니케이션

1. 미국의 국가안전보장회의(NSC)와 커뮤니케이션

1) 미국의 국가위기와 안보 개념

미국의 안전보장도 시대적 배경이나 환경, 그리고 국제관계나 국가이익 등 국가의 규범과 행동 양식 등에 따라 개념이나 특징들이 변하고 있다. 그 변천 과정을 살펴보면 크게 군사적 측면에서의 전통적인 국가 안보 개념에서부터, 냉전 종식 이후에는 무역이나 금융, 관세, 산업정보 등 비군사적인 측면을 포함한 모든 분야에서의 안보개념으로 그 범위가 점점 더 확대되어가고 있다.

국가 안보의 개념은 먼저 각종 국내외의 위협에 대해 적절히 대응하는 것을 전제로 한다. 어떤 국가든 모두가 다양한 형태의 안보 개념이나 다양한 종류의 위협이 존재하기 마련이다. 이러한 위기나 위협들에 대해서 적절히 대응하지 못하면 국가는 존속될 수 없는 치명적인 타격을 받게 된다. 따라서 국가 안보의 중요성은 국가가 안보 면에서 각종 위협에 직면해 있을 때 어떻게 이에 슬기롭게 대처해 위기를 극복할 수 있을 것인가 하는 데 있다. 한편, 국가 안보를 위협하는 위기의 종류와 개념도 시대적 상황 변화에 따라서 점점 진화하고 있다. 지난 수 세기 동안 지속되었던 탈냉전기의 안보 환경이 금융이나 무역, 문화 등 비군사적인 분야로 변해감에 따라 새로운 종류의 안보 개념이 부각되기에 이르렀다. 즉, 냉전기의 안보 개념은 군사 방위(national defense)를 주목적으로 한, 군사 개념으로서의 국가 안보 개념을 총칭하고 있었다. 그러나 탈냉전기에 접어들면서 국가 안보의 개념은 군사 전략적인 측면에서의 안보 개념에 더하여, 경제나 금융, IT, 무역, 관세, 자원 환경, 에너지, 산업정보 등 사회문제 전반에 걸친 비군사적인 문제들까지 모두 포괄하는 개념으로 확대되고 있다. 이처럼 현대 사회의 안보 영역의 범위는 광범위하게 확대되어 다양한 분야에 이르기에, 안보 개념이 복잡 다양해지고 있다. 이러한 경향은 2008년 말 미국발 금융 위기시에 각국이 보여 준, 자국의 산업 보호 명분을 내세우는 행태를 가짐으로 세계적으로 급속히 확산되고 있다. 물론, 2009년 4월 북한의 위성 발사 사태에서 보듯이, 아직까지도 군사적인 국가 안보 정책이 핵심적인 요소로 남아 있긴 하지만, 최근에는 비군사적인 경제적 요소들까지도 상대적으로 매우 중요시되고 있는 시점이다.

어원적으로 보면 '안전보장(security)'의 개념은 라틴어의 'securitas'에서 온 것이다. 머리글자인 'se'는 어떤 상태로부터 벗어나거나 풀려나 자유롭게 된다는 의미다. 또한, 'curitas'는 'cura'가 어원으로 공포나 불안, 근심, 피해 등으로부터의 공격을 당하는 것을 의미한다. 따라서 어원적인 면에서 안전보장의 개념은 "외부의 어떤 위협이라든가 위기로부터 자기의 안전을 지키고, 공포, 불안, 근심 걱정으로부터 자유로워진다는 것"이라고 정의할 수 있다. 이를 국가적인 차원에 적용시켜 '국가안전보장(national security)'이란 개념으로 정리할 수 있다.

학자들 간에는 국가 안보가 수단인가 목적인가에 대해서 다소의 엇갈린 견해를 나타낸다. 월터 리프만(Walter Lippman)은 국가가 의도적으로 전쟁을 치르거나 타국으로부터의 공격을 억제하고 방어함으로써 상대를 물리칠 수 있는 국가적인 능력을 '국가 안보'라고 불렀다. 이에 반해, 미국의 전 국무장관 헨리 키신저(Henry Kissinger)는 국가 안보를 그 자체가 '목적'이 아니라, 국가 목표나

가치 실현을 위한 가치보호수단이라고 주장하기도 했다.

2) 국가안전보장회의(NSC : National Security council)[1]와 커뮤니케이션

(1) 미국의 NSC(국가안전보장회의)

국가안전보장회의(NSC)는 미국의 최고 국방회의의 약칭으로, 미국의 외교정책과 군사정책의 통합 및 정부 각 기관의 활동과 국방정책의 통합·조정 등에 대해서 대통령에게 조언하는 것을 주된 임무로 하는 조직이다. NSC의 원래 설립 목적은 대통령이 국가안보팀의 전문가들로부터 조언을 받을 수 있도록 하는 것이었다. 설립 초기의 NSC 임원은 극소수였으며 외교안보정책에 대한 실질적인 영향력은 갖지 못한 자문기구에 불과했다. 그 후 1947년 7월 26일에 미국의 국가안전보장법이 제정됨에 따라서 미국의 외교정책과 방위정책은 이 회의를 통해서 비로소 조정되게 되었다. 당시 NSC의 구성원은 대통령을 의장으로, 국방장관, 국방총성, 중앙정보국과 국가안전보장자문위원회 담당관 등으로 이루어져 있었다. 그러나 NSC의 조직은 실제로 대통령이 교체될 때마다 국정 운영 방식이나 통치 스타일 등이 다르기 때문에 조금씩 개편돼서 운영되어 왔다. 외형적으로는 조금씩 조직이 개편돼 왔지만, 큰 틀에서는 그 구조나 기능 및 운영이 거의 그대로 유지되고 있다.

(2) NSC의 기능

1947년 국가안전보장법에 규정된 NSC의 기능은 다음과 같다.

① 대통령에게 국가안전보장에 관한 국내, 국외, 군사적인 각종 정책에 대해 조언한다. 군부나 정부 부처가 국가안전보장에 관한 사항에 대해 보다 효과적으로 협력하게 한다.

② 국가안전보장에 관한 정부의 각 성·청의 정책과 기능을 보다 효과적으로 조정하기 위하여 대통령이 지령할 수 있게 한다.

③ 미국의 국가 목표에 관여해 위험을 평가하고 감정한다.

④ 국가안전보장에 관해서는 정부와 성·청의 공통 이해에 관한 정책을 검토한다.

---

1) http://www.whitehouse.gov/nsc/index.html/(2009. 2. 24).

이와 같이 NSC는 정책 조정의 기능과 대통령에 대해서 조언하는 기능 두 가지를 담당하는 조직으로 법에 규정돼 있다. 현재에도 이는 미 정부 내에 있는 외교・국방・안전보장 정책을 조정하는 중심기구다.[2)]

제 2 차 세계대전이 끝나고 미국이 세계 정치에 본격적으로 관여하게 되면서 외교정책을 결정하는 정책 구조에 커다란 변화가 생기게 되었다. 앞에서도 밝혔지만, 1947년 해리 트루먼(Harry S. Truman) 대통령은 국가안전보장법(National Security Act)을 제정해 국가 안보와 관련된 정부조직을 근본적으로 재편성하였다. 이 법에 의해서 국방장관 밑에 육군, 해군, 공군의 3성을 통합해 합동참모본부(JCS)를 창설하고, 나아가서 대통령에게 국가안전보장 관련 국내외 외교, 국방, 각종 정책에 조언하기 위한 기관으로 NSC를 창설한 것이다.[3)] 즉, 기존의 국무부 외에 국가안전보장회의(NSC)을 새로 조직하게 되었다.

(3) NSC의 멤버와 스태프[4)]

① 1949년에는 국가안전보장법이 일부 수정되면서 국가안전보장회의는 대통령 집무실(The Executive Office of the President) 소속으로 그 직제가 변경되게 된다. 국가안전보장회의의 조직은 대통령이 의장이 되고, 부통령이 참석한 가운데, 국무장관(Secretary of State), 재무장관(Secretary of the Treasury), 국방장관(Secretary of Defense), 국가안보담당보좌관(Assistant to the President for National Security Affairs), 담당 수석보좌관(Director of National Security council), 그 밖에 통합참모본부 의장이 군율의 조언자로 여기에 참가하게 된다(The Chairman of the Joint Chiefs of Staff is the statutory military advisor to the Council).

② 그러나 〈그림 1-1〉과 같이 1969년 닉슨 행정부가 들어서면서 NSC의 기능이 훨씬 강화되게 된다. 공화당 출신 닉슨 대통령은 두 차례에 걸친 연임

---

2) Gabriel Marcella, “Chapter 9 : National Security and the Interagency Process : Forward into the 21th Century, “in J. R. Cerami and J. F. Holcomb, Jr. eds. U. S. Army War College Guide to Strategy, U. S. Army War College, 2001, p. 109.

3) 村田晃嗣, 「国家安全保障会議の半世紀」 『海外事情』45巻10号, 1997. pp. 48～51.

4) Gabriel Marcella, “Chapter 9 : National Security and the Interagency Process : Forward into the 21th Century, “in J. R. Cerami and J. F. Holcomb, Jr. eds. U. S. Army War College Guide to Strategy, U. S. Army War College, 2001, pp. 108～109.

으로 익숙해진 민주당 집권의 기존 관료조직을 견제하기를 원했고, 때마침 헨리 키신저라는 강력한 인물이 NSC 수장인 외교보좌관직을 맡으면서 NSC는 현재와 비슷한 모습으로 발전하게 되었다. 이것은 당시 국가안보보좌관으로 재임한 헨리 키신저, 스코우크로프트, 즈비그뉴 브레진스키 등의 뛰어난 리더십에 의해 오늘날의 현대판 NSC로 변모했다고 본다. 그 후 NSC는 성쇠를 거듭하다가 최근 국가안보보좌관들이 국무부와 국방부 내 반대 세력들의 영향력을 누르면서 막강한 영향력을 행사하여 상승세를 타고 있는 추세다.

③ NSC는 대통령 실무행정기구(executive office)의 일부이긴 하지만 다른 기관들에 비해 특별히 자율권을 행사할 수 있다. NSC의 국가안보보좌관이나 다른 임원들은 상원의 승인 대상이 아니다. 따라서 NSC는 의회의 감독 대상이 아니다. 비록 NSC가 오늘날 과거의 국무부가 수행했던 많은 정치 입안 기능들을 수행하고는 있지만, 의회의 견제에서는 거의 벗어나 있는 상태다. 과거 카터 대통령 당시에는 국가안전보장 담당관은 외교 문제 아이디어가 가장 중요한 안보정책의 핵심 사항으로 떠올랐다. 또한 레이건 정권 때는 국가안전보장 담당 보좌관의 지위를 일시적으로나마 격하시키기도 했다.

④ 빌 클린턴 행정부는 국가의 안전문제에 관해서는 종전보다 훨씬 강화시켰다. 클린턴 행정부의 경우는 1993년 3월 2일부터 1999년까지 6년간 공식적인 회의는 한번 밖에는 열리지 않았지만, 대신에 울브 라이트(M. Albright) 국무장관, 베-커(Sandy Berger) 국가안전보장담당 대통령보좌관, 코헨(W. Cohen) 국방장관에 의한 소위 'ABC오찬회'나 조찬회 등이 자주 열렸다.[5] NSC의 스태프는 일상적으로 정부 내의 정책을 대통령에게 조언하는 조직이다. 이 스태프의 일상 업무는 국가안전보장 담당 대통령보좌관(대통령국가안전보장 어드바이저) 역할이다. 동 보좌관은 NSC에 출석하는 것이 관례이다. 일반적으로 법률에 규정된 회의체는 공식적인 NSC와 NSC 스태프의 조직 활동을 총괄해서 NSC시스템이라고 부른다.[6]

5) Gabriel Marcella, "Chapter 9 : National Security and the Interagency Process : Forward into the 21th Century, "in J. R. Cerami and J F. Holcomb, Jr. eds. U. S. Army War College Guide to Strategy, U. S. Army War College, 2001, p. 109.

6) Ibid. 또, NSC를 국가안전보장담당 대통령보좌관, NSC 스태프, 회의체 NSC, 세 개의 단위를 행정기관의 개념으로 NSC시스템이라고 부르기도 한다.

⑤ 통상 NSC 스태프 직원(사무처) 규모는 대체로 200여명 정도를 기본으로 하고 있다. 클린턴 행정부시절 스태프 규모는 1999년에는 208명으로, 이 중에 정책요원이 101명, 관리지원요원이 107명이었다. 정책요원은 대통령 특별보좌관이라고 불리는 전문 스태프로 대체로 국방성, 정보 커뮤니티, 일반관료, 군부, 그 외 민간 부분이었다. 이에 덧붙여, 1999년 9월 시점에서 군인 출신 NSC 스태프는 12명이었다. 일반적으로 NSC의 스태프는 국무성, 국방성 등의 안전보장관계 성・청의 출신자가 압도적으로 많다. 스태프들의 NSC 등용에는 직무수행상 필요한 전문지식이 있는 자를 정치적으로 배려한 경우가 있다.[7)]

⑥ 부시(G. W. Bush) 대통령은 2001년 2월 13일에 국가안전보장대통령령(NSPD) 제1호(국가안전보장회의 시스템 조직)를 발령하게 된다. 동 지령에는 법정・비 법정 NSC의 멤버를 대통령, 부통령, 국무장관, 국방장관, 재무장관, 국가안전보장담당 대통령보좌관으로 하고, 그 밖에 법정 조언자로 중앙정보장관과 통합참모본부의장을 멤버로 참여하게 했다. 그 외에도 대통령수석보좌관과 경제정책담당보좌관도 참여하게 했다.

NSC의 의제는 국가안전보장 담당 대통령보좌관이 법적 판단으로 중요하다고 생각되는 경우에 대통령 법률고문과 협의해서 결정한다. 회의는 대통령이 주재하고, 부재시는 부통령이 주재하도록 되어 있다. 부시 정권은 동 지령에 의해서 종래에는 성・청 간의 3층 구조의 정책 조정 메커니즘을 2층 구조로 개혁하도록 했다. 즉, 각료 레벨로 구성되는 NSC 각료위원회(NSC/PC)와 차관 레벨로 구성되는 차관급위원회(NSC/DC)로 구분하여 효과적으로 운영되게 하였다.

부시는 2001년 9・11 동시다발 테러 직후 「국토안전보장・신규위협・국제관계 NSC 소위원회」를 창설해 대 테러 및 국토안전보장 관련 성・청 간 조정 기관으로 운영하도록 했다. 또, 2001년 10월 8일에는 정부 내에 테러활동 및 국토안전보장 관련 정책조정을 위해 NSC와는 별도로 상이한 「국토안전보장회의」를 신설해 백악관 내에 「국토안전보장실」을 두게 했다.[8)] 2002년 11월

7) I. M. Destler, "National Security Management : What Presidents Have Wrought," Political Science Quarterly, Vol. 95, No. 4(Winter 1980/1981), p. 576.

8) S. Bearne, et al., National Security Decision-Making Structures and Security Sector Reform, (RAND TR289), RAND Europe, 2005, p. 17.

• 그림 1-1 • **역대 정권의 NSC 조직도**

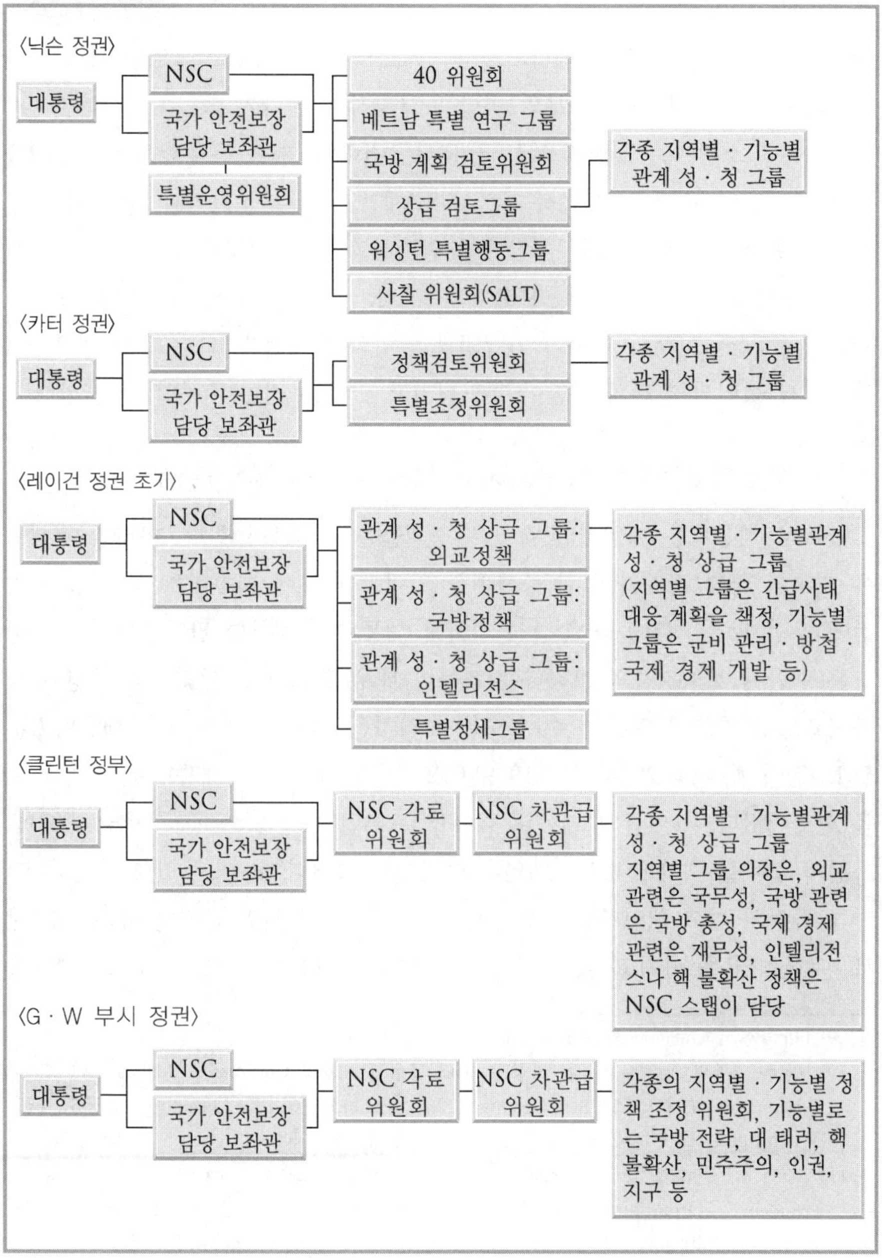

에는 국토안전보장법의 제정으로 2003년 3월 1일 국토안전보장성(Department do Homeland Security)이 신설되게 된다. 국토안전보장성에는 8개 성 · 청과 22개 정부기관 부문이 이전 · 통폐합되게 되었다. 특히 FEMA도 국토안전보장성에 편입되어 청으로서 재난 부문의 역할을 담당하게 된다.[9)]

NSC 스태프는 일반적으로 국가안보 전략을 짜고 독자적인 외교정책을 마련하는 것이 주된 임무다. 실제로, NSC에는 상황실이 있어서 각 부처의 정보를 종합해 2시간마다 사무처장에게 전달하고 사무처장은 이를 보고서 형식으로 매일매일 대통령에게 보고하게 된다. 뿐만 아니라, 2009년 오바마(OBAMA) 정권 탄생과 더불어 아랍권과 남미의 화해정책, 그리고 제 외국과의 관계에서 힐러리 장관의 역할이 두드러지고 있다는 점이 주목할 만한 상태다.

3) 대통령집무실(EOP : Executive Office of the President = 백악관)[10)]

미국 대통령은 매일매일 수많은 정책들을 결정해야 한다. 이러한 정책들은 미국의 국가 장래가 걸린 중차대한 일이기 때문에 대통령은 최종 결정 이전에 우선 많은 정보들을 수집 분석하여 대통령이 정확한 판단을 내릴 수 있도록 백안관 보좌진들의 보좌하는 기능이 매우 중요하다. 이렇게 대통령이 독자적으로 올바르게 판단할 수 있도록 보좌하는 기능을 갖춘 곳이 대통령집무실(EOP)이다. 대통령집무실은 1939년 프랭클린 루즈벨트 대통령에 의해서 처음 만들어졌다.[11)] 미국의 제33대 대통령 트루먼(Harry S. Truman, 1945～1953)은 자신의 집무실 책상에 "모든 책임은 여기에서 끝난다"고 써 놓았다고 한다. 그만큼 국정의 최고 책임자인 대통령은 모든 최종적인 책임을 져야 하는, 그야말로 '무한책임'을 가지고 있는 것이다.[12)] 미국의 제16대 대통령 에이브러햄 링

9) http://www.whitehouse.gov/administration/eop/nsc/2010년 6월 1일.

10) 미국 대통령 행정부의 각 명칭은, The United States Government Manual 2007/2008, Washington D. C. : U. S. GPO, 2006; Federal Staff Directory 2006 Fall, Washington D. C. : CQ Press, 2006의 명칭에 따랐다.

11) John P. Burke, "From President to Presidency : FDR's Legacy", The Institutional Presidency : Organizing and Managing the White House from FDR to Clinton, 2nd ed., Baltimore : Johns Hopkins University Press, 2000, pp. 1～12.

12) Halpin, A. W.(1954). The leadership behavior and combat performance of airplane commanders. Journal of Abnormal and Social Psychology, 49, 19～22.

컨(Abraham Lincoln, 1861~1865)도 "지도자는 국민에 대하여, 역사에 대하여, 하나님에 대하여 책임을 지지 않으면 안 된다"고 말했다. 이는 청교도 정신의 미국인들이 국가와 민족과 역사, 그리고 하나님 앞에 국민을 대표하여 성실히 책임을 다 하겠다는 결연한 의지의 표현으로 볼 수 있다.[13)]

미국의 대통령집무실(백악관)에는 크게 ① 백악관 사무국(Office of the President), ② 부통령 사무국(Office of the Vice President), ③ 대통령 행정부에 속하는 기구(Agencies of the Executive Office of the President), ④ 대통령 자문기구(Presidential Advisory Organizations) 4개로 구성돼 있다. 대통령집무실은 법률에 의해서 조직되고 대통령령에 의해서 개편 또는 재편될 수 있다.[14)] 즉, 대통령이 바뀔 때마다 대통령의 집권정책 우선 순위에 따라서 신설, 또는 개편이 가능한 조직이다. 뿐만 아니라, 대통령집무실은 수석보좌관들에 의해서 모든 정책들이 감시·감독되는 대통령의 최고 자문기구이다.[15)]

오바마 대통령은 2009년 4월 16일에 국가안보에 관련된 기구들을 논의하던중 국토안전보장회의(HSC)와 NSC의 통합성을 역설한 바 있다. 그것은 국가 위기 발생시 신속하게 국가 역량을 집중시키는 효과적인 위기관리라고 지적하기도 했다. 즉, 지금까지는 국내 테러나 재난 등의 위기 상황에 대해서는 HSC가 담당하고, 국내외를 막론한 국제적인 위기는 NSC가 담당하는 형태를 취해 왔는데, 이에 대한 통합을 주장한 것이어서 앞으로 그 귀추가 주목된다.

---

13) Theodore C, Solensen, Decision-Making in the White House, New York : Columbia University Press, 1963.

14) 원래 행정부의 직제 개편계획(reorganization plan)은 미 대통령이 연방의회로부터 부여받은 권한에 따라 대통령이 법률에 의하지 않고 독자적으로 기동적으로 개편을 할 수 있었으나, 1983년 대법원의 위헌판결로 현재는 임의 개편이 불가능한 상태다.

15) Stephen L. Robertson, "Executive Office of the President : White House Office", in Michael Nelson ed., Guide to the Presidency, 3rd ed., Vol.Ⅱ, Washington D. C. : CQ Press, 2002, p. 1099.

대통령집무실의 조직은 다음과 같다.

① 백악관 사무국(Office of the President)

· 수석보좌관실(Office of the Chief of Staff)
· 상급 고문국(Office of the Senior Advisor)
· 전략 주도국(Office of Strategic Initiatives)
· 커뮤니케이션국(Office of the Communications Director)
· 스태프 비서국(Office of the Staff Secretary)
· 보도관실(Office of the Press Secretary)
· 정책전략계획국(Office of Policy and Strategic Planning)
· 공공연락국(Office of Public Liaison)
· 신앙 및 지역 관련 주도국(Office of Faith-Based and Community Initiatives)
· 미국의 자유부대(USA Freedom Corps)
· 정부 간 문제국(Office of Intergovernmental Affairs)
· 총무운영국(Office of Management and Administration)
· 대통령법률고문국(Office of Counsel to the President)
· 의회 관계국(Office of Legislative Affairs)
· 전국 에이즈정책국(Office of National AIDS Policy)
· 정무국(Office of Political Affairs)
· 인사국(Office of Presidential Personnel)
· 일정국(Office of Scheduling)
· 내각 관련국(Office of Cabinet Liaison)

② 부통령사무국(Office of the Vice Presidents)

③ 대통령행정부에 속하는 기관(Agencies of the Executive Office of the President)

· 총무국(Office of Administration)
· 정책개발국(Office of Policy Development)
· 국내정책회의(Domestic Policy Council)
· 국가경제회의(National Economic Council)

- 경제자문위원회(Council of Economic Advisers)
- 환경문제위원회(Council on Environmental Quality)
- 국가정보국 (Office of the Director of National Intelligence)
- 국가테러대책센터(National Counter terrorism Center)
- 국가안전보장회의(National Security Council)
- 중앙정보국 (Central Intelligence Agency)
- 국가정보회의(National Intelligence Council)
- 국토안전보장회의(Homeland Security Council)
- 행정관리예산국 (Office of Management and Budget)
- 국가약물규제정책국 (Office of National Drug Control Policy)
- 과학기술정책국 (Office of Science & Technology Policy)
- 미국통상대표부 (Office of the United States Trade Representative)

④ 대통령자문기구 (Presidential Advisory Organizations)

(출전)

- Federal Staff Directory 2009 Fall : The Executive Branch of the U. S. Government, Fifty-Second Edition, Washington D.C. : CQ Press, 2009, pp. 3~46.
- The United States Government Manual 2006/2007, Washington D. C. : GPO, 2006, pp. 85-98

제2절 미국정부의 위기관리전략과 커뮤니케이션

1. 미국의 위기관리와 국토안전보장성(國土安全保障省 : DHS)[16)]

1) 미국정부의 위기관리 커뮤니케이션

(1) 미국정부의 위기관리체제는 다음과 같이 크게 두 가지로 업무 분담이 이루어져 있다. 첫째, 국내외의 긴급한 외교문제나 분쟁 및 군사정책에 관해서는 NSC가 대응 정책과 방향을 제시하는 '위기관리 컨트롤 타워'의 역할을 하고 있다. 뿐만 아니라, 국내외를 불문한 대형 사건사고나 재난 발생시에도 NSC가 조언이나 해결책을 제시하는 등 위기관리 대응 상황을 종합적으로 관리하고 있다고 하겠다. 즉, NSC는 국내외를 막론하고 미국의 '위기관리 전반에 걸친 컨트롤 타워'의 역할을 하고 있다. 특히, NSC는 국제적인 외교정책이나 군사정책 등 긴급사태 발생시에 신속한 상황 분석과 함께 정부 각 부처의 의견 통합 및 대응·조정하는 역할을 담당하고 있다.

(2) 둘째, 미국정부는 2001년 9·11 동시다발 테러 이후 2003년에 국토안전보장성(DHS : Department do Homeland Security)을 신설해서 국내에서 발생하는 모든 위기관리상황은 DHS가 전담토록 하고 있다. 물론, 국방정책 문제는 국방성의 책임 소관이다. 한편, 9·11테러 직후, 「국토안전보장·신규위협·국제관계 NSC 소위원회」를 창설해 국토안전보장에 관련된 사항은 성·청 간에 원활하게 조정하도록 했다. 뿐만 아니라, 2001년 10월 8일에는 정부 내의 테러 활동 및 국토안전보장 관련 정책 조정을 위해 NSC와는 별도로 「국토안전보장회의」를 설치하고 백악관 내에 「국토안전보장실」을 두고 있다.[17)] 그 밖에 2002년 11월 국토안전보장법의 제정으로 2003년 국토안전보장성이 신설됨과 동시

---

16) S. Bearne, et al., National Security Decision-Making Structures and Security Sector Reform, (RAND TR289), RAND Europe, 2005, p. 17.

17) S. Bearne, et al., National Security Decision-Making Structures and Security Sector Reform, (RAND TR289), RAND Europe, 2005, p. 17.

에 8개 성·청과 22개 정부기관이 이전 통폐합되었다. 특히, FEMA도 국토안전보장성에 편입되어 청으로 재난관리를 전담케 했다.

2) 위기관리와 국토안전보장성

(1) 국토안전보장성(DHS)[18]

• 그림 1-2 •

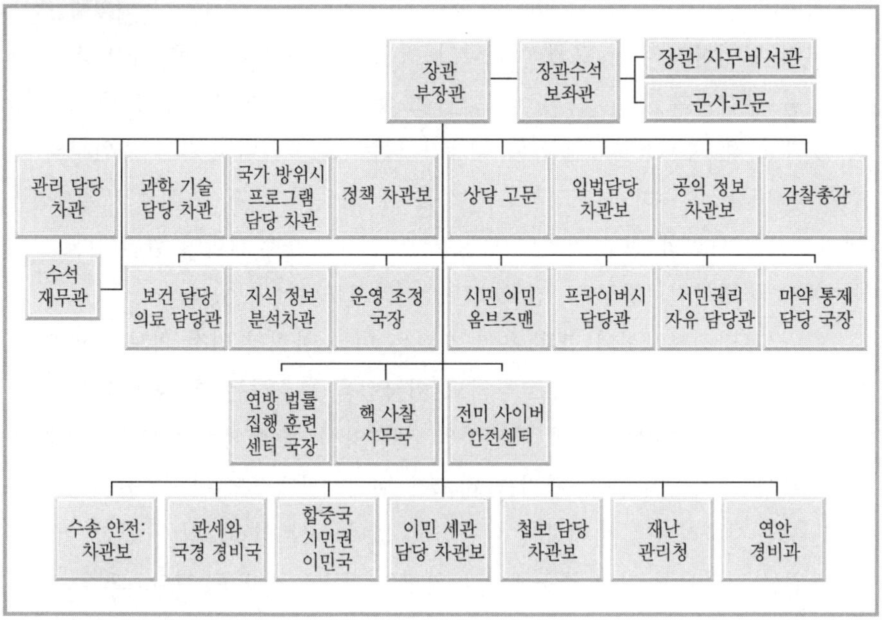

History/Organizational Chart.
http://www.dhs.gov/xabut/structure/editorial(2010. 6. 1. 현재).

① 국토안전보장성은 2003년 3월 1일에 신설된 미국의 연방정부 성·청으로 기존의 8개 성·청, 22개의 정부기관에 흩어져 있던 테러 대응에 대한 기능들을 통합해서 만든 조직이다. 이것은 1947년 제2차 세계 대전 이후 미국의 트루먼 대통령이 국방총성(DOD : Department of Defense) 산하에 있던 국가안전보장회의(NSC : National Security Council)나 중앙정보국(CIA : Central Intelligence Agency)을 창설한 이래 국가 안보에 관한 조직 개편으로는 50여년만에 만든 최

18) http://www.dhs.gov/xabut/structure(2010. 6. 1. 현재).

대 규모다. 예산규모도 약 20억 달러로 국방총성, 재무성, 운수성, 연방항공우주국 다음으로 연방정부의 최대 규모 부서이기도 하다.

② 그 동안 테러 대책에 관한 많은 기능이 복수의 성·청 기관에 분산되어 있었기 때문에 대응 방법이나 조정 능력 면에서 항상 문제가 되어 왔다. 따라서 연방 정부는 테러대책 관련 조직을 통합해서 그 기능을 강화시킬 필요가 있었다. 부시 대통령은 2001년 10월 8일 대통령 관저(White House)에 국토안전보장국(Office of Homeland Security)을 신설하고 "미 전토를 테러의 위협과 공격으로부터 방어하기 위한 포괄적인 국가 방위 전략의 일환"으로 국가 정책 조정기능을 분담토록 했다. 특히, 국토안전보장성(DHS)은 연방정부와 주, 지방정부, 그리고 각 성·청 등 전국 8,700개가 넘는 관할 지역 간에 국가안보와 관련된 정책들을 신속하게 조정하도록 하는 데 목적이 있다. 포괄적인 국가전략은 반복적인 노력과 정부 차원의 모든 시스템의 보완과 개발이 관건이다. 어떤 의미에서 국토안전보장성은 '전국파견단'이라고도 할 수 있다.

③ 국토안전보장성의 향후 운영 계획은 미국 사회의 안전 확보와 언제 어디서, 어떤 분야에서의 위협으로부터도 미국민을 보호하는 데 중점을 두고 있다. 즉, 미국민의 자유와 경제, 자연자원, 생활양식 등에 이르기까지 도전과 위험으로부터 조직적인 위기 관리를 하고자 한다. 실제적으로는 우선 리스크가 큰 것부터 시나리오를 준비하여 대응하고 있다. 국토안전보장에 관한 어프로치는, 우선 정부부처 간의 공동책임과 의회의 협력을 필요로 한다. 그 외, 연방기관, 주·지역 민간정부, 미국민, 그리고 국제적 측면에서의 협력국가 등과의 협조 관계도 매우 중요하게 여겨지고 있다.[19)]

(2) 주된 활동분야 및 업무[20)]

① 국경운수의 안전에 관한 사항

② 긴급 재난사태나 테러 등에 대한 대응

③ 생물·화학·핵병기 사용 등에 대한 대책

④ 정신분석 및 사회 안전 기반 보호사업

---

19) http://www.dhs.gov/xlibrary/photos/orgchant-web.png/2010-06-01.

20) 이 연, 2007, 『위기관리와 매스미디어』, 학문사, pp. 125~128.

(3) 예산과 직원

2003년도 예산은 추가예산을 포함해서 약 442억 달러이고 직원 수는 약 18만 명으로 출발했다.

(4) 법 률

국토안전보장법(공법 107-296호) - Homeland Security Act 2002(HSA) [Public Law 107-296]

(5) 담당 부서별 임무와 역할

국토안전보장성은 장관 밑에 부장관과, 2명의 장관 수석보좌관을 두고 있다. 부장관(Deputy Secretary)의 경우는 장관의 직무를 대행하고 장관으로부터도 독립적이며 독자적으로 국회에 보고할 수 있는 권한이 있다. 부장관은 장관처럼 정치적인 책임도 진다. 그러나 차관의 경우는 우리나라의 차관제도와는 다소 차이가 있다. 부장관 밑의 직책으로는 청문회 없이 임명되며 실무적인 라인인 차관(Under Secretary)이 있다. 국토안전보장성은 총 8개의 본부에서 세 곳은 차관급이 본부장을 담당하고 있고, 나머지 세 곳은 차관보(Assistant Secretary)가 본부장급으로 업무를 분담하고 있다. 기타 두 곳은 법률고문과 감찰총감이 업무를 관장하는 형태로 조직되어 있다.[21)]

① 관리담당 차관

성의 예산 관련 책임기관으로 예산편성과 자금 조달, 인적 자원, 정보테크놀로지 시스템, 기금의 조달과 지출, 회계와 금융, 인사, 정보기술 시스템, 시설과 비품, 검증과 실측 평가 등의 역할을 한다.

② 과학기술 담당차관

국가발전과 기반 연구, 연방과 스테이트, 지방 사무소 사이의 안전기관 연구와 보호, 연구개발, 상호운용지원, 국토안전보장첨단연구계획, 연구 분석, 국립연구소, 국토안전보장연구소, 과학기술담당차관자문위원회, 국토안전보장 과

21) http://www.dhs.gov/xlibrary/photos/orgchant-web.png/2010-06-01

학기술자문위원회, 국토안전보장 국립연구소 등 연방, 국가, 지방 당국에 조국을 보호하는 테크놀로지와 능력을 제공한다.

③ 국가방위 프로그램 담당 차관

국가의 안전보장 및 방위 내지는 위험 축소·경감을 사명으로 담당하는 부서다. 예를 들면, 위험경감에는 신체적인 가상위협이나 위험요소들을 통합해서 대응하는 프로그램 등을 개발한다.

④ 정책 차관보

국토안전보장성의 각종 정책과 방침을 결정하고 조정하는 기관이다. 미 연방을 보호하기 위해 각종 사업의 장·단기 정책의 기획과 조정 보호 등의 사업을 펼친다.

⑤ 지식정보 분석 차관보

미 연방을 현재와 미래의 도전과 위협으로부터 보호하기 위하여 위협을 확인하고 평가한다. 이를 위해 복수의 정보와 관계자들로부터 정보의 수집과 정보의 주체성 확립 및 정보의 기반방호 등을 구축한다.

⑥ 보건문제 담당 차관보

의료 보호의 중요성이 있는 사건에 대해서는 적절한 준비와 대응준비를 철저하게 추진하도록 하고 있다. 뿐만 아니라, 국토안전보장성의 모든 의료정책의 시행과 조정 및 결과 등에 관한 책임을 진다.

⑦ 운영 조정국장

매일 매일 미 연방의 안전을 모니터링하고, 전국 50개 주와 50개 이상의 주요 광역 도시 단체장, 그리고 국토안전보장 관련 자문가, 법 집행 관계자와 주요 시설 및 안전기반 운영자들 간의 활동을 조정하는 역할을 한다.

⑧ 연방 법률 집행 훈련 센터국장

오랜 기간 훈련된 경험을 바탕으로 법을 집행해 국민들의 안전과 만족을 도모하는 역할을 한다.

⑨ 핵사찰(규제) 사무국

연방이나 주, 영토, 종족, 그리고 지방정부와 민간부분에 이르기까지 핵사찰 운동을 강화하고, 이런 위협에 대해서 대응을 조정하는 역할을 한다.

⑩ 수송안전 차관보(TAS)

국민들의 생활과 상업 활동의 자유를 보장하기 위하여 국가 수송시스템을 보호하는 임무를 띤다.

⑪ 관세와 국경 경비국 (CBP)

테러와 테러리스트들의 무기가 미국에 반입되는 것을 방지하고, 미국의 경비를 강화하는 역할을 한다. 뿐만 아니라, 합법적인 활동과 여행을 촉진하도록 한다.

⑫ 시민과 이민 서비스 옴브즈 맨

출입국 관리와 이민, 귀화 등에 관한 관리책임 및 출입국관리 서비스를 제공할 임무의 우선순위 방침을 확립할 임무를 띤다.

⑬ 이민과 세관담당 차관보(출입국관리)(ICE)

국토안전보장성에서 가장 뛰어난 조사 기술은 국경의 취약성을 인정하고 수송과 인프라 구조를 보다 경제적으로 강화하는 것이다.

⑭ 시크리트 서비스국장 (안보 및 첩보 담당)

대통령과 당국의 최고위 수준의 보안담당 보호 임무를 띠고 금융기관의 사기나 개인정보의 절도, 컴퓨터 사기 등을 포함한 위조와 그 외 금융범죄를 조사한다 (그리고 국가의 금융상품, 은행업무와 통신기반의 컴퓨터 공격 등을 조사한다).

제3절 위기관리와 연방재난관리청(FEMA)

1. 연방재난관리청(FEMA)의 구조와 기능의 이해[22]

1) 연방재난관리청의 조직과 구조[23]

재난은 언제 어디서나 다양하게 일어난다. 미국의 경우는 허리케인이나 지진, 화산, 풍수해 등 각종 재난으로부터 피해를 입고 있다. 특히 미국의 경우는 국토가 넓기 때문에 타국에 비해 더욱더 재난의 형태가 다양하다. FEMA는 종래에 각 성·청에 흩어져 있던 연방 재난관리업무를 한곳으로 모아서 총괄하는 기관으로 1979년 카터 행정부에 의해서 처음으로 발족되게 된다. 그 후 1981년 레이건 대통령에 의해서 비상동원준비위원회(EMPB : Emergency Mobilization Preparedness Board)가 FEMA 내에 설치되게 된다. 1999년에는 FEMA가 대통령 직속으로, 주요 재난과 군 작전 지원에 대한 동원 능력이 훨씬 더 강화된 조직으로 발전하게 된다. 9·11 이후, FEMA는 DHS의 한 개 청으로 편입되게 된다. FEMA는 테러나 재난 발생에 대한 긴급 대응이나 보호, 완화, 회복 등 일련의 위기사태에 대비하고 있다.

한편, 2005년 8월 29일 뉴올리언스의 허리케인 카트리나(Katrina) 발생시에는 여러 가지 문제점이 발견되면서 FEMA에 대한 일부 개선책이 지적되기도 했다. 미 의회의 2006년 상·하 양원위원회에서는 FEMA의 이러한 문제점에 대해 충분히 토론을 거친 후, 최종적으로 2007년 예산안에 반영하기도 했다. 2007년 4월 1일에 다시 국가 재난 대응국 및 재난 복구국 등을 신설하는 한편, 대대적으로 FEMA의 조직을 개편했다.[24] 특히, FEMA 장관의 주요 업무는 종전보다 훨씬 더 강화되고 국토안전보장성 장관으로부터의 권한도 독자적

22) 이 연, 『위기관리와 매스미디어』, 학문사, 2006, pp. 127~130.

23) http://www.fema.gov/about/structure.shtm(2010-06-01)

24) Kent D. Bressie(2006), Independent Panel Reviewing the Impact of Hurricane Katrina on Communications Networks : FEDERAL COMMUNICATIONS COMMISSION Washington, D.C., 10.

으로 독립되는 등 관련 업무가 국토안전보장성 장관의 임무와는 명확하게 구분되게 되었다. 개정된 규정에 의하면 FEMA 장관은 대통령이 임명하고 국가안전보장회의(NSC)에 출석해 대통령이나 국토안전보장성 장관 및 다른 각료에 대해서도 국가 긴급사태에 대해 조언할 수 있도록 하고 있다.[25)]

개정된 FEMA 장관의 권한과 책임은 다음과 같다.

① 긴급재난 사태 및 테러 대응 종사자의 감독(연방과 주, 지역)
② 핵 관련 사건 대응 팀(Nuclear Incident Response)의 지휘
③ 테러나 대형 재해발생시 연방정부의 대응체제의 정비
④ 테러행위・대형재난으로부터 복귀에 대한 원조
⑤ 전 미국 사건사고 관리시스템의 구축
⑥ 전 미국의 긴급사태 대응계획에 관한 대응 준비 및 실행의 관리 등
⑦ 미국 전역의 자문회의에 대한 조언 및 조정
⑧ 연방정부의 작전, 통치 및 계획 계승의 프로그램 준비・실행
⑨ 전 미국 긴급사태관리 시스템의 개발
⑩ 미 전역 10개 지역 사무국의 통괄지휘

FEMA는 2010년 6월 현재 상근 직원 수가 약 2600여명 정도(본부가 약 1700여명, 미 전역 10개의 지역사무소에 각각 80여명) 된다. 워싱턴의 FEMA 본부와 지역사무소, 그리고 메릴랜드 국립재해연수센터 등이 있다. 또, FEMA에는 재해발생 후 현장 구조가 가능한 4000여명의 예비 재해원조 종업원이 있다. 연간 예산은 약 28억 7000만 달러(99년) 수준이며 전국에는 10개의 지방청이 있으며 50개 주를 10개의 광역권으로 묶어 조직적으로 운영하고 있다. 본부는 워싱턴 DC에 있고 권역별 10개의 지방청은 ① 보스턴, ② 뉴욕, ③ 필라델피아, ④ 애틀랜타, ⑤ 달라스, ⑥ 시카고, ⑦ 덴버, ⑧ 캔사스, ⑨ 시애틀, ⑩ 샌프란시스코에 있다.[26)]

FEMA의 직원들은 거의가 관련 분야의 전문가들이 모인 집단이다. 예를

25) 土屋 恵司 『アメリカ合衆国の連邦緊急事態管理庁FEMAの機能再編』, 国立国会図書館調査及び立法考査局, 2007年, pp. 10～15.

26) http://www.fema.gov/about/structure.shtm(2010. 6. 1).

들면, 방재 전문가가 있다고 하면, 토목 관련 분야 전문가뿐만 아니라, 테러나 독가스 등 화생방 관련 방재 권위자도 있다는 뜻이다. 그러나 이런 전문가들의 업무는 현장 구조 활동보다는 재난이나 사건·사고 등의 구조 활동에서 발생되는 조직 간의 일들을 조정하고 조직의 기능을 최대한으로 발휘하게 할 수 있게 하는 일이다.

미국에 있어서는 재난이 발생하면, 일단은 대응 계획이나 대응 시스템은 기본적으로 지방자치단체의 기본단위인 시·군(County) 단위 정부가 준비해야 한다. 그러나 시나 군의 힘만으로는 도저히 대처하기가 불가능할 경우에는 시·군의 요청에 따라 주 정부가 대응하게 된다. 만약 주 정부의 요청이 없다면 대통령도 연방조직을 가동시키지 않는 것이 원칙이다. 따라서 일단 재해가 발생하면 FEMA 자체도 재해 규모에 맞추어서 조직을 편성하고 즉시 출동태세를 준비하지만, 시나 주 정부에 비해서 출동이 늦어지는 것도 이런 이유 때문이다.

그러나 국가적인 위기 발생시에는 모든 국가기관이나 주 기관, 적십자 조직 등은 사실상 FEMA의 휘하에 놓여 있으며, 모든 물자나 자원의 동원까지도 FEMA가 총괄 지휘하게 된다. 예를 들면, FEMA는 해당 지역 내에 재해가 발생하여 주지사가 비상사태 선포를 요청할 경우, 주요 재난 선포(Major Disaster Declaration), 비상사태(Emergency Declaration) 선포 등의 조치를 취한다. 뿐만 아니라, FEMA는 재난발생시 연방정부의 지원을 총괄하여 지방정부를 지원하고 대규모 피해에 대비하게 된다. 또한, FEMA는 대규모 재난발생시 관민의 구조 활동을 총괄하는 수단으로서 '연방긴급관리시스템(Federal Emergency Management System)'을 정비하고 있다.

여기에는 주로 '지리정보시스템(Geographic Information System)'과 '커뮤니케이션 기반정비(EII : 긴급사태용 정보기반정비사업)'의 두 가지 시스템이 있다. 이 두 가지 이 외에도 여러 가지로 시스템의 연구, 개발, 준비, 접속 등이 있다. 이것은 미국 전역으로 연결되어 있어서 재해 발생시에는 FEMA의 시스템 담당자가 이동 단말기를 들고 즉시 재해 현장으로 달려가 정보를 수집할 수 있다. FEMA의 리더십의 배경에는 국가자문회의라는 별도의 국가관리직의 회의가 조직된 것이 큰 역할을 하고 있는데, 여기에서 재난원조나 재난활동의 그랜드프로그램이 관리되고 있다.

2) FEMA 각부의 역할[27]

• 그림 1-3 • 미 연방 재난 관리청

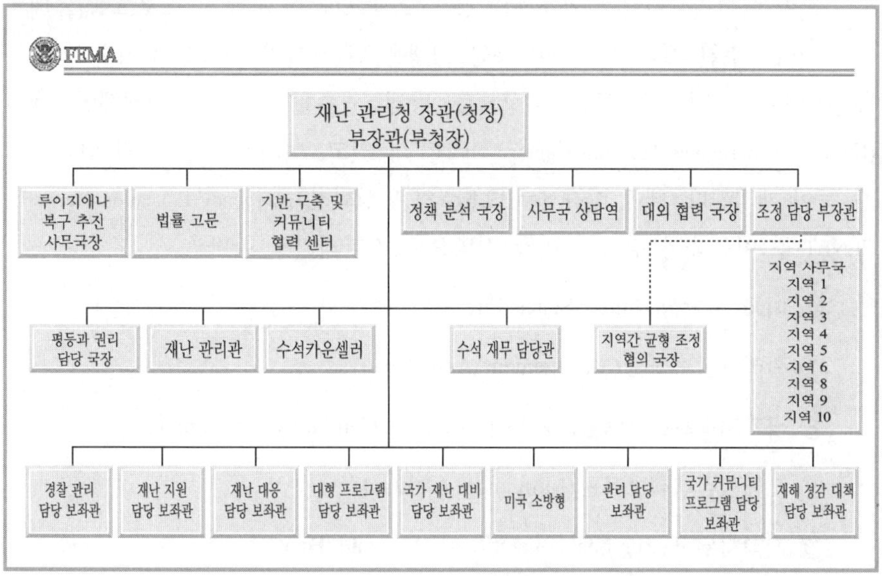

① 병참관리담당보좌관(Logistics Management Assistant)

② 재난지원담당보좌관(Disaster Assistance Assistant)

③ 재난대응담당보좌관(Disaster Operations)

④ 대형 프로그램담당보좌관(Grand Program Assistant)

⑤ 국가재난대비담당보좌관(National Preparedness)

지원은 재해 발생시를 대비하여 시민들이 안전하게 그리고 효과적으로 대응할 수 있게끔 미리 준비하도록 지원하는 것이다. 지원부에서는 재해시에 사람들의 재산을 보호하기 위하여 방재 조정 시스템 구축을 지원하고, 주나 시·군의 방재 계획을 책정하며, 시설·설비 등에서 이용 가능한 자원을 최대한 활

27) http://www.fema.gov/pdf/about/org_chart.pdf : (2010. 7. 1).

용하고 인재를 확보하도록 촉진한다. 또, 각종 훈련 프로그램을 개발하고 주나 시·군의 직원을 필두로 일반 시민들에게도 훈련을 실시한다. 방재계획 담당자와 훈련 담당자를 같은 부서에 두는 것은 훈련에 의해서 야기되는 제반 문제들을 미리 계획 단계에서 적절하게 반영할 수 있도록 하기 위함이다.

뿐만 아니라, 50개 주와 6개의 용역 스태프에 방재 조정 프로그램을 배치하고 있고, 수천 개의 시·군에 응급 대책을 위한 지원 계획도 책정하고 있다. 대응부에는 일반 시민들을 대상으로 방재 연수를 위한 '국립재해연수센터(National Emergency Training Center : NETC)'가 있고, 여기서는 특수 강의나 워크숍 등이 개최된다. 때에 따라서는 FEMA의 위성회선(Emergency Education Network : EENET)을 이용해서 강의가 미국 전역으로 전파되기도 한다.

⑥ 미국 소방청(United States Fire)

⑦ 관리담당보좌관(Management Assistance)

⑧ 국가지속프로그램담당보좌관(National Continuity Programs)

⑨ 재해경감대책보좌관(Mitigation Assistant)

⑩ 지역사무국(Regional Operations : Assistant Dir)

미국 전역을 10개 지역으로 분할한 FEMA의 지역사무소에는 해당 지방청이 있다. 이 지방청에는 각각 80여명의 직원들이 근무하고 있는데, 전국의 50개 주를 10개의 지방청이 광역권으로 묶어서 조직적으로 운영하고 있다.

⑪ 연방보험청(Federal Insurance & Mitigation Administration)

미국은 의회에서 매년 홍수 대응에 관한 예산이 증가하고 있기 때문에 1968년에는 홍수보험제도(National Flood Insurance Program : NFIP)가 설립되게 되었다. 국가 홍수보험 계획이나 평가, 그리고 보험료 평가 및 효과 분석, 연방 범죄 보험계획, 폭동 보험 계획 업무 등도 이 보험청에서 운영되고 있다. 또, 연방보험에 관한 프로그램을 조정하고, 재해 발생시 피해 경감 및 홍수 방지 계획 등을 조정·감독하고 있다. 또, 연방 보험국은 민간 보험 회사와도 제휴하여 피해를 최소한으로 줄이는 방법도 개발하고 있다.

⑫ 미국 소방청(U. S. Fire Administration : USFA)

화재로 인한 막대한 재산 피해나 인명 손실을 최소화하기 위해서 의회는 1974년에 화재방지법을 제정했다. 이 법에 의해서 미국 소방청(국)(USFA)이나 소방대학교(National Fire Academy : NFA)가 설립되었다. 특히, 소방청은 각 지역이나 조직 간의 업무 조정과 지원 등으로 화재나 재난에 의한 생명과 재산 손실을 최대한 경감시키고 있다. 미국의 소방청이나 소방대학교는 국립재해연수센터(NETC) 안에 있다.

⑬ 대외 협력국(Office of External Affairs)

대외 협력국은 일명 외사부라고도 하는데, FEMA의 외부 조직이나 대외 관계 업무를 전담하는 부서다. 대외 협력국은 재난 발생시 연방정부와 관련된 계획 및 정책 개발, 연방재난관리청의 재난 운영 관리 등을 담당한다. 또, 방재에 대한 정보 수집과 유관 기관과의 협조, 그리고 외부 기관과의 공동 대응이나 공동 작업 등에 관한 사무도 여기에서 수행한다.

3) FEMA의 부설기관과 그 역할

① 국립재해연수센터(National Emergency Training Center : NETC)

국립재해연수센터는 연방 수준의 FEMA의 방재·소방교육 연수 기관으로 대지면적 11,400 ㎡에 22개, 건물로 '방재 연수소(EMI)', '미국 소방청(USFA), 소방대학 포함(NFA)', '순국 위령비(The Fallen Firefighters Memorial)' 3개의 기관으로 구성되어 있다.

(i) 방재연수센터(Emergency Management Institute : FEMA/EMI)

연방 수준의 방재연수기관으로 1981년 1월에 개교하였는데, 연수 대상자는 연방정부, 주·시·군, 볼런티어 기관이나 일반 시민들이다. 또, 소방 기관의 직원들을 대상으로 하는 기관은 같은 곳에 소방대학이 있다.

(ii) 시·군 등에서 건축 확인이 불가능할 경우에는 그 지역에서의 보험제도를 적용하지 않을 때도 있다. 연방 정부의 보험제도가 적용되지 않으면 민간의 높은 보험에 가입할 필요가 있다. 또, 주택을 지을 때 은행으로부터 홍수보험에 가입하는 것이 대출 조건이 되는 경우도 많다.

(iii) 홍수 위험 지역 내의 건축물 데이터베이스는 연방 정부가 갖고 있다. 따라서 연방 정부는 건축법에 따라서 합법적으로 건축된 건물이라 하더라도 10년 사이에 2번 이상 피해를 본 경우에는 조사해서 최선의 개수 방법을 어드바이스한다. 이 때 비용은 연방정부가 지불한다.

(iv) 건축법이 개정된 경우에는 개정된 건축법에 따라서 집을 개보수하지 않으면 보험금이 지급되지 않는다(소급적용).

② FEMA의 재정 지원

(i) 보험회사가 수금한 보험금은 1999년의 경우는 총 10억 3000만 달러로, 이 중 연방 정부가 보험회사에 지불한 재정지원액은 약 3억 8800만 달러이다.

(ii) 보험사 100개사가 만든 '국가홍수보험제도(NFIP)'는 매년 수지 결산을 연방 정부에 보고할 의무가 있다. 또, 그와는 별도로 정부가 출자하고 있는 '컴퓨터과학협동조합(Computer Science Cooperation : CSC)'이 독자적으로 조사한 보고서를 연방 정부에 보고하고, 연방 정부는 NFIP의 보고를 확인한다.

(iii) 보험 계약은 계약 30일 이후에 효력을 발휘한다. 1995년까지는 계약 후 5일째부터 그 효력이 발휘되었으나, 허리케인 등의 경우에서와 같이 예측에 근거해서 재해 발생 직전 계약자가 늘고 있기 때문에 이를 배제하기 위하여 30일 이후로 정해졌다.

(iv) 재해에 관해서 연방정부가 재정을 지원하고 있는 것은 당해 보험 뿐이고, 냉해로 농업 보상을 하는 제도는 별도이다.

(v) 주·시·군은 건축법에 입각해서 건축을 추진하고 있지만, 당해 보험제도에 대한 추가 재정 지원은 하지 않는다.

(vi) HAZMAT 활동기금

위험물의 불법 투기나 대규모 누설 재해에 대한 활동자금지원제도 등이 있다. 기금으로는 '특별기금(Super Fund)'과 '기름오염 신탁기금(Oil Pollution Trust Fund)'이 있다. 특별기금은 화학 기업 등에서 세금(목적세)으로 조성되며, 투기자가 불분명한 위험물을 방치하거나 당사자가 회수 능력이 없는 경우 위험물 회수 작업에 지출된다. 기름오염 신탁기금은 연안경비대(Coast Guard)가 관리하고 있고 사용 제도는 특별기금과 똑같다.

(vii) 긴급대책팀(Regional Response Teams : RRT)

위험물 재해가 발생한 경우에 전문적인 입장에서 긴급 대책을 지원하는 팀으로, 미 전역에 13개소(10개 지역사무소, 하와이, 알래스카, 사모아)가 있고, 주와 연방정부담당자로 구성되어 있다.

(viii) 테러대책 보조비

위험물에 대응하는 테러대책기자재비(정비비, 훈련비 등)로는 연간 3000만 달러가 시·군 등에 보조되고 있다.

(ix) 긴급교육 네트워크(Emergency Education Network : NEN)

FEMA는 위성 회선을 이용해서 방재교육시설을 운영하고 있다. 1981년부터 FEMA는 소방대학교와 방재연구소의 교육프로그램에 위성 회선을 이용해서 영상을 방영하고 있다. 여기에는 민간 위성도 2기나 이용되고 있다.

4) 미국에서의 재난발생시 비상사태선포

미국에서 대형 재난이 발생 하면 '비상사태'를 선포할 수 있는데, 이것은 주 정부나 지방 정부에서 발령할 수 있다. 즉, ① 지역비상사태선언, ② 비상사태, ③ 전쟁상태가 그것이다. 그 중에서 비상사태나 전쟁상태는 대상이 되는 지역 내에 있어서의 모든 활동이 주지사의 권한 아래에 놓인다.

(1) 주지사의 비상사태선언[28)]

주지사는 다음과 같은 사태가 발생했을 때 비상사태를 선포할 수 있다.

① 자연적 또는 인위적 원인에 의해서 주의 주민이나 재산의 안전을 위협하는 재해 및 위험한 상태가 발생한 경우

② 관련된 지역의 부처에서 요청이 있었을 경우

③ 지역의 부처에서는 사태에 대응할 수 없다고 판단될 경우

주지사는 비상사태를 선포하면 다음과 같은 조치를 취해야 한다.

① 시나 군 등에서 외부의 지원을 필요로 할 때에는 긴급지원계획에 의해서 지원해야 한다.

28) 이 연, 『위기관리와 매스미디어』, 학문사, 2007, pp. 179~182.

② 주지사는 대상 지역에 있어서 합중국 헌법에서 주에 부여된 경찰권을 자기의 판단에 의해서 행사하고, 캘리포니아주의 법을 집행하는 권한을 갖는다.

③ 재판소는 비상사태에 대응하기 위하여 필요하다고 인정되는 경우, 시민에게 지원할 것을 명할 수 있다.

④ 주지사는 어떠한 주 정부기관의 조항이나, 규칙, 규정, 또는 어떠한 제정법이나 주 정부의 업무 집행 수속에 관련 있는 규칙도 일시적으로 정지할 수 있다.

⑤ 주지사는 직무를 수행하기 위하여 보도 기관을 제외한 민간 시설이나 인원을 강제 수용, 또는 이용할 수 있다.

⑥ 주지사는 필요하다고 생각되는 명령이나 규칙을 선언하고 시행할 수 있다.

제 2 장

일본의 위기관리체제와 커뮤니케이션

제 1 절 일본 내각부의 국가전략과 위기관리 커뮤니케이션

1. 일본의 국가안전보장회의(NSC)와 위기관리 커뮤니케이션

1) 일본의 안전보장회의

일본의 안전보장회의는 아베신조(安倍晋三) 전 총리가 관방장관(官房長官) 시절 추진해 완성된 것이다.[1)] 일본의 NSC는 내각에 둔 합의체 기관으로 내각 총리 대신의 자문기구다.

1954년 방위청 자위대의 발족과 함께 총리의 자문에 응해 국방 관련 주요 사항들을 신중하게 광범위한 관점에서 종합적으로 심의하는 기관이다. NSC는 방위청설치법(제164조)에 의해서 설치되었다. 그 후 NSC는 내각 기관이면서 방위청설치법에 근거를 두고 있기 때문에 1956년에는 국방회의에 관한 법률을

1) 外交防衛課,『日本の安全保障会議と米国のNSC』, 国立国会図書館, ISSUE BRIEF NUMBER 548(2006. 9. 22.).

제정해 내각에 두게 된다.[2)]

1986년 나카소네(中曽根) 정권에 의한 행정 개혁으로 내각에 위기관리나 안전 보장에 관한 기능을 강화하게 되었다. 안전보장회의는 안전보장회의 설치법(법률 제71호)에 의해 내각에 설치돼 국방회의의 임무를 승계하는 한편, 중대한 긴급 사태 발생시에 대응 조치를 심의하기도 한다. 동시에 총리관저 기능을 강화하기 위해 내각 관방에 외교정책심의실, 국내정책심의실, 내각안전보장실 3실을 신설했다. 1998년에는 내각안전보장실을 다시 내각 안전보장위기관리실로 개편하고 종래의 국방회의사무국의 조직을 승계해 안전보장회의의 사무를 처리하게 했다. 2003년에는 무력공격사태법을(법률 제79호) 제정하면서 안전보장회의에 대해서도 3가지를 개정했다. ① 총리의 자문사항으로 '무력공격 사태 대처에 관한 기본 방침, 총리가 필요하다고 인정되는 무력 공격 사태 등에 관한 중요 사항을 첨가했다. ② 안전보장회의의 의원을 긴급사태 대처에 관계 깊은 국무대신으로 했다. ③ 안전보장회의의 심의를 신속・적확하게 실시하기 위해서 필요한 사항을 조사・분석하고 그 결과를 회의에 진언하는 긴급사태대처 전문 위원회를 설치했다.[3)]

(1) NSC의 조직

내각총리대신은 안전보장회의 의장으로 회의를 총괄한다(안전보장회의 설치법 제 4 조). 회의 소집자에 대한 명문규정은 없지만 총리에 의해서 소집된다. 동 회의의 의원은 총리대신을 의장으로 미리 지정한 8~9명의 국무대신으로 구성된다. 즉, 총리대신, 총무대신, 외무대신, 재무대신, 경제산업대신, 국토교통대신, 내각관방장관, 국가공안위원회위원장, 방위청장관 등이다.

의장은 의안에 한해서 상기 이외의 국무대신을 임시로 출석시킬 수도 있고, 또 필요하다고 인정될 때에는 국무대신 이외에도「통합 막료장(참모총장), 그 외 관계자」를 출석시켜 의견진술을 듣는다. NSC의 사무는 종래 내각안전보장 위기관리실이 담당했으나 2001년부터는 내각관방 부장관보가 장악하고

2) 富井幸雄,「第 4 章 防衛行政機構の発展」西修〔ほか〕,『我が国家防衛法制の半世紀』, 内外出版, 2004, p. 103.

3) 熊野有文,「事態対処における安全保障会議の機能の強化」,『時の法令』1699号, 2003. pp. 7~9.

있다.

(2) NSC의 기능

NSC는 총리대신의 자문기구로 국방에 관한 중요 사항 및 중대 긴급 사태 대처에 관한 중요 사항을 심의한다. 동시에 자문 사항 이외의 사항에 관해서도 필요에 따라 응하고, 국방에 관한 중요 사항 및 중대 긴급사태 대처에 관한 중요 사항에 관해서 총리에게 의견을 진술할 수 있다. 총리의 자문 사항으로는 국가안전보장회의설치법 제 2 조 제 1 항에서 제 5 항까지 열거된 국방의 기본 방침 등의 규정사항이 있다. 그 외 총리가 필요하다고 인정되는 「통상 긴급사태 대처 체제에 의한 대처 곤란 사항」「중대 긴급사태」 등이 있다. 이들의 심의·건의를 행하는 곳이 NSC의 형식적인 기능이다. NSC의 심의 형식은 ① 결정, ② 승인(승락), ③ 심의 세 가지가 있다.

결정은 자문 사항에 대한 의사 결정이고, 승인은 결정을 요하는 사항 이외의 사항에 관한 의사 결정이다. 심의는 결정, 또는 승인 이전의 단계에서 검토를 총칭하는 것을 의미한다.

여기에서 말하는 결정은 법적 구속력을 가지는 것은 아니지만, NSC의 결정은 그대로 각료회의에 붙여져 각료회의 결정에 따라서 규범적 효과가 인정되게 된다.[4)]

NSC의 구체적인 기능으로는,

첫째, 내각에 있어서 국정에 관한 종합 조정 능력 중에서 안전보장 분야의 조정 기능이 있다.

조정에는 사무적인 조정과 고도의 정치적인 조정 두 가지가 있다. 각의 결정이나 보고 전에 안전보장 관련 각료 간의 의사 형성을 조정하기 위해 NSC에 자문을 구하는 것이 관례화되어 있다.

둘째, 국방의 주무 관청인 방위청 자위대의 판단에만 의존하는 것이 아니라, 내각 전체의 군사 조직 활동을 체크하고자 하는 의미로 문민 통제를 보장하는 기능이 있다.

---

4) 富井幸雄, 「Ⅲ 第 6 章 安全保障会議」西修〔ほか〕, 『日本の安全保障法制』, 内外出版, 2001, p. 117.

NSC의 기능은 합의체 조직임과 동시에 어디까지나 자문 기구로 의결권이나 결정권이 있는 것은 아니다.[5] 실제 NSC는 1986년 7월 설치 이래 2006년 8월까지 약 20여 년간 통산 135회 개최되어 연평균 7~8회 정도 개최되었다.[6] 지금까지 NSC에서 논의된 결정사항들을 보면, ① 방위 계획의 대강이나 중기 방위력 정비 계획, ② 자위대 해외 파견, ③ 정치적으로 중요한 안전 보장 관련 사항, ④ 노도한토(能登半島:일본 서해안의 노도반도) 불심 선박의 해상 경비 행동발령 총리대신의 승인 건, ⑤ 2006년, 2009년 북한의 미사일 발사, 핵실험 사건 등이다.[7]

2001년 정부 조직 개편에 따라 NSC는 다시 내각관방 부장관보실의 스태프가 담당하게 되었다. 여기에는 구체적으로 몇 명의 스태프가 담당하고 있는지는 명확하지 않지만, 재무성 인쇄국에서 발행한 직원록 명부(2006年度版)에는 과장급 참사관 7인이 겸임하는 형태로 NSC의 사무를 전담하고 있는 것으로 나타났다. 국제대학(國際大學) 시노다 토모히토(信田智人) 교수에 의하면, 제도상은 폐지된 NSC 위기관리실이 실제로는 내각부 청사 별관 1층에 독립해서 '구 NSC위기관리실'에 존속하고 있다고 한다. 현 스태프에는 내각관방부 장관보보다 격상된 내각위기관리감이 있고, 차석으로 안전보장담당 부장관보 등 30여명의 스태프가 있다고 한다.[8] 고이즈미 준이치로(小泉純一郎) 총리 당시 총리관저 지하실 벙커에는 핵 공격이나 미국 등 서방 진영의 통신 도청 등에 대비해서 만반의 대비책을 강구한 바 있다. 2009년 4월 북한의 미사일발사, 2차 핵실험, 2010년 천안함 피격 등을 계기로 일본의 NSC의 확대 개편에 대해서는 일본 국민들 대다수가 찬성하고 있기 때문에 방위 예산의 증액과 더불어 신형 장비의 도입 등 확대 개편이 불가피할 것으로 본다.[9] [10]

---

5) 富井幸雄, 前掲書, pp. 105~106.

6) 首相官邸ホームページの会議情報参照.

7) 首相官邸ホームページの会議情報参照.

8) 信田智人, 『官邸外交』(朝日選書), 朝日新聞社, 2004, p. 28. : 『朝日新聞』 2006年 8月 25日자 기사에 의하면 内閣官房(安全保障危機管理担当) 스태프는 약 100인이지만, 종전의 스태프는 약 10인」.

9) 「大森敬治前内閣官房副長官補インタビュー今こそ日本版 NSCを」『論座』120号, 2005. p. 151.

10) 村田晃嗣 「国家安全保障会議の半世紀」『海外事情』45巻10号, 1997. pp. 48~51.

이와 같이 NSC는 정책 조정의 기능과 총리에 대해 조언하는 기능 두 가지를 담당하는 조직으로 이 법에서 규정하고 있다.

제 2 절 일본의 내각부 신설과 위기관리 커뮤니케이션

1. 일본정부의 위기관리전략과 내각부 신설

1) 일본의 위기관리체제와 커뮤니케이션

일본은 2001년 1월 6일 중앙 성・청의 조직 개혁으로 내각 기능을 강화하기 위하여 내각에 내각부(內閣府)를 신설했다. 소위 일본 형 백악관으로 내각총리대신(총리)을 수장으로 내각관방대신(관방장관)[11], 특명담당대신으로 구성돼 있고, 그 밑에 1관방과 7개 정책총괄관(국장급), 4개국으로 구성돼 있다. 주된 업무는 각 성・청 및 총리가 주도하는 국정 운영을 원활하게 수행하기 위하여 총리를 보좌・지원 체제를 강화하는 것이다. 내각부는 이러한 과제를 수행하기 위하여 내각의 각 성・청보다는 1단계 높은 입장에서 기획 입안 및 통합 조정 기능을 수행하고 있다.

특히. 9・11 테러 이후는 방재담당 장관을 임명해 내각부를 21세기형 새로운 위기관리체제로 개편하게 된다. 뿐만 아니라, 위기관리 기능을 강화하기 위하여 지금까지의 국토관리청 방재국은 새로 발족된 내각부로 이관시킴과 동시에 내각부에 방재담당 정책총괄관을 신설하여 재해의 예방에서부터 부흥에 이르기까지 이전보다는 훨씬 더 폭넓고 보다 강력한 통합 조정권을 발휘하게 하였다.[12]

11) 일본의 관방장관은 세계에서도 그 유래를 찾기 힘들 정도로 독특한 임무를 띠고 있다.우리나라 같으면 청와대 비서실장 겸 정무장관, 정부대변인 등의 역을 종합한 업무를 수행하고 있다. 뿐만 아니라, 일본총리를 대신해서 각 정당이나 국회 등에 대해서 의견청취나 입법, 각종 정책 등을 수렴・조정하는 역할을 하는 국무대신으로 일본총리를 가장 근접해서 보좌하는 역할을 수행하고 있다.

12) 内閣府防災担当のホームページ, 2010年 6月 10日付け, http://www.bousai.go.jp.

(1) 내각부(內閣府)에 방재담당을 설치

내각부는 내각관방의 종합 전략 기능을 강화하기 위하여 기획 입안, 종합 조정 등 새로운 기능을 부여하고 있다. 또, 내각의 중요정책에 관해서 행정 각 성·청의 시책을 통일하기 위해 특명대신을 두고, 강력하고도 신속 정확하게 정책을 조정할 수 있도록 하였다. 이를 위하여 내각관방에는 내각위기관리감, 내각관방부장관, 내각심의관, 내각참사관을 두고, 다른 한편으로는 내각부에 정책통괄관, 심의관, 참사관(방재담당)을 두고 있다. 특히, 내각관방의 위기관리 부문과 내각부 내의 방재부문은 평상시에도 긴밀하게 정보를 교환하고 의사소통을 나누는가 하면, 내각이 일체가 되어 신속하고도 원만하게 위기관리나 방재대책에 대응할 수 있도록 했다. 예를 들면, 국토교통성 방재국을 내각부로 이관한 뒤에도 「중앙방재회의」를 두고 있다.

(2) 내각부에 특별한 기능

[중요정책에 관한 회의]

내각 및 총리를 보좌하는 '지혜의 장'으로 기능을 충분히 발휘하기 위하여 총리, 또는 내각 관방장관을 의장으로 관계 장관과 관련 전문가들로 구성된 중요정책회의를 설치하고 있다.

① 경제재정자문회의 ② 종합과학기술회의

③ 중앙방재회의 ④ 남녀공동참획회의

[특명담당대신]

특명담당대신은 내각의 중요정책에 관한 기획입안·종합조정 등을 강력 신속하게 시행하기 위하여 현재 내각부에는 다음과 같은 부분에 한정해서 담당 대신을 두고 있다.

① 경제재정정책, ② 지방분권개혁, ③ 규제개혁, ④ 과학기술정책, ⑤ 시품안전, ⑥ 오키나와 및 북방대책, ⑦ 방재, ⑧ 소자화(출생률저하)대책, ⑨ 남녀공동참획(참여), ⑩ 금융

2) 내각부 본부 조직

• 표 2-1 • 내각부 본부 조직표[13)]

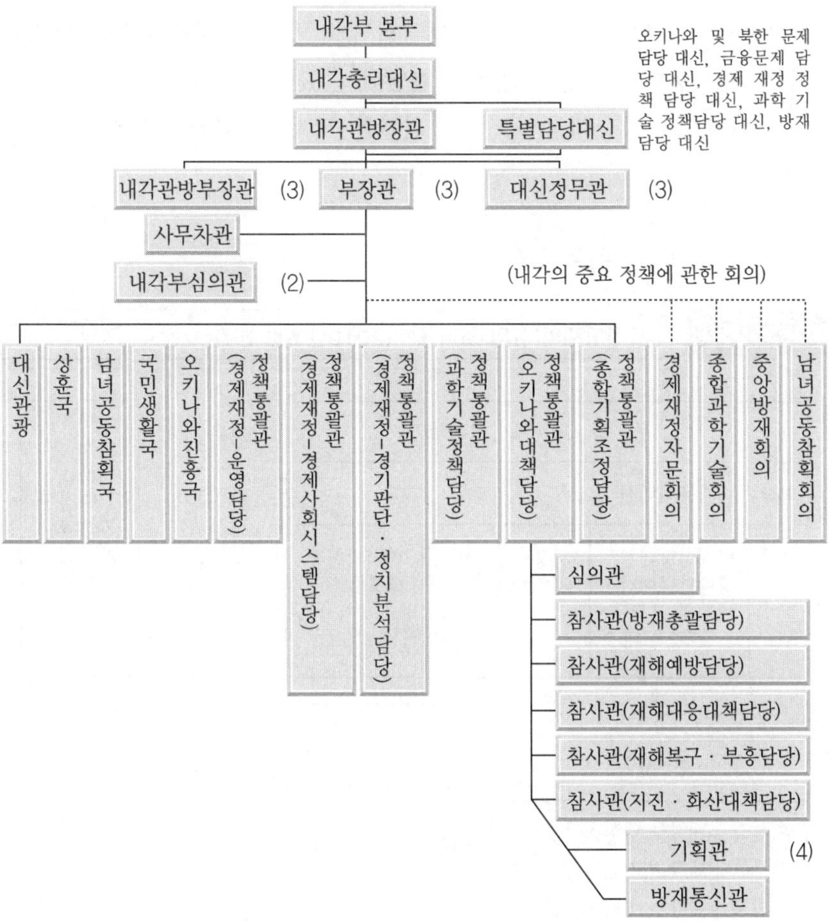

(1) 서 언

앞에서도 이미 언급했지만, 위 도표에 의하면 내각부의 의장인 총리를 필두로 내각관방장관, 특명담당대신, 내각관방부장관, 부대신 및 대신 정무관을

---

13) 内閣府防災担当のホームページ, 2010年 6月 20日付け.http://www.bousai.go.jp.

두고 있다.

내각의 톱 관리자를 보좌하는 업무체제는 사무차관 밑에 내각부심의관(2명), 대신관방, 정무총괄관(7명), 국(4개)의 직원이 배치되어 대신관방을 중심으로 내각부 일체의 사무를 관장하고 있다. 여기서 정책총괄관은 중앙 성·청 등과 함께 새로 신설된 국장급으로 내각의 중요 정책 과제에 대응해 탄력적으로 기획입안·종합조정 등의 업무를 분담하고 있다.

또, 외청으로는 궁내청, 공정거래위원회, 국가공안위원회 및 금융청이 설치되어 있다.

(2) 「중앙방재회의」의 조직

• 표 2-2 • **「중앙방재회의」의 조직표**[14](2010년 6월 현재)

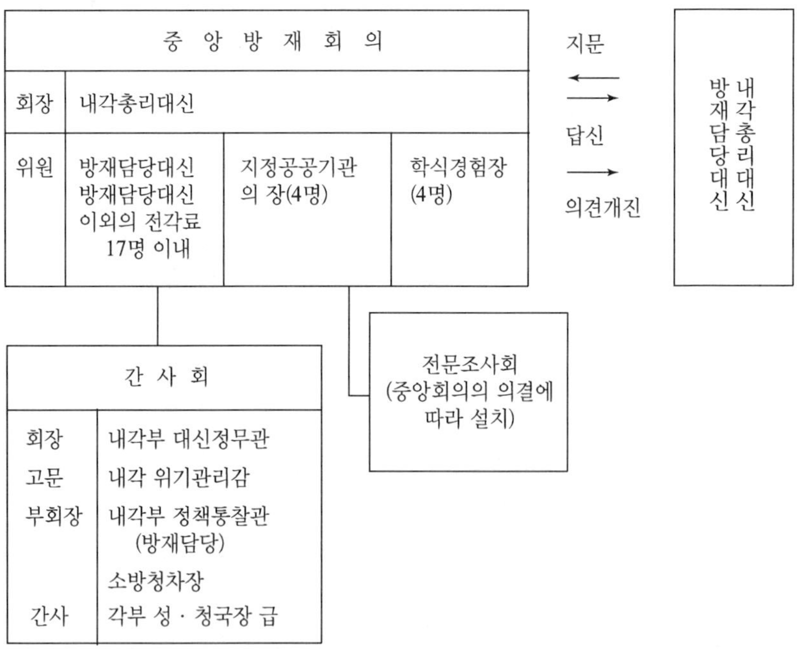

14) 中央防災会議のホームページ, 2010年6月20日付け. http://www.bousai.go.jp/soshiki1.sosshiki1.html.

중앙방재회의 위원명단(총 29명)

회 장	내각총리대신
위원	특명담당대신(방재)
〃	국가공안위원회위원장
〃	총무대신
〃	내각부특명담당대신(지방분권 개혁)
〃	법무대신
〃	외무대신
〃	재무대신
〃	문부과학대신
〃	내각부특명담당대신(과학기술정책)
〃	후생노동대신
〃	농림수산대신
〃	경제산업대신
〃	국토교통대신
〃	내각부특명담당대신(오키나와 및 북방정책)
〃	환경대신
〃	방위대신
〃	내각관방장관
〃	내각부특명담당대신(금융)
〃	내각부특명담당대신(경제재정정책, 소비자 및 식품안전)
〃	내각부특명담단대신(새로운 공공 小・子化대책・남녀공동참여기획)
〃	내각부특명담당대신(행정대신)
〃	일본은행 총재
〃	일본적십자사 사장
〃	일본방송협회 회장(NHK)
〃	일본전신화주식회사(NTT) 사장
〃	도쿄대학 명예교수
〃	후지조바대학 대학원 환경방재연구과 교수(常葉大學)
〃	기타 현 지사
〃	일본소방협회 회장
	이상 29명

(3) 중앙방재회의의 역할

중앙방재회의는 내각관방의 위기관리 기능을 강화함과 동시에 위기관리에 대한 기본 방침을 기획·입안하고 있다. 또, 위기관리기능을 가진 내각관방과 내각부는 언제나 중앙방재회의와도 사무적인 차원에서 긴밀하게 연대하는가 하면, 사후 조정 역할도 적절하게 행할 필요가 있다고 보고 있다.

① 방재기본계획 및 지진방재계획의 작성 및 그의 실시와 추진

② 비상 재해 발생시 긴급 조치에 관한 계획의 작성 및 그의 실시와 추진

③ 내각총리대신·방재담당대신의 자문에 응해 방재에 관한 중요 사항의 심의(방재의 기본방침, 방재에 관한 시책의 종합 정리, 재해 긴급 사태 포고 등)

④ 방재에 관한 중요 사항에 관해서 내각총리대신 및 방재담당대신에게 의견 요청

(4) 중앙방재회의의 운영[15)]

① 중앙방재회의 운영 요령

제1, 중앙방재회의 운영에 관해서는 법령에 정해진 것 이외의 것은 이 요령에 의한다.

제2, 중앙방재회의는 회장이 필요하다고 인정될 때, 또는 위원 2명 이상이 요구가 있을 때는 회장이 이를 소집한다.

제3, 중앙방재회의에 결석하는 위원은 대리인을 회의에 출석시키거나, 또는 다른 위원에게 의결권 행사를 위임할 수 없다. 단, 국무대신인 위원이 결석할 경우는 회장의 양해를 얻어서 부대신 또는 부장관을 대리인으로 출석시킬 수 있다. 이 경우 당해 부대신 또는 부장관은 의결권을 행사할 수 없다.

2, 중앙방재회의에 결석하는 위원은 회장을 통해서 당해 회의에 부의된 사항에 관해서 서면으로 의견을 제출할 수 있다.

제4, 중앙방재회의는 회장이 출석하고 동시에 위원의 과반수가 출석하지 않으면 회의를 열어 의결할 수 없다.

2. 의사를 결정함에 있어서 회장은 출석의원 전원의 동의를 얻도록 노력하지

---

15) 中央防災会議のホームページ, 2010年 6月 20日付け,中央防災会議運営要領, http://www.bousai.go.jp

않으면 안 된다.

3. 전항의 규정에 관계 없이 전원의 동의를 얻지 못하는 경우에는, 회장이 회의 내용을 종합해서 의사를 결정한다.

제5, 회장은 다음의 사항에 관해서는 전결할 수 있다.

1. 재해대책기본법(이하 "법") 제13조의 규정에 의해 관계행정기관 등에 대해서 협력을요구하거나 권고 또는 지시하는 일
2. 법제40조 제 3 항 및 제43조 제 3 항의 규정에 의해서 도・도・부・현 지역 방재 계획, 또는 지정지역 도・도・부・현 방재 계획에 관해서 내각총리대신으로부터 의견이 있었을 때는 여기에 회답하는 일
3. 극심한 재해에 대처하기 위하여 특별 재정 원조 등에 관한 법률 제 2 조 제 3 항의 규정에 의하여 특별 재해 지역 지정 및 여기에 대한 적용조치에 관해서 내각 총리대신으로부터 의견이 있었을 때는, 중앙방재회의가 미리 정한 기준에 적합한 경우에 한해서 응답・회답을 하는 일
4. 그 외 경미한 사항

제6, 중앙방재회의를 소집할 시간적인 여유가 없을 때나 그 외 어쩔 수 없는 불가피한 사유로 인해서 중앙방재회의를 소집할 수 없을 때는 회장이 전결할 수 있다.

제7, 회장은 제5, 제 6 항에 의해 전결한 사항에 관해서는 다음 중앙방재회의에서 이를 보고하고 승인을 받아야 한다. 단, 경미한 사항은 제외함.

제8, 회장, 또는 방재담당대신(방재담당대신을 두지 않았을 경우에는 내각관방장관, 이하 같음)은 회의 종료 후, 지체 없이 당해 회의 내용 등을 적당하게 알릴 수 있는 방법으로 공표한다.

제9, 회장, 또는 방재담당대신은 회의 종료 후, 신속하게 해당 회의의 의사 요지를 작성해 이를 공표한다.

제10, 회장은 회의 종료 후, 일정한 기간이 경과한 후에 해당 회의의 의사록을 작성해 회의에 자문을 구한 후에 이를 공표한다.

2. 전항에도 불구하고 의사록의 공표가 일본 국익에 중대한 지장을 미칠 우려가 있는 경우는 회장이 회의의 결정을 거쳐서 공표하지 않을 수도 있다.

제11, 재해대책기본법시행령 제 4 조 제 1 항의 규정에 의해 중앙방재회의의 결의에 의해 설치된 전문조사회의 운영에 관해서 필요한 사항은 별도로 규정한다.

② 중앙방재회의 전문위원회 운영 요령

제1, 이 요령은 다음 각호에 규정한 조사를 행하기 위해서 재해대책기본법 제12조

제7항의 규정에 의해 임명된 전문위원으로 구성된 전문위원회의 운영에 관한 규정이다.

1. 대규모지진대책특별조치법 제5조 제2항의 규정에 의해서 지진 방재대책 강화 지역의 지정에 관한 조사
2. 대규모지진대책특별조치법 제5조 제1항에 의거 지진 방재 기본 계획의 작성에 관한 조사
3. 재해대책기본법 제34조 제1항에 의거 방재 기본 계획의 수정에 관한 조사

제2, 전문위원회는「지진방재대책강화지역지정전문위원회」,「지진방재기본계획전문위원회」및「대도시지진대책전문위원회」로, 각각 좌장 1명을 둔다. 좌장은 전문위원회에 속하는전문위원 중에서 호선한다.

제3, 전문위원회는 좌장이 필요하다고 인정될 때에 이를 소집한다.

제4, 전문위원회에는 필요에 따라 대응할 수 있는 분과회를 둘 수 있도록 한다.

제5, 좌장은 전문위원회가 조사를 완료할 때, 또는 조사 도중에도 보고를 해야 할 필요를 인정할 때에는 당해 조사에 관한 내용을 중앙방재회의에 보고하게 한다.

제6, 이 요령에 규정한 것 이 외에 전문위원회의 운영에 관한 필요한 사항은 좌장이 전문위원회에 회부해서 정한다.

③ 중앙방재회의 사무국 운영 규정

[취 지]

제1조 중앙방재회의 사무국의 운영에 관해서는 법령이나 그 외에 별도로 규정한 것을 제외하고는 이 규정에 따른다.

[차장의 사무분담]

제2조 다음 각 호 사무에 관해서는 국토청방재국장의 직에 있는 국장이 분담해서 정리한다.

1. 방재 기본 계획, 비상 재해에 관해서 작성하는 긴급 조치에 관한 계획 및 지진 방재 기본 계획에 관한 것.
2. 국가의 행정기관 및 지정 공공기관에 대해서 필요한 협력을 요구할 것.
3. 지정 행정기관 및 지정 공공기관으로부터 재해 상황 등에 관해서 통보를 받을 것.
4. 중앙방재회의의 서무에 관한 것.

다음 규정 사무에 관해서는 소방청 차장의 직에 있는 차장이 분담해서 정리한다.
(i) 지방방재회의 또는 지방방재회의 협의회에 대해서 필요한 권고 또는 지시를 한다.
(ii) 지방공공단체의 장 등에 대해서 필요한 협력을 요청할 것.
(iii) 도도부현 지사로부터 재해 상황 등에 관해서 통보를 받을 것.
(iv) 지역방재회의에 관한 것.

[국원회의]

제 3 조, 중앙방재회의에 부의하는 사항, 그 외 사무국장이 특별히 필요하다고 인정되는 사항에 관해서는 국원회의 심의를 받지 않으면 안 된다.
2. 국원회의는 차장 및 당해 방재 사무에 관계하는 타 행정부 국에 속하는 국원(이하는 「관계국원」)만을 소집해서 개최할 수 있다.
3. 관계국원 등이 비교적 소수인 사항이나 그 외 연락을 해서 처리하는 것이 적당한 사항, 또는 긴급히 처리해야 할 필요가 있는 사무에 관해서는 제 1 항의 규정에도 불구하고 관계국원 등에 연락해서 처리한다.

[주사회의]

제 4 조, 중앙방재회의 운영요령에 규정한 회장 전결 사항(경미한 사항 제외) 그 외 필요하다고 인정되는 사항은 주사회의에 부의(附議)하도록 한다.
2. 주사회의는 당해 방재 사무에 관계하는 타의 행정부국에 소속하는 주사(이하 「관계주사」)만을 소집해서 개최할 수 있다.
3. 관계주사가 비교적 소수인 사항이나 그 외 연락을 해서 처리하는 것이 적당하다고 인정되는 사항, 또는 긴급히 처리할 필요가 있는 사무에 관해서는 제 1 항의 규정에도 불구하고 관계주사, 또는 사무국장이 먼저 지정하는 주사에 연락해 처리할 수 있다.

(5) 심의관의 업무 내용

심의관은 정책총괄관을 도와 재해 발생시에는 정부재해조사단의 단장으로서 현지를 방문하며, 평상시에는 내각부 방재 부문의 사무를 담당한다.

(6) 참사관의 업무내용과 이행체제

내각부 방재담당에는 5인의 참사관이 배치되어 있고, 업무 내용도 구(舊) 국토청방재국과의 업무와 관련된 내용은 다음과 같다.

① 방재총괄담당

(ⅰ) 정책총괄관의 소장 사무에 관한 종합 조정

(ⅱ) 방재정책에 관한 기본사항의 종합적인 조사

(ⅲ) 방재에 관한 조직의 설치 및 운영

(ⅳ) 극심 재해 지역 지정

② 방재예방담당

(ⅰ) 방재 계획 작성

(ⅱ) 정책총괄관의 소장업무에 관한 국제 협력에 대한 사무 정비

(ⅲ) 방재 백서의 작성

(ⅳ) 방재 홍보

(ⅴ) 토사 재해 대책의 추진

(ⅵ) 방재 지식의 보급 · 계발

③ 재해응급대책담당

(ⅰ) 대규모 재해 발생시, 또는 발생할 위험이 있을 때는 그 재해에 대처

④ 재해복구 · 부흥담당

(ⅰ) 특정 비상 재해 및 당해 특정 비상 재해에 적용해야 할 조치를 지정

⑤ 지진 · 화산대책담당

(ⅰ) 지진이나 화산 재해에 관한 사항 등

제 3 절 일본의 재해대책기본법과 위기관리 커뮤니케이션

1. 재해대책기본법과 위기관리

1) 재해방재(防災)의 기본 방침

'방재'라고 하는 것은 재난이 발생하기 쉬운 자연 조건과 조밀한 인구, 집약된 토지 이용, 증가하는 위험물 등의 사회적 제 조건하에서 국가나 국토, 국민의 생명과 신체 및 재산을 재해로부터 보호하는 행정상의 시책이다. '방재'는 시간의 경과에 따라, ① 재해 예방, ② 재해 응급 대책, ③ 재해 복구·부흥의 3단계로 구분하고, 그 각각의 단계별로 국가나 공공 기관, 지방 공공 단체, 주민 등이 혼연일체가 되어 최선의 대책을 강구하여 피해를 줄이는 데 큰 역할을 해야 한다. 각 단계별 기본 방침은 다음과 같다.[16] 참고로 일본에는 우리나라와 달리 재해와 재난을 구분해서 쓰지 않고 재해로 표기하고 있다.

(1) 재해 예방

① 국토 보전 사업 및 시가지 개발 사업 등으로 재해에 강한 국가와 시가지 형성, 주요 교통·통신수단의 강화, 구조물이나 시설물 및 라이프 라인 기능의 안전성 확보.

② 발재(發災)시 응급 대책이나 복구를 신속하고 원만하게 처리하기 위해서는 사전의 체제 정비, 시설이나 설비 기자재 등의 정비, 식료 음료수 등의 비축, 방재 훈련 실시 등.

③ 국민들의 방재 활동을 촉진하기 위하여 주민들에게 방재 사상과 방재 지식의 보급, 자주방재조직 등의 육성·강화, 볼런티어 활동의 환경 정비, 기업방재 촉진.

④ 예지·예측 연구, 공학적·사회학적 분야의 연구를 포함 방재에 관한 연구 추진, 관측의 충실 및 강화, 방재 시책의 활용.

16) 中央防災會議·國土廳防災局編, 『防災基本計劃』, 2006년, pp. 2~3.

(2) 재해 응급 대책

① 재해 발생 징후가 파악되면 경보를 발령하고 주민들의 피난유도 및 재해 미연 방지 활동.

② 발재 직후 피해규모의 조기파악, 재해에 관한 정보의 신속 수집과 전달 및 그를 위한 통신 수단의 확보.

③ 재해응급대책을 종합적・효과적으로 행하기 위하여 관계 기관의 활동 체제의 확립 및 타기관과의 제휴와 응급 체제의 확립.

④ 재해 발생시에 그 확대를 방지하기 위하여 소화・수방 등의 재해 방재 활동.

⑤ 이재민에 대한 구조・구급 활동과 부상자에 대한 신속하고 적절한 의료 활동.

⑥ 원만한 구조나 구급 활동, 의료 및 소화 활동 등을 지원하고, 이재민에게 긴급 물자를 공급하기 위하여 교통규제나 시설물을 응급 복구하고 장애물을 제거함으로써 교통의 확보 및 우선권을 고려한 긴급 수송.

⑦ 피재자들을 안전한 피난 장소로 유도・관리하며 응급 가주택이나 임시 화장실 설치, 폐기물 처리, 방역 활동, 유체의 처리 등으로 피난 수용 활동.

⑧ 피재자들의 생활 유지에 필요한 라이프 라인(life line), 즉 식료나 음료수 등 생활 필수품의 조달 공급.

⑨ 유언비어 등에 의한 사회적 혼란을 방지하고, 적절한 판단과 행동을 촉구하기 위해 피재자들에게 정확하고 적절하며 신속한 정보를 전달.

⑩ 방범 활동 등에 의한 사회 질서의 유지, 물가의 안정, 물자의 안정적 공급, 볼런티어 활동, 의원 물자나 의연금, 해외에서의 지원에 대한 적절한 접수 등.

(3) 재해 복구・부흥

① 피재해 지역의 복구·부흥에 대한 기본 방향의 조속한 결정과 사업의 계획적인 추진.

② 피재(害)시설의 신속한 복구.

③ 재해 재발 방지를 위하여 보다 쾌적한 도시 환경을 향한 방재 지역 만

들기.

④ 적절하고 신속한 장애물들의 처리.

⑤ 피재자에 대한 자금 원조, 주택 확보, 고용 확보 등에 의한 자립 생활 지원.

⑥ 피재 중소기업의 부흥 등 지역 경제의 자립을 위한 경제 부흥의 지원

국가나 공공 기관 및 지방 공공단체는 서로 제휴하여 이들 재해 대책의 기본 사항에 관해서는 협력하여 추진하도록 한다.

2) 재해대책기본법의 개요[17)]

국민의 생명, 신체 및 재산을 재해로부터 보호하고, 사회 질서의 유지와 공공복지 확보에 이바지하는 것을 목적으로 한다.

(1) 방재에 관한 책무의 명확화

① 국가, 도도부현(道都府縣), 시・정・촌, 지정공공기관 및 지정지방공공기관 등의 책무

(i) 각각 방재에 관한 계획의 작성・실시, 상호협력 등의 책무.

② 주민 등의 책무

(i) 자기 스스로 재해에 대비, 자발적인 방재활동 등의 참가 책무 등.

(2) 방재 활동의 조직화・계획화를 위한 종합조정기관

① 종합적 방재 행정의 정비・추진

② 재해 발생 또는 발생 우려가 있을 때는 도・도・부・현, 또는 시・정・촌에 재해대책본부를 설치한다.

(i) 국가 : 중앙방재회의, 비상(긴급)재해대책본부

(ii) 도・도・부・현・시・정・촌 : 지방방재회의, 재해대책본부

(3) 방재 계획 – 계획적 방재 행정의 정비・추진

① 중앙방재회의 : 방재 기본 계획 작성 및 종합적, 장기적인 계획을 수립.

17) 内閣府の全体像, 中央防災会議のホームページ, 2010年 6月 20日付け, http://www.bousai.go.jp

② 지정행정기관 · 지정공공기관 : 방재업무계획 작성 및 중점사항 등의 명기.

③ 도 · 도 · 부 · 현 · 시 · 정 · 촌 : 지역방재계획 작성 및 중점사항 명기 등.

(4) 방재 대책의 추진

① 재해 대책은 (i) 재해 예방, (ii) 재해 응급 대책, (iii) 재해 복구의 3단계로 구분하고 각 단계마다 실시 주체의 임무와 역할, 권한이 규정되어 있다.

② 구체적으로는 방재 훈련의 의무화와 시 · 정 · 촌에 피난지시 및 경계 구역의 설정권, 응급 공용 부담, 재해시 교통 규제 등에 대한 규정이 설정되어 있다.

〈시정촌은 방재대책에 대해서 1차적인 책무를 진다.〉

(5) 재정 금융 조치

① (원칙) 재해 예방 및 재해 응급 대책에 관한 비용은 실시 책임자 부담.

② (예외) 극심한 재해에 관해서는 지방공공단체에 대한 국가의 특별 재정 원조, 피해자에 대한 지원 조성 등이 있다.

⇨ 극심한 재해에 대처하기 위해서는 특별한 재정 원조 등에 관한 법률(재난관련특별법)이 있다.

(6) 재해 긴급 사태에 대한 조치

국가 경제 및 사회 질서 유지에 중대한 영향을 미칠 수 있는 이상 징조발생이나 또는 극심한 재해 발생시에는 총리대신은 재해긴급사태의 포고를 발동할 수 있다. 국회가 폐회중이어도 국가 경제 질서를 유지하고 공공복지를 확보하기 위해 긴급히 필요하다고 인정할 경우에는 금융 채무의 유예 조치를 취할 수 있다.

① 재해 긴급 사태의 포고 ⇨ 긴급재해대책본부의 설치

② 긴급 조치(생활 필수 물자의 배급 등의 제한, 금융 채무의 지불 유예, 해외로부터의 지원 접수에 관한 긴급 정령의 제정)

3) 재해 관련 기본법

1995년 7월에 새로 개정된 「방재기본계획」에 따르면 일본의 방재 대책은 크게 3단계로 구분할 수 있다. 첫째, 재해 발생을 예방하는「재해 예방 대책」, 둘째, 재해가 발생시 피해 확대를 최소화하는「재해 응급 대책」, 셋째, 재해로부터 조기에 복구하는「재해 복구·부흥 대책」이다. 재해 대책에는 정보 전달 체제가 가장 중요하다. 재해 정보의 전달 체제에는 이 3단계 모두 다 중요한 관련성을 갖고 있으나 그 중에서도 특히「재해 예방 대책」이나「재해 응급 대책」시의 정보 전달 체제가 가장 중요하다. 그것은 재해 정보 전달 체제에 따라서 인명이나 재산 피해에 심각한 영향력을 미치기 때문이다. 따라서 재해 정보는 1분 1초라도 신속히 전달되는 것이 생명이라 할 수 있다. 이에 따라, 지정 행정기관이나 지정 공공 기관의「방재업무계획」, 또는 도도부현(都·道·府·縣:광역 지방자치 단체)이나[18] 시·정·촌(市町村 : 기초 지방자치 단체 시·읍·동 단위)의「지역 방재계획」등에 있어서도 재해 응급 대책에 대한 정보 전달 체계 및 정보통신망을 법적으로 규정하고 있다.[19]

한편, 이러한 재난 관리에 대한 방재정보체계는 대체로 5개의 법규에 근거를 두고 있는데, 즉 ① 재해 대책 기본법, ② 소방조직법, ③ 수해방지법, ④ 기상업무법, ⑤ 대규모 지진대책 특별조치법 등이 근간이 되고 있다.

(1) 재해 대책 기본법

재해 대책 기본법(1961년 시행) 제51조에는 "지정 행정기관의 장 및 지정 지방행정기관의 장, 지방 공공단체의 장, 그 외 집행기관, 지정 공공기관 및 지정 지방 공공기관, 공공단체나 방재상 중요한 시설 관리자는 법령 또는 방재계획에 정해져 있는 대로 재해에 관한 정보의 수집 및 전달에 노력하지 않으면 안 된다"라고 규정하고 있다.[20] 여기서 말하는 재해 정보는 크게 다음과 같이

---

18) 일본의 행정구역 1都(東京都 : 도쿄도), 1道(北海道 : 홋카이도), 2府(大阪府 : 오사카후, 京都府 : 쿄토후), 43縣(켄 : 우리나라의 道보다는 조금 작으나 도에 해당하는 행정구역)으로 구성되어 있다. 기초지방자치단체는 시·정(도시의 洞이나 읍에 해당)·촌(시골의 洞에 해당)이 있다. 또한, 도쿄(東京)의 경우는 27개구(區 : 우리나라의 구와 같음)가 있고, 그 밑에 쵸(町 : 대도시의 동에 해당)가 있다.

19) 阿部泰隆,「防災·災害法制の現状と問題點」『ジュリスト』(臨時增刊, 6月號, No. 1070), 有斐閣, 1995年, pp. 2~23.

20) 재해 대책 기본법 제53조에는 "市町村長(시·정·촌장)은 당해 市町村의 구역 내에 재해가 발생했을 때 정령에 정해져 있는 대로 신속하게 당해 재해 상황 및 여기에 대해 취해

10개의 영역으로 구분된다.[21)]

① 재해의 발생 일시, 장소, 구역, 재해의 발생 원인, 진행 과정, 특질
② 강우, 강설, 하천 수위, 해안 수위, 댐, 호수의 수위 상황
③ 주민의 생명이나 재산의 안부 상황 및 주민의 피난 상황
④ 인축, 건물, 농지, 산림, 어항, 하천, 해안, 도로, 철도, 항공 등의 피해 상황
⑤ 수도, 가스, 전기, 통신 등의 피해 상황
⑥ 소방, 수방 등의 응급 조치 상황
⑦ 식량이나 그 외 긴급 보급 물자 및 수량
⑧ 위생 환경, 질병 발생의 상황 및 그에 대한 구호 조치의 여부
⑨ 의약품이나 그 외 위생 재료의 보급 여부
⑩ 그 외 법령으로 정한 것(예, 대규모지진대책특별조치법 제 9 조의 경계선언)

또, 재해대책기본법 제55조에는 도도부현(都道府縣)지사의 통지에 관해서, 56조에는 시정촌장(市町村長)의 전달 및 경고에 관해서 다음과 같이 자세하게 규정하고 있다.[22)]

동법 제55조 "도도부현 지사는 법령의 규정에 따라 기상청이나 그 외 다른 국가기관으로부터 재해에 대한 예보 또는 경보 통지를 받았을 때, 또는 자기 자신이 직접 재해에 관한 경보를 발했을 때는 법령 또는 지역방재계획에 정해져 있는 대로 예상되는 재해 사태 및 여기에 대하여 취할 수 있는 조치에 관해서 관계 지정 지방행정기관의 장이나 지정 지방공공기관, 시・정・촌장 그 외 관계자에게 필요한 통지나 요청을 한다."

동법 제56조에는 "시・정・촌 장은 법령의 규정에 따라 재해에 관한 예보나 혹은 경보 통지를 받았을 때, 또 스스로 재해에 관한 예보나 경보를 알았을 때, 법령의 규정에 따라 스스로 재해에 관한 경보를 발하였을 때, 또는 전조의

진 조치의 개요를 도도부현(도도부현에 보고가 안 될 때는 총리대신에게) 지사에게 보고하지 않으면 안 된다"고 규정되어 있다.

21) 防災対策研究会,『逐条解説,災害対策基本法』(第二次改正版), きょうせい, 2004年, p. 261.
22) 防災対策研究会,『逐条解説,災害対策基本法』(第二次改正版), きょうせい, 2004年, pp. 273~280.

통지를 받았을 때는 지역 방재 계획에 정해져 있는 대로 당해 예보 혹은 경보 또는 통지와 관련된 사항을 관계 기관 및 주민, 그 외 관계가 있는 공・사 단체에 전달하지 않으면 안 된다. 이 경우에 있어서 필요하다고 인정될 때에 시・정・촌장은 주민, 그 외 다른 관계의 공・사 단체에 대해서 예상되는 재해의 사태나 그에 대하여 취해야 할 조치에 관해서 필요한 통지나 또는 경고를 발할 수 있다"고 규정하고 있다.

한편 재해가 발생했을 때나 또는 발생할 우려가 있을 때에도 당해 행정기관들은 피난 권고 내지는 피난 지시를 내릴 수 있다. 그의 발령권자는 재해의 종류에 따라서 다르지만, 그에 대한 주요한 법적 규정은 재해 대책 기본법 제60조와 61조에 규정되어 있다.[23)]

재해대책기본법 제60조(시・정・촌장의 피난지시 등)에는 "① 재해가 발생, 또는 발생할 우려가 있을 경우에는 사람의 생명, 또는 신체를 재해로부터 보호하고, 그 외 재해 확대를 방지하기 위하여 특히 필요하다고 인정될 때에는 시・정・촌장은 필요하다고 인정되는 지역의 거주자, 체재자, 그 외의 사람에 대해서 피난을 위한 퇴거를 권고하고, 긴급을 요한다고 인정할 때에는 이들에 대해서 피난을 위해 퇴거를 지시할 수 있다. ② 전항의 규정에 의해서 피난을 위해 퇴거를 권고하고, 또 지시를 할 경우에 있어서는 필요하다고 인정될 경우 시・정・촌장은 그의 퇴거를 먼저 지시할 수 있다. ③ 시・정・촌장은 제 1 항의 규정에 따라 피난을 위해 퇴거를 권고, 또는 지시하고, 혹은 퇴거를 지시할 때는 신속하게 그 취지를 도도부현 지사에 보고해야 한다. ④ 시・정・촌장은 피난의 필요성이 없어졌을 때도 즉시 그 취지를 공시하지 않으면 안 된다. 전항의 규정은 이 경우에 있어서 준용한다"고 규정하고 있다.

또, 재해대책기본법 제61조에는 "경찰관 등의 피난 지시"라고 하는 피난 규정이 있는데 그 규정은 다음과 같다.[24)]

동법 제61조, 전조 제 1 항의 경우에 있어서 시・정・촌장이 동항의 규정에 의해 피난을 위한 퇴거를 지시할 수 없다고 인정될 때, 또는 시・정・촌장

23) 防災対策研究会, 『逐条解説,災害対策基本法』(第二次改正版), きょうせい, 2004年, pp. 292～300.

24) 防災対策研究会, 『逐条解説,災害対策基本法』(第二次改正版), きょうせい, 2004年, pp. 300～302.

으로부터 요구가 있었을 때, ① 경찰관, 또는 해상 보안관은 필요하다고 인정되는 지역의 거주자, 체재자, 그 외 자에 대해서 피난을 위한 퇴거를 지시할 수 있다. 전조 제2항의 규정은 이 경우에 있어서 준용한다. ② 경찰관, 또는 해상보안관은 전항의 규정에 따라 피난을 위해 퇴거를 지시할 때는 즉시 그 취지를 시·정·촌장에게 통지하지 않으면 안 된다. ③ 전조 제3항 및 제4항의 규정은 전항의 통지를 받은 시·정·촌장에 관해서 준용한다.

피난 지시에 관한 법률로는 그 외에도 수해방지법 제22조에, "홍수 또는 해일에 의한 범람으로 위험이 현저하여 절박하다고 인정될 때에 도도부현 지사, 그 명을 받은 도도부현 직원, 또는 수방관리자는 필요하다고 인정되는 구역의 주민에 대해서 피난을 위해 퇴거를 지시할 수 있다. 수방관리자가 지시를 할 경우에는 당해 구역을 관할하는 경찰서장에게 그 취지를 통지하지 않으면 안 된다"라고 규정되어 있고, 또 언덕이 무너진다거나 산사태 등에 대한 규정은 「수방법 제25조」[25]에 규정되어 있다.

또, 경찰관 직무집행법 제4조 12항에도 다음과 같이 경찰관의 피난 권고권에 대해서도 상세하게 기술하고 있다.

동법 제4조: 경찰관은 사람의 생명 혹은 신체에 위험을 끼치거나 또는 재산에 중대한 손해를 미칠 우려가 있는 천재 지변, 사변, 공작물의 손괴(損壞), 교통사고, 위험물의 폭발, 광견(광견병의 개), 힘차게 달리는 우마 등의 출현, 극단적인 인파 등 위험한 사태가 있는 경우에는 그 장소에 모여 있는 사람이나 그 사물의 관리자, 그 외 관계자에 필요한 경고를 발하고, 또 특히 긴급을 요하는 경우에는 위해를 받을 우려가 있는 자에 대해서 그 장소의 위해를 피하게 하기 위해서 필요한 한도에서 만류, 또는 피난, 혹은 그 장소에 있는 사람이나 그 사물의 관리자, 그 외 관계자에 대해서 위해 방지를 위하여 통상 필요하다고 인정되는 조치를 취할 것을 명하고, 또 스스로 그 조치를 취할 수가 있다.

---

25) 도도부현 지사 또는 그 명을 받은 관원은 산사태로 인하여 위험이 현저하여 절박하다고 인정될 때에, 필요하다고 인정되는 구역 내의 거주자에 대해서는 피난을 위해서 퇴거를 지시할 수 있다. 이 경우에 있어서는 도도부현 지사, 또는 그 명을 받은 관원은 즉시 당해 구역을 관할하는 경찰서장에게 그 취지를 통지하지 않으면 안 된다.

(2) 소방 조직법

소방조직법 제24조 2항(비상사태시에 있어서 도도부현 지사의 지시)에 의하면, 도도부현 지사는 지진, 태풍, 수・화재 등 비상사태의 경우에 있어서 긴급히 필요하다고 인정될 때에는 시・정・촌장, 시・정・촌의 소방장, 또는 수방법에 규정된 수방관리자에 대해서 「재해방어의 조치에 관한 협정」에 따라 협정의 실시와 그 외 재해방어의 조치에 대해서 필요한 지시를 할 수있다. 이 경우 지시는 소방청장관이 행하는 권고, 지도 및 조언의 취지에 따라서 행하지 않으면 안 된다.

재해의 방어 조치라 함은 재해 방어의 방법, 타 시・정・촌에의 소방대의 출동, 재해용 기자재의 수송, 그 외의 응원 행위를 말한다.

(3) 수해방지법

수해방지법 제10조(1949년 시행)에 의하면, 건설 대신 또는 도도부현 지사는 다음과 같은 경우에는 수방경보를 발할 수 있다고 규정하고 있다.

동법 제10조 ① 건설 대신은 홍수 또는 해일에 의해서 국민 경제상 중대한 손실을 가져올 위험성이 있다고 지정한 하천이나 호수와 늪 해안에 관해서, 도도부현 지사는 건설 대신이 지정한 하천, 호수 늪 또는 해안 이외의 하천, 호수 또는 늪 해안에서 홍수나 해일에 의한 상당한 손해를 가져올 우려가 있다고 인정해서 지정한 곳에는 수방 경보를 발하지 않으면 안 된다. ② 건설 대신은 전항의 규정에 의해서 수방 경보를 발할 때는 즉시 그 경보 사항을 도도부현 지사에게 통지하지 않으면 안 된다. ③ 도도부현 지사는 제 1 항의 규정에 의해서 수방경보를 발할 때, 또는 전항의 규정에 의해서 통지를 받았을 때는 도도부현의 수방계획에 따라 즉시로 그 경보 사항 또는 받은 통지에 관련된 사항을 관계 수방관리자나 그 외 다른 수방에 관련된 기관에 통지하지 않으면 안 된다」.

수방 경보의 발권자는 건설 대신, 혹은 도도부현 지사로, 이 경보가 발령하면 이미 정해져 있는 수방 계획에 따라서 수방단 및 소방단이 출동함과 동시에 위험 지구 거주자에 대해서는 피난 지시 등을 취할 수 있게 되어 있다.[26)]

---

26) 건설 대신 또는 도도부현 지사가 수방경보를 발할 수 있도록 지정된 하천은 토네가와(利

(4) 기상업무법

기상업무법(제13조)에는, ① 기상청은 정부령에 의해서 기상, 지상(地象 : 지진 및 화산현상 제외), 해일, 만조, 파랑 및 홍수에 관해서 일반의 이용에 적합한 예보나 경보를 하지 않으면 안 된다. 또, 제15조에는, 기상청은 기상, 해일, 파랑 및 홍수 경보를 발할 때는 정령에 정해져 있는 대로 즉시 그 경보 사항을 일본 전신 전화 주식회사(NTT), 경찰청, 해상보안청, 운수성, 일본 방송협회(NHK), 건설성 또는 도도부현에 통지하지 않으면 안 된다는 규정이 있다. 경계의 필요성이 없어졌을 때도 똑같이 해야 한다. ② 전항의 통지를 받은 일본 전신 전화 주식회사(NTT), 경찰청 및 도도부현의 기관은 즉시 그 통지된 사항을 관계 시・정・촌장에 통보해야 한다. ③ 전항의 통지를 받은 시・정・촌장은 즉시 그 통지된 사항을 공중 및 소재지의 관공서에 주지시키기 위하여 노력해야 한다. ④ 제1항의 통지를 받은 해상보안청은 즉시 그 통지된 사항을 항해 중이거나 입항중인 선박에게 주지시키기 위하여 노력해야 한다. ⑤ 제1항의 통지를 받은 운수성의 기관은 즉시 그 통지된 사항을 항행중인 항공기에 주지시키기 위하여 노력하지 않으면 안 된다. ⑥ 제1항의 통지를 받은 NHK는 즉시 그 통지된 사항을 방송하지 않으면 안 된다. 라는 규정이 있다.

(5) 대규모 지진 대책 특별조치법

대규모지진대책특별조치법(1978년 시행) 제9조에는 다음과 같이 경계 선언에 관해서 규정하고 있다.

> 동법 제9조, ① 내각 총리대신은 기상청 장관으로부터 지진 예지 정보의 보고를 받은 경우에 있어서는 지진방재 응급 대책을 실시할 긴급성이 인정될 때는 각의(閣議)를 거쳐서 지진 재해에 대한 경계 선언을 발동함과 동시에 다음과 같은 조치를 취하지 않으면 안 된다.
>
> (i) 강화 지역 내의 거주자, 체제자, 그 외의 자 및 공사의 단체(이하 거주자 등을 말한다)에 대해서 경계를 취해야 한다는 뜻을 공시할 것.

根川) 등 17개의 수계와 108개의 하천에 이른다.

(ii) 강화 지역에 관련해서 지정 공공기관 및 도도부현 지사에 대해서 법령 또는 지진방재강화 계획이 정해져 있는 대로 지진방재응급대책에 관련된 조치를 취해야 한다는 뜻을 통지할 것.

② 내각 총리대신은 경계 선언을 발할 때 즉시로 해당 지진 예지 정보의 내용에 관해서 국민에 대하여 주지시키는 조치를 취하지 않으면 안 된다. 이 경우에 있어서 내각 총리대신은 기상청 장관을 통해서 당해 지진 예지 정보에 관련된 기술적 사항에 관해서도 설명을 해야 한다.

또, 동법 제20조에는 재해대책기본법의 준용 규정이 있고, 제51조(정보의 수집과 전달에 관해서)의 규정은 지진 예지 정보의 전달에 관해서, 제52조(방재 신호)의 규정은 경계 선언이 발령될 경우에 있어서 방재에 관한 신호에 관해서, 제55조(도도부현 지사의 통지 등), 제56조(시 · 정 · 촌장의 경보 전달 및 경고)의 규정은 도도부현 지사 또는 시 · 정 · 촌장은 경계 선언이 발령된다는 것을 알았을 경우에는 준용하도록 되어 있다.

이상과 같이 재해 발생에 대한 우려가 고조될 때나, 재해 발생시에는 재해 경보를 발령하기도 하고 피난 명령을 내리기도 하는데 이것은 모두다 관련 법규에 의해서 집행됨을 알 수 있다.

4) 재난 관리 대응 체제와 위기관리 커뮤니케이션

위기 발생시 재난 정보의 전달 체제는 대단히 중요하다. 재해 사회학에서는 위기 발생시 나타나는 조직 구성을 긴급 사회 시스템(emergency social system)이라고 부르는데, 이 조직은 평상시에는 잠재되어 있다가 위기 발생시에만 현재화(顯在化)하는 조직이다.[27] 예를 들면, 중앙방재회의나 도도부현 방재회의, 시 · 정 · 촌의 방재회 등이 대표적이다.

(1) 재난 관리 대응 체제

지진이나 풍수해 등 각종 재해로부터 국토 및 국민의 생명과 신체, 그리고 재산을 보전하기 위해 재해 대책 기본법에는 방재에 관한 조직으로서 중앙(소방청)에는 ① 중앙방재회의, 지방 도도부현에는 ② 도도부현 방재회의, 기초

27) 東京大學新聞研究所編 ,『災害と情報』, 1986年, 東京大學出版會, p. 5.

지방자치단체에는 ③ 시·정·촌방재회의 등을 설치하고 있다. 이와 같은 방재회의는 행정기관 이외에도 일본 적십자사나 공공기관 등의 참가로 재해 예방이나 긴급 재해 대책에 적절히 대처하기 위하여 방재 계획을 작성하고 그에 대한 원활한 대응책도 세우고 있다.

중앙방재회의는 방재의 기본이 되는 방재 기본 계획을 수립하고, 각 지정 행정기관 및 지정 공공 기관에 있어서는 그 소장 사무 또는 업무에 관한 방재 업무 계획을 수립하며 지방방재회의는 지역 방재 계획을 수립하고 있다.

재해 발생시 방재상 필요하다고 인정될 경우에는 국가는 비상 재해대책본부(재해 규모가 특히 대규모이거나 긴급한 사태발생시), 도도부현 및 시·정·촌장은 재해 대책 본부를 설치해서 재해에 대응하고 있다.

① 재난 발생시의 대응 체제

상당 규모의 재해가 발생 또는 발생할 우려가 있을 경우에는 도도부현 또는 시·정·촌에 있어서는 경계를 강화하고 방재 활동을 강력히 추진하기 위하여 도도부현 지사, 또는 시·정·촌장을 본부장으로 하는 재해대책본부를 설치한다.

② 평상시의 체제

도도부현에는 모두 소방방재를 주관하는 과가 설치되어 있으며, 재해대책기본법 등에 근거하여 사무를 집행하고 소방조직법에 따라서 시·정·촌을 지도하고 있다. 또, 대규모 지진에 대비하여 지진 대책을 전담하는 과(실)를 설치하고 있는 현도 있다. 특히 지난번 한신(阪神)대지진 이후는 도도부현에 있어서 방재의 역할이 중요시되고 있는 가운데 소방방재 주관과의 조직이 크게 확충 강화되고 있다. 시·정·촌의 경우는 방재담당부·과, 또는 소방 본부가 방재회의, 방재계획 등에 관한 사무를 관장하고 있으며, 방재 대책도 종합적이고 계획적으로 추진하고 있다. 또한, 돌발적인 대규모 재해 발생에 대비하여 소방방재 주관과 등에 있어서는 야간이나 휴일 등에도 정보의 수집과 연락 체제를 강화하고 있다.

(2) 방재 정보의 전달 시스템 및 체계

재해 발생시에는 신속하고 정확한 정보가 방재 활동에 가장 중요하다. 따라서 방재 활동을 실시하기 위해서는 각종 방재 정보의 수집과 전달 체제를 확보해 두는 것이 매우 중요하다.

일본의 방재통신망은 다음 도표와 같이 국가, 도도부현 및 시・정・촌의 각 계층으로 구성되어 있다.[28)]

① 중앙방재무선

내각부를 중심으로 지정행정기관(중앙성・청 28개 기관)이나 지정공공기관(NTT, NHK전력 등 52개 기관), 타치가와(立川)광역방재기지 내의 방재관계기관(도쿄재해의료센터 등 11개 기관)을 연결하는 네트워크다.

② 소방방재무선

중앙(총무성 소방청)과 도도부현을 연결하는 소방방재무선망으로 전화 및 팩시밀리에 의한 상호 통신과 총무성 소방청에서 긴급 발신하는 일제 통보에 이용된다.

③ 도도부현 방재행정무선

도도부현과 시・정・촌, 방재관계기관과의 연결하는 통신망으로 방재 정보를 수집・전달하는 네트워크, 위성계를 포함해서 전국 도도부현에 모두 설치되어 있다.

④ 시 · 정 · 촌 방재행정무선

시・정・촌의 방재 정보를 수집하고, 또 주민에 대해서 방재 정보를 주지하기 위하여 정비되어 있는 네트워크로 동보계(고정정보 통신)와 이동계(이동정보 통신)가 있다.

⑤ 지역방재무선

교통 및 통신 수단의 두절로 고립 지역으로부터의 정보나 병원, 학교, 전기, 가스 등 Life line이나 생활 관련 기관과 시・정・촌 등의 통신을 확보하는

28) 総務省電波利用ホームページ, 防災行政無線システムの現状, http://www.tele.soumu.go.jp (2010. 6. 20).

것을 목적으로 한 이동 통신계 네트워크이다.

위성통신계는 지상 재해의 영향이 거의 미치지 않는 동시에 재해시에 통신이 폭주하는 특정 지역에 무선 회선을 집중적으로 할당할 수 있는 통신으로, 소방청에서는 전국 지방 공공단체로 구성되어 있는 지역 위성통신 네트워크를 활용한 위성통신계의 정비를 적극적으로 추진하고 있다. 지역 위성통신 네트워크는 디지털 통신 기술을 활용한 통신 기능의 고도화를 꾀한 것으로 전화, 팩시밀리 및 데이터통신, 그 외 디지털 영상 및 아날로그 영상 전송도 가능하다.

또, 시・정・촌과 지역 주민 등을 연결하는 방재 행정 무선망으로, 일반적으로 동보계(同報系), 무선・이동계 무선 및 지역방재 무선으로 되어 있다. 동보계 무선은 한 방향으로 정보를 전달하는 수단으로서, 시・정・촌 사무소의 송신용 고정국(母局)과 취락 지역에 수신기(子局)를 설치하여 지역 주민에 대해서는 일제히 정보를 전달할 수 있도록 만든 무선 시설이다. 예를 들면 일기예보나 기상 경보, 피난 권고나 지시 등의 전달 수단으로서 극히 유효하게 활용될 수 있는 것이다.

이동계 무선은 차량 등에 적재한 이동국과 시・정・촌의 재해 대책 본부와의 사이에 상호 통신이 교환되는 것으로 취락 지역의 재해 상황 등을 신속하고 정확하게 파악하는 데 매우 유용하며, 효과적인 재해 대책을 수립하기 위해서는 이들 두 개의 시설 정비가 꼭 필요한 실정이다. 소방청에서는 특히 태풍 상습 지역, 특별 호설(호우나 눈)지역, 지진 관측 강화 지역, 활동 화산 주변 지역, 오끼나와 현 등의 지역, 방재 대책이 시급한 지역의 시정촌에 대해서는 국고 보조 제도나 방재 지구 만들기 사업을 활용해서 정비하고 있다.

지역방재무선은 방재관계기관, 병원, 학교, 라이프라인 등의 생활 관련 기관, 자주방재조직 등에 이동 무선기를 배치함으로써 재해시에는 시・정・촌 사무소와 이들의 관계 기관과의 상호 연락 수단으로서 활용되고, 평상시에 있어서도 지역에 밀착한 정보를 수집・전달할 수 있다.[29)]

---

29) 이 연, 『위기관리와 매스미디어』, 학문사, 2007년, pp. 285~289.

• 그림 2-1 • **일본의 방재행정무선시스템**[30)]

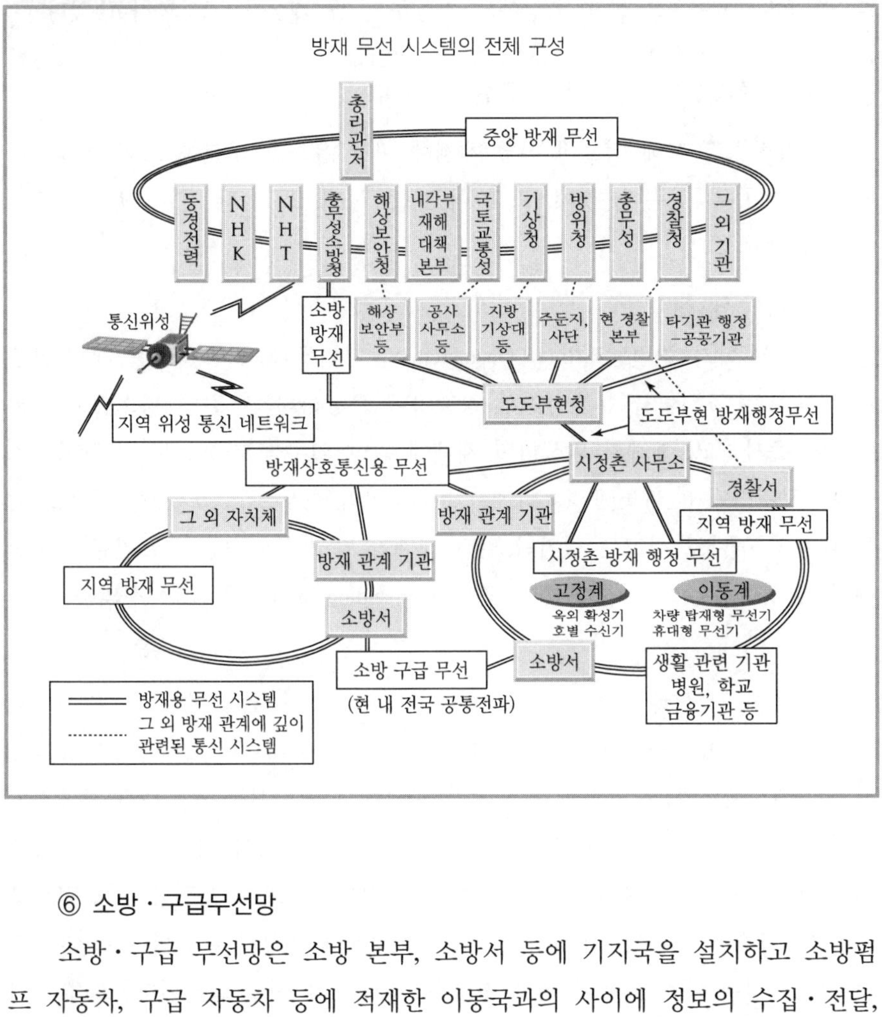

⑥ 소방 · 구급무선망

소방 · 구급 무선망은 소방 본부, 소방서 등에 기지국을 설치하고 소방펌프 자동차, 구급 자동차 등에 적재한 이동국과의 사이에 정보의 수집 · 전달, 지휘 · 연락 등을 행하기 위한 무선망이다. 그 외 일부 소방 기관에서는 재해 현장의 영상을 미국의 WESCAM사[31)]의 자이로 카메라와 같이 헬리콥터TV 전

30) 総務省電波利用ホームページ, 防災行政無線システムの現状, http://www.tele.soumu.go.jp (2009. 8. 20).

31) WESCAM's Gyrostablized Camera Systems은 웨스컴사가 제작한 자이로 카메라로 렌즈 직경이 16인치, 24인치, 36인치 등이 있는데 가장 강력한 36인치짜리 카메라는 최고 배율 220배, 직경 660미터 거리의 물체를 정확하게 식별할 뿐만 아니라, 움직이는 자동차는 24

송 시스템을 이용해서 소방 본부에 전달한다든지, 지도 정보 등을 소방 본부에 파일링(filling)해 두고 화재 현장에도 전송하는 등 기능을 고도화하고 있다.

(3) 재해 정보의 전달 체제와 실제

일반적으로 재해 정보의 전달 체제에 관한 유형을 구분해 보면 크게 3가지로 구분할 수 있는데, 첫째, 조직 내 전달, 둘째, 조직 간 전달, 셋째, 조직-주민 전달이 그것이다.

① 조직 내 전달

미국의 학자 쿼런텔리(E. L. Quarantelli)와 다인즈(R. R. Dynes)는 재해 발생 시 활동하는 조직들을 분류하면서 경찰이나 소방서 등과 같이 평소에도 방제 업무에 종사하고, 재해가 발생하면 재해에 관한 업무를 가장 최우선시하는 조직을 「정치집단」(定置集團 : established groups)이라고 부르고, 또 재해 업무를 업무 내용의 하나로 하고는 있지만 일단 재해가 발생하면 처음부터 인원을 동원해서 활성화하는 조직을 「확대 집단」(extpanding groups)이라고 정의하고 있다.[32)]

② 조직 간 전달

조직 간 전달이라고 하는 것은 복수의 조직 사이에 서로 간 정보를 교환하는 것으로, 예를 들면 도도부현의 경찰 본부에서 경찰서를 경유해서 주재소·파출소에 이르는 '동 계열 조직 간 전달'과 도도부현에서 시·정·촌에, 혹은 경찰서에서 시·정·촌과 같은 '이종 조직 간' 전달로 구분된다. 일반적으로 동 계열 조직 간 전달은 비상시 정보 전달 체제가 평상시의 지휘 명령 계통과 중복되는 것이 많기 때문에 정보 전달은 비교적 잘 전달되게 된다. 그러나 이종 조직 간의 정보 전달은 그 경로가 지역 방재 계획 등에 의해서 엄밀히 규정되어 있는데도 불구하고 현실적으로 잘못 전달되는 경우가 적지 않다. 예를

킬로미터의 전방에서 탐지할 수 있는 고성능 카메라다. 이것을 헬리콥터에 탑재하면 지진이나 대형 재해 현장을 신속하게 파악하는 데 유용한 장비다. 특히 연기나 불꽃 등에도 불구하고 우수한 투시력이 있다.

32) E. L. Quarantelli and R. R. Dynes, "Different Types of Organizations in Disaster Responses and thir Operational Problems", Disaster Research Center Preliminary Paper, 41, The Ohio State University, 1977.

들면, 어떤 조직으로부터 받은 정보를 다른 조직에 전달하는 소위 중개 과정을 담당하는 부서가 이와 같은 오류를 범하는 경우가 있다.

조직 간 재해 정보 전달 형태는 다시 네 가지의 형태로 나눌 수 있는데, 일반적으로 주된 루트는 '행정 루트'와 '방송 루트'이고, 보완적인 면에서는 '사업소 루트'와 '주민 루트' 등을 들 수 있다. 전자는 법적으로 강제성이 있고 조직적인 데 비하여, 후자는 강제성이 없고 자발적이며 헌신적이다.[33)]

③ 조직-주민 전달

조직-주민 전달의 유형은 말단 행정기관인 시·정·촌에서, 혹은 라디오·텔레비전 등 방송을 통해서 직접 주민에게 재해 정보를 전달하는 유형이다. 이미 앞에서 기술한 조직 간 정보 전달 루트는 네 개의 채널로 구성되어 있다. 그런 의미에서 이것은 조직 간 정보 전달 유형의 변종(variation)의 하나라고도 말할 수 있다. 그러나 재해 발생시 경보나 피난 권고 등 재해 정보의 최종적 목적은 재해 정보를 주민들에게까지 전달해 피해를 경감하게 하는 것이기 때문에 여기에서는 분리해서 기술하도록 한다.

일반적으로 정보 전달의 효율을 평가하는 척도로서는 ① 전달 속도, ② 전달 범위, ③ 정보의 침투 정도, ④ 그리고 정보의 적절성 등을 들 수 있다.[34)] 마지막으로 조직-주민의 정보 전달 유형에 있어서는 방송에 의한 전파 매체가 가장 신속하게 전달된다고 할 수 있지만, 이는 정보의 도달 또는 그때그때 시청률에 따라 좌우되기 때문에 반드시 전달 효율이 높다고만 단언할 수 없다.

(4) 재난 발생 시기별 정보 전달체제[35)]

① 경계기(발생 이전)

경계기는 재해가 아직 발생하지 않은 수일 내지는 몇 시간 전부터 극히 가까운 장래에 재해 발생을 미리 예측하고 방재기관을 중심으로 각종 조직이 방재체제를 취하면서 주민들에게는 철저한 경계를 당부하는 시기를 말한다. 경계기에 있어서의 정보 전달은 조직 내 전달, 하향적 전달이나 상향적 전달,

---

33) 廣井脩, 「災害とマス·メディア」『災害と人間行動』, 東京大學出版會, !982年, pp. 56～57

34) 廣井脩, 『災害と人間行動』, 前揭書, pp. 57～58.

35) 이 연, 『위기관리와 커뮤니케이션』, 학문사, 2003년, pp. 222～227.

그리고 조직 간 전달, 조직-주민 전달 등의 방법이 있다.

(i) 재해 경보의 전달체제

경계기에 전달되는 재해 정보의 전형은 다음과 같다.

첫째, 기상 관서가 발하는 각종의 경보

둘째, 건설 대신 또는 도·도·부·현 지사가 발하는 수방 경보

셋째, 내각 총리대신이 발하는 경계 선언 등의 「재해 경보」이다.[36]

이들 경보는 조직 간 전달 루트(행정 루트, 방송 루트) 및 조직과 주민 사이의 전달 루트(행정 루트, 방송 루트)에 의한 전달은 법적으로 의무화하고 있고, 방재기관의 방재 업무 계획이나 지역 방재 계획 속에는 그 전달 계획이 상세하게 규정되어 있다.

(ii) 경보 방송

재해 경보의 전달 매체로는 행정 조직보다는 방송 매체가 훨씬 더 위력을 발휘하게 된다. 행정 조직은 항상 정보가 두절될 위험성이 있는데 비해서 방송 정보는 상대적으로 위험성도 적고 전달력도 어느 매체보다도 훨씬 뛰어나고 신속성을 가졌기 때문이다.

기상업무법에 의하면 경보 방송은 일본방송협회(NHK)가 경보하도록 규정되어 있을 뿐 아니라, 수방법, 재해 대책 기본법, 대규모지진대책특별조치법, 방송법 제6조 2항[37]에도 경보 방송은 NHK가 하도록 의무화하고 있다. 그렇기 때문에 NHK는 경보 방송 방침을 명확히 정해 놓고 있는데, 그 기본 방침에는 해일 경보 이외의 기상 경보는 로컬 방송을 원칙으로 하고, 해일 경보나 동해 지진의 경계 선언은 전국 중계가 원칙으로 되어 있다. 해일이나 대규모

36) 여기에서 말하는 재해경보는 '재해 발생을 미리 예지하고 거기에 따라서 주민이나 조직에 경계를 당부하며 적절한 행동을 지시하는 정보'를 총칭한다. 법률적으로 경보는 기상업무법에 의한 경보로 각종 기상경보, 해일경보, 파고경보 등이 있고, 소방법에 있어서는 소방 경보, 수방법에서는 수방경보를 의미한다.

일본에서는 재해시에 있어서 주민들의 생명 보호를 목적으로 재해 대책 기본법에 피난 권고 내지 지시, 또는 대규모 지진 대책 특별조치법의 지진경계선언 등이 있는데, 이들도 방재상의 관점에서 보면 경보와 거의 같은 역할을 하고 있다. 따라서 지진 예지 정보와 행동 지시 정보를 포함해서 상기의 정보를 총칭해서 '재해 경보'라고 표기한다.

37) 방송법 제6조2에 의하면, "방송 사업자는 폭풍, 호우, 홍수, 지진, 대규모의 화재, 그 밖에 재해가 발생하거나 또 발생할 위험성이 있는 경우에는 그 발생을 예방하고, 또 그의 피해를 경감하기 위하여 도움을 주는 방송을 하지 않으면 안 된다"라고 기록하고 있다.

지진을 제외한 재해는 비교적 그 영향의 범위가 한정되어 있다는 재해의 특성 때문에 로컬 방송을 원칙으로 하고 있다.

② NHK의 경보 방송

NHK 도쿄 본부의 방송 방침은 기상 경보(폭풍우, 폭풍설, 폭우, 대설, 높은 파고, 홍수, 파랑에 관한 경보) 등에 관해서는 원칙적으로 전국 중계는 하지 않는다. 다만, 정규 방송중에 경보가 발령됐을 때는 도쿄 로컬로 자막 스파트 등에 의해서 방송하고, 정규 방송 종료 후의 경우에는 발령 지역이 광범위할 때, 혹은 큰 피해가 예상될 때만 도쿄 로컬로 방송한다.

그러나 해일 경보에 관해서는 정규 방송이나 방송 종료 후를 불문하고 NHK가 소유하고 있는 7파(TV, Radio, BS) 모두를 사용해서 전국 중계로 임시 뉴스 방송을 한다. 이때 사전에 차임벨을 울려서 시청자들의 주의를 환기시킨다. 또 해일 주의보의 경우도 똑같이 하고, 그리고 경보는 아니지만 진도 6내지 진도 7의 지진이 발생했을 경우에도 똑같은 조치를 취하도록 하고 있다.

동해 지진의 경계 선언에 관해서는 협정에 의해서 보도 해금 최종 판정이 있을 때까지 판정회소집 30분 후부터는 7파 모두 정규 방송을 중단하고 전국 중계로 임시 뉴스로 방송하며, 그 태세는 경계 선언 발표까지 계속해야 한다.[38] 그 이후는 전국 중계를 계속함과 동시에 지진 방재 대책 강화 지역 카나가와(神奈川), 시즈오카(静岡), 야마나시(山梨), 나가노(長野), 아이치(愛知), 기후(岐阜) 6개의 현(縣)에 수시로 로컬 뉴스를 삽입해서 지진 발생까지 동해 지진 관련 보도만을 방송해 가는 체제로 되어 있다.

③ 발재기 · 피난 구조기

재해 발생시에 있어서 긴급 정보 전달체제에는 방송이 차지하는 역할이 매우 크다고 하겠다. 실제로 재해 발생 상황에 있어서 발재기 및 피난 · 구조기로 나누어서 방송 활동을 구분해 보면 ① 방재 방송과 ② 안부 방송으로 대별

38) 廣井脩, 『災害と人間行動』, 東京大學出版會, 1982年, 지진예지간담회(地震豫知懇談會)는 지진이 일어날 위험성이 지극히 높다는 사실을 사전에 탐지하였을 때에 필요에 따라 총리대신이 소집하고 관계 전문가들로 구성된 동 위원회는 신속히 심의 · 판정하여 30분 이내에 경계 선언을 하게 된다. 그러나 이미 소집했다는 사실만이라도 확인되면 벌써 방송국은 스탠바이 상태에 들어가게 된다.

되게 된다. 즉, 발재 직후 아직까지 피해 상황이 명확히 판명되지 않은 상태에서 화재 등 제2차 재해의 방지를 당부하는 ① 방재 방송과 시청자의 안부 연락 매체로서 기능하는 ② 안부 방송이 그것이다.

④ 방재 방송

현재 많은 방송국에서는 재해 발생 이후의 2차 재해 방지를 위하여 '방재를 위한 당부' 원고를 미리 준비하고 있으며, 지진의 경우는 다음과 같다.

(i) 당황해서 밖으로 뛰쳐나가지 말 것

(ii) 불 사용에 주의할 것

(iii) 낙하물에 주의할 것

(iv) 자동차 운전자는 속도를 줄일 것

이와 같이 일반적인 행동 지시를 방송하는 것이 보통이다. 따라서 최근에는 좀 더 피해 주민들이 원하는 정보, 밀착된 정보를 제공하기 위하여 각 방송사마다 자체 매뉴얼을 개발하고 있다. 예를 들면, 해일 위험 지역에서는 해일 경보를 우선으로 한다든가, 집중 호우 상습 지역에는 산과 언덕 붕괴 위험에 주민들이 대처하도록 당부하는 것 등이 있다.

⑤ 안부 방송

재해 발생시 전화선의 이상 폭주나 정보 네트워크의 단절로 주민들 간에도 연락이 두절되는 경우가 많다. 따라서 이 경우에는 방송 매체가 주민 간의 안부를 전달하는 전달 매체로서 가장 중요하게 이용된다. 이 안부 방송은 지난 95년 1월 17일 한신 대지진 때 커다란 위력을 발휘하였다. 따라서 최근에는 안부방송의 중요성이 점점 더 높아져감에 따라 재해시에는 하나의 필수적인 방송형태로 정착되어가고 있다. 지진의 경우 지금까지 방송된 안부 방송들의 내용을 분류해 보면 다음과 같다.[39)]

(i) 개인 안부를 방송한다(개인 정보).

(ii) 학교, 유치원 등 단체 단위로 방송한다(집단 정보).

(iii) 상대로부터의 연락을 바라는 의뢰 방송(연락 의뢰).

(iv) 자신의 무사를 알리는 방송(무사 정보).

---

39) 이 연, 『위기관리와 매스미디어』, 학문사, 2007년, pp. 225~227.

한국에는 지난 남북 이산가족 찾기에서 패널을 이용한 패널 방송이 처음으로 등장하여 상당한 효과를 거둔 바 있다. 일본에서도 고베 지진 때 이 패널 방송이 안부 방송에 이용되어 좋은 반응을 얻게 되었다. 그것은 특히 짧은 시간에 여러 사람에 대한 내용을 방송할 수 있는 장점이 있을 뿐만 아니라, 우리나라나 일본, 중국 등 한자 문화권에 있어서는 이름이나 인적 상황을 단시간에 시청자들에게 정확하게 전달할 수 있는 장점이 있다.

제 3 장

한국의 위기관리체제와 커뮤니케이션

제 1 절 한국정부의 국가전략과 위기관리

1. 한국의 국가안전보장회의(NSC)와 위기관리 커뮤니케이션

1) 한국의 국가안전보장회의(NSC)

(1) 한국의 NSC와 위기관리 커뮤니케이션

2009년 5월 25일 오전 북한은 전격적으로 제 2 차 핵 발사 실험을 했다. 지난 4월 5일 인공위성 발사 이후 50일만의 일이다. 유엔 안보리가 의장 성명으로 북한의 인공위성 로켓 발사에 대해 제재를 결정하자, 북한은 "즉시 사죄" 하지 않으면 핵실험과 대륙 간 탄도미사일(ICBM) 발사 시험을 할 것이라고 위협 하였다.[1] 뿐만 아니라, 김정일의 건강 이상설과 함께 제 3 세 김정운의 후계 구도를 둘러싸고 북한이 연일 강경 일변도의 성명을 냈다.

1) 세종연구, 「북한의 2차 핵실험 배경과 대북전략 과제」 No. 141(2009. 5. 27).

남한의 이명박 대통령도 4월 5일 북한의 장거리 로켓 발사 직전에 대통령 주재로 지하 벙커에서 국가안전보장회의(NSC)를 주재했다. 이는 2008년 7월 11일 새벽 4시 30분 북한 금강산 특구 만리포 해수욕장에서 관광객 박왕자(여, 53)씨가 피살 된 지 1주일이 지난, 18일에 이후 두 번째 NSC의 회의였다. 이명박 정부 들어서는 위기관리센터의 폐지와 함께 NSC의 기능도 많이 축소되게 되었다. 정부의 '위기관리 컨트롤 타워'가 없어짐에 따라 위기발생시 대응시스템도 기동력 면에서는 훨씬 약화되었다. 예를 들면, 2009년 11월 14일 부산 실내 사격장 화재 사고로 11명이 사망(발생 초기 일본인 7명, 한국인 4명)하는 사고가 발생했다. 이명박 대통령은 사고 당일인 14일 아시아·태평양 경제협력회의(APEC) 참석차 싱가포르를 방문중이었는데 대통령은 이날 하토야마 총리와의 면담 자리에서 처음으로 일본인 참사 소식을 듣고 '격노'했다고 한다.[2)] 왜냐하면, 대통령은 아직 실내 사격장 참사 소식을 모르고 있었는 데 반해, 하토야마 총리는 벌써 보고를 받고 이 대통령에게 협조를 부탁했기 때문이다. 이런 참사 사고에 대한 '늑장보고'는 국제적인 신뢰뿐만 아니라, '국가위기대응능력'에도 구멍이 난 심각한 사태다. 이미 이 대통령은 지난해 박왕자씨 피살 사건 때도 '늑장보고'로 논란이 일자 "피격 사실이 통일부를 거쳐 나에게 보고되는 데 무려 두 시간 이상 걸린 것은 정부의 위기 대응 시스템에 중대한 문제가 있음이 확인된 것"이라며 "개선 방안과 재발 방지 대책을 마련하라"고 지시한 바가 있었다.

(2) 한국에 있어서의 안보개념의 변화

21세기 미래의 국가안보에서는 미국과 러시아 양극 체제의 이데올로기나 군비경쟁이 사라져 전쟁의 위협이 다소 줄어들게 되었다. 하지만 세계 도처에서 일어나는 각종 테러나 분쟁, 갈등 등은 여전히 국가안보를 위협하고 있다. 정부는 국민의 안전과 평화, 번영과 행복을 위협하는 제반 요인들을 국가 차원에서 집중적으로 관리해야 한다.[3)] 이와 같이 안보의 개념은 전통적인 국가안

---

2) 「이 대통령, 사격장 참사 日총리에게 들어 '격노'」『CBS 뉴스 FM』(노컷 뉴스), 2009년 11월 20일자, cinspain@cbs.co.kr.

3) 안철현, "국가 위기관리를 위한 민방위/비상대비 업무와 지방자치단체의 역할", 『한국위기관리논집』(제 5 권 제 1 호, 2009년 여름호), 위기관리 이론과 실천, 2009년, p. 109.

보의 개념에서 보다 새로이 등장하는 확대된 안보개념으로 접근하지 않으면 안 된다.

한편 우리나라는 러시아·중국·일본·북한·미국 등 초 강력 국가들의 이해관계가 얽혀 있는 특수한 지역 환경에 놓여 있다. 더욱이 북한은 미사일 발사나 2차 핵실험을 할 정도로 휴전선을 중심으로 서로 대결하고 있는 상태다. 국가안보 개념은 통상 탈냉전 이전까지는 전통적 안보개념으로, 군사적 위기관리를 통한 전쟁 억제를 위한 체제의 안보개념이었다면, 탈냉전과 9.11테러 사태를 겪으면서 전시, 평시 구분 없이 군사적·비군사적 안보 위기에 동시 대처하는 안보개념으로 확장되었다. 뿐만 아니라, 지진이나 풍·수해 및 각종 인재 등 인간의 생명을 위협하는 사건들이 빈번하게 일어나자, 안보의 개념도 미국과 같이 포괄적으로 바뀌면서 군사적 위기관리 외에도 정치·경제·사회·문화·환경·종교 등 비군사적인 산업분야까지 확대되고, 위기관리의 중요성이 부각되고 있다.

우리나라는 최근 지역이나 이념, 계층 등에서 심각한 위기 수준의 '사회갈등' 현상을 겪고 있다. 이러한 사회갈등 현상은 2004년 3월 12일 노무현 대통령의 국회 탄핵(제16대) 결의(193명, 반대 2명, 의결정족수인 국회 재적의원 2/3의 181명)를 계기로 우리 사회에 분출하기 시작했다. 그 다음이 2008년 5월 미국산 쇠고기 수입결정 등으로 인한 촛불집회, 2009년 5월 23일 노무현 전 대통령의 봉화산 부엉이 바위의 투신 자살로 인한 조문정국 등이며 이러한 일련의 사건들은 우리 사회의 계층이나 이념 갈등의 위험성을 적나라하게 보여주고 있다고 하겠다. 한국의 사회갈등 지수는 OECD 회원국 중 제 4 위로 최상위권에 속하는 것으로 나타났다. 특히 우리나라는 이러한 사회갈등 위기로 인해 1인당 GDP의 27%가 소모된다고 하며, 이는 심각한 현상이 아닐 수 없다.[4)]

이와 같이 우리나라는 북한으로부터의 수십 년간 군사적인 위협에 따른 일관된 대북 안보정책과 함께, 국토 개발과 경제 성장이라는 개발지향정책만 가속화시켜 왔다. 그 결과 국민의 생명과 직결된 자연적·인위적 재난의 대응

---

4) 『경향신문』, 2009년 6월 25일자. 삼성경제연구소 '한국의 사회갈등과 경제적 비용' 보고서에 의하면 OECD 27개국 회원국 중 한국의 사회갈등 지수는 0.71로 제 4 위이고, 한국보다 높은 나라는 제1위가 터키(1.20), 2위 폴란드(0.76), 3위 슬로바키아(0.72) 뿐이었다.

에 소홀한 측면이 많았다. 또 그 동안 우리 국민은 공산주의와 독재정권에 대한 투쟁 일변도에서는 일치단결했지만, 이념이나 사상 논쟁 등 민주주의의 토론 문화는 그다지 접하지 못해 경험이 매우 일천하다고 하겠다. 그 결과 남의 의견은 배려하거나 들으려 하지 않고 오직 자기 주장만 고집해서 사회갈등을 야기하고 있는 측면이 없지 않다. 이제 우리는 외부적인 위기보다 내부적인 위기관리가 국가정책의 중요한 아젠다가 되고 있다. 이런 가운데 아직도 한국의 위기관리 조직이나 법적 체계는 너무 분산되어 전략적인 대응 체계에 문제가 있다고 본다.

따라서 본 연구는 이러한 바탕 위에 국가 위기관리에 관한 이론적 논의와 함께 법적 체계 및 대응전략 등을 제시해 국가 위기관리체제를 조직적으로 구축해 보고자 한다.

(3) 안보개념의 확대

우리나라 국가안보의 개념도 시대와 환경에 따라서 점점 확대되어가고 있다. 월퍼스(Wolfers, 1952)에 의하면 탈냉전 시대 이전의 안보개념은 대체로 가치(value)와 위협(threat)이라고 하는 측면에서 정의된다. 우리나라도 군사정권 시대가 끝나고 민주화 이후 문민정부, 국민의 정부, 참여정부 등의 정권이 집권함에 따라서 안보의 개념이 점점 확대되어 갔다. 특히 대북화해정책이나 남북교류 등에 따라 국가안보 개념이 급격하게 변화하게 되었다. 이와 함께 최근에는 IT산업과 정보통신기술의 급진전에 따른 무역이나 산업이 이루어지면서 국익 차원에서의 안보개념 등으로 그 영역이 점점 확대되어가고 있다. 개념의 변화 추이를 살펴보면 크게 군사적인 전통적 국가안보 개념에서 냉전 종식 후 비군사적인 측면을 포함한 무역이나 정보통신 등 국익 차원의 안보개념으로 점차 확대되어가고 있음을 알 수 있다.

2) NSC의 조직

1962년 당시 박정희 대통령의 지시에 따라 안보 관련 현안을 논의하기 위해 NSC가 처음 설립되었다. 국가적으로 돌발적인 사태나 위기 발생시에 대비하기 위해 소집된 것이다. 그 후, 1998년 새 정부가 들어서면서 외교·국방·

통일 정책을 통합적으로 운영하기 위한 정책기구로 재출범하였다. 대통령 자문기관인 동시에 국무회의 이전 사전 심의기관으로, 국가 안전보장에 관련된 대외정책·대북정책·군사정책 및 국내정책 사항 등은 국무회의 심의에 앞서 될 수 있는 한 이 회의의 자문을 거치도록 했다. 때에 따라서는 대통령이 NSC의 자문을 거치지 않고 바로 국무회의에 심의를 붙일 경우에도 그 효력은 여전히 유지된다. 실제로 법적인 효력 면에서는 그다지 큰 힘을 발휘하지 못하지만, 국가안보에 관해서 관계 전문가들이 토론할 수 있게 하는 계기를 마련하였다는 점에 대해서 큰 의의가 있다고 하겠다.

NSC는 대통령·국무총리·통일부장관·외교통상부장관·국방부장관·국가정보원장과 대통령이 정하는 약간의 위원으로 구성되며 대통령이 의장이 된다. 의장은 회의를 소집하고 주재하며, 국무총리로 하여금 그 직무를 대행하게 할 수도 있다. 필요하다고 인정될 때는 관계부처의 장과 비상기획위원회 위원장, 합동참모회의 의장과 기타 관계자를 회의에 출석시켜 발언하게 할 수 있다. 국가정보원장은 국가안전보장에 관련된 국내외 정보를 수집·평가하여 이를 보고함으로써 심의의 자료가 되게 한다. 또한, 사무처를 두어 국가안전보장에 관한 전략의 기획 및 조정, 국가위기의 예방·관리 대책의 기획, 군비통제에 관한 사항, 안보회의 및 상임위원회의 심의 사항에 대한 이행 상황의 점검, 기타 안보회의·상임위원회·실무조정회의 및 정세평가회의의 운영에 관한 사무를 처리하고 있다. 국회상임위원회의 국방위원회에서 NSC의 사무에 관한 사항을 모두 관장한다. 1999년부터 2002년까지 매년 연초에 NSC회의를 개최하여 지난 한 해 동안의 통일·외교·안보 분야의 정책 추진 실적을 평가하고 이를 토대로 새해의 안보정책 추진 방향을 정립한다.

(1) 노무현 대통령 참여정부 시절 당시는 이해찬 국무총리, 정동영 통일, 반기문 외교통상, 윤광웅 국방장관, 김승규 국가정보원장, 청와대 김우식 비서실장, 김병준 정책실장, 권진호 국가안보보좌관, 정우성 외교보좌관, 이종석 국가안전보장회의(NSC) 사무차장 그리고 이상희 합참의장, 조영택 국무조정실장 등이 통상 NSC의 참석 멤버였다.

(2) 이명박 정부는 작은 정부를 표방하면서 청와대 조직도 축소하였다. 특히, 참여정부 시절 NSC의 문제점을 대폭 개선하기 위해 국가안전보장회의

(NSC) 사무처를 폐지하게 된다. 참여정부 시절에는 대통령 직속으로 국가안전보장회의 사무처장 겸 안보정책실장 아래 위기관리비서관이 국가안전보장회의 사무차장과 위기관리센터장을 겸직하도록 돼 있었다. 위기 발생시 '위기관리센터장 → 안보정책실장 → 대통령'으로 실시간 보고체계가 갖춰져 있었다. 이 시스템은 외교안보 부처 간의 서로 다른 의견을 조정하고자 미국의 백악관 국가안전보장회의의 시스템을 나름대로 모방해서 도입한 것이다.

그러나 새로 조직된 청와대 시스템은 국가안전보장회의 체제 대신 외교안보수석이 총괄해서 대통령에게 보고하는 체제로 운영되고 있다. 위기관리센터는 대통령 직속에서 대통령실장 소속으로 위상이 한 단계 낮춰져 위기정보 상황팀이 됐고, 그나마도 2급 선임행정관을 팀장으로 하는 임시조직으로 운영되고 있다. 그러다보니 지난 금강산 박왕자씨 피살 사건에서도 보았듯이 위기 발생시 신속하게 대응하는 데는 문제점을 나타나게 되었다.

우리나라는 지정학적으로 위기관리 기반의 확립이 절실하기 때문에 청와대의 위기관리 시스템은 앞으로 훨씬 보강되어야 할 것으로 본다. 특히, 우리나라는 군사적인 국가위기 이외에도 빈번하게 대형재난(천재나 인재)이 일어나 연간 수조원의 재난 피해를 입고 있는 것이 현실이다. 따라서 군사적인 국가위기나 천재, 인재를 대비해서라도 미국의 NSC시스템과 같은 조직이 도입되어야 할 것으로 본다. 또한, 언제 어떤 위기가 발발해 국민의 생명과 재산을 위협할지 모르기 때문에 '위기관리 컨트롤 타워'가 꼭 필요하다고 본다. 지금의 조직은 긴급 상황 발생시 위기관리 대응 능력이 상당히 떨어지기 때문이기도 하다.

이명박 대통령은 지난 금강산 관광객 피격사건 이후 첫 번째 NSC를 소집했다. 이 대통령은 취임 후 처음으로 2008년 7월 18일 오전 NSC를 소집, 금강산 관광객 피격사건 등에 대해서 긴밀하게 대책 등을 숙의하는 등 노력하는 모습을 보여 주었다. 그럼에도 불구하고 박왕자씨 피격 사망 사건은 정부의 위기관리 대응 시스템의 문제점을 적나라하게 드러내 주는 사건이었다.

① 이 피격 사건의 문제는 8월 11일 새벽 5시경에 일어난 사건이 사건발생 6시간 40분이 지난 오전 11시 40분에야 청와대에 첫 번째로 보고가 됐고, 이명박 대통령에게는 그로부터도 1시간 50분이 더 지난 오후 1시 30분에야 최

초 보고됐다는 것이다. 사건 발생 뒤 8시간 30분 뒤에야 최고 결정권자인 대통령에게 보고됐다는 것은 실로 문제가 아닐 수 없다. 이는 위기관리 대응시스템에 커다란 허점이 발생했음을 증명해 준 것이다.

② 이명박 대통령도 이와 관련해 12일자 청와대 긴급장관회의에서 "이번 사건이 현대 측에 의해 통일부에 보고되고, 청와대 관련 비서관을 통해 대통령인 나에게 보고되는 데 무려 두 시간 이상이 걸린 것은 정부 위기대응 시스템에 중대한 문제가 있다는 것"이라고 관계자들을 질책했다고 한다. 이에 대통령은 "위기대응 시스템의 개선 방안과 재발 방지 대책을 마련하라"고 지시하게 이르렀다. IT 분야에서는 세계에서 최첨단국인 대한민국이 국가위기관리 대응시스템에 있어서는 아직 후진국에 머무르고 있는 것이 현실이다. 따라서 위기관리시스템에서는 멀티플한 '21세기형 세계 최고의 선진형 위기관리시스템'을 구축하는 것이 시급한 정책과제로 남아 있다.

(3) 북한의 핵 실험과 워치콘 발동[5)]

북한은 2009년 5월 25일 제 2 차 핵 실험을 강행한 데 이어 27일에는 '군사적 타격'까지 거론하면서 위협 성명을 발표하였다. 정부는 북한의 군사적 도발 우려가 높아지고 있는 가운데, 28일 오전 7시 15분에 대북정보감시태세인 '워치콘(Watch Condition)'을 한 단계 격상해서 '워치콘Ⅱ'로 격상했다. 5단계로 발령되는 워치콘은 평상시에는 3단계이지만, 한 단계 격상되면 2단계에 돌입하게 된다. 지금까지 대북감시태세에서 워치콘 2단계 발령은 이번이 3번째다.[6)]

1996년 북한의 정전협정 포기 발언, 1999년 서해 NLL 도발(1999년 6월 15일~8월 14일), 2006년 북핵 실험, 당시(10월 15일~11월 8일) 워치콘을 격상한 바 있다.

3) NSC 관련 법규

대통령령 제20702호

국가안전보장회의 운영 등에 관한 규정 전부 개정령

---

5) 『문화일보』, 2009년 5월 28일자.

6) 『문화일보』, 2009년 5월 28일자.

국가안전보장회의 운영 등에 관한 규정 전부를 다음과 같이 개정한다.

국가안전보장회의 운영 등에 관한 규정

제 1 조(목적) 이 영은 「국가안전보장회의법」(이하 "법"이라 한다)에서 위임된 사항과 그 시행에 필요한 사항을 규정함을 목적으로 한다.

제 2 조(위원) 법 제 2 조제 1 항에 따라 대통령실장은 국가안전보장회의(이하 "안보회의"라 한다)의 위원이 된다.

제 3 조(회의운영) ① 안보회의는 필요에 따라 의장이 이를 소집한다.

② 안보회의는 공개하지 아니한다. 다만, 의결로써 이를 공개할 수 있다.

제 4 조(의안) ① 의안은 심의사항과 보고사항으로 구분한다.

② 심의사항은 대통령이 자문한 사항과 위원이 특히 필요하다고 인정하여 제안하는 사항으로 한다.

③ 보고사항은 위원이 안보회의의 심의에 참고하기 위하여 필요하다고 인정하여 보고하는 사항으로 한다.

④ 의안은 안보회의 개최일 5일 전까지 간사에게 제출하여야 한다. 다만, 긴급을 요하는 의안은 그러하지 아니하다.

⑤ 간사는 의안을 의사일정과 함께 안보회의 개최일 3일 전까지 위원과 법 제 6 조에 따라 출석 · 발언하는 자에게 배부하여야 한다. 다만, 긴급을 요하는 의안은 그러하지 아니하다.

제 5 조(의사 및 의결정족수) 안보회의는 재적위원 3분의 2 이상의 출석으로 개의하고, 출석위원 과반수의 찬성으로 의결한다.

제 6 조(회의록) ① 간사는 안보회의의 회의록을 작성 · 비치하여야 한다.

② 안보회의의 회의록에는 간사가 서명 · 날인하여야 한다.

제 7 조(회의결과의 보고) 간사는 안보회의에서 의결된 사항과 소수의견을 안보회의의 회의록에 첨부하여 대통령에게 문서로 보고하고 그 부본을 위원에게 배부하여야 한다.

제 8 조(운영세칙) 이 영에 규정한 것 외에 안보회의 운영에 필요한 사항은 안보회의의 의결을 거쳐 의장이 정한다.

부 칙

제 1 조(시행일) 이 영은 공포한 날부터 시행한다.

제 2 조(사무처 폐지에 따른 공무원의 이체) 사무처가 폐지됨에 따라 3 · 4급 1명은

통일부, 14인(고위공무원 3명, 3 · 4급 2명, 4 · 5급 5명, 연구사 1명, 기능직 3명)은 중앙인사관장기관 소속 공무원으로 보아 각 이 영 시행일에 각각 해당 기관으로 이체한다.

제 3 조(정원에 대한 경과조치) 부칙 제 2 조에 따라 감축된 공무원의 정원 15명(고위공무원 3명, 3 · 4급 3명, 4 · 5급 5명, 연구사 1명, 기능직 3명)이 각 해당 기관의 초과 현원에 해당하는 경우에는 각 해당 기관의 정원과 일치될 때까지 그 초과현원에 상응하는 정원이 각 해당 기관에 따로 있는 것으로 보되, 별정직 고위공무원 1명은 2008년 4월 30일까지, 그 외 별정직은 2008년 8월 31일까지 따로 있는 것으로 본다.

제 4 장

국가위기와 소통의 정치, 그리고 커뮤니케이션

제 1 절 국가 위기발생과 리더십

1. 빌 클린턴의 리더십

위기의 본질은 근본적으로 리더십과 소통의 부재에서 온다. 또한, 리더십이 뛰어난 지도자는 소통의 커뮤니케이션도 뛰어난다고 하겠다. 20세기 마지막 대통령이었던 미국의 빌 클린턴(Clinton) 전 대통령은 위기관리의 귀재로 알려져 있다. 2009년 8월 5일 평양에서 김정일 국방위원장과의 면담한 후 미국 억류 여기자들(로라 링, 은아 리) 2명을 석방시킨 것과 재임중 르윈스키와의 섹스스캔들 등 수많은 위기에도 불구하고 임기를 무사히 마칠 수 있었던 것은 타고난 '훌륭한 위기관리자(crisis manager)'였다는 사실에서 비롯되었다고 하겠다. 미국의 유명한 전기 작가 데이비드 메라니스(David Maraniss)[1]는 이렇게 평

1) Washington Post com, President Clinton and the Character, Bill First in His Class : The Biography of Bill Clinton by David Maraniss, The Clinton Enigma : A Four & A life of

했다. "빌 클린턴은 거대한 에너지와 원상 복구능력을 가진 인물이다. 또한, 그는 약점을 재빨리 강점으로 전환해 위기를 극복하는 뛰어난 능력을 지닌 인물이다."

빌 클린턴은 수많은 정적과 천문학적인 예산 적자, 부동산 투자 관련 혐의(화이트워터 사건), 그리고 르윈스키와의 스캔들 등의 굵직한 대형 사건들로 얼마든지 탄핵을 받을 수 있었다. 그러나 그는 재임 8년 동안 역대 정권에서는 찾아볼 수 없는 최대의 경제 호황을 누리도록 이끈 지도자로 자리매김한 대통령이 되었다. 그는 세상의 변화를 제대로 읽어 냈으며, 인터넷이나 기술혁명·세계화 등이 어떻게 전개되고 있는가를 알았기 때문에 세계적인 리더로 평가받고 있다.[2)]

독일의 사회학자 울리히 벡(Ulrich Beck)이 현대사회를 '위험사회'라고 규정할 정도로 우리 사회는 위기를 유발시킬 수 있는 요인들이 수없이 많다. 위기에는 대체로 정치·경제·사회·문화·역사·심리·언론 등 사회 전반적인 위기로부터 전쟁이나 테러·마약·분쟁·독가스 등 인위적인 재난, 그리고 지진이나 홍수, 태풍 등 자연재해에 이르기까지 수없이 많은 요인들이 있다. 따라서 현대사회를 리드하는 지도자는 이러한 위기를 극복하기 위하여 훌륭한 리더십과 과감한 소통의 철학이 필요하다.

2. 오바마의 훌륭한 소통의 맥주파티

1) 사건의 발단

미국 대통령 버락 오바마는 2009년 7월 30일(현지시각) 백악관 로즈가든에서 다른 세 사람과 함께 화기애애하며 정답게 테이블에 둘러 앉아 '버드 라이트'라는 맥주를 마시며 환담했다.

이번 회동은 오바마 대통령이 전격 제의해서 이루어진 맥주 파티다. 이

Vince Lombard. 『Washington Post』지의 기자로 20여 년간 근무한 적이 있으며, 미국 내에서 빌 클린턴을 가장 잘 알고 있는 사람 중의 한 사람이다. 그는 이미 1993년에 미국의 유명한 언론상인 퓰리처상을 받은 바 있다.

2) 『중앙일보』, 2001년 1월 11일자.

날 맥주 정상회담(Beer summit)은 7월 16일 하버드대 게이츠(Gates : Henry Louis Gates Jr) 교수가 중국에 휴가를 갔다가 돌아와 자신의 집 현관문이 잠겨 있는 것을 억지로 열고 들어가려는 상황에서 목격자의 신고로 경찰(Sgt. James Crowley 경사)에 의해 불법 침입자로 오인돼 체포된 사건에서 비롯된다.[3)]

구체적인 사건의 전말은 이러하다. ① 게이츠 교수는 16일 중국 출장에서 돌아왔다. ② 그는 자택의 현관문이 열리지 않자 방금 자기를 집까지 태워다준 택시 운전사의 도움으로 뒷문을 열고 들어가 앞문을 열었다. ③ 이 광경을 지켜보던 한 백인 여성이 이를 보고 경찰에 신고했다. ④ 신고를 받고 출동한 백인 경찰이 게이츠 교수에게 신분증 제시와 함께 조사 협조를 요청했다. ⑤ 게이츠 교수는 신분증 제시 등을 요구하는 경찰관의 조사에 응하지 않고 흑인이라 조사하느냐며 오히려 경찰관의 이름과 배지 번호를 요구했다. ⑥ 크롤리 경사는 게이츠 교수가 공권력에 반항하는 것으로 보고 그를 치안 문란 혐의로 수갑을 채워 체포한 사건이다.

그러나 게이츠 교수 체포 사건이 미국 전역에 알려지면서 인종차별이라는 논란이 확산됐고, 급기야 매사추세츠 주 케임브리지 검찰은 사건 발생 닷새만인 7월 21일 게이츠 교수에 대해 무혐의 처분을 내렸다. 하지만 게이츠 교수는 자신에게 수갑을 채운 경찰관의 사과를 요구했고, 해당 경찰관은 적법한 절차였다고 주장해 양측의 주장이 팽팽히 맞서고 있는 상황이었다.[4)]

23일(미국시간), MSNBC의 뉴스에서는 〈그림 4-1〉과 같은 기사가 메인 페이지에 떴다.

---

3) 『The Washing Post』~「Scholar Says Arrest Will Lead Him To Explore Race in Criminal Justice」, By Krissah Thompson, Washington Post Staff Writer, Wednesday, July 22, 2009.

4) http://www.washingtonpost.com/wp-dyn/content/article/(2009. 7. 21).

• 그림 4-1 • MSNBC 뉴스[5)]

"Scholar's arrest is a signpost on road to Equality"
(학자 체포는 평등으로 가는 길의 표지판이다)[6)]

2) 사건의 전개와 오바마의 리더십

마침내 게이츠 교수는 22일 CNN과의 인터뷰에서 "당시 경찰관에게 여기가 내 집이고, 나는 하버드대 교수로 이곳에 살고 있다고 말했다"면서 "먼저 경찰관에게 신분을 밝힐 것을 요구했지만 경찰관은 응하지 않았다"고 주장했다. 게이츠 교수는 크롤리 경사에게 "왜 아무런 대답을 하지 않느냐. 당신이 백인 경찰이고 내가 흑인이라서 대답을 하지 않는 거냐?"고 따졌다고 했다. 반면, 경찰 측은 게이츠 교수가 신분증 제시 요구를 거부하고, 출동한 경찰에게 "인종주의자"라고 고함을 쳐 치안 문란 혐의로 체포했다고 주장했다. 그러나 게이츠 교수는 소리를 지른 적이 없으며, 경찰관의 이름과 배지 번호를 밝히라고 요구했을 뿐이라고 맞서고 있었다.[7)]

---

5) http://www.msnbc.msn.com/id/32077998/
6) http://blog.chosun.com/cacomfort(2009. 7. 24).
7) http://blog.chosun.com/cacomfort/(2009. 7. 24).

한편, 다른 쪽에서는 게이츠 교수가 경찰에게 너무 과민 반응을 보여 체포를 자초했다는 의견도 있었다. 경찰 또한 실제 주거자인 게이츠 교수에게 너무 감정적인 인종차별적 관행을 답습한 것이 아닌가 하는 견해도 있었다. 반면, 게이츠 교수를 체포한 제임스 크롤리 경사가 지역 채널인 WCVB와의 인터뷰에서 "전혀 게이츠 교수에게 사과할 뜻이 없다"고 했다며 AP 통신은 전했다.

이번 사건은 미국 흑인학 연구의 선구자로 1997년 시사주간지 타임이 선정한 '가장 영향력 있는 미국인 25인' 중 한 명으로 꼽혔던 게이츠 교수가 자택 현관에서 체포되면서 흑인 사회의 반발과 함께 인종차별 논란이 증폭되고 있었다.[8)]

이때, 오바마 대통령은 7월 22일(현지시간) 백악관에서 미 전역에 생중계된 TV기자회견에서 "나도 백악관에서 그렇게 했더라면 총에 맞을 겁니다"라고 하면서 경찰의 무리한 인종차별적 체포를 비판하고, 게이츠 교수를 적극 옹호하고 나섰다. 뿐만 아니라, 흑인인 데벌 패트릭 주지사와 데니스 시먼스 케임브리지시 시장도 게이츠 교수 편에 섰다. 시먼스 시장은 "사건이 일어난 16일은 유감스럽고 불행한 날"이라는 내용의 성명을 발표하고, 시장으로서 게이츠 교수에게 사과한다고 밝혔다.

오바마 대통령은 이날 TV연설에서 미국 사회에 여전한 인종차별을 지적하면서 경찰의 무리한 체포를 비판하고 나섰다.[9)] 그는 "게이츠 교수와는 평소 친분이 있어서 내가 편향된 의견을 가질 수도 있고, 또 당시 상황을 잘 알지는 못하지만 이번 사건에 대해 우리 모두는 상당히 분노하고 있다"고 말했다. 또, "게이츠 교수는 체포될 당시 자신의 집안에 있었고, 경찰이 거주자라는 증거를 확인하고서도 체포한 것은 어리석은 행동"이라고 지적했다.

오바마는 또, "이 나라에는 흑인과 라티노가 사법기관에 의해 과도하게 검문당해 온 '레이셜 프로파일링(racial profiling : 인종차별에 기초한 범죄 프로파일링)'[10)]의 오랜 역사가 있고, 이는 엄연한 사실"이라면서 "이번 사건은 우리

8) http://www.washingtonpost.com/wp-dyn/content/article/(2009. 7. 21).

9) 워싱턴=CBS 박종률 특파원 : nowhere@cbs.co.kr, Newstown/메디팜뉴스 Medipharmnews.

10) 일종의 인종차별에 기초한 범죄 프로파일링으로 사람들의 행동패턴과 유사성을 추출하여 일종의 데이터 마니닝 기법을 이용, 범죄수사에 이용되는 마케팅이다. 인종차별문제와 불가분의 관계가 있다고 보는 견해가 있다.

사회에 인종차별 문제가 여전함을 보여주는 사례"라고 강조했다. 그는 "설사 오해가 있다 하더라도 흑인과 히스패닉 시민들이 아무런 이유 없이 자주 경찰에 체포되는 것은 의구심이 들게 한다"고 덧붙였다. 그 후 보스턴의 한 경찰이 게이츠 교수를 비판하는 메일을 보내 징계되는가 하면, 뉴욕시의 한 보좌관이 오바마 대통령의 경찰 비난 발언을 비판하는 글을 페이스 북에 올렸다가 사임하는 등 혼란은 좀처럼 수그러들지 않았다. 아무튼 오바마의 경찰 비난 가세와 함께 미국 내 인종차별 논란은 점점 더 걷잡을 수 없이 확산되었다.

이에 대해 오바마 현직 대통령의 비난을 받은 백인 경찰 크롤리 경사는 즉각 "대통령은 동네 일에 간섭하지 말라!"고 맞받아쳤다. 또한, 31만 명이라는 회원을 거느린 '경찰공제회(FOP)'도 같은 비난 성명을 냈다. 마침내 오바마는 크롤리에게 전화를 걸어 사과했고 "백악관에서 맥주 한잔 하자!"는 크롤리의 제의를 받아들였다. 게이츠 교수도 '백악관 화합주 모임'에 참석하게 된다. 당장이라도 폭발할 것 같던 미국의 인종 갈등이 오바마의 맥주파티 소식에 의해 한순간에 봄눈 녹듯이 녹아내리는 순간이었다.

이 사건은 미국 흑인학의 선구자인 게이츠 교수를 자택 현관에서 강제로 체포해서 흑인사회의 반발과 함께 인종차별의 논란이 증폭되었으나, 오바마의 소통의 리더십에 의해 극적으로 해결된 사건이었다. 이 사건의 주인공인 게이츠 교수는 1991년부터 하버드대 교수로 재직해 왔으며, 하버드대 아프리칸·아프리칸-아메리칸 연구소 소장직도 맡았고 PBS방송의 'African American Lives' 쇼 진행자로 활동한 바 있어서 명성이 높은 인물이다.

3) 훌륭한 오바마의 소통의 정치

한편, 오바마 대통령은 자기 자신이 경찰관을 비판한 후 미국 사회에서는 인종차별 논란으로 더욱 뜨거워지자 신속하게 "경찰의 권위를 훼손할 의도는 없었다"며 한발 물러나 스스로 잘못된 발언을 사과 했다. 세상에는 누구나 다 실수를 할 수 있는 법이다. 그러나 오바마의 경우는 미국의 대통령이라는 위치나 직책을 생각하면 신속한 사과가 필요했다고 하겠으며, 이는 분명히 훌륭한 리더십과 소통의 미학에서 나온 것이다.

어쩌면 그도 흑인 차별에 대한 뼈저린 경험이 있었을 것이고, 그가 미국

역사상 최초의 흑인 대통령이라는 상징적인 면에서 인종차별을 뿌리 뽑기 위한 생각이나 조정자 내지는 중재자의 역할을 자임했을 것이라는 생각도 든다. 하지만 현직 대통령인 그가 솔직하고 신속한 사과와 함께 화해의 맥주파티 제안을 한 것 그 자체만으로도 미국인들에게는 인종차별의 벽을 뛰어넘는 감동이 되었다.

이 파티에 참여한 사람은 와이셔츠 차림에 팔을 걷어붙인 오바마 대통령과 조 바이든 부통령, 정장 차림의 크롤리 경사와 게이츠 교수 네 사람이었다. 이들은 백악관 안뜰에 설치된 흰 테이블아 앉아 맥주를 술잔에 나눠 마시며 대화를 주고받았다. 게이츠 교수와 크롤리 경사는 마주보면서 서로 이야기하는 모습이 자주 카메라에 잡혔고, 오바마 대통령도 조용하게 지켜보는 화해의 테이블이 카메라에 자주 비치기도 했다.

한편 크롤리 경사는 회동 직후 기자들과 만나 "긴장된 분위기는 없었으며, 인종차별을 없애기 위해 모두가 적극적으로 노력해야 한다는 점에 의견을 같이 했다"면서 "이번 대화에서 사과의 말은 그 누구로부터도 나오지 않았다"며 다소 아쉬움을 토로하기도 했다. 그러나 AP 통신은 이날 회동에 대해 "신

• 그림 4-2 • **백악관 로즈가든에서 열린 맥주 파티 장**[11)]

11) http://www.politico.com/news/stories/0709/25654.html, By JOSH GERSTEIN:7/31/09 12:21 AM EST.

랄함도 없었고 그렇다고 사과가 있었던 것도 아니다"면서 이날 참석한 게이츠 교수와 크롤리 경사는 서로를 존경한다고 말했다고 전했다.[12)]

정치전문지 폴리티코(Politico.com)는 31일자 "맥주정상회담 오바마 대통령에 큰 성공('Beer summit' a big success for President Obama)"이라는 제목의 기사에서 케이츠 교수(58)와 제임스 크롤리 경사(42), 그리고 버락 오바마 대통령, 조 바이든 부통령이 맥주잔을 부딪치며 맥주파티에 회동한 것이 크게 성공했다고 전했다.[13)]

한편, 빌 클린턴이 김정일 국방위원장과 195분간 나눈 대화는 어떤 내용인지는 전혀 밝혀지지 않았지만, 두 사람의 미국 기자를 석방시켜 같이 돌아오게 되었다. 이는 오바마 행정부의 최대의 대북 숙원 사업을 일시에 해결한 쾌거인 것이었다.

ABC 방송에 따르면, 빌 클린턴(Clinton) 전 대통령은 김정일 북한 국방위원장에게 북한이 계속해서 핵 프로그램을 추구할 경우 더욱더 국제적으로 고립 상태에 처하게 될 것이라고 말한 것으로 6일 알려졌다. 로버트 기브스(Gibbs) 백악관 대변인도 이날 정례 브리핑에서 "클린턴 전 대통령이 북한에 핵 프로그램 추진을 중지해야 하며, 핵무기 보유는 국제사회에서 위상 제고가 아니라, 고립만 더 자초할 뿐이라는 점을 언급했을 것"이라고 말했다.[14)]

빌 클린턴의 리더십으로 다음과 같이 큰 방북 성과를 올리게 되었다.

첫째, 북한에 억류됐던 미국인 두 기자를 석방시킨 일.

둘째, 억류 두 기자가 속한 커런트 TV의 설립자 앨 고어(Gore) 전 부통령과 빌 클린턴의 깊은 포옹, 이는 그 동안 두 사람의 앙금이 어느 정도 풀리는 순간이었다.

당시 클린턴과 앨 고어 간의 관계는 심각한 대립 상태였다. 클린턴 임기말 2000년 미국 대선에서 대법원 확정 판결로 부시(Bush)에게 패한 직후, 고어는 클린턴과 1시간 가까이 가시 돋친 말로 싸웠다고 한다. 고어는 르윈스키 섹스 스캔들이 대통령 선거에서 민주당 표를 잠식해 패배했다고 클린턴을 비난

12) 『조선일보』, 2009년 7월 31자.

13) http://www.politico.com/news/stories/0709/25654.html.

14) 『한겨레신문』, 2009년 8월 6일자.

했다. 반면, 클린턴은 고어가 자신의 정치적 유산과는 거리를 두려는 것에 유감을 표하며 맞받았다고 한다. 클린턴은 만약, 자신이 아칸소와 뉴 햄프셔 주 유세에 투입됐다면 민주당이 승리했을 것이라고 말했다. 이후 두 사람은 상호 비방전을 계속해 온 상태다.[15] 그러던 앨 고어가 비행기에서 내리던 클린턴에게 성큼성큼 다가가 클린턴의 손을 크게 흔들며 악수했다. 이어 약 5초간 서로 포옹까지 했다. 클린턴은 고어의 등을 토닥였다.

이 광경은 1990년대 대통령과 부통령으로서 미국을 이끌었던 두 거물이 다시 힘을 모은 소통과 화해의 감동적인 장면이었다. 원래 두 사람은 그다지 친하지 않았다. 특히, 고어는 클린턴이 백악관 인턴 르윈스키(Lewinsky)와 '부적절한 관계'를 맺었다는 얘기를 듣고, 그의 참모들에게 극도의 혐오감을 표출했었다고 한다.[16] [17]

또한, 작년 민주당 대선 경선 때, 클린턴은 고어가 아내인 힐러리 클린턴을 제치고 오바마를 암묵적으로 지지했다며 섭섭해 했다. 마침 고어가 10여일 전 클린턴에게 두 기자를 데려와 달라고 요청하고, 클린턴이 이를 수락해 임무를 성공적으로 마친 멋진 장면 연출했다. 뉴욕 타임즈도 "임기가 끝난 후 두 사람이 이처럼 친근한 모습을 보여준 적은 없었다"며, "잠간이었지만 1992년 대선 때 함께 유세했던 장면을 연상케 한다"고 했다.

셋째, 클린턴은 인터뷰에서 "지금 미국의 대통령은 한 명뿐이다"라고 말을 해 전직 대통령답게 겸손한 표현으로 또 한번 세계인들을 놀라게 했다.

사실 한국 정부도 북한을 상대해 협상하기는 럭비공처럼 예측이 불가능해 상당히 어려운 형편이다. 더구나 언어나 문화가 다른 미국인이 북한을 상대로 협상하기에는 이해가 안 되는 측면도 많았을 것이다. 그럼에도 불구하고 대북 협상을 성공리에 이끌어 여기자들을 석방시킨 빌 클린턴의 입장에서는 할 이야기가 많았을 것이다. 그러나 그는 짤막한 귀국 성명 이외에는 좀처럼 말문을

15) http://www.usatoday.com/news/washington/2009-09-21, 『The clinton Tapes』~Branch shortly after Al Gore, his vice president, failed to win the presidency in 2000, have an argument with him, blame each other for the Democratic defeat in a two-hour argument, be a drag on his ticket because of the Lewinsky affair.

16) 『New York Times』Wednesday, August 5, 2009.

17) http://www.usatoday.com/news/washington/(2009. 9. 21).

열지 않았다. 클린턴이 공식 석상에 나타난 것은 6일(현지시간) 뉴욕에서 열린 '윌리엄 클린턴 재단'의 에이즈 퇴치 관련 행사에 참석했을 때이며, 마침내 북한 방문 내용에 대해 간단히 설명했다.

아래 내용은 빌 클린턴이 북한에서 돌아온 다음 날인 8월 6일 처음으로 공식석상에서 한 말이다. 기자들의 쏟아지는 질문에 클린턴은 "북한으로부터 어떤 요구도 받지 않았으며, 그 어떤 것도 제공하지 않았다"고 밝혔다. 또 자신의 침묵에 대해 "내가 말을 하지 않는 것은 북미 양국의 결정과 움직임, 관련국들의 태도에 잘못된 영향을 미칠 수 있기 때문"이라고 말했다. 아울러 그는 전직 대통령답게 "내 언급이 오바마 행정부의 활동을 방해하는 것을 원하지 않으며, 그것은 불필요하고 또 도움이 되지 않는 일"이라고 덧붙였다.

백악관과의 관계에 관해서는 클린턴 전 대통령은 특히 "지금 미국의 대통령은 한 명이고, 난 정책 입안자가 아니기 때문에 정부에 보고를 할 의무가 있다"며 "내 임무는 미국인으로서, 또 아버지로서 젊은 여기자들을 집으로 돌아오게 하는 것이었다"고 말했다. 또 "유나 리와 로라 링은 비행기에서 잠을 못 잘 만큼 흥분 상태였고, 유나 리는 네 살 된 딸을 다시 볼 수 있게 돼 너무 행복하다는 말을 자주했다"고 소개했다.

3. 한국 대통령들의 위기관리와 소통의 정치

1) 한국의 위기관리와 소통의 정치

어느 나라 대통령이든 그에 대한 평가는 그 나라가 처해 있던 시대적 상황과는 분리해서 생각할 수가 없다. 대통령은 시대적 여건과 국민적 여망을 바탕으로 자신의 국가목표를 추구하려고 하기 때문이다. 따라서 당시 시대적 배경을 제대로 이해하지 못하고는 대통령을 이해하고 평가하기 어렵다. 더구나 1960년 이전의 지도자들을 오늘의 잣대로 평가한다는 것은 어려운 일이다. 그러나 본고는 단편적이긴 하지만 풍전등화와 같던 당시의 국가 지도자들을 국가 위기관리와 리더십이라는 측면에서 다음과 같이 언급해 보고자 한다.[18]

(1) 1948년 8월 15일 대한민국 정부수립과 함께 초대 대통령 이승만이 취

18) 김충남, 『대통령과 국가경영』, 서울대학교출판부, 2006, http://blog.daum.net/giparang

임하여 1960년 4.19까지 집권하게 된다. 이승만은 자유당의 부패와 장기 집권, 그리고 이로 인한 4.19혁명에 의해 권좌에서 하야하게 되었지만, 해방 후 건국의 아버지로 불릴 만큼 대한민국 정부 수립과 자유민주주의에 대한 신념만은 확고했다. 해방 후 좌우익 대립으로 풍전등화와 같던 우리나라에 동족상잔의 6.25를 겪으면서 공산주의에 대항하는 그의 리더십은 더욱 돋보였다. 이승만은 1945년 10월 16일 41년간의 미국 망명 생활을 마치고 71세로 한국에 귀국하게 된다. 당시 이승만은 각계각층으로부터 민족의 영웅으로 환영을 받았으며, 20일 환영대회에서 그는 "미국과 소련에 의한 남북분단과 분할 점령이라는 납득할 수 없는 현실은 즉시 종식되어야 한다"면서 미・소 강대국을 직접 비난하였다. 그러면서 그는, "뭉치면 살고 흩어지면 죽는다"는 유명한 구호로 우리 국민의 단결을 호소해 국난을 극복하는 훌륭한 리더십을 보였다.

(2) 1960년 8월 13일부터 1962년 3월 24일까지 제 4 대 대통령에 취임한 윤보선 대통령의 경우는 자유당의 장기 집권 이후의 과도기적인 정권으로 임시 관리형의 리더십이었다.

(3) 1962년 3월 24일부터 1979년 10월 26일까지 제5, 6, 7, 8, 9대 박정희 대통령의 경우는 카리스마적인 리더십에 비약적인 경제성장으로 근대화의 주역으로 꼽히고 있다. 물론, 장기집권과 유신체제 등 부정적인 리더십도 있지만, '조국 근대화', '자주 국방', '새마을 운동' 등으로 '빵에 대한 눈물', 소위 '보리 고개'를 없앤 대통령이다. 최근 외국 학자들 중에는 그를 2차 대전 이후 제3세계에서 가장 뛰어난 지도자로 꼽는 사람도 있다. 닉슨 전 대통령도 그가 강력한 리더십으로 한국의 경제 발전과 국가 안보를 증진시킨 한국의 위대한 지도자라고 지적한 바 있다. 그에 대한 공과는 최근 학자들 사이에서 재평가되고 있다.[19]

(4) 1980년 9월 1일부터 1988년 2월 24일까지 11대, 12대를 역임한 전두환 전 대통령은 5.18 민주화 운동을 학살로 억압한 대통령으로 역대 대통령 중에 가장 지탄을 받고 있다. 그러나 전두환 전 대통령은 위기관리 측면에서 보면, 위기 관리자가 갑자기 국가 최고 지도자가 된 독특한 경우다. 전시가 아닌 시기에 위기 관리자가 대통령이 된 경우는 극히 드문 일로 러시아의 푸친 전

19) 김충남, 『대통령과 국가경영』, 서울대학교출판부, 2006, http://blog.daum.net.

대통령과 같다. 그의 정치적인 평가는 논 외로 하더라도 리더십적인 측면에서 보면, 물가 안정이나 고도 성장, 무역 흑자라는 세 마리의 토끼를 한꺼번에 잡았다는 긍정적인 평가를 할 수 있다.

(5) 1988년 2월 25일에서 1993년 2월 24일까지 재임한 제13대 노태우 대통령은 한마디로 민주화의 과도기를 관리한 대통령이다. 1988년 2월 25일은 한국 헌정사 40년 만에 처음으로 직선제에 의해서 평화적으로 정권이 이양된 날이다. 그러나 전두환의 후계자로 인식되어 왔기 때문에 제5공화국과 관련된 문제로부터 자유로울 수가 없었다. 한편으로는 88서울 올림픽 개최와 함께 한·러, 한·중 수교라는 대북정책 성과에도 불구하고, 소위 '물 태우'라는 부정적인 평가를 받고 있다.

(6) 1993년 2월부터 1998년 2월 24일까지 재임한 제14대 김영삼 대통령(이하 YS)의 문민정부는 민주화 상징 그 자체였다. YS의 민주화 운동에 대한 리더십은 이미 대통령이 되기 이전부터 국가 발전에 기여하였으며, 아시아의 대표적인 민주 지도자로서 그의 리더십이 한국의 민주주의를 한 단계 도약시키는데 큰 역할을 했다고 할 수 있다. 그의 재임중에는 우루과이라운드, 금융실명제, OECD 가입 등 적지 않은 업적도 있었지만, 특히 IMF 금융위기를 초래한 실정은 그의 모든 리더십을 하루아침에 붕괴시키고 말았다는 혹평도 있다.

(7) 1998년 2월부터 2003년 2월 24일까지 재임한 제15대 김대중 대통령(아하 DJ)의 국민의 정부는 우리나라 역사상 처음으로 야당이 평화적으로 정권을 교체한 경우이다. 특히, 김 전 대통령은 민주화 투사로서 망명과 납치 사건 등으로 이름이 널리 알려져 있다. 김대중 전 대통령은 1998년 2월 IMF 외환위기의 소용돌이 속에서 취임했으나, 범 국민적인 '금 모으기 운동' 등을 전개하여 국난을 무사히 극복했다. 뿐만 아니라, 햇볕정책이나 6.15 남북공동선언, 일본의 대중문화 개방, 노벨 평화상 수상 등의 업적은 역대 어느 대통령보다도 화려한 축에 속한다. 그러나 그에 못지 않게 영·호남의 지역 갈등을 보다 심화시켰고, 잦은 신당 창당과 분열, 정계 은퇴 등으로 그에 대한 정치 불신도 높았던 게 사실이다.

(8) 2003년 2월 25일부터 2008년 2월 24일까지 재임한 제16대 노무현 대통령의 참여정부는 깨끗하고 참신한 이미지에서 출발을 했지만, 잦은 말실수

와 시행착오 등으로 국민들의 신뢰를 크게 잃기도 했다. 그러나, 참여정부는 비교적 깨끗하고 참신한 이미지인 386세대의 전면 등장과 함께 지역 균형, 소득분배, 서민 중심 등으로 국민 참여정책을 실천하고자 노력했다. 하지만, 지역감정이나 좌우 대립, 이념 갈등 등이 심화되면서 그가 외치는 소위 서민중심의 '사람 사는 세상'은 실현되지 못하고, 3김 정치시대 이전보다 보수와 진보 등의 사회 갈등만 심화되게 되었다.

(9) 2008년 2월에 출범한 이명박 정부도 출범 당시에는 국민 통합과 화해, 경제회복, 선진국 진입 등의 대 명제로 출발했지만, 야당 등에서 제기한 소위 강부자 내각이나 고소영(고대, 소망교회, 영남지역) 등 편중 인사라는 비판의 목소를 거세게 받고 있다. 더욱이 2008년 5월 미국산 쇠고기 수입과 관련된 광우병 파동과 함께 촛불집회 등을 거치면서 좌・우익의 대립은 훨씬 심화되게 된다. 한편, 이 대통령은 G20 유치나 원자로 수출, 녹색 성장 촉진 등 각종 굵직굵직한 정책 성과에도 불구하고, 세종시 수정안이나 4대강 사업 등을 놓고 지금까지도 사회 통합과 소통의 커뮤니케이션에서 어려움을 겪고 있다.

2) 역대 대통령들의 소통의 커뮤니케이션

지금까지 역대 대통령들의 위기관리와 소통의 정치를 살펴보았는데, 아래와 같이 대체로 ① 민주화 이전의 정부, ② 과도기적인 정부, ③ 민주화 이후의 정부 등 세 가지 형태로 구분할 수가 있다.

(1) 민주화 이전의 정부

1945년 대한민국 정부수립 이래 박정희 대통령(윤보선 과도정권 제외)까지는 위기관리 능력과 리더십은 있었을지 몰라도 국민 간의 소통의 커뮤니케이션은 보이지 않던 시기였다.

(2) 과도기적인 정부

최규하, 전두환, 노태우 대통령까지는 소위 민주화의 중단 내지는 과도기적 시기로 전두환 전 대통령을 제외하고는 과도기형의 정부로 위기관리 능력과 리더십의 측면에서는 다소 우유부단한 점이 없지 않았다. 그러나 전두환 정권의 경우는 부분적으로는 박정희 전 대통령의 카리스마적 리더십을 답습해 일정 부분 위기관리 능력을 보이기도 했다. 양자 공히 국민 간 소통의 커뮤니케이션은 보이지 않았던 시기였다.

(3) 민주화 이후의 정부

과거 군사 정권에서 독립해 1993년 2월 25일 김영삼 전 대통령이 문민정부를 출범한 이래 지금까지를 민주화 이후 정부라고 규정한다. 이 시기에 독재 정권으로부터 민주화 투쟁으로 이양되는 과정에서 국민적인 에너지가 민주화 투쟁에만 집중되게 되었다. 그러다보니 한꺼번에 밀려온 민주주의에 대해 자연 우리나라는 민주주의 자체에 대한 기존의 노하우나 제도, 사상, 이데올로기 등의 가뭄 현상이 심각할 수밖에 없었다. 이러한 시대적 문제 해결의 소명을 안고 1993년 문민정부가 탄생하게 된다.

YS의 문민정부는 그동안 수십년 동안 쌓여 온 권위주의와 군사정권의 잔재 청산을 위해 모든 국정의 중심을 개혁과 민주화에 초점을 맞추게 되었다. 그러다보니 장기적인 개혁에 따른 국민들의 피로 누적과 함께 효율과 기능성은 떨어지고, 국민 간에도 화해와 소통의 커뮤니케이션이 다소 소홀하게 되었다. DJ의 국민의 정부도 YS 정권 말기에 발발한 IMF 외환위기 극복과 함께 햇볕정책이나 IT산업 육성, 6.15 남북공동선언 등으로 남북화해정책에는 어느 정도 성과를 거두었으나, 영·호남의 지역 감정이나 계층 간 사회 갈등 등은 다소 심화시켰다는 평가가 있다. 뿐만 아니라, 국민 소통에도 역시 소홀하게 되었다. 노무현 전 대통령의 참여정부 또한 당시에는 비교적 깨끗한 이미지인 386세대의 전면 등장과 함께 지역 균형, 소득 분배, 서민 중심 등의 국정 지표를 목표로 국민 참여정책을 실천했지만, 지역 감정이나 좌우 대립, 이념 갈등 등 사회 갈등은 3김 이전 시대보다도 훨씬 더 골이 깊어져, 국민 소통에는 결국 실패하게 된다.

결론적으로, 소통의 방향은 1993년 문민정부 이전의 권위적인 일방적 소통(one way communication)에서 민주화 이후의 쌍방향 소통(two way communication)으로 조금씩 바뀌게 된다. 그러나 워낙 토론의 문화나 소통의 커뮤니케이션이 부족한 토양이었기 때문에 제도 도입 정도의 선에서 그치게 되었다. 이와 같이 아직까지 민주적인 토론 문화나 국민 소통의 관행이 정착되지 않은 상태에서 갑자기 몇 단계를 뛰어넘는 최첨단 웹 문화가 도입됨에 따라서 우리나라는 국민소통에 더욱 더 어려움을 겪게 되었다. 뿐만 아니라, 준비 안 된 우리 사회에 갑작스럽게 몰아닥친 웹 문화의 역기능 등을 우리는 능동적으로 소화해 내지 못하고 있는 상태다.

앞에서 언급했지만, 국가위기 발생시에는 국가 지도자의 훌륭한 리더십 발휘와 소통의 정치 커뮤니케이션만이 어려운 국가 위기를 돌파할 수 있는 유일한 방법이다. 빌 클린턴의 리더십 이야기를 조금 언급했지만, 그가 북한의 김정일 국방위원장과 담판한 것은 억류중인 미국인 여기자를 석방한 것은 물론, 남북 대화의 물고도 틔게 하는 계기가 되었다고 하겠다.[20)]

제 2 절 국가위기와 사회적 갈등, 소통의 커뮤니케이션

1. 국가위기와 보 · 혁의 이념과 사회갈등

우리나라는 2009년 5월 29일 노무현 전 대통령의 국민장과 조문 파동 등을 겪으면서 지역 간, 정파 간 사회 갈등으로 서로가 서로를 믿지 않는 소위 "만인이 만인의 적"이 되는 세상으로 전락할 위기에 처했었다. 지금 우리 사회는 때론 소통과 통합, 이해와 타협, 법치와 민주주의가 실종된 느낌이 든다. 각자 정파적 이해에 따라 자기 주장만 옳고 상대방을 믿지 않으며, 자기와 다른 견해는 듣지 않고 귀를 막으며 타협 않는 등 막무가내식 주의주장만 난무하고 있기 때문이다.[21)] 지금 우리나라는 선진국 진입의 문턱에서 이러한 반목과 대립, 사회 갈등 문제로 국가발전의 커다란 장애를 안고 있다. 앞에서 이미 지적했듯이, 한국의 사회 갈등 지수가 OECD 회원국 중 제 4 위로 최상위권에 속해 있고, 사회 갈등에 소모되는 비용만도 1인당 GDP의 27%나 되어, 선진국에 비

20) 『조선일보』, 2009년 8월 7일자.
21) 『조선일보』, 2009년 6월 21일자.

해 사회 갈등을 치유하는 비용이 실로 심각한 수준에 이르고 있다 하겠다.[22] 참여정부 시절 총리실에 사회 갈등 관리에 대한 담당 부서를 두는 한편, ① 정부와 민간 간의 갈등, ② 정부와 정부 간의 갈등, ③ 민간과 민간 간의 갈등 등 세 가지 유형별 갈등 해결을 위해 '갈등관리규정의 제정(2007. 2. 12, 대통령령)과 '갈등관리의 기본원칙'[23]을 세우기도 했다. 당시 '갈등관리규정'에서는 공공정책을 수립·집행하는 중앙행정기관이나 이해 관계자 등이 준수해야 하는 기본원칙 네 가지를 제시하기도 했지만, 제도적으로 정착되지는 못해 아쉬움이 없지 않다.

2008년 5월 광우병 파동이나 세종시 문제 등에서 보더라도 우리 사회의 사회 갈등 해결 문제는 대단히 중요한 정책 영역이다. 그럼에도 불구하고 사회 갈등 해결에 대한 전문성 부족이나 정부의 위기관리시스템의 소통 부재가 2008년 촛불 집회나 MBC PD수첩의 진실 공방, 세종시 수정 문제 등으로 이어졌고, 국민들의 극단적인 패 갈림 현상이 확산되어 사회 불신 현상은 극에 달했다. 정부 여당은 여당대로 자기 주장만 옳다며 무조건 자기를 따를 것을 요구한 반면, 야당은 야당대로 이해와 타협보다는 반대를 위한 반대를 멈추지 않았다. 그 밖에 각종 시민 단체나 이익 단체들도 오로지 자기 주장만 있을 뿐 상대를 이해하지 않으려는 태도를 보였으며 이것이 오늘의 현실이다.[24] 2009년 10월 13일 국정 감사에서 국회 행정안전위원회에 제출된 경찰청 자료에 의하면, 우리나라는 하루 평균 집회 시위가 39회, 참가인원 9244명으로 '집회 공화국'으로 지적되고 있다. 경찰청이 2009년 2월 발표한 「주요 외국의 불법 집회 시위 대응 현황 자료집」에 의하면, 서울의 인구 100만 명당 집회 시위 건수

---

22) 『경향신문』, 2009년 6월 25일자.

23) 『참여정부 정책조정 · 갈등관리 백서』, 국무총리실, 2007년, p. 18.

24) 『한겨레21』, 2009년 5월 29일자. ① 공공정책과 관련해 발생하는 갈등은 갈등의 당사자가 대화와 타협을 통해 자율적으로 해결하고 이를 위해 이해관계인 간에 신뢰를 구축하는 것이 무엇보다 필요하다. ② 정책수립 과정 등에 이해관계자나 전문가 등이 실질적으로 참여할 수 있는 절차를 마련하고 이해관계인 등이 공공정책의 취지와 내용을 충분히 이해할 수 있도록 관련정보의 공유와 공개를 확대한다. ③ 중앙행정기관은 공공정책을 수립 · 추진할 때 달성하려는 공익과 이와 상충되는 다른 공익 또는 사익을 비교형량해야 한다. ④ 중앙행정기관의 장은 공공정책을 수립 · 추진할 때 지속가능한 발전을 위한 요소를 고려해야 한다.

는 736건으로 홍콩 548건, 워싱턴 DC 207건, 파리 186건, 도쿄 59건보다 월등히 많은 숫자다.[25] 뿐만 아니라, OECD가 발표한 '법질서 지수' 통계에 의하면, 한국은 4.3점(6점 만점)을 얻어 미국 · 영국(5.9점), 일본 · 독일(5,6점), 프랑스(5.3점)에 비해 월등히 떨어져 30개국 중 27위로 거의 꼴찌 수준이다. 우리보다 낮은 최하위 국가로는 터키, 멕시코, 폴란드가 있다.[26]

그 밖에 2008년 우리나라에서 경범죄 위반으로 처벌받은 사례가 30만 7913건인 데 비해, 일본의 경범죄 적발 건수는 1만 7851건이다. 인구 10만 명당 일본이 14건인데, 우리는 622건으로 무려 44배나 높은 수치다. 경범죄 가운데서도 확성기나 음악을 틀어대거나 시끄러운 악기 연주로 '인근 소란죄'가 적용되어 단속된 경우가 일본은 25건, 한국은 4만 6955건으로 1878배나 된다. 오물 투기도 일본은 98건, 한국은 6만 940건, 노상방뇨는 일본 191건에 비해 한국은 1만 1535건으로 나타났다.[27] 물론, 법이나 제도 · 문화가 다른 일본과 서로 단순 비교하기에는 무리가 있다. 하지만, 일본이 우리보다 인구가 약 3배정도 많다는 점을 감안한다면 우리나라 국민들의 준법 정신에 심각한 문제가 있음을 알 수 있다.

그럼에도 불구하고 바람직한 여론 형성과 사회 통합의 책임이 있는 신문이나 방송, 인터넷 등의 미디어 또한 여기에 대해 해법을 찾기보다는 오히려 대립과 반목 등으로 군불 지피기에만 열중한 감이 없지 않았다. 그러다보니 우리사회는 어느덧 만인이 만인의 적이 되고, 서로가 서로를 불신해 조그마한 이해 차이에도 서슴 없이 상대에게 달려들어 공격하는 상황이 나타난다. 자기의 주의 주장은 곧 성선설이며 이를 무시하면 악의 축으로, '촛불'과 '적개심'으로 서로가 서로의 '생명줄'을 끊으려 한다.[28] 뿐만 아니라, 통일정책이 아닌 통일의 대상인 북한을 바라보는 시각 자체를 놓고도 서로가 서로를 '친북좌파', '보수골통' 등으로 낙인하여 남남갈등을 야기시켰다. 우리는 이제 만인과 만인의 대립과 갈등을 치유해 줄 화해와 소통의 커뮤니케이션이 절실히 필요한 시점이다. 서로가 상대의 의견을 존중하고 경청하며 마음의 문을 열어 양보와 타협

25) 「한국은 '집회공화국'」『문화일보』, 2009년 10월 13일자.

26) 「한국은 '떼법 공화국'」『조선일보』, 2009년 10월 14일자.

27) 「기초질서 위반 비율이 일본의 44배나 된다니」『조선일보』, 2009년 10월 15일자.

28) 『조선일보』, 2009년 6월 21일자.

으로, '떼법'이 아닌 법과 원칙이 지켜지는 통합과 소통의 시대를 열어야만 선진국에 진입할 수 있다.

다행히도 최근에는 보·혁 논쟁이 가열되면서 지식 계층에서부터 이대로는 안 된다는 여론이 힘을 얻고 있다. 그런 가운데 김대중 전 대통령의 '위독' 소식이 전해지면서 YS가 DJ를 전격적으로 병문안하면서 다음과 같이 몇가지 긍정적인 현상이 조금씩 나타나고 있다.

(1) 지난 8월 10일 오전 10시경 김영삼 전 대통령이 세브란브병원 중환자실에 입원중인 김대중 전 대통령을 방문해서 병문안 한 사실이다.

> 김영삼 전 대통령과 김대중 전 대통령은 40여 년을 경쟁과 협력으로 민주화 투쟁에 앞장섰던 동지였으나, 1987년 대통령 후보 단일화 실패로 정권 교체가 좌절되면서 급속도로 멀어졌다. 이후 3당 통합을 거치면서 두 사람은 야당 내 경쟁자에서 여야의 정적 관계로 뒤바뀌게 되었다. 국민의 정부 시절 김영삼 전 대통령은 김대중 전 대통령의 가장 격렬한 비판자가 됐고, 이 두 사람은 정치적 이슈가 있을 때마다 날카롭게 대립했다. 두 사람을 화해시키기 위해 원로 정치인들의 노력이 수차례 있었지만 결렬됐고, 마침내 두 사람은 2009년 5월 노무현 전 대통령의 영결식장에서 만났을 때도 서로 외면하는 어색한 사이였다. 그런데 이번 김영삼 전 대통령의 김대중 전 대통령 병문안은 영호남 두 정치 거목의 역사적으로 극적인 화해라는 점에서 매우 주목을 끌게 되었다.[29]

특히, YS 자신은 처음 문병 동기를 묻는 취재기자의 질문에 "DJ와 나는 가장 오래된 경쟁자이자 협력자였다"며, "국내는 물론 세계에서도 유례를 찾기 힘든 관계"라고 답하여 DJ와는 이제 "화해로 봐도 좋다"고까지 하였다.[30] 그 후 그는 8월 18일에 DJ가 서거하자 즉시 세브란스 병원을 방문하여 공식적인 조문객으로서는 제일 먼저 유가족을 위로하기도 했다. 뿐만 아니라, 그는 국장 기간동안 내내 자택에 조기를 게양하도록 비서관에게 지시하는 등 김 전 대통령의 죽음에 "거목이 쓰러졌다"며 각별한 애도를 표시하기도 했다. 국장 다음날에는 영부인 이희호 여사에게도 따뜻한 위로의 전화를 보내기도 했다.

---

29) 『연합통신』, 2009년 8월 10일자.

30) 『연합통신』, 2009년 8월 10일자.

(2) 이명박 대통령도 8월 11일 입원 30일째 세브란스병원 중환자실에서 투병중인 김대중 전 대통령을 방문해 쾌유를 빌면서 가족들을 위로했다. 이 대통령은 이희호 여사를 만나 위로하면서 김대중 전 대통령의 쾌유를 비는 기도를 올리기도 했다. 이 자리에서 이명박 대통령은 "김 전 대통령은 충분히 일어서실 수 있으리라 생각하며 그런 경우를 많이 봤다"면서 거듭 쾌유를 기원했고, 가족 대표인 이희호 여사도 "기도를 해 주셔서 큰 힘이 될 것 같다"면서 감사의 뜻을 전하기도 했다.31)

> 김대중 전 대통령은 5월 29일 전 노무현 대통령의 국민장 당시 영결식장에서 추도사를 하려고 했으나 장의위원회 측이 다른 전직 대통령들과의 형평성 문제를 제기해 추도사가 무산된 바 있다. DJ는 노 전 대통령의 죽음을 애도하면서 "내 몸의 반이 무너진 것과 같은 심정"이라고까지 표현했다. 특히, 지난 6월 11일에는 6.15남북 공동선언 제 9 주년 기념식이 63빌딩 국제회의장에서 성황리에 열렸다. 이 자리에는 이호여사를 비롯, 국민의 정부와 참여정부 주요 인사 및 민주당, 민노당, 창조한국당 소속의원, 범 민주진영 인사, 시민 등 1100여명이 대거 참석하게 되었다. 김대중 전 대통령은 청중들에게 이명박 정권을 독재정권으로 규정하고 "행동하지 않는 양심은 악의 편"이라고 비판했다. 김 전 대통령은 이어 이명박 대통령을 향해 "민주주의는 나라의 기본이다. 우리는 과거에 이승만, 박정희, 전두환 세 대통령을 국민의 힘으로 극복하고 민주주의를 수호했다."며 우리 국민은 독재자가 나왔을 때 반드시 극복하고 민주주의를 회복했다는 것을 명심해야 한다"고 경고했다.

그러나 이명박 대통령은 김대중 전 대통령의 중환자실 입원 소식을 듣고 문병하기 위해 신촌 세브란스 병원을 찾았다. 하지만, 김 전 대통령은 중환자실에서 치료를 받고 있었기 때문에 김 전 대통령을 직접 만나지는 못하고 대신 이희호 여사 등의 가족들과 동교동계 인사들을 만나 위로했다. 이 대통령은 김 전 대통령의 쾌유를 빌면서 의료진에게 최선을 다해달라고 당부하기도 했다. 마침내 김 전 대통령이 서거하자 "큰 정치 지도자를 잃었다"고 깊은 애도의 뜻을 표시하고 관계 책임자에게는 "유족들과 잘 상의해 예우를 갖추는 데 소홀함이 없도록 정중히 모시라"고 지시하기도 했다.32)

---

31) 『SBS』, 2009년 8월 11일자, 김우식 kwsik@sbs.co.kr

한편, 이명박 대통령은 2009년 5월 23일 노무현 전 대통령이 서거하자 오후 6시 55분경 노무현 전 대통령의 빈소가 마련된 봉하마을에 조화를 보낸 바 있다. 그러나 분향소가 차려진 마을회관으로 조화를 옮기던 도중 흥분한 일부 조문객들과 주민들이 조화를 잡아채 "살인마의 꽃은 받지 않는다"고 조화를 짓밟고 쓰러뜨리며 '대통령 이명박'이라고 적힌 종이도 찢어버렸다. 일부는 불을 붙이려고 시도하기도 했지만 안내 요원에 의해 제지당했다. 결국 이 대통령의 조화는 망가져 분향소에 세워지지 못했다. 문재인 수석 등이 본의 아니게 이명박 대통령의 조화를 훼손하게 된 점을 청와대 측에 설명하고 유감을 표시함에 따라 청와대는 다시 조화를 보내기도 했다.

당시는 박연차 전 태광실업 회장의 의혹 수사로 노무현 전 대통령도 검찰에 출두해 의혹 규명을 하는 사이에 노무현 전 대통령이 봉하마을 부엉이 바위에서 자신의 몸을 투신하는 전대 미문의 전직 대통령의 비극적인 사건이 발생한 것이었다. 많은 시민들이 이러한 검찰의 무리한 수사에 대해 이명박 정부에 항의하면서 촛불집회를 여는 등 500만 명에 가까운 조문객들이 노 전 대통령을 추모하기도 했다.

또한, 5월 29일 노무현 전 대통령의 국민장 영결식이 경복궁에서 거행될 당시 권양숙 여사 등 유가족이 먼저 헌화를 마치고 자리로 돌아간 다음 이명박 대통령이 영정 앞에 헌화하려던 순간, 한 참석자가 고함을 치며 야유해 영결식이 잠시 중단되는 사태가 발생했다.[33] [34]

> "어디서 분향해… 이명박…" 소리를 친 사람은 어느 야당 모 의원이었다. 이 의원은 노 전 대통령이 지난 1997년 새정치국민회의 부총재일 때 ○○○을 하면서 노무현 대통령과는 각별한 인연을 맺었다. 맨 앞줄 귀빈석에 앉아있던 모 의원이 대통령 쪽으로 달려 나왔고 경호원들에게 제지를 당해 끌려 나갔다. 전날까지만 해도 봉하 마을에서 일부 참배객들이 노대통령의 조문을 제지하며 저항하던 시민들에게 자제를 당부하던 의원이 이번에는 자신이 자신의 울분을 일시적으로 참지 못해 "이명박은 살인자야, 노무현 대통령에게 사죄 하십시오. 정치 보복 사

32) 『한국일보』, 2009년 8월 19일자.

33) 『동아eTV』, 2009년 5월 29일 16시 24분.

34) 『데일리 뉴스』, 2009년 5월 23일자 등 참조.

죄하십시오"라고 소리쳤다. 갑작스런 소란에 이 대통령은 주위를 둘러보며 잠시 머뭇거렸다. 추모객들 사이에서도 고성이 터져 나왔다. 〈현장 음〉 "손대지 마라… 그냥 놔둬라."

돌발 상황에 경호원들이 근접 경호에 나서면서 식장 분위기도 삼엄해졌다. 사회자의 자제 요청에도 소란은 금방 가라앉지 않았다. 4～5분 정도 계속되던 소란도 곧 진정됐고 이 대통령 내외는 어수선한 분위기 속에 헌화를 마쳤다. 뿐만 아니라, 영결식을 마친 노무현 전 대통령의 시신이 경복궁을 떠나 수원 연화장으로 옮겨져 화장되기 위해 화로에 들어가는 순간 연화장 뒤쪽에서 지켜보던 한 참석자가 "이명박○○○"라고 외치는 목소리가 ○○○으로 ○○되기도 했다.

이 밖에도 이 대통령을 욕설로 비하하는 듯한 원주시청의 홍보지인 '행복 원주'의 만평 기사가 법정에 기소되는 일이 벌어지기도 했다.[35]

노무현 전 대통령의 검찰 소환과 함께 박연차 태광실업 회장의 비자금 수사를 둘러싸고 검찰이 보인 태도에 대해 노무현 전 대통령 측에서는 불만으로 격앙되어 있는 상태였다. 그들의 주장에 따르면 수사중인 피의 사실을 연일 언론에 공표해[36] 모욕을 주는가 하면 전직 대통령에 대한 예우는 뒤로한 채 무리한 수사와 압박으로 노무현 전 대통령을 죽음으로 내몰았다는 것이다. 이러한 검찰의 무리한 수사가 결국 노무현 전 대통령의 죽음을 부르게 되었고, 곧 결과적으로 이명박 정부의 책임이라고 말했다. 결국, 노무현 전 대통령이 서거하자 전국적으로 촛불집회가 열리고 분향소 등에 50여만 명의 조문객이 몰려드는 등 조문정국이 형성되어 국민여론은 극도로 불안한 상태에 이르게 되었다.

35) 『오마이뉴스』, 2009년 10월 24일자. 지난 2009년 6월 1일자 원주시청이 발행한 시정홍보지인 '행복 원주' 제230호 12면에 게재된 만평이 문제가 되었다. 만평의 내용은 만평 그림 중 '호국영령'이라는 비석 아래 제단 옆에 적힌 문양을 세로로 세워 자세히 살펴보면 '이명박 ○○○, 이명박 ○○○'이라고 적혀 있다. 해당 글이 좌우가 뒤바뀌어져 있고 제단을 가로질러 있어서 세심히 보지 않으면 알아보기가 힘들다.

36) 헌법 제27조 제 4 항에 형사피고인은 유죄의 판결이 확정될 때까지는 무죄로 추정된다. 또, 형법 126조에는 검찰·경찰 기타 범죄수사에 관한 직무를 행하는 감독이나 보조하는 사람이 직무상 알게 된 피의사실을 기소(공판청구)전에 공표하는 것을 금지하고 있다. 이는 인권침해의 가능성이 매우 높기 때문이다. 하지만, 일각에서는 공공의 이익과 국민의 알권리 차원에서 필요하다고 판단되는 경우는 기소 이전이라도 피의사실을 보도해야 한다는 주장과 이를 엄격이 제한해야 한다는 신중한 주장이 맞서고 있다.

한편, 노무현 전 대통령의 서거 당시 봉하 마을에 전두환 전 대통령이 보낸 조화가 일부 조문객들의 반발로 조문식장 반입이 저지됐고, 조문을 간 이회창 자유선진당 총재도 격앙된 노무현 지지자들이 던진 달걀 세례로 봉하 마을 입구에서 차를 회차하기도 했다. 그 외 김형오 국회의장도 24일 오후 봉하 마을을 찾았다. 마을 입구에서 차량 진입이 제지당하자 차에서 내려서 보좌관들과 함께 우산을 들고 도보로 노무현 전 대통령의 빈소가 있는 곳으로 진입하다가 흥분된 조문객들에게 쫓겨 경찰 경비 숙소에 몸을 피신했고, 숙소 주변을 시민들이 둘러싸는 사건이 발생했다. 급기야 노 전 대통령과 가까운 문재인 전 청와대 비서실장과 백원우 의원이 자제를 당부했지만 격앙된 감정은 쉽게 풀리지 않았다. 정동영 의원도 봉하마을에 조문을 갔지만 역시 지지자들에 의해서 제지당하자 김형오 국회의장과 같은 방법으로 조문 저지조가 없는 틈을 타 다음날 아침 일찍 기습적으로 조문을 하기도 했다. 그 외 한나라당 박희태 대표 등도 흥분한 시민단체 측에 의해서 봉하마을의 조문이 제지당한 바 있다.[37)]

그런데, 이번에 또 김대중 전 대통령의 영결식장에서도 이희호 여사와 가족들이 헌화하고 이명박 대통령 내외가 분향하는 순서에서 갑자기 VIP 뒤쪽에 있던 한 남자가 "위선자"라고 소리쳐 경호원들의 제지를 받기도 했다. 마침내 사회자인 손숙 전 환경부장관은 "국장을 거행하고 있으니 장내를 엄숙하게 정리해 주시기 바랍니다"고 장내에 안내방송을 하기도 했다.[38)]

(3) 전두환 전 대통령도 8월 11일 신촌 세브란스 연세대 병원을 찾아 김대중 전 대통령을 병문안했다. 전두환 전 대통령은 1980년 신군부 쿠데타로 실권을 잡았을 때 군사 법정에서 김대중 전 대통령에게 내란 음모죄를 씌워 사형을 선고한 장본인이기도 했다.

> 오전 10시 55분경 세브란스 병원에 도착한 전두환 전 대통령은 굳은 표정이었다. 일부 시민들이 몰려드는 가운데 전 대통령은 아무 말 없이 곧바로 병실로 향해 이희호 여사를 만나 김 전 대통령의 쾌유를 기원했다. 그 자리에서 전두환 전 대통령은 "김 대통령께서 틀림 없이 완쾌하셔서 영부인께서 아주 즐거운 마음으

37) 『데일리 뉴스』, 2009년 5월 23일자.

38) 『조선일보』, 2009년 8월 23일 16시 24분.

로 모시고 나가실 수 있을 것입니다"라고 말하면서 김 전 대통령이 재임 시절 전직들을 6번이나 청와대로 불러줘 가장 행복했다고 말했다. 특히, 그는 전직이라는 것은 현직에서 안 봐주면 전직같이 불쌍한 게 없지 않느냐고 했다. 그는 김 전 대통령이 서거한 뒤에도 굳은 표정으로 병원을 방문해 조문했다. 조문 당시 일부 시민들이 몰려들며 전 대통령을 보고 "살인마"라고 외치자 그 쪽을 힐끗 쳐다보고는 아무 말 없이 시민들의 반발 속에도 병실로 향해 이희호 여사와 그 가족들에게 정중하게 위로의 말을 건냈다.[39]

전두환 전 대통령은 지난 1980년 신군부 쿠데타 과정에서 김 전 대통령을 광주민주화항쟁의 배후로 지목해 사형을 선고하는 등 탄압했지만, 이후 1996년 전두환 자신이 사형 선고를 받았을 땐 오히려 김대중 전 대통령이 사면 조치를 취해 풀려나기도 했다.

또한, 전두환 전 대통령은 노무현 전 대통령의 빈소에도 조화를 보냈지만, 역시 봉화마을 일부 조문객들의 반발로 조화 반입이 저지되기도 했다.

(4) 또 한 가지 특이한 사항은 2009년 8월 15일 박근혜 전 한나라당 대표의 김대중 전 대통령의 병문안이었다. 박근혜 전 대표는 김 전 대통령의 영전에도 정중하게 조의를 표하는 한편, 유족들에게도 정중하게 위로를 하며 조문했다.

박근혜 전 대표에게 이날은 광복절인 동시에 1974년 어머니이신 육영수 여사를 잃은 지 무려 35년이나 되는 날이었다. DJ측에선 박 전 대표가 병원 20층 엘리베이터에서 내릴 때까지 문병 계획을 전혀 몰랐다고 했다. 박 전 대표는 기자들이 몰려 있는 3층 출입구를 대신해 지하 주차장을 이용했다. 박근혜 전 대표는 이희호 여사의 손목을 꼭 잡은 채 "얼마나 걱정이 많으시겠습니까? 안정돼 간다는 소식을 듣고 찾아왔다"며 "찾아뵙는 것도 폐가 될까봐 조용히 왔다"고 했다.

DJ는 박정희 전 대통령의 최대 숙적이었다. 1973년 박정희 정부 시절 중앙정보부는 일본에 망명중이던 DJ를 납치한 일도 있었다. 박 전 대표를 맞은 권노갑 전 민주당 고문은 "DJ가 재임 시절 먼저 화해와 통합의 정치를 실천했기 때문에

39) 『MBC』, 2009년 8월 11일자. MBC(www.imnews.com).

가능한 일"이라고 말했다. DJ는 1997년 대선 후보 시절 경북 선산군의 박 전 대통령 생가를 찾았고, 대통령이 된 뒤 '박 전 대통령 기념 사업회' 명예회장을 맡아 기념관 건립에 200억 원 예산을 배정하기도 했다. 이후 노무현 대통령 당시는 예산이 삭감 또는 중지된 바도 있다. 박 전 대표는 2004년 8월 대표에 오른 직후 DJ를 만나 "아버지 시절 많은 피해를 보고 고생하신 데 딸로서 사과한다"고 화답한 바 있다. 박근혜 전 대표는 김대중 전 대통령뿐만 아니라 노무현 전 대통령도 조문했다.

DJ는 박정희 전 대통령의 최대 숙적으로 1973년 박정희 정부 시절 중앙정보부로부터 납치를 당하기도 했다. 박 전 대표는 2004년 8월 12일 대표에 오른 직후 김대중 전 대통령을 방문해 특히, 김 전 대통령이 재임 시절 박정희 대통령 기념관 건립을 결정한 것에 대해 "어려운 결정을 해 주셔서 감사드린다"고 했다. 김 전 대통령은 "공과에 대해 공정한 평가를 하도록 박정희 기념관을 짓는 것이 필요하고 국민을 위해서도 좋은 일"이라고 말했다.

또, 김 전 대통령은 박 대표가 2002년 방북해 김정일 국방위원장을 만났던 점을 들어 "기회가 있으면 북한에 또 가서 직접 할 말을 하고 한나라당 정책을 설명해 주라. 김 위원장은 이야기가 되는 사람이다. 이것은 매우 중요하고 박 대표가 관심을 기울여야 한다"고 말했다. 박 대표는 "한반도 평화를 위해 어떤 역할이라도 항상 하려는 마음"이라며 "앞으로 남북 문제에 대해 많은 자문을 구하고 싶다"고 말했다. 김 전 대통령은 또 "국민 8할이 경제를 걱정하고 있다. 이대로 가면 경제가 상당히 위험하다"며 "여당에 말려들어가지 말고 오로지 경제 살리기에 총력을 기울여 달라"고 박 대표에게 '특별히' 당부했다. 박 대표는 "한나라당이 호남에서 마음에서 우러나오는 성원과 지지를 받도록 노력하겠다"며 "한나라당이 잘 할 때까지 관심을 가져달라"고 말했다. 이에 김 전 대통령은 "내가 한 정치 중 가장 성공하지 못한 것이 동서 화합"이라며 "내가 못한 일을 하라고 해서 미안하지만 박 대표는 이 문제 해결에 제일 적임자이시니 수고해 주기 바란다"고 말했다.[40)]

한편, 박근혜 전 대표는 지난 야당 대표 시절 노무현 대통령의 연정 제안에 "참 나쁜 대통령"이라고 응수하기도 했지만, 이번에는 그를 조문하기 위

40) 『조선일보』, 2004년 8월 12일자.

해 봉화마을을 찾았다. 박 전 대표는 5월 24일 노 전 대통령을 조문하기 위해 봉하마을 방문했지만, 당시 흥분한 노무현 전 대통령의 측근이나 지지자 등에 의해서 조문이 제지당했다. 그들이 한나라당이나 여권 인사들의 조문을 제지하고 있었기 때문에 마을 입구에서 조문을 포기한 채 문재인 전 수석의 권유로 가족들에게 조의만 전달하고 발길을 돌리게 되었다. 당시 문 실장은 "우리가 제대로 모실 수 있는 상황이 못 된다"고 미안함을 표시했고, 박 전 대표는 "무리해서 유족들에게 폐를 끼칠 필요가 없다. 서울에 빈소가 마련되는 대로 조문하겠다"고 답했다. 박 전 대표는 다음날인 25일 다시 서울 역사 박물관에 차려진 노 전 대통령의 빈소를 찾아 조문하는 한편, 경복궁 영결식에도 참석했다.

박 전 대표는 자신의 싸이월드 미니 홈페이지에도 노 전 대통령을 추모하는 글을 올렸다. 그는 미니홈피 대문에 묵념하는 사진과 함께 "삼가 노무현 전 대통령의 명복을 빕니다"는 글을 남겼다. 특히 그가 게재한 사진이 2007년 8월 15일 국립현충원에서 열린 어머니 고 육영수 여사 추모제 때의 모습이어서 눈길을 끌었다. 이날 박 전 대표의 미니 홈피엔 노 전 대통령을 추모하는 글이 속속 올라왔다. 정광용 박사모 회장은 성명서를 통해 "많은 갈등이 있었지만 나름대로 존재 의미가 있던 대통령"이라며 노 전 대통령에 대해 애도하기도 했다.

2. 사회적 갈등과 대립, 분노, 소통의 커뮤니케이션

1) 갈등해소와 소통의 커뮤니케이션

2008년 2월에 출범한 이명박 정부는 출범 당시 국민 통합과 화해, 그리고 경제회복 등의 국민 여망으로 출범했지만, 야당 등에서는 '부자 내각'이니 '고소영' 등의 표현으로 편중 인사에 대한 비판의 목소리를 높였다. 더욱이 2008년 5월 미국산 쇠고기 수입과 관련된 광우병 파동과 함께 거셋던 '촛불집회'나 MBC 'PD 수첩' 등의 사태를 둘러싸고 지금까지도 사회 통합과 소통의 정치라는 측면에서는 상당히 어려움을 겪고 있다. 특히 2008년 광우병 보도를 둘러싸고 다음의 아고라와 MBC PD 수첩 등의 보도 사태를 겪으면서 우리 사회의 사회적 갈등이나 대립 구도는 극에 달하기도 했다.[41)]

---

41) 「2008 촛불집회 참여 경험에 대한 현상학적 연구」『한국방송학보』(통권 제23~4호), 2009

우리 사회에서 '갈등(Conflict)'이라고 하는 단어는 라틴어 'configere'에서 온 말로 그 어의(語義)는 '상대가 서로 맞선다'는 복합적인 의미이다. 즉, 우리 인간 사회에서 대인적(對人的)인 갈등이나 사회적인 갈등(葛藤) 등에서 '대립(opposition)'이나 '반대(contravention)'되는 생각 등으로 '반목(Antagonism)'이나 '마찰(Friction)', '거부(Deny)' 등이 일어난다. 다시 말해서, 갈등이란 어느 개인이나 집단 간에 '다툼(Fallout)'이나 '투쟁(Struggle)', '알력(Friction)', '대항(Against)', '상극(AII)', '증오(Hate, enmity)' 등으로 '으르렁거리'거나 '삐걱거리'는 현상을 말한다. 뿐만 아니라, 내면적·정신적 갈등 등으로 '모순(Contradictions)'이나 '번뇌(Passions)', '고민(Distress)' 등의 현상이 있다.

이와 같이 '갈등'은 우리사회에 있어서 "어떤 사회적 문제에 대해서 기본적인 가치에 대한 상호 동의나 합의를 바탕으로 이루어지는 것이 아니라, 반대나 대립, 불균형, 비타협적인 일방적 주의·주장 등에 의해서 이루어진다"고 말할 수 있다. 다시 말해, 어떤 개인이나 집단이 추구하려고 하는 목표나 행위가 타인에 의해서 좌절되거나 차단되어 부정적인 영향을 받는 경우를 말한다. 즉, 갈등은 상호간의 이기주의 때문에 발생할 수도 있고, 마찰이나 불화 등에 의해서 좌절, 또는 차단이 되는 상황에서 나타날 수 있다.

갈등은 우리 인간 사회 언제 어디에서나 일어날 수 있다. 그러나 '갈등이론'은 아직까지 하나의 통합적인 이론으로 체계적으로 제도화된 학문이 아니다. 더브린(Dublin)의 기능주의(Functionalism) 이론에 의하면 갈등에도 ① 순기능과 ② 역기능이 있다. 갈등은 적절히 잘 해소하고 활용한다면 변혁과 혁신의 원동력이 될 수 있고, 화합의 시너지를 발휘할 수 있는 반면, 잘 관리하지 못하면 자기 이익에만 급급해 조직을 희생시킬 수도 있다. 뿐만 아니라 목표 달성에 필요한 시간과 에너지를 낭비케 하고, 재정상의 부담도 고비용 고지출에다가 감정과 고통도 함께 수반하여 지출하게 된다. 극단적인 경우에는 자료나 사실도 왜곡되는 등 부정적인 결과를 초래할 수 있다.[42)]

기능주의 이론이 균형(Balance)이나 통합(Integration), 단결(Unity) 등을 강조하는 데 비해, '갈등 이론'은 현대 사회의 '갈등 해결'의 중요성을 강조하면서

년, 한국방송학회, pp. 8~12.

42) 김문기, 「리더십을 통한 갈등 해소 방안」, 생활백과, 2009년, p. 2.

여러 사회학자들의 의견을 대신해서 표현하고 있다. 기능주의가 사회 통합에 중점을 두고 있다면, '갈등 이론'은 사회 변동에 초점을 맞추고 있다. '갈등 이론'은 갈등의 원인과 과정, 그리고 갈등의 사회적 역할과 사회 변동과의 관계 등을 탐구한다.

'갈등 이론'은 칼 맑스(Karl Marx)로부터 시작되었다고 말할 수 있다. 칼 맑스는 희소 자원의 불평등한 분배가 갈등을 만들어 냈다고 설명한다. 즉, 그는 갈등이 커지면서 그만큼 계급 간의 양극화도 심화되어 갈등의 폭은 점점 더 폭력적으로 변한다고 한다. 그리고 이러한 갈등이 폭력적일수록 한 사회 내의 구조 변동의 폭이 더욱 커지며, 자원의 재분배 역시 커진다는 명제를 내세웠다.

한편, 막스 베버(Max Weber)는 칼 맑스의 기본적인 틀에는 동의하면서도 갈등의 원인은 다른 것으로 설명하고 있는데, 그것은 정당성에 대한 의문이다. 막스 베버는 정당성에 대한 의문이 생기고 정당성이 철회되면 권위가 약화되어 갈등이 생긴다고 생각하였다. 그리고 칼 맑스가 불평등이 있는 곳에서 갈등이 발생할 것이라고 생각했던 것과는 다르게 갈등의 우연성을 강조하고 있다. 즉, 갈등은 카리스마적 지도자가 나타나서 저항 세력을 동원하느냐 못하느냐를 혁명적 갈등 발생 여부의 중요한 변수로 생각하였다.

게오르그 짐멜(Georg Simmel)은 앞의 두 사람의 갈등에 대한 생각과는 달리, 강하거나 약하거나 갈등은 늘 일어난다고 보았다. 그는 갈등을 하나의 사회문제로 보는 것이 아니라, 사회 유지를 위한 역동적인 힘으로 보고 있다. 이는 갈등은 사라져야 할 것이라고 보았던 칼 맑스의 견해와는 반대되는 견해다. 게오르그 짐멜은 갈등이 늘 존재하지만 감정이 격해지면 사회 변동까지도 일어날 수 있다고 보았다. 또, 이해관계가 분명하게 드러날 경우 타협이 되어 갈등이 오히려 약해진다고 보고 있는데, 이 역시 칼 맑스의 견해와는 정 반대되는 것이다.

이러한 고전 사회학자들의 갈등에 대한 시각은 기능주의의 확산에 밀려 갈등 이론이 주류에 있지 못하였다. 하지만 1950년대를 거쳐 1960년대에는 크게 확산되게 된다. 1960년대 미국의 흑백 갈등, 반전 운동, 학생 운동 등이 발판이 된 것이다. 유럽에서는 1953년 스탈린이 사망하고 그 후 혼란 시기에 동

독의 베를린에서 노동자 대폭동이 일어났다. 사회주의 정권을 타도하고자 했으나 이는 실패로 돌아갔다. 이러한 노동자들의 폭동은 1958년 헝가리, 1966년 프라하, 1971년 폴란드로 이어지며 사회주의 정권의 허구를 드러내는 사건으로 작용하게 되었다. 좌파 지식인들을 좌절하게 만든 이러한 일련의 사건들에서 현실적으로 사회주의 국가에 대한 비판이 일어나고 이에 새로운 시각의 갈등 이론이 등장하게 된다.[43] 이러한 초기 고전 사회학자들의 갈등과 사회 변화에 대한 생각을 바탕으로 갈등과 사회 변동을 새로운 시각에서 바라본 사회학자도 있다. 대표적인 학자로 랄프 다렌도르프(Ralf Dahrendorf)와 루이스 코저(Lewis A. Coser), 그리고 랜달 콜린스(Randall Collins) 등이 있다.[44]

2) 갈등과 분쟁 해결에 관한 이론적 근거

갈등 해소와 분쟁 해결에 대한 연구는 전형적인 학제적 연구 영역이다. 다양한 분야의 사회과학자가, 다양한 대상을 다양한 방법으로 분쟁 해결를 연구해 왔다. 연구 대상은 우선 국가 간 교섭으로부터 심지어는 부부 싸움에 이르기까지 다양하며, 자료의 분석과 사례 연구, 필드 조사, 서베이, 실험, 이론 등 분석의 틀도 다양하다. 이러한 다양성을 이용해서 분쟁 해결 연구에 임하고는 있지만, 문제 해결의 중심이 되는 그 무엇인가가 분명치 않고, 또한 체계적인 통합력 부족 등으로 아직까지는 약간 혼돈된 인상을 주는 분야이기도 하다. 그러나 이는 많은 연구자들로 하여금 분쟁의 구조나 과정을 학문적으로 해명하려 하는 데 강한 동기를 부여하고 있다. 우선 이 분야에는 두 가지의 서로 다른 관심이 연구자로 하여금 동기를 부여하고 있다. 첫째, 현실 사회의 갈등・분쟁의 해결을 지향하는 관심이다. 실제로 갈등에 휘말려 있는 사람들을 위하여 분쟁 해결에 관한 실용적인 서적들이 다수 출판되고 있다는 것은 이 분야에의 관심이 매우 높다는 것을 의미한다. 또한, 변호사, 상담원, 컨설턴트 등 현실 사회의 분쟁 해결에 관련된 실무가도 많이 존재하고 있다.

한편, 많은 연구자들은 분쟁 구조나 과정을 학문적으로 해명하는 것에 강

43) 大渕憲一,『紛争と葛藤の社会心理学』, 北大路書房, 2007年, p. 5.

44) Ohbuchi, Ken-ichi, Tamura, T., Quigley, B.M., Tedeschi, J.T., Madi, N., Bond, M.H., & Mummendey, A (2004). Anger, blame, and dimensions of perceived norm violation : Culture, gender, and relationships. *Journal of Applied Social Psychology vol 34 (8).

한 동기를 갖고 있다. 말하자면, 기초와 응용이라고 하는 일반적인 학문 도식이 여기에도 존재하고는 있지만, 반드시 이 두 개의 레벨의 교류가 원활하다라고는 말할 수 없다.

(1) 리더십과 갈등 이론

앞에서 이미 언급했지만, 국가위기 발생시에는 국가 지도자의 훌륭한 리더십의 발휘와 소통의 커뮤니케이션만이 이를 돌파할 수 있는 가장 훌륭한 방법이라고 말할 수 있다. 빌 클린턴의 리더십 이야기를 조금 언급했지만, 그가 북한의 김정일 국방위원장과 면담하여 외교적 담판으로 억류중인 미국인 여기자를 석방한 것은 물론, 남북 간에 첨예하게 대립하고 있던 대결 구도에 대화의 물고를 틔게 하는 계기를 마련하게 되었다.[45] 뿐만 아니라, 오바마의 백악관 가든 파티가 급기야는 미국 사회의 뿌리 깊은 인종 갈등의 비화를 조기에 차단하는 등 그의 소통의 정치가 큰 효과를 거두고 있다. 또한, 노무현 조문정국으로 불붙던 사회 갈등이 'YS의 급거 DJ 병문안', 이명박 대통령의 '적극적인 DJ의 국장 지원' 등으로 우리 사회 갈등을 어느 정도 해소시켰다. 결국, 훌륭한 리더는 ① 갈등 당사자 간에 소통의 장을 제공하고, ② 소통의 방법이나 절차를 논의케 하여, ② 해결책을 모색하도록 적극적으로 지원하는 존재이다. 리더십을 통한 갈등 해결 방법에는 다음과 같이 세 가지 방법이 있을 수 있다.[46]

① 갈등 구조의 변경

훌륭한 리더십은 갈등의 원인을 분석하여 해결책을 모색하고, 해결책의 장애 요소를 파악해 원인 제거를 위한 구체적인 설계를 해야 한다. 우선 당사자들의 의사소통의 장을 제공하고 갈등의 고착 상태(stalemate)에서 빠져 나오게 하며, 갈등 관리 과정을 언론에 공개해 대중들의 여론에 의해서 당사자들이 해결점을 찾게 해야 한다.

---

45) 『조선일보』, 2009년 8월 7자.

46) 김문기, 앞의글, pp. 4～6.

② 갈등 의제의 관리

갈등 의제가 다수이거나 갈등이 고조되어 감정 대립이 극심한 상황에서는 이해 당사자가 서로 간에 갈등 의제를 망각하고 대안을 찾는 것을 소홀히 하는 수가 있다. 따라서 지속적으로 갈등 당사자들에게 갈등 의제를 주지시켜 대안을 찾는 데 집중하도록 해야 한다. 이 때 갈등 의제는 대립된 개념보다는 갈등 당사자들이 지향하는 상위의 공동 목표를 의제로 선택하는 것이 효과적이다.

③ 적절한 유인과 제공

갈등 관리에서 리더십이 가장 필요한 이유가 당사자들의 체면을 손상시키지 않고 양보를 이끌어 내는 것이 중요하기 때문이다. 갈등이 고조되면 될수록 당사자들의 분노와 적대감은 그 만큼 커지게 마련이다. 이러한 감정의 분출은 당사자들로 하여금 문제 해결에 적극적인 태도를 보이게 하는 긍정적인 효과도 있다. 뿐만 아니라, 리더(조정자)는 갈등 당사자들의 적대감과 분노를 직접적으로 표출하게 하고, 때로는 자기가 표적이 되어 그들의 폭발적인 감정 분노를 만족시켜 줄 수 있어야 한다. 어떤 경우에도 당사자들 간의 서로에 대한 신뢰감을 갖기 위해 진지하게 그들의 의견을 들어주어야 한다. 갈등 조정 과정에서 상대방에 대한 신뢰가 없으면, 당사자들은 자신이 가지고 있는 이미지나 지위, 또는 명예를 잃게 되는 것이 두려워서 문제 해결에 적극적인 참여를 할 수 없게 된다.

(2) 사회심리학적 분쟁 해결 방안 연구[47)]

사회심리학에 있어서의 분쟁 해결 연구란 구체적으로는 어떤 분야일까? 우선 사회심리학 분야의 관련 서적들을 둘러 봐도 분쟁 해결에 관한 내용을 찾기란 무척 어려운 일이다. 대표적인 이론이나 연구가 무엇인가 물어봐도 현 시점에서는 윤곽조차도 명확하게 말하기가 어렵다. 아직까지 분쟁 해결에 관한 연구는 많은 사회심리학자들 사이에서도 부차적인 연구 테마로 생각하고 있는 것 같다. 그럼에도 불구하고 다음과 같이 분쟁 해결 연구에 있어서 해결

47) 大渕憲一, 「紛争解決研究とその位置づけ」, 東北大学大学院文学研究科, 2009年 5月 31日づけ心理学研究室.

의 방법과 범위 및 방안에 대해서 생각해 보기로 한다.[48)]

〈그림 4-3〉은 사회심리학적 입장에서 분쟁해결 방안을 설명한 그림이다. 이 그림에서 협의로 '분쟁 해결의 사회심리학'이라고 하는 분야는 대개 왼쪽에 나타난 부분에 해당된다. 이 그림에서 볼 수 있듯이 분쟁 해결 연구 방안에는 몇 개의 사회심리학적 영역이 포함되어 있다. 분쟁 해결 연구에 있어서 중핵이 되는 핵심 과제는 ① 게임이나 사회적 딜레마 연구, ② 또는 교섭에 관련된 연구이다. 여기에 하나를 추가한다면 핵심 과제라고는 볼 수 없지만, 분쟁 해결에는 중요한 토픽으로 취급해 오고 있는 몇 가지의 연구 영역이 있다. 그것은, ③ 설득과 커뮤니케이션, ④ 공격과 폭력, ⑤ 사회적 공정・공평 등의 연구이며, 거기에 덧붙이면, ⑥ 집단과 조직, ⑦ 혹은 문화 연구 등이 있고, 이러한 것들은 분쟁 해결에 있어서는 필수불가결한 과제로 여겨진다. 이와 같이 서로 다른 영역들도 각각 분쟁 해결에 관련이 있다고 하겠다.

이러한 분쟁 해결의 사회심리학은 같은 테마를 취급하는 사회과학 전체 중에서도 어떠한 위치에 서 있을 것일까? 아마 분쟁 해결의 사회심리학은, 기

• 그림 4-3 • **사회심리학적 분쟁해결 방안과 범위**

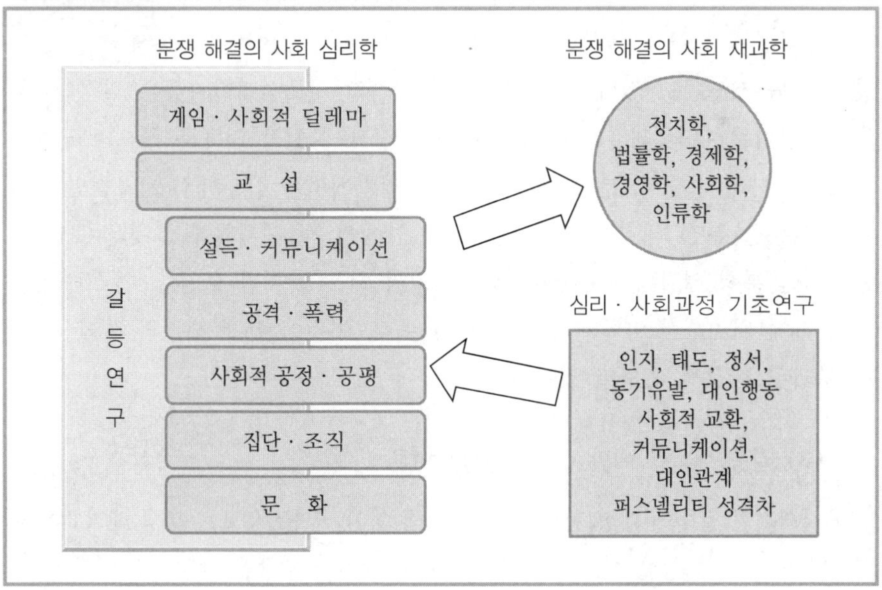

48) 大渕憲一, 『紛争と葛藤の社会心理学』, 北大路書房, 2007年, p. 5.

초에서부터 응용에 이르기까지 학문 수준에 있어서는 아마 그 중간적인 위치에 있지 않을까 하는 생각이 든다.

〈그림 4-3〉의 우측 부분은 분쟁 해결 연구에 관련된 다른 제 사회과학 분야를 나타내고 있다. 그것은, 정치학, 법률학, 경제학, 경영학, 인류학, 사회학 등으로, 이 분야에서는 민족 분쟁, 정치적 교섭, 재판, 노사 분쟁, 환경 문제 등 현실의 갈등·분쟁을 분석하고 해결책을 모색하려고 하는 실천적인 과제를 연구하고 있다. 이런 것들에 비하면, 사회심리학에 있어서의 분쟁 해결 연구는 그만큼 실천적이지 않고, 분쟁의 심리나 사회 과정 분석에 초점을 맞춘 기초적인 성격이 강한 분야다. 그러나 다른 한편으로는 사회심리학 안에서는 심리나 사회 과정을 보다 더 기초적인 기능의 관점에서 연구하는 분야도 있다. 그것은 사회적 인지나 사회적 욕구, 자기, 사회적 상호작용, 커뮤니케이션 등 사회심리학의 기초적 연구를 행하는 분야다. 이런 것들에 비하면 분쟁 해결의 사회심리학은 약간은 응용적인 측면이 있다.

이와 같이 기초와 응용의 중간적인 위치에 분쟁 해결의 사회심리학이 자리 매김하고 있다. 그러나 이러한 위치 설정은 분쟁 해결의 사회심리학이 사회과학 안에서 완수해야 할 역할을 반영하고 있다고 생각된다. 우리는 인지나 커뮤니케이션에 관한 사회심리학의 기초적 이론을 도입하면서, 분쟁 해결에 대한 연구를 시도하고 있다. 그 사이 분쟁 해결의 사회심리학자들은 의식적이든 무의식적이든 분쟁 해결에 관한 기초적 지식과 실천적 지혜를 묶으려고 노력해 왔다. 다시 말해서, 분쟁 해결의 사회심리학에서는 심리학의 기초적인 지식이나 이론을 분쟁 해결이라고 하는 구조 안에서 재 체계화해 그것을 보다 더 응용적인 분쟁 해결의 연구 영역으로 삼고자 하는 것처럼 보인다. 기초와 응용의 중간에 위치해서 양쪽 수준을 연결하는 것, 이것이 분쟁 해결의 사회심리학에 부과된 학문적 사명일 것이다.

(3) 갈등 해소를 위한 〈합의 형성〉 이론

사회적인 갈등에 대한 합의 창출을 위해 이미 국제적으로는 분쟁 해결에 관한 연구나 평화 교육 등을 실시하고 있으며, 이를 통해서 갈등을 해결하고 있다.[49] 미

49) Malin Brenk, Programme Coordinator, European Centre for Conflict Prevention, Laan van

국의 심리학자 트리사아(Tricia S. Jones)와 다이아나(Diana Chigas)는 이러한 분쟁을 해결하기 위해서는 유아기 때부터 고등교육에 이르기까지 평화와 분쟁해결을 위한 교육 활동이 필요하다고 주장했으며 이에 대한 방안이나 분쟁 해결에 관한 연구 보고서를 여러 번 발표한 바 있다.[50)]

① 합의 형성

사회적인 갈등을 해소하기 위해서는 무엇보다도 쌍방 간에 합의를 도출해 내는 것이 가장 중요하다. 따라서 갈등 해소를 위해서는 우선 서로간에 합의 형성을 도출해 낸다는 것이 전제되어 있어야 한다. 이해 당사자들은 종사하고 있는 분야나 서로 입장이 달라 이해관계가 대립하기 때문에 딜레마에 빠지게 되는데, 이런 것이 여러 가지로 사회문제가 되어 갈등 해소를 곤란하게 하고 있다. 합의 형성이란, 문제의 당사자 간에 이해관계나 입장을 넘어 대화(교섭을 포함)에 의해서 합의(의견 일치)를 형성하는 프로세스를 가리킨다.

대량생산・대량소비가 불러일으키는 최근의 환경 문제에서도 보듯이 현대의 사회적 갈등은 생활자 자신이 피해자임과 동시에 가해자이기도 한 측면을 가지고 있다. 그렇기 때문에 좀더 합리적이고 효과적으로 해소하려고 주민 스스로가 문제 해결을 위해 정책 결정 과정에 적극적으로 참여하려고 하고 있다. 즉, 행정 당국과 주민이 서로 머리를 맞대고 합의를 형성해가는 본연의 자세가 나타나고 있고 이는 바람직하다. 합의 형성의 수법이나 기술은 아직까지 제대로 확립된 것은 많지 않지만, 워크숍・여론 수렴회의・퓨처 회의 등 다양한 방법으로 시도되고 있다.

② 합의 형성의 연구 개념과 기존의 연구문제

사회적 자본의 정비에 있어서는 대체로 주민에 대한 사전 설명부족으로 주민들과 자주 대립이 생겨왔다. 때문에 기존 연구사례를 살펴보면 사회자본 정비에 있어서는 주민 참여에 관한 것이 다수를 차지하고 있으며, 이는 계획

Meerdervoort 70, 2517 AN The Hague, The Netherlands, Email : m.brenk@conflict-prevention.net.

50) Dr. Tricia S. Jones, Professor, Department of Psychological Studies in Education, Temple University, Philadelphia,e-mail : tsjones@temple.edu, Ms. Diana Chigas, e-mail : dchigas @cdainc.com.

초기 단계부터 주민을 참여시켜, 사전설명을 도모해 주민과의 합의 형성을 꾀하고 있다. 또, 주민을 참여시키고, 가치관이 다른 관계자의 의견도 반영시켜 합의 형성을 지원하는 연구도 진행되고 있다. 그 외에 주민과의 대립 상황을 게임 이론의 일종인 충돌 해석을 이용해 분석한 연구도 있다.

사회 자본을 정비함에 있어서 주민들을 참여시키는 것이 합의 형성이기 때문에 대개는 주민들의 의견을 들어 반영시키는 것에 초점이 맞추어진다. 주민의 참여를 재촉해 의견을 반영시키는 것은 실로 중요한 일이지만, 의견을 반영시키는 것이 곧 합의 형성은 아니다. 사회 자본 정비에서는 이해관계자의 의견을 반영시켰다고 해도, 주민과의 대립을 불식시켰다고는 말할 수 없다. 따라서, 합의 도출하기 위해서 대립을 해소할 수 있는 제3의 방안이 필요하다.

③ 합의 형성 프레임 워크(체제)

합의 형성의 목적은 주민과의 대립이 가능한 한 일어나지 않게 하고, 주민이 행정을 납득할 수 있도록 유도해 양자의 합의 후에 계획을 실시하는 것이다. 즉, 합의 형성은 이러한 목적을 달성하기 위한 수단으로써 작용한다. 따라서 본 연구에서는 합의 형성은 「결과에 관계 없이 분쟁을 줄이는(만족감을 높인다) 수단」이라고 전제할 것이다. 합의 형성 체제에는 서로가 타협할 수 있는 점을 찾아야만 하는, 타협으로밖에 해결할 수 없는 문제나 혹은, 행정 당국과 주민이 모두 만족할 수 있도록 협동해서 해결해야 할 문제가 있다. 본 연구에서 합의 형성은 (i) 회피, (ii) 타협, (iii) 협동과 같은 합의 형성 체제를 기초로 합의 형성 지원을 검토한다.

④ 프레임 워크의 전체상

복수의 주체가 관련되면 될수록 의견과 이해관계의 차이에 의해서 대립이나 충돌은 반드시 일어난다. 이러한 대립상황을 해소하고 각 주체 간의 합의를 형성하는 접근 방법에는 앞에서 언급한대로 (i) 회피, (ii) 경합적 어프로치(타협적 접근방법), (iii) 협조적 어프로치(접근방법)를 생각할 수 있다.

(i) 회 피

회피는 소위 딜레마(갈등) 상태로, 상호 주장이 만족되지 않은 상황이며 무리하게 타협하는 것보다 조금 시간을 두고 결정을 미루는 접근 방법이다. 때에 따라서는 '회피'하는 것도 나쁘지는 않지만, 본질적인 갈등해결 방법은 될 수 없다.

(ii) 경합적(타협적) 어프로치

갈등을 해소한 결과 승부가 결정되는 것이 경합적 어프로치다. 모두가 자신의 의견이 옳다고 하는 생각 때문에 대립이 발생하고, 이로써 상대를 설득하고자 한다. 상대를 잘 설득하면 자기의 주장이 반영되지만, 설득당하면 자기의 주장을 단념하지 않으면 안 된다. 대다수의 경우는 어느 쪽이든 일방적인 주장이 반영되기보다는 상호설득과 양보를 거듭하면서 중간 지점에서 타협이 이루어진다. 서로가 납득해 타협한다면 문제가 없으나 대부분의 경우는 표면적으로는 갈등이 해소된 것처럼 보이지만, 완전히 해소된 것은 아니기 때문에 결과적으로 자기의 주장이 반영되지 않은 사람에게는 항상 불만이 남게 마련이다. 이것이 나중에 갈등의 불씨가 되는 경우가 많기 때문에 진정한 의미에서 합의가 형성되었다고 말하기는 어렵다. 서로간의 이해가 격하게 대립한다든지 감정적인 다툼이 있는 경우에는 경합적인 방법을 취하지 않을 수 없지만, 이러한 해결책은 될 수 있는 한 피하는 게 좋다.

(iii) 협조적 어프로치

협조적인 접근 방법으로 합의를 형성하는 데는 이 방법이 가장 바람직한 방법이기에, 본 연구에서는 이 어프로치 방법을 권장한다. 경합적 어프로치와의 차이점은, 우선 경합적 어프로치는「사람 vs 사람」이라고 하는 구조적인 문제를 가지는 데에 비해, 협조적 어프로치에서는「사람 vs 해결해야 할 문제」라고 하는 구조로 되어 있다는 점이다. 이 어프로치에서는 서로가 정보를 교환하고 협력해서 같이 문제를 해결하는 것을 목표로 한다. 그런데, 서로가 협력해서 진정한 목적지까지 거슬러 올라가 논의하는 것으로 실제로 서로가 요구하고 있는 것이 다를 경우가 있다. 그렇다면, 각자 서로가 바라는 것을 각각 취합한다면 서로가 만족할 수 있다. 이것을「교환에 의한 해결」이라고 부른다. 또, 해결해야 할 문제의 취급방법도 바꾸어 문제 자체를 없애는 것으로 해결을 시도할 수 있다. 이것을「창조에 의한 해결」이라고 부른다. 이러한 두 가지의 해결방안 모두, 해결해야 할 문제 구조를 제대로 인식해 공유하는 것이 중요하다.

(4) '상대적 박탈감'과 '적개심 해소' 이론

지역이나 계층, 집단 간의 상대적 격차에 따른 갈등이론이다. 지역이나 인종, 소득, 이념, 개발, 환경 등의 상대적 격차에 따른 박탈감은 상대에 대한 저항과 분도, 적개심 등으로 변질돼 심각한 갈등 상황을 유발한다. 이러한 상대적인 환경 격차는 그저 사소한 차이여도 갈등 상황으로 급속히 변질되게 된다.[51] 그리고 이러한 대립과 적개심 등은 감정적일 뿐만이 아니라, 상황적인 군중심리에 의해서는 폭동이나 분쟁, 전쟁 등의 전투적인 행위에까지 이를 수도 있다. 이러한 상황에서는 아무리 평화나 질서 등의 고귀함을 호소한다고 해도 유감스럽지만 별효과가 없을 것이다.[52] 예를 들면, 한 때 미국에서는 백인과 흑인의 대립 구도에서, 단지 「사이좋게 지냅시다.」라고 호소하거나 「서로를 잘 이해하도록 노력합시다.」라고 외치는 것은 오히려 역효과를 나타내는 경우가 있었다.[53]

아무튼, 이러한 양자의 격차에 따른 '상대적 박탈감'에서 오는 갈등 상황을 해소하기란 결코 용이하지 않다. 비록 특효약은 되지 못할지라도 몇 가지 유효한 방법을 사회심리학적 차원에서 제시해 보고자 한다.

첫째, 대립하는 당사자들 사이에 공통의 목표가 도입되어 그 당사자들이 공통의 목표를 지향하게 되었을 때는 갈등에서부터 협조로 초점이 옮겨지게 된다.[54] '오월동주'라고 말하듯이 서로 적대시하는 사람끼리도 우연히 같은 배에 함께 탈 수 있다. 이때 타이타닉 호의 경우와 같이 배가 가라앉는 상황이 벌어지면 서로가 살아남기 위해 힘을 합해 노를 젓지 않으면 안 될 상황이 된

---

51) Tajfelm H. (1981). Differentiation between social groups : Studies in the social psychology of intergroup relations. London : Academic Press. Tajfel H. & Turner, J. (1986). The social identity theory of intergroup behavior. In S. Worchel, & W. G. Austin (Eds.) Psychology of Intergroup.

52) Sherif, M., Harvey, O. J., White, B. J., Hood, W. R. & Sherif, C. W. (1961). Inter-group conflict and cooperation : The Robber.

53) Wilder, D. A. (1984). Intergroup conflict : The typical member and the exception to the rule. Journal of Experimental Social Psychology, 20, 17～194.

54) Sherif, M., Harvey, O. J., White, B. J., Hood, W. R. & Sherif, C. W. (1961). Inter-group conflict and cooperation : The Robber.

다. 이런 상황에서는 싫어도 서로가 협력하게 된다. 이런 상황을 만들어내 공동 작업을 실시하게 된다면, 실제로 갈등이 해소되고 적개심도 희미해질 것이다.55)

예를 들면, 지구환경 문제를 둘러싼 미국의 교토 의정서, 이탈이나 러시아, 중국의 배출권 거래를 둘러싼 교섭 등에서 선진국과 개도국, 혹은 선진국끼리도 이해가 불일치하고 있다. 그런데 이해의 불일치를 넘을 수 있는 공통 목표로 대응하는 체제로 합의해 갈 수만 있다면, 적어도 종전보다는 좀 더 발전적일 수 있다. 특히 갈등 해결에 있어서 약자(도상국)에게는 '공정'과 '상대적 박탈', '사회적 아이덴티티' 등은 아주 민감한 사항이다. 우선 상대적 격차를 논하기 위해서는 상대적으로 약한 입장에 서 있는 측의 '공정'에 대한 논의를 피할 수는 없을 것이다. 약자, 혹은 도상국에 있어서의 공정(justice : 때로는 정의라고 번역)에 대해서는 이미 인문・사회과학 분야에서 많이 논의되고 있지만, 사회심리학 분야에서도 실증적인 데이터가 많이 있다. 그 중에서도 지위나 이익 등의 격차에 의해서 초래되는 문제와 그것의 파급으로 인한 사회적 귀결에 대해서도 이미 많은 실험적인 조사가 진행되고 있다. 먼저, 여기에서는 공정에 관한 논의부터 시작하기로 한다. '약자'의 입장에서의 '공정'을 정리해 보면 다음과 같다.

그러면 왜 강자 약자에게 있어서의 '공정'을 강자가 그 실현을 위해서 지원해야 하는가? 강자에게 있어서 이러한 일을 하는 것은 어떠한 메리트가 있는가? 또, 약자에게 있어서의 '공정'이 사회 전체의 향상에 어떠한 영향을 미쳤는가, 이에 대한 논의는 지금까지 그다지 충분하지 못했다고 하겠다. 실제로 사회학 분야에서는 사회 환경의 격차가 사회관계 자본(social capital)의 약체화를 가져왔고, 그 귀결로서 자살이나 범죄 등이 증가해 결국은 사회 전체의 손실로 연결된다고 지적한다. 이러한 관점에서 약자(도상국)에게 있어서의 필요한 문제가 강자(선진국)에게 있어서는 어떠한 영향을 미치는가를 사회 전체적인 맥락에서 생각해 볼 필요가 있다.

그러면, 여기에서는 두 개의 키워드로 나누어서 설명하도록 한다.

첫째는 「상대적 박탈감」이다. 일반적으로 상대적 박탈감이란, 자원이나 부

55) 大沼進, 「地域格差がもたらす集団間葛藤と共通目標としての環境問題」, 『季刊政策・経営研究』(Vol.4), 三菱UFJリサーチ&コンサルティング, 2007年, pp. 144～145.

의 격차에 의해서 상대적으로 빈곤한 지역이나 집단 등이 가지는 박탈된 감각이다.

여기서 중요한 것은 절대적인 자원량이 아니고, 상대적인 격차에 의해 좌절되는 허탈감이라고 하겠다. 상대적으로 박탈감을 느끼게 되면, 때로는 우위의 지위에 있는 지역이나 집단 계층 등에 반항하는 조직을 형성하거나 절망감으로 의욕을 상실하게 된다. 「상대적 박탈감」을 그대로 방치하면, 결국 사회기반(infrastructure)을 약화시켜 대량의 실업자나 위생시설의 악화 등으로 전염병의 창궐, 치안부재 등에 의해 범죄의 횡행 등 여러 가지 사회문제가 연쇄적으로 야기되게 된다. 결국, 그 빈곤자들은 자율적으로 문제를 해결하고자 하는 동기조차 없어진다. 따라서 풍족한 생활을 하고 있는 사람들에게 영향을 미쳐 모처럼 부의 축적도 사회 전체를 유지하기 위해서는 많은 지출을 수반할 수밖에는 없다. 테러나 역병의 유행, 마약 등 악질적인 흉악범죄 횡행은 결국 풍족하고 안전한 생활을 하고 있는 사람들을 위협하게 된다. 더욱이 여기에서 조금 더 나아가 상대적인 박탈감이 한층 높아진다면, 무차별적인 테러나 극단적인 자살 폭탄(suicide bombing) 등으로 모처럼 이룩한 부의 축적도 하루아침에 사상누각이 되고 만다. 최근 몇 년 사이에 미국이나 아프가니스탄 등을 중심으로 세계가 이미 경험한 바 있지 않은가. 따라서 풍부한 생활을 하고 있는 집단도 상대적으로 빈곤한 집단에 대해서 적절히 원조하여 포용하면서 같이 살아가야 한다. 결국 상대적 박탈감과 적개심의 해소는 소크라테스로부터 물려받은 명언과 같이 양자가 서로를 포용하면서 해결하고 살아가야 할 숙명적인 과제다.

둘째로는, 「사회적인 아이덴티티」라고 하는 키워드이다. 타지펠은 사회적 아이덴티티는 「어떤 개인의 감정적 및 가치적인 의미 부여를 수반하는 자신이 있는 사회집단에 소속해 있다고 하는 지식」이라고 정의하고 있다.[56)]

이 정의는 매우 이해하기 어렵고, 정의를 둘러싼 학술적인 논쟁도 여러 곳에서 전개되고 있다. 여기에 대해서 좀 더 이해를 돕고자 한 가지 사례를 소개하고자 한다.

제2차 세계대전 당시 나치스는 왜 유태인을 학살했는가? 그 이유는 무엇

---

56) Tajfel, H., Billig, M. G., Bundy, R. P. & Flament, C. (1971). Social categorization and inter group behavior. European Journal of Social Psychology, 23, 291～300.

이며 학살을 왜 사전에 막을 수는 없었는가? 또, 사람들은 어째서 간단하게 잔혹해지는가, 이에 대해서 진지하게 논의해 볼 필요가 있다. 초기 연구에는 밀 그램의 '별명'으로 「아이히만의 실험」이라고도 하는 '복종 실험'이 유명하다.[57] 밀 그램은 선량한 시민이라도 아주 용이하게 권위에 복종해 말하는 대로 잔인한 행위에 이르러버리는 상황과 그것을 회피하기 위한 상황 설정 등에 대해서 여러 가지 실험을 실시했다. 또, 이러한 연구의 흐름 속에는 차별이나 편견 등 현재 사회 문제로서 지적되고 있는 것이 왜 용이하게 해결될 수 없는지에 대해서도 주목한 연구가 이어지고 있다. 그 방대한 연구를 여기서 모두 설명할 수는 없지만, 공통된 중요한 포인트는 "사람은 항상 사회적으로 영향을 주고받으면서 의식적이든 무의식적이든 항상 사회적인 비교를 행하고 있다"고 하는 전제를 잊어서는 안 된다는 지적이다.

밀 그램의 연구는 결코 인간 한 사람 한 사람이 잔혹한 성격을 띠고 있다든가, 인간에게는 잔학(殘虐)한 심리가 존재한다고 하는 논의는 아니다. 아무리 개인의 인격이 선량하다 해도 사람이 놓여져 있는 사회 상황에 따라서는 잔혹한 행위에 이르게 된다는 것이다. 이러한 복잡한 사회적인 영향 관계를 무시하고, '유의해', '도덕심', '애타심' 등의 심성에 호소하는 것은 거의 무의미하다는 것이다. 학살, 학대, 차별, 편견 등의 배후에는 의식적이든 무의식적이든간에 사회적으로 만들어지는 아이덴티티가 작용하고 있으며 이는 서로 다른 결과를 낳고 있다.

사회적 아이덴티티에 대한 연구는, 처음에는 주로 유럽에서부터 시작해 중동에 걸쳐 활발히 연구되어 왔으나 그 후 북미 대륙이나 오스트레일리아 등에서도 활발하게 연구되게 되었다. 그 이유는 끊임없는 민족분쟁이나 계급투쟁 등은 어째서 멈출 수 없는 것인지, 또한 누구나가 화해의 중요성을 이해하고 있으면서도 실제로 화해에 이르지 못하는 이유 등의 문제의식 때문이다. 영국에서는 귀족계급과 노동자 계급이라고 하는 신분의 격차 문제가 항상 가로놓여 있고, 프랑스에서는 아프리카 제국에서 오는 노동자와 프랑스 원주민과의 갈등 등이 항상 비교대상이 되어 왔다. 이러한 대립의 근저에는 한번 자신

57) Milgram, S. (1963). Behavioral study of obedience. Journal of Abnormal and Social psychology, 67, 371~378.

들에게 민족이나 지위 등이 부여되면 그것이 어떤 사소한 이유에서건간에 자기 집단에 대해서는 편애하는 행동을 보여 외부의 집단에 대해서는 불리한 결정을 내리려고 하는 심리가 있다. 그러한 프로세스는 결코 악의로부터 출발한 것이 아니라고 하더라도 약간의 동료의식이 동료가 아닌 사람들에게는 차별행동으로 나타나 이것이 나중에는 심각한 갈등문제로 발전하게 될 수 있다.[58] 이러한 약간의 동료의식에 의해 초래되는 것이 '사회적 아이덴티티'라고 이해하면 좋을 것이다. 그런데, 사회적 아이덴티티라는 것은 언제나 스스로의 적극성에 의해 획득된다고는 말할 수 없다. 오히려 스스로의 선택에 의해서 결정할 수 없는 것이 보통이다. 예를 들면, 부모나 교육환경은 아이가 스스로 선택할 수 없다. 성별이나 피부, 눈의 색깔, 민족 등은 선천적으로 스스로 선택할 수 없는 것이다. 한편, 직업이나 결혼 상대 등 인생에서 중요한 일(적어도 사회적으로 성숙하다고 여겨지는 선진국에서는)은 스스로 선택할 수 있는 것이 아닌가 하는 반론이 있을 수 있다. 그러나 직업이나 결혼상대 등도 주관적으로는 스스로 선택했다고 믿고 있더라도 실제로는 큰 사회적인 제약 속에서 결정할 수밖에 없다는 것이 사회학이나 사회심리학자들의 주장이다.

결국 빈곤이나 기아의 문제에 있어서 도상국이나 빈곤층 등 약자의 입장에 놓여진 사람들은 무조건적으로 긍정적인 사회적 아이덴티티를 획득하는 것이 지극히 힘들며, 항상 부정적인 사회적 아이덴티티를 껴안으면서 살아갈 수밖에 없다. 그렇다고 해서 모든 것이 상대적 박탈감과 같은 사회적 상황에 빠지는 것은 아니며, 불리한 입장에 있는 집단이어도 긍정적인 사회적 아이덴티티를 획득하려고 하는 것은 그다지 드문 일이 아니다. 다만, 그것은 유리한 입장에 있는 집단과 같이 자동적으로 획득되는 것이 아니고, 집단적으로 대처해 나가야 얻을 수 있는 것이다.

예를 들면, 폭력적 수단에 호소하지 않고 지위의 향상을 호소한 미국 흑인의 공민권 운동에 있어서의 "black is beautiful"이라는 운동이 있다. 당시 검은 피부는 더럽고 불결하다는 편견이 있었고, 흑인 자신들로도 그와 같이 생각하고 있었다. 여기에 대항하여 "black is beautiful"이라고 하는 '공민권 운동'이

58) Tajfel, H., Billig, M. G., Bundy, R. P. & Flament, C. (1971). Social categorization and inter group behavior. European Journal of Social Psychology, 23, 291~300.

• 표 4-1 • 긍정적인 집단 귀속 의식의 획득 과정

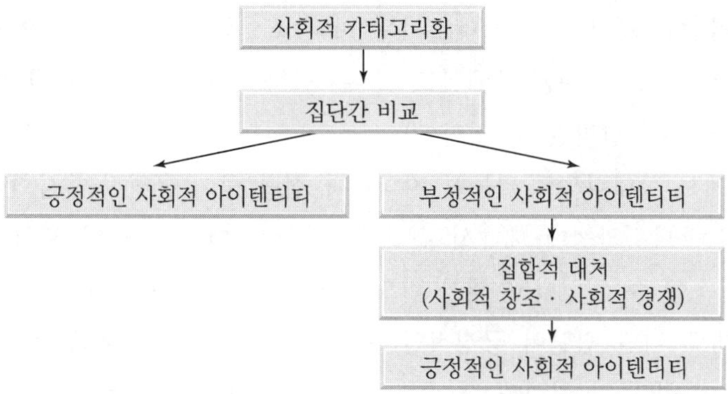

출처 : Tajfel & Turmer에 의해 재작성.

일어났고, 이러한 집단적 대처를 통해서 검은 피부도 아름답다는 긍정적인 사회적 아이덴티티가 향상될 수 있었다.

〈도표 4-1〉과 같이 어느 사회적 카테고리(나라, 지역, 민족 등)에 속하는 것을 피할 수 없게 된 집단이 어떻게 긍정적인 사회적 아이덴티티(정체성)를 획득해 나갈까를 생각해 보고자 한다. 어느 사회적 카테고리가 주어지면 우선 집단 간의 비교가 이루어진다. 이때 자신이 선진국에 속하거나 상대적으로 우위의 입장에 있는 경우에는 즉시 긍정적인 사회적 아이덴티티를 획득할 수 있다. 그러나 상대적으로 열등한 위치에 있는 집단은 부정적인 사회적 아이덴티티를 가지게 된다. 여기에서는 상대적 박탈 상태라고 바꾸어 말해도 의미는 같을 것이다. "black is beautiful" 운동 이전에 흑인들 자신이 검은 피부가 더럽고 불결하다고 하는 꼬리표를 스스로 붙여 버리는 상황이다. 그 부정적인 사회적 아이덴티티를 긍정적인 것으로 바꾸려면 집단적인 대처가 필요하다. 즉, 집단이 결성되어 지위의 개선을 하거나 사회적 경쟁에 의해서 집단의 지위를 향상시키려고 하는 활동이 필요한 것이다. 흑인의 공민권 운동의 예시에서는 스스로의 피부 색깔이 더럽지 않다는, 검은 피부 또한 또 아름다운 것이라고 하는 가치를 만들어 내 그것을 사회적으로 인정하게 하는 운동을 전개해 간 것이 이러한 사회적 창조에 해당한다. 이 활동을 통해서 처음에 상대적으로 열등

한 입장의 집단은 긍정적인 사회적 아이덴티티를 획득해 나간다. 이와 같이, 상대적으로 열등한 입장에 있는 집단이 집단적인 대처로 긍정적인 사회적 아이덴티티를 획득해 나가는 사례로서는 미국 흑인의 공민권 운동 외에도 많은 민족 분쟁이나 노동 운동 등에서도 볼 수 있다. 다만, 그 해석이나 평가를 둘러싸고는 입장이 달라질 수 있다.[59]

여기에서 상대적으로 열등한 지역이나 집단 등이 긍정적인 사회적 아이덴티티를 획득하는 과정에 대해서 간단히 설명했는데, 긍정적인 사회적 아이덴티티를 획득할 수 있었다고 해서 반드시 집단 간의 갈등이 해소되는 것은 아니다. 반대로 어떤 집단이 긍정적인 사회적 아이덴티티를 획득함으로써 집단 간의 갈등이 한층 더 격렬해 질 수도 있다. 그렇다면, 상대적으로 열등한 위치에 있는 집단이 긍정적인 사회적 아이덴티티를 획득하게 되어 집단 간의 대립을 해소해 나가는 절차나 방법은 없는 것일까? 우선, 집단 간의 갈등을 해소하기 위해서 생각할 수 있는 방법의 하나로 공통 목표를 도입해 보다 상위의 전체 사회에의 아이덴티티를 높이는 것들을 들 수 있다. 예를 들면, 서로 이웃이 된 지역이 각자의 지역이 아니라, 보다 광범위한 지역을 생각하는 것과, 광역시도 차원에서의 지역 이기주의를 주장하는 것이 아니라, 국가 전체의 장래, 나아가서는 세계 공통의 문제를 공통 목표로 만들어가는 것이 있다.

앞에서 오월동주에 대한 예를 들었는데 사이가 나빴던 오나라와 월나라가 손을 잡을 수 있었던 것은 보다 강대한 공통의 적국이 존재하고 있어 그 강대한 적국이 양국의 존망을 위협하는 상태가 조성되었기 때문이다. 우리가 살아가는 공동사회에서 특정집단을 「나쁜 사람」으로, 이를테면 '보수골통'이나 '친북좌파'로 딱지 붙여 몰아붙이는 방식은 자기 측의 사회적 아이덴티티를 높일 수는 있을지 몰라도, 대립이나 갈등을 넘고 보다 상위 세계의 아이덴티티를 형성하는 데는 실패할 수밖에 없다. 또, 상대적으로 열등한 지위나 지역에 있어서는 상대적인 우위인 입장에 비교해 훨씬 더 어려운 입장에 놓이기 된다. 누가 뭐래도 사회 전체의 제도나 문화 등에 큰 영향력을 미치는 것은 우위에 있는 집단이다. 따라서 우위에 있는 집단이 열등한 집단의 사회적 아이덴티티를

59) 大沼進, "地域格差がもたらす集団間葛藤と共通目標としての環境問題", 『季刊政策・経営研究』(Vol.4), 三菱UFJリサーチ&コンサルティング, 2007年, pp. 147.

저하시켜 사회적 아이덴티티의 독자성을 버리게 할 수는 있을지 모른다. 그러나 열등한 집단이 독자적인 문화를 버리게 되면 더 큰 갈등이 일어난다. 결국, 열위 집단은 우위 집단에 대해서 강하게 반발하거나 자포자기하여 좌절하고 말기 때문에 사회적인 복원 코스트는 더욱 멀어지게 되는 것이다.[60)]

실제로 현실 세계의 종교나 민족의 대립도 보다 상위의 목표 도입과 상호 가치의 이해에 의해, 보다 상위의 포괄적인 사회적 아이덴티티가 형성된다면 집단 간 갈등은 조금씩 해소되어가는 사례를 자주 볼 수 있다. 예를 들면, 지구 규모의 환경 문제를 세계 전체가 공통 목표로 설정해 입장이나 격차를 줄여 나가 세계 전체의 아이덴티티를 형성해, 나라와 나라의 사이의 갈등을 넘어서는 것이 있다. 지구 규모의 환경 문제는 선진국이나 도상국도, 또 대립하는 나라끼리라도 공동 대처하지 않으면 해결할 수 없다. 그 때문에 세계 전체가 해결 방안을 찾아나설 필요가 있다. 확실히 지구 규모의 환경 문제는 지금까지의 대립이나 갈등을 넘어 세계 전체의 아이덴티티를 형성하는 데 있어서 좋은 본보기이다. 그러나 이런 것을 실제로 확인한 연구 사례는 보이지 않는다. 다만, 게-밍의 기법을 이용한 연구에서는 이런 것이 증명되고 있다. 다음은 '가상 세계 게임'이라고 하는 게-밍의 가상세계에서의 갈등해소 이론에 대해 논하기로 한다.

3) '게임의 이론(gaming : 게-밍의 기법)'에 의한 가상세계에서의 갈등 해소 이론

게임 이론을 이용해 '환경 문제'라고 하는 세계적인 공통의 목표를 도입해서 국가나 지역 간의 갈등은 제쳐 놓고 전 세계가 협력하여 문제를 해결해 세계 전체의 아이덴티티를 높이는 연구 사례를 소개하고자 한다.

여러분들 중에는 게임이라고 하는 기법에 대해서는 별로 친숙함이 없는 분들도 있기 때문에 간단하게 게임 기법에 대해 소개하고자 한다. 리빙스턴에 의하면 '게임'의 정의는 "어떤(현실에 맞은) 모델을 기준으로 복수의 플레이어가 목표 달성을 위해서 경쟁하거나 공동으로 협조한다"(Livingstone & Stoll,

---

60) Hornsey, M. J. & Hogg, M. A. (2000). Assimilation of the relation between equal status contact and intergroup attraction. Journal of Social Psychology Review. 4(2), 143~156.

1973)고 하는 것이다.[61] 간단하게 말하면, 현실성이 있는 가상의 사회 상황을 게임으로 만들어 실제의 역할을 플레이어에 위탁해 실제 상황과 똑같이 실험해 보는 이론이다. 게임 중에 초기조건(여건으로서의 사회구조)은 미리 설정되어 있지만, 플레이어의 행동 결과가 쌓여가면서 사회 상황이 발전되어간다. 따라서 심리학에서 이루어지고 있는 많은 실험과 같이 참가자는 실험자에 의해서 조작된 사회 상황의 영향을 일방적으로 받는 수동적인 객체가 아니고, 능동적인 주체로서 행동할 수 있다. 즉, 개개인이 창조적으로 자발적인 행동에 의해서 스스로가 바라는 사회 상태를 만들어나가는 프로세스에 참가할 수 있다는 것이다. 또, 현실 세계를 있는 그대로 정확하게 파악하려고 하는 사회조사나 현지조사와 달리, 현실 세계에서는 희박하게 밖에 느껴지지 않는 측면을, 말하자면 농축한 형태로 체험해 보는 것으로 현실보다는 더 생생한 느낌이 수반되는 경험이 된다.[62]

지구 규모의 환경 문제는 우리가 일상생활 중에는 아무리 그 심각성을 느낀다고 하더라도, 실제로 자가 자신이 직접 피해를 당한다고 생각해 행동하기는 어려운 측면이 있다. 이것이 많은 사람들이 머리로는 '친 환경적'이라고 생각하는 것도, 실제로 한 사람 한 사람의 행동으로 이어지기에는 어려운 요인 중의 하나다. 이러한 지구 환경 문제를 생생하게 체험하게 하는 방법 중에 하나다. 즉, 게임 속의 가상 세계의 사건이지만, 환경오염이 자신에게 직접적으로 피해가 돌아올 수 있다고 하는 생생한 체험을 하게 된다. 다만, 게임으로 재현되는 가상의 세계에서의 사건은 현실 세계의 축소판이 아니기 때문에, 게임으로 관찰된 사상을 현실 세계에 그대로 환원할 수 있을지에 대해서는 또 다른 관점에서 신중하게 검토할 필요가 있다.

가상 세계의 게임(Simulated International Society Game : SIMINSOC)이란, 갬슨(Gamson)의 가상의 사회(Simulated Society)를 바탕으로[63] 히로세가 개량한 것이다.[64] 이 게임은 사회 안의 갈등과 협조의 프로세스를 시뮬레이션해서 기아

---

61) Livingstone, S. A. & Stoll, C. S. (1973). Simulation games. New York : The Free Press.

62) 大沼進, 「地域格差がもたらす集団間葛藤と共通目標としての環境問題」, 『季刊政策・経営研究』(Vol.4), 三菱UFJリサーチ&コンサルティング, 2007年, p. 149.

63) Gamson, W. A. (1990). SIMINSOC : Simulated Society. 4th ed. New York : The Free Press.

64) 大沼進・広瀬幸雄, 「仮想世界ゲームにおける環境問題解決策選好の規定因」, シミュレー

나 빈곤, 테러리즘, 환경오염이라고 하는 지구 규모의 문제를 단순한 형태로 재현하고 있다. 게임의 룰이나 전개에 따른 자세한 내용은 생략하고 여기에서는 전체적인 구조만 간단하게 소개하기로 한다.

(1) 가상 세계 게임 룰의 개요

아래 〈도표 4-2〉와 같이 가상세계의 구성원은 대략 약 40명 정도로 구성되어 있다. 플레이어는 가상 세계의 주민으로서 7년간(7세션)은 살아 남아야 한다. 구체적으로는, 매 세션 식량 확보를 위해 취직을 해 기업에 노동력을 제공해야 한다.

가상 세계에는 동・서・남・북 4개의 지역으로 나뉘어져 있으며, 2개의 지역은 자원이 풍부하고, 다른 2개의 지역은 자원이 궁핍한 지역이다. 자원이 풍부한 지역과 궁핍한 지역 사이에는 부나 자원이 편재되어 있다. 구체적으로 북쪽과 서쪽은 자원이 풍부한 지역으로 이미 식량이 주어져 있을 뿐만 아니라,

• 표 4-2 • 가상 세계 게임의 지역 개요

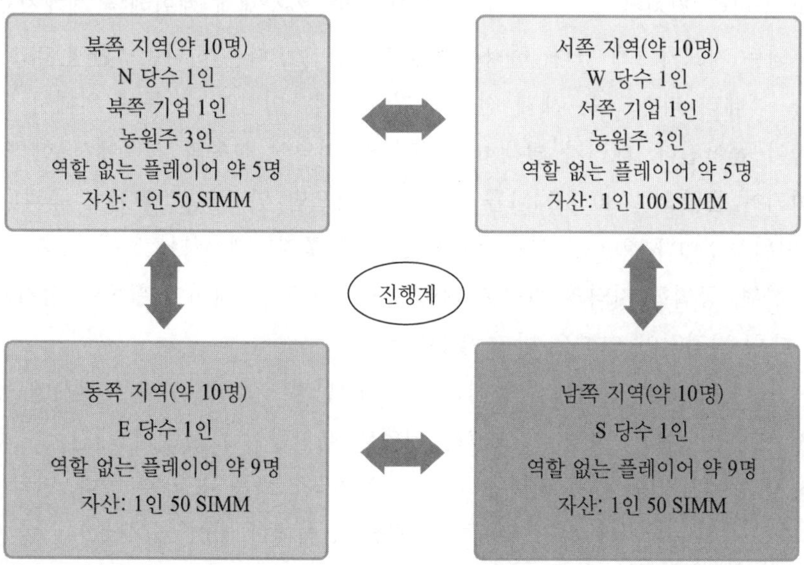

ション&ゲーミング, 2002年, pp. 1～11.

식량 증산에 유리한 특권을 가지고 있는 '농원주'들이 존재하고 있다. 또한, '농원주'는 이미 5인 분량의 식량 티켓을 가지고 있어서 그 티켓을 자유롭게 처분할 수 있다. 또, 이 지역은 가상 세계에서 유통하는 자본을 늘릴 수 있는 유일한 입장에 있는 '기업'도 이 지역에 존재한다. 다만, 기업이 생산을 하고 이익을 늘리려면 자본과 노동력의 축적이 필요하다. 특히, 노동력의 획득을 위해서는 궁핍한 지역으로부터도 협력을 얻을 필요가 있다.

한편, 동쪽과 남쪽의 궁핍한 지역에는 '농원 주'나 '기업'이 존재하지 않는다. 따라서 이 지역의 주민들은 식량을 확보하거나 임금을 얻기 위해서 풍부한 지역에 나가 노동을 하거나 지원을 요청하지 않으면 살아가기가 매우 어려운 형편이다. 게다가 게임 개시 당시에 소유하고 있는 개인 자산도 격차가 매우 심하다. 북쪽과 서쪽의 풍부한 지역의 주민은 1인당 100심(SIMM는 가상세계의 통화단위)을 갖고 있고, 동쪽과 남쪽의 궁핍한 지역의 주민은 1인당 50 SIMM 밖에 가지고 있지 않다. 게다가 지역 간의 이동에는 2 SIMM의 비용이 들 뿐 아니라, 지역 간의 이동도 제약되어 있다. 또, 참가자 자신도 어느 지역의 주민이 될지를 랜덤으로 정하기 때문에 게임 실시 당일 아침까지 본인은 어느 지역의 주민이 될지를 알 수 없는 상황이다. 또, 가상세계 게임에는 세계적으로 공통되는 지표가 2개 있다. 하나는 「테러 리스크」, 다른 하나는 「환경 리스크」이다. 「테러 리스크」는 세계 전체의 기아자 수, 실업자 수 등에 의해서 발생 확률이 높아진다. 테러가 발생하면, 풍부한 지역인 북쪽과 서쪽에서 한 명씩 유괴되어 몸값으로 80 SIMM를 지불하지 않으면 안 된다. 게다가, 유괴되면, 그 지위(기업이나 정당의 대표, 농원주 등)에서 쫓겨나게 된다.

한편, 궁핍한 지역의 주민은 테러가 발생해도 그 사이에 활동이 정지되지만, 다른 직접적인 영향은 받지 않는다.

또, 하나 세계 전체에 공통되는 지표인 '환경 리스크'는 세계 전체에 동일하게 영향을 준다. '환경 리스크'는 기업의 생산량이나 농원의 개간 수 등에 의해서 높아지지만, 환경 정화 기금을 모으면 리스크를 내릴 수 있다. 만약, 환경 리스크가 높아지면 환경 문제가 발생한다. 어떠한 일이 일어날까는 발생하기 이전에는 아무도 모르지만, 적어도 세계 전체에서 300 SIMM 이상의 비용이 필요하다. 게다가 이를 해결하기 위해서는 얼마간의 작업도 해야 한다. 만약, 시간 내에 해결할 수 없는 경우에는 풍부한 지역이나 궁핍한 지역에 관계없이 세계 전체 인구의 25% 이상이 사망하게 된다.

(2) 가상 세계 게임에서 일어나는 사건

이상과 같은 룰 아래에서 어떻게 게임이 전개되어 갈까. 구체적으로 게임이 전개되는 양상은 게임마다 다 다르다. 왜냐하면, 플레이어가 취하는 자발적인 자유행동에 의해서 게임 전개가 바뀌기 때문이다. 예를 들면, 환경 문제에 대처하기 위해서 어떠한 행동을 취하는가, 혹은 아무 것도 볼 수 없는가, 테러나 환경 문제를 해결하는 제도가 생길까 말까 등은, 거기에 참가한 플레이어들 자신에 따른 것이고, 그 복잡한 교섭 과정이나 귀결을 완전하게 예측한다는 것은 게임 실시자에게도 불가능한 일이다. 다만, 룰에 포함된 구조적 여건(게임의 초기 조건 등)이 어느 정도 게임의 추이를 제약하고 있다. 예를 들면, 미리 지역 간의 빈부의 격차를 설정하고 있어서 궁핍한 지역에는 기업이나 농원주가 없다 것 등이 구조적인 여건이 된다. 이러한 구조적 여건은 개인의 행동에 제약을 주어, 나아가서는 게임 전체의 전개에 영향을 미친다.

그러면 게임의 전개에 대해서 대략적으로 전반, 중반, 후반으로 나누어서 설명해 보자. 다만, 여기서 말하는 전·중·후반이라고 하는 구분은 반드시 어느 특정 세션과 대응하고 있는 것은 아니다. 어느 세션에서 어떠한 사건이 일어날까 말까는 위에 말한 것처럼 플레이어들의 행동에 의해서 바뀔 수 있기 때문이다.

① 게임 전반

게임 전반은 풍부한 지역과 궁핍한 지역의 플레이어가 각각의 특징적인 세계관을 형성하는 시기이다. 지역 마다 관심을 두는 문제가 달라 플레이어들은 관심이 있는 문제를 중심으로 지역마다 특징적인 태도나 생각을 가지게 된다.

〈도표 4-3〉에서 보는 바와 같이 풍부한 지역에서 생존에 관련된 식량의 문제는 비교적 쉽게 해결된다. 그러나 기업 생산에 필요한 자본 축적에 대해서는 관심을 갖게 되지만 빨리 실현되지는 않는다. 한편, 궁핍한 지역에서는 생존과 관련되는 식량의 확보가 곤란하고 긴급한 과제가 된다. 세계 전체로 보면

• 표 4-3 • **게임 전반의 지역 간 관계**

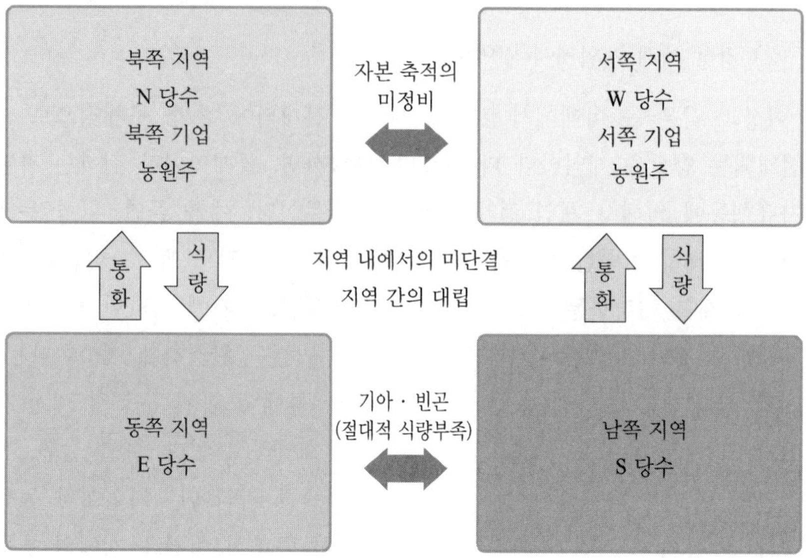

식량의 절대량이 부족할 뿐만 아니라, 궁핍한 지역의 대부분은 식량을 확보하지 못해 기아가 된다. 그 결과 테러리스크가 높아져 실제로 풍부한 지역에서는 자주 테러가 발생하게 된다. 이렇게 되면 풍부한 지역은 궁핍한 지역에 식량을 공급하지만 교섭 속에는 풍부한 지역이 유리하게 움직이는 경우가 많다. 다만, 궁핍한 지역도 테러로 이어지는 폭동을 교섭의 카드로 유리하게 사용할 때도 있다.

② 게임 중반

게임 중반은 지역 간의 분쟁이 가장 표면화되는 국면이다. 〈도표 4-4〉와 같이 게임 전반은 대량 기아자와 실업에 의해 자원이 풍부한 지역에서 테러가 발생한다. 테러 발생을 방지하려면, 풍부한 지역이 자금을 식량 증산에 투입해 궁핍한 지역의 식량난 부족을 해소해 주어야 한다. 또한, 궁핍한 지역의 노동자들의 고용을 촉진해 나가지 않으면 안 된다. 그런데 풍부한 지역에서는 기업의 생산 경쟁이 치열해서, 자본을 이런 궁핍한 지역에 구제용으로 사용해 버리

• 표 4-4 • **게임 중반의 지역 간 관계**

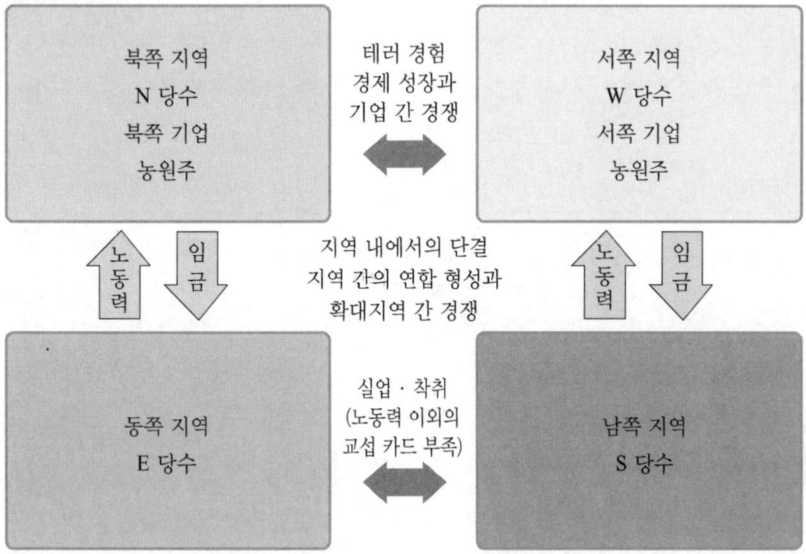

면 라이벌 기업에 이길 수 없는 문제가 발생한다. 이러한 문제에 대처하기 위해서 기업은 노동자의 임금을 낮게 억제하려고 하지만, 이러한 것이 궁핍한 지역에서는 한층 더 반발을 사기도 한다. 또한, 충분한 임금을 지불하더라도 궁핍한 지역의 주민들은 기업에서 생산 이익을 올릴 수 없다면 '상대적 박탈감'을 느끼고 근로 의욕도 상실하게 될 것이다.

한편, 풍부한 지역에서는 어려운 여건에서도 기업 생산을 늘리고 사회 전체의 이익을 위해 노력하고 있는 데 반해, 궁핍한 지역의 주민은 게으름뱅이같이 노력은 하지 않고 부정적인 생각만 가진 사람이 나타나게 된다. 또, 라이벌 기업이 자기 지역의 기업보다 생산을 늘리면, 라이벌 기업을 이기적이라고 호도하고, 궁핍한 지역의 노동자를 착취하고 있다고 말하는 등 유언비어가 난무하거나 지역 내에서 공유되어 간다. 이와 같이, 게임 중반에서는 지역 내에서 결정된 행동을 취하면서, 지역 간의 대립과 갈등이 격화되어 나가는 것을 많이 볼 수 있다.

• 표 4-5 • 게임 후반의 지역 간 관계

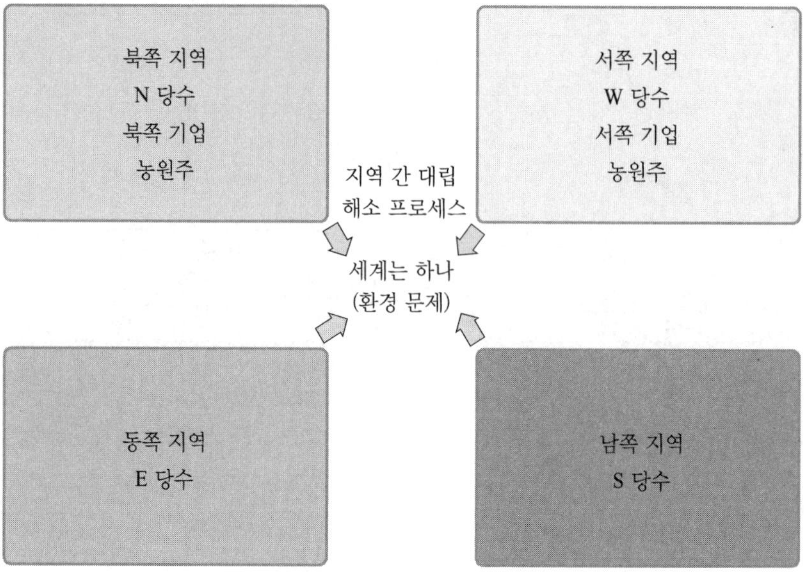

③ 게임 후반

게임 후반은, 〈도표 4-5〉와 같이 환경 문제를 둘러싸고 4개의 전 지역이 공동으로 해결하지 않으면 안 되는 국면이다. 게임 개시부터 중반, 그리고 후반에 이르기까지 기업의 생산 등에 의해 서서히 환경오염이 악화되어 가고 있다. 게다가 환경오염을 정화하기 위한 비용을 부담하는 사람은 소수밖에 없기 때문에 환경 리스크를 저하시킬 수는 없다. 물론, 게임 중반까지도 환경 문제의 심각성을 눈치채 행동하는 사람이 없는 것은 아니지만, 환경 문제의 발생을 방지하기 위해 충분하게 기금을 모으는 것은 좀처럼 실행되지 않는다. 세계 공통의 이익에 주의를 기울이기는 하더라도 개인이나 자기 지역의 이해가 실제적인 협력 행동을 방해하는 것이다. 게다가 개인이나 자기 지역의 이해는 즉시 실감하지만, 환경 문제는 서서히, 뒤늦게 인식한다. 이러한 시간의 차이도 대처 행동을 늦추는 원인이 되고 있다.

4) 환경문제 해결을 통해서 본 '상대적 박탈자'의 정체의식 회복

본고에서는 갬슨(Gamson)과 히로세(広瀬幸雄)의 가상 연구 중에서 환경과의 격차에 관한 연구 성과를 한국적인 사회갈등 상황에 맞춰 재분석해 보았다. 여기에서는 우선 아래와 같이 두 가지의 연구결과에 대해서 살펴보기로 한다.

첫 번째는, 개발도상국, 약자, 소수(minority)에 의한 사회적 아이덴티티의 획득 과정에 관한 연구다.[65] 이 연구는 처음에는 개발도상국이나 약자에 있어서의 상대적 박탈감(집합적 박탈감)과 사회적 아이덴티티 획득 과정에 관한 구체적인 대응 방법의 연구다. 또, 하나는 본고의 최종적인 목표인 '공통 목표를 향한' 환경 문제에 관한 연구로, 사회적으로 자신이 처한 입장이나 위치, 이해의 차이를 넘어 글로벌적인 환경문제 해결을 위한 합의 과정을 도출하는 분석 연구다.[66]

(1) 개발도상국이나 열등한 소수 약자의 긍정적인 정체성 획득과정

개발도상국이나 열등한 소수 약자의 정체성 획득 과정에 관한 연구로, 총 5 게임에 173명이 참가하는 가상 세계의 게임에서 이루어진다. 〈도표 4-1〉에서 보는 바와 같이 우선, 자원이 풍부한 지역과 궁핍한 지역의 주민들이 각각의 긍정적인 사회적 아이덴티티를 획득해 가는 과정을 분석했다.[67] 게임 개시 시에는 거의가 첫 대면으로 잘 모르는 사람들이 우연하게 같은 방에 앉게 되고 같은 지역 주민이라고 하는 역할을 공유하게 된다. 따라서 게임 개시 때에는 많은 참가자들이 그다지 서로의 연대감이나 친밀감 등을 느끼지 못한다. 이와 같이, 게임은 시작되었지만 곧 개인의 생존을 위한 활동이나 집단적인 행위가 전개되게 된다. 이러한 활동을 통해서 자기 지역에 대한 긍정적인 사회적

65) 垂澤由美子・広瀬幸雄・大沼進,「社会の中のマiイノリティはいかにして帰属意識を得るのか？－仮想世界ゲームを用いて－.」, シミュレーション&ゲーミング, 2001年, pp. 11(2), 9～15.

66) 垂澤由美子・広瀬幸雄,「.地球規模の環境問題への対処が先進途上地域の世界への帰属意識を高めるのか？－仮想世界ゲームを用いて」,シミュレーション&ゲーミング, 2003年, pp. 13(1), 14～20.

67) 大沼進,「地域格差がもたらす集団間葛藤と共通目標としての環境問題」,『季刊政策・経営研究』(Vol.4), 三菱UFJリサーチ&コンサルティング, 2007年, p. 153.

정체성을 획득할 수 있을까.

〈도표 4-1〉에 나타난 긍정적인 사회적 아이덴티티 획득 과정에 대응시켜 생각해 보기로 하자. 풍부한 지역의 주민은 상대적으로 자원이 풍부한 집단에 속해 있는 것 그 자체에 의해서 자기 지역에 관한 인지가 직접·긍정적인 사회적 정체성의 획득으로 연결된다고 생각할 수 있다.

한편, 궁핍한 지역의 주민들의 상대적으로 자원이 부족하다고 하는 범주 인지는, 직접적으로는 긍정적인 사회적 정체성에는 연관되지 않을 것이다. 그러나 자기 지역의 결정으로 풍부한 지역에 대해 식량 확보나 노동교섭 등을 통해 실제로는 자기들의 사회적인 지위를 향상시켜, 궁극적으로 사회적 정체성 획득으로 이어질 것이다. 그런데 통계적인 분석 결과에서도 거의 이 예측 그대로의 결과를 얻을 수 있었다.〈도표 4-1〉의 카테고리 의식이란, 〈도표 4-1〉의 사회적 카테고리화로부터 사회적 비교에 상당하는 부분을 개인의 인지에 떨어뜨려 대응시킨 것이다. 따라서 카테고리 의식을 가지는 것이 즉각적으로 사회적인 정체성으로 이어지고 있다.

또한, 〈도표 4-1〉에서는 부정적인 카테고리 의식이 집단적 대처를 통해서 긍정적인 사회적 정체성으로 연결된다고 설명했지만, 이 게임 중에서는 부정적인 사회적 정체성은 반드시 측정하고 있지 않았기 때문에 이 부분은 뛰어넘어 간략화하고 있다. 그러나 사회적인 비교에 의해서 자신들은 상대적으로 빈곤한 지역에 놓여진 것이 자명하다고 하고, 실제 많은 리포트에 "처음에 자신은 궁핍한 지역이라고 알고는 실망했다", "자신은 궁핍한 지역의 주민이 되었기 때문에 돈을 벌 수 없다고 단념했다" 등 비관적인 감상이 많이 기술되고 있다. 이러한 부정적인 사회적 아이덴티티는 집단적 대처를 하지 않으면 긍정적으로 변할 수 없다. 가상 세계 게임 중에서는 단체 교섭이나 집단 항의가 집단적 대처에 해당한다. 이상과 같이 대개 선행 연구와 대응시켜 결과를 얻을 수 있었다. 다만, 사전 예상에 반해, 카테고리 의식으로부터 긍정적인 아이덴티티와도 직접적인 관련이 있다는 것이 밝혀졌다. 즉, 카테고리 의식을 가지는 것으로, 반드시 단체 교섭이나 집단 항의를 거치지 않아도 긍정적인 사회적 아이덴티티가 획득된다고 하는 관련 결과도 밝혀냈다.

• 표 4-6 • 긍정적 · 사회적 아이덴티티 획득의 지역별 예측 요인

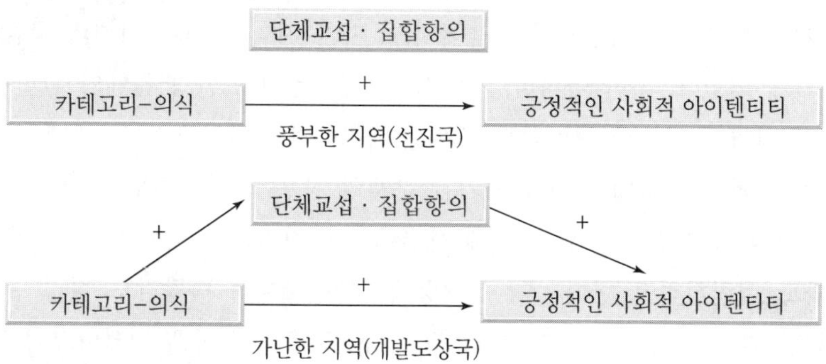

주: +는 바른 상관관계가 인정된다는 것을 의미함.

(2) 글로벌적인 '공동목표'인 지구환경문제 해결을 위한 합의 과정의 분석연구

범 글로벌적인 정체성을 높여 주는 지구 전체 규모의 환경 문제에 대해 가상 세계의 합의 도출 과정을 종합해 보면 다음과 같다. 먼저 식료나 노동력 등을 둘러싸고 풍부한 지역이나 궁핍한 지역 간에는 항상 갈등과 대립 상황이 비화된다. 뿐만 아니라, 기업의 생산 확대 등을 둘러싸고는 풍부한 지역끼리도 치열하게 경쟁하기도 했다. 그러는 사이, 이 지역에는 환경 위기가 닥쳐 왔지만, 양쪽 모두가 이에 관한 대응에는 소극적이어서 마침내는 환경 문제가 발생하게 된다. 환경문제는 일정한 시간 내에 해결하지 않으면 지역 구별 없이 모두 큰 피해를 입게 된다. 따라서 이러한 환경 문제를 해결하기 위해서는 양 지역 간의 협력체제가 불가피하다. 실제로 지금까지 지역 간의 이해 문제가 발생하게 되면, 서로 간의 이해 차원에 더하여 책임 귀속 문제로 합의 조정에 어려움을 겪어 왔다. 그러나 환경 문제는 공통의 문제로, 합의를 둘러싼 조정 과정에서 지역 전체적으로 변화된 아이덴티티를 읽을 수 있었다. 예를 들면, 지역에서 어떤 문제가 발생했을 때 자원이 궁핍한 지역에서는 복구비를 지불하지 않으려고 하는 반면, 공통적인 환경 문제에 있어서는 기존의 문제와는 달리 문제 해결에 공헌하고자 하는 의식을 보인다는 점이다.

이와 같이 환경 문제의 경우, 문제 발생을 전후하여 풍부한 지역(선진지역)

이나 궁핍한 지역(발전도상 지역) 모두가 자기 지역에 대한 아이덴티티는 높지만, 문제해결에 적극적이지는 않았다. 하지만, 환경 문제를 경험하면서 보다 자기 지역에 대한 아이덴티티도 높아지고, 자기 지역에 대한 이해의 공감대도 넓혀 가게 되었다. 뿐만 아니라, 지역적인 갈등 문제도 환경 문제와 관련될 시에는 타 지역 주민들과 협력해서 문제를 해결하려고 하는 노력을 하게 되었다. 예를 들면 환경 파괴에 대한 복구기금 문제의 경우에는 종전의 태도와는 달리, 궁핍한 지역의 사람들도 환경 문제 해결에는 공헌하고자 하는가 하면, 풍부한 지역과도 협력하려고 한다. 즉, 상대방에 대한 상대적 박탈감도 환경 문제와 관련되면 일정 부분 해소되며, 어느 정도 동질감을 형성하게 되었다고 해도 좋을 것이다. 뿐만 아니라, 이와 같은 공통적인 환경 문제를 통해서 풍부한 지역에 대한 적대감도 현저하게 얇어졌다

결론적으로 말하면, 환경 문제는 지역 간에 갈등의 벽을 뛰어넘어 공동목표를 추구하면서 동질감을 형성하는 데 좋은 케이스 스터디라는 사실이다.

제 3 절 국가적인 재난발생과 위기관리 커뮤니케이션

1. 국가재난과 위기관리 커뮤니케이션

위기발생 조건에는 반드시 두 가지의 조건이 필요하다. 첫째, 어떤 시스템 전체가 완전히 마비될 정도까지 영향을 받는 경우이고, 둘째는 시스템에 소속된 기능이 일부 파괴되거나 작동에 제한을 받는 경우다. 위기는 본래 시스템 전체에 충격을 미치는 것이 전제 조건이지만, 실제로 일어나는 사건, 사고는 시스템의 일부에만 영향을 미치기 때문에 위기라기보다는 재난이나 사건·사고로 봐야 할 것이다. 그러나 이와 같은 견해에는 시스템의 정의에 따라서 상당한 가변성이 주어진다. 예를 들면, 시스템을 기업이라든가 은행 전산시스템, 제조 설비 기계 등으로 정의한다면, 부분적인 시스템의 파괴라도 조업 정지, 내지는 업무 마비 등으로 이어지게 된다. 이와 같은 생각은 경영학적인 입장으

로 이어질 수 있으며, 이 때의 위기는 기업의 기술 핵심부분을 파괴하는 것으로 받아들일 수 있다.[68] 뿐만 아니라, 국가적인 입장에서 데모 등에 의해 조업이 단축되거나, 전산해커 등으로 행정이 마비되는 것도 위기다. 또, 옛 구소련의 체르노빌 원자력발전소의 폭발 사건이나 1997년 영국에서 발견된 쇠고기의 017 세균발견 등은 초 국가적인 위기라고 할 수 있으며, 후자의 경우에는 영국뿐만 아니라, 전 세계적으로 영국산 쇠고기의 수입금지와 아울러 쇠고기를 먹는 그 자체에 대한 위기감을 고조시켰다.

한편, 지금 우리 사회는 2008년 5월 쇠고기 수입에 따른 '광우병 공포', '미디어법 투쟁', '세종시 문제', '전 대통령 조문 정국' 등으로 이념적 · 사회적 갈등이 심각할 뿐 아니라, '신종 인플루엔자'로 온 국민들이 불안과 위기 속에서 살아가고 있다.[69] 정부도 마땅한 예방책이나 근본적인 대책을 내놓지 못하고 있는 상태여서 온 국민들은 매일매일 불안에 떨게 되었다. 그러나 재난이나 위기 발생시 정부의 존재 가치는 언제나 국민의 생명과 재산을 지키는 데 최선의 노력을 다하는 것과, 위기를 해소시키기 위해서 혼신의 노력을 다하는 데에 있으며, 이것이 최대의 임무라는 것을 한시도 잊어서는 안 될 것이다.

(1) 재난을 유발하는 요인과 본질[70]

독일의 사회학자 울리히 벡(Ulrich Beck)이 현대사회를 '위험사회'라고 규정하고 있듯이 우리 주변에는 위기를 발생시킬 수 있는 재난의 요인이나 요소들이 수없이 많다. 이 요소나 요인들이 재난 발생을 조장하기도 하고, 제반적인 환경 변화 등에 의해서 위기가 갑자기 확대 재생산되어 불시에 재난이 일어나기도 한다. 이 재난 발생의 요인이나 요소들은 기후나 사회 환경 내지는 시스템의 환경 변화에 따라 상당히 가변적이고 유동적이다. 따라서 이 요인들

68) 大泉光一, 앞의 책, p. 38.

69) 2009년 4월 25일 12시 30분(LA현지 시각)에 미국 LA를 출발하여 4월 26일 17시 11분(우리나라 시각)에 인천국제공항에 도착한 대한항공(KE018)에 탑승한 승객 중 환자(여/62세)는 최초 확진환자로 판명. 이후 보건복지가족부 질병관리본부(본부장 이종구)는 신종인플루엔자 A(H1N1) 감염 여부를 확인하기 위한 '신종인플루엔자 A(H1N1) 모니터링 센터'를 설치 5월 2일부터 가동하기 시작했다.

70) 이연, 『위기관리와 매스미디어』, 학문사, 2006년, pp. 35~36,

이 반드시 재난으로까지 이어진다고는 말할 수 없다.

그 다음으로 재난의 본질에 대해 살펴보았다. 우선 동·서양 간에는 언어와 문화의 차이에서 재난의 개념이 조금씩 다르게 표현되고 있다. 재난의 본질은 기본적으로 '재해'에서 온 것이다. '재해'는 천재든 인재든간에 재난(재앙)에 의해서 입은 피해 그 자체를 말한다. 재난은 재해에 의해서 받는 고통을 말하며, 위기는 재난 발생 전후를 통틀어서 겪고 있는 순간적인 상황 논리이다. 또 재해는 가시적인 데 비하여 재난이나 위기는 가시적이 아니라, 상황론적 개념이다. 그런 의미에서 '재난'이나 '위기'는 본질적으로 같은 것이다.

그런데 페로우(Charles Perrow)[71]는 사회언어학적인 의미에서 재해를 'risk'[72]의 결과로, 재해라는 개념을 사용하였고, 일본의 경우는 재해를 '사이가이(災害)'로 표현하고 있다. 독일의 울리히 벡(Ulrich Beck)은 핵분열이나 방사능 폐기물과 같은 전 인류적 위험과 같은 지구적 위난을 'danger'로 표기하고 있다.[73] 미국의 경우는 재해와 재난(disaster, calamity)을 혼용해서 사용하고 있으며, 천재(natural disaster · calamity)와 인재(man-made disasters · induced catastrophes)에서도 재해와 재난의 의미를 구별하지 않고 혼용하고 있다.

재난(disaster)이란 용어는 원래 별자리의 움직임을 보고 불길한 징조를 예상하는 데서 유래된 것으로 라틴어에서 온 말이다. 즉, "하늘로부터 비롯된, 인간의 통제가 불가능한 해로운 영향"을 의미한다.

미국의 연방재난관리청(FEMA)의 규정에는 "일상적인 절차나 정부의 자원으로는 관리할 수 없는 심각하고 큰 사건"으로 규정하고 있고, 유엔재해구호기구(UNDP)와 유엔발전계획(UNCRD)에서는 "사회적 기본 조직 및 정상 기능을

71) Charles Perrow, Normale Katastrophen. Die Unvermeidbaren Risiken der Großtechnik, Frankfurt/New York, 1987(1st,1984); 이정춘, 『언론연구』, 중앙대언론연구소, 1996년, p. 8.

72) 위험의 의미 중에 'risk'는 재해발생 피해의 가능성(chance of possibility)과 피해의 중대성으로서의 위험이고, 'peril'은 재난을 유발시키는 작용(agency which actually cause)으로서의 위험이며, 'hazard'는 사람이나 물건에 대해서 피해를 미칠 수 있는 행위나 현상이다. 즉, 재난발생 가능성을 높이는 조건(conditions which enhance the possibility)로서 정의되고 있다. E. P. Lally, Corporate Uncertainty Risk Management, N. Y. : Risk Management Society Publishing Inc., 한국언론연구원, 1986, p. 65.

73) Risikogesellschaft : Auf dem Weg in eine andere Moderne, Suhrkamp Verlag, Frankfurt am Main(1986). Risk Society, Towards a New Modernity, (trans., Mark Ritter), London : Sage(1992).

와해시키는 갑작스런 사건이나 큰 재해"로 규정하고 있다. 프랑스에서는 테러나 폭발 등 남성적인 재해는 'desastre', 가뭄이나 눈 등 여성적인 재해는 'calamite'로 표기하고 있으며, 스페인에서는 재해를 별도로 구분하지 않고 'desastre(calamidad)'로 표기하고 있다.

우리나라에서도 미국과 같이 재난과 재해에 대한 개념이 혼용되어 왔다. 그러나 1995년 7월 18일자로 「재난관리법」이 새로 제정되면서 '천재'와 '인재'를 구분하게 되었다. 우리나라의 「재난관리법」 제 2 조 1항에서는 재난의 정의를 "화재, 붕괴, 폭발, 교통사고, 화생방사고, 환경오염사고 등 국민의 생명과 재산에 피해를 줄 수 있는 사고를 말한다"라고 규정하면서 자연재해는 제외한다고 규정하고 있다. 또, 1999년 1월 29일에 개정된 「자연재해대책법」 제 2 조2항은 "태풍이나 홍수·호우·폭풍·해일·폭설·가뭄 또는 지진이나 기타 이에 준하는 자연 현상으로 인해 발생하는 피해를 말한다"라고 규정함에 따라 천재와 인재를 구분하고 있다. 이는 기존의 민방위국 외에 1995년 내무부에 재해국을 신설하여 천재를 담당하게 했기 때문이다. 그런데 이 두 개의 관리법 내용은 대체로 일본의 「재해대책기본법」을 거의 그대로 모방하고 있다. 그러나 2004년에 「재난 및 안전관리기본법」이 제정됨에 따라서 재해와 재난관련법이 통합되게 된다.

(2) 재해와 재난을 어떻게 극복할 것인가

오늘날 세계 도처에서 일어나고 있는 재해와 재난은 지구 온난화에 의한 기후 변화나 무차별적인 개발 등으로 시공간을 초월해 세계 도처에서 일어나고 있다. 지진이나 테러, 마약, 납치, 전쟁, 홍수, 태풍 등 많은 재난들이 하루에도 수 없이 일어나고 있다. 지진의 경우도 과거처럼 알류샨 열도니 지진대니 하는 틀에서 벗어나 아이티나 남미, 중국, 인도, 타이완, 터키, 멕시코, 미국, 일본 등 세계 곳곳에서 일어나고 있다. 그러나 이와 같은 재난도 이제는 사전 대응 방법 여하에 따라서 그 피해를 최소화하거나, 아니면 오히려 확대시킬 수도 있다. 예를 들면, 천재도 대응을 잘못하면 인재가 되고, 인재 또한 관리를 잘못하면 천재가 되는 것이다. 따라서 이제는 천재와 인재를 구분하기도 어렵고, 이들 양자가 혼재하는 복합형 재난으로 전개되고 있는 양상이다. 문제는 어떻게 하면 이러한 대형 재난들을 사전에 차단하여 예방할 수 있으며, 또 재난 발생 이후에도 '어떻게 신속하게 대응하여 그 피해를 최소화 할 수 있을까'하는 것이며, 이는 재난관리에 있어서 가장 중요한 핵심 과제다.

일본은 세계적으로 재난이 가장 많이 일어나는 '대표적인 재난 표본 국가'로 재난다발 국가다.[74] 특히 대규모 지진이나 태풍, 화산, 폭풍, 폭설, 해일, 홍수, 독가스, 방사능 유출, 선박의 조난, 항공기 추락 등 다양한 재해가 끊임없이 일어나는 나라로 이로 인한 인명과 재산 피해가 끊이질 않고 있다. 그러나 일본인들은 그때마다 그들 특유의 조직력과 신속한 대응으로 그 피해를 최소화하였을 뿐만 아니라, '부흥 작업'[75]에도 신속하게 착수하여 다른 나라에서는 도저히 찾아 볼 수 없을 정도로 독특한 일본적 방재시스템을 구축해 상당히 성과를 거두고 있다.

미국의 경우는 9·11 테러 이후 중앙 연방에 국토안전보장성을 신설하고, 그 밑에 연방재난관리청(FEMA)을 편입시켰다. 지방에는 주 정부(State)와 시·군(City/County), 읍·면(Township/Village) 단위에 이르기까지 재난관리 담당부서를 두고 재난 발생시에는 신속하게 대응하고 있다. 후술하겠지만, 실제로 미국과 일본은 재난 발생 전후에 어떻게 재난에 대처했으며, 어떤 조직으로 어떻게 복구나 부흥에 임하고 있는가를 우리는 구체적인 법적·제도적 사례를 통해서 면밀히 분석해 볼 필요가 있다. 우리나라도 각종 재난으로부터 수많은 인명과 재산 피해(연간 1조원 이상)를 입고 있는 상황이므로 미국과 일본의 사례연구는 우리나라 재난관리에 많은 것을 시사해 줄 것으로 보인다.

---

74) 본고에서는 각종 사건 사고에서 일어나는 단순한 피해를 '災害'라고 표기하고, 각종 재해가 발생하기 전의 위기 상황과 재해 발생 이후의 대응 및 복구와 부흥에 이르기까지 전 위기 과정을 통합해서 '災難'이라고 표기한다.

75) 여기서 부흥작업이라고 하는 것은 복구 작업을 포함한 새로운 건설을 의미한다. 복구는 단순히 파괴나 피해 장면의 원상복구의 의미를 뜻하고 있지만 여기서 부흥이라고 하는 것은 단순히 복구뿐만 아니라, 미래 사회의 새로운 시대에 적응할 수 있는 신도시 건설 등을 포함하는 말이다.

2. 대형 재난발생과 국가위기 커뮤니케이션

1) 대형 재난발생과 국가위기

2010년 3월 26일 백령도 '천안함 침몰참사', 2007년 12월 7일 국내 사상 최대의 원유 유출 사건 '허베이 스피리트호 기름 유출 사건', 2008년 1월 7일 '이천 냉동 창고 화재 참사 사건', 2008년 2월 10일 국보1호 '숭례문 방화 사건' 등 대형 참사 사건이 일어나 때마다 실제로 우리 사회는 실로 큰 충격을 받고 있다.[76)]

이러한 대형 재난이 일어날 때마다 당국의 신속한 대응시스템의 부재나 언론의 늑장 보도 등은 국민들로부터 엄청난 비난을 받아 왔다. 재난 발생시 국가의 사명은 신속한 대응으로 '국민의 생명과 재산'을 지키는 데 최선을 다해야 할 의무가 있다. 뿐만 아니라, 신속한 복구나 구호 활동 등으로 국민들이 하루 빨리 생업에 복귀할 수 있도록 최선을 다해야 한다. 언론 또한 신속한 재난보도로 '국민의 생명과 재산'을 지키는 데 최선을 다해야 할 방재의 의무가 있다. 그럼에도 불구하고 지금까지 우리 언론은 늑장 보도나 프라이버시 · 인권 침해, 차별 보도 등의 행태를 보이면서 재난보도의 기본적인 시스템도 잘 준수하지 않았다.

또한, 대형 재난들이 일어날 때마다 각 부처별로 분산되어 있는 법규나 업무규정의 미비 등에 의해 초동 대응이 미숙할 뿐 아니라, 국민들의 생존권인 국가안전 기반마저도 송두리째 흔들리는 경우가 많았다. 재난 발생시에는 가장 과학적인 방법으로 가장 신속하게 대응하는 것이 필수적이겠지만, 이것보다도 더 중요한 것은 사전 예방이나 사후 대책 등을 긴급하게 지휘할 수 있는 「통합적인 재난정보 컨트롤 타워」를 구축하는 것이며, 이는 가장 시급한 과제다. 왜냐하면, 지난 '숭례문 방화사건'이나 '허베이 스피리트 호 기름유출 사건', '금강산 관광객 피살사건', '부산 사격장 화재 참사', '천안함 피격사건'등에서도 보았듯이, 재난 발생시 신속하게 대응하지 못하면 그 피해는 훨씬 더 커지기 때문이다. 뿐만 아니라, 그에 따른 복구 비용의 기하급수적인 증가나

76) 『한겨레신문』, 2010년 3월 27일자.

국민적인 비난 여론, 그리고 정부 당국의 수습 책임 또한 필요성의 근거로 작용된다.

따라서 무엇보다도 재난 발생시 주무부처는 우선 피해 상황을 국민들에게 신속하게 전달하고 그 피해를 최소화하는 것이 중요하다. 특히, 범정부적인 차원에서 재난정보는 국민들과 함께 공유하면서 신속하게 재난피해에 대응해야 할 것이다. 만약, 그렇지 않으면 제2, 제3의 '허베이 스피리트호 기름유출사건'이나 '숭례문 방화사건' 등과 같은 재난이 발생하더라도 지난번과 똑같은 대응을 할 수밖에 없을 것이다. 따라서 청와대나 국무총리실, 행정안전부, 소방방재청 등 범정부적인 차원에서 보다 선진화된 '재난 대응 컨트롤타워'를 구축하는 것이 시급한 과제이다. 나아가서 재난 발생시 재난의 유형별도 주무부처를 명확히 해 신속하게 대응하게 하고, 사전·사후 처리도 철저하게 점검해야 할 것이다.

2) 재난 대응시스템에 관련된 법규[77]

(1) 헌법(제2조, 제34조 6항)

① 헌법 제2조에 "국가는 법률에 의해 재외국민을 보호할 의무가 있다"고 규정하고 있고, 제34조 6항에는 "국가는 재해를 예방하고 그 위험으로부터 국민을 보호하기 위하여 노력하여야 한다"는 규정이 있다. 즉, 헌법에도 국가가 국내외의 자국민을 보호하기 위하여 재난을 '예방'하고 '보호'할 의무가 있다고 명시하고 있다.

(2) 재난 및 안전관리기본법(제1조, 제2조, 제3조, 제4조, 제9조, 제34조, 제35조, 제36조, 제38조)

① **재난 및 안전관리기본법 제1조(목적)** 재난 및 안전관리기본법은 각종 재난으로부터 국토를 보존하고 국민의 생명·신체 및 재산을 보호하기 위하여 필요한 사항을 규정한 법이다.

② **제2조(기본이념)** 이 법은 재난을 예방하고 재난이 발생하는 경우 그 피해를 최소한으로 줄이는 것이 국가 및 지방자치단체의 기본이념으로 하고 있다.

③ **제3조** 태풍·홍수·호우(호우)·강풍·풍랑·해일(해일)·대설·가뭄·지진·

---

77) 이 연, 『재난 홍보시스템 강화방안 연구』, 행정안전부, 2008년, pp. 17~24.

황사(황사) · 적조 그 밖에 이에 준하는 자연현상으로 인하여 발생하는 재해 등이다.

④ **제 4 조** 국가 및 지방자치단체는 재난으로부터 국민의 생명 · 신체 및 재산을 보호할 책무를 지고, 재난의 예방과 피해경감을 위하여 노력하여야 하며, 발생한 재난을 신속히 대응 · 복구하기 위한 계획을 수립 · 시행하여야 한다.

⑤ **제 9 조(중앙안전관리위원회)** (ⅰ) 안전관리에 관한 중요 정책의 심의 및 총괄 · 조정, 안전관리를 위한 관계부처 간의 협의 · 조정 그 밖에 이 법이 정하는 안전관리에 필요한 사항을 시행하기 위하여 국무총리 소속하에 중앙안전관리위원회를 둔다.

⑥ **제34조(재난예방교육 · 홍보)** 행정안전부장관 또는 소방방재청장은 대통령령이 정하는 바에 의하여 재난의 예방을 위한 교육 · 홍보를 정기 또는 수시로 실시하여야 한다. 다만, 다른 법령에 재난의 예방교육 및 홍보에 관하여 특별한 규정이 있는 경우에는 그 법령에 의하여 실시할 수 있다.

(3) 기상법(제 1 조, 제 9 조, 제11조, 제13조, 제14조, 제15조, 제16조, 제17조 제19조)

① **제 1 조(목적)** 이 법은 국가기상업무의 효율적 수행에 필요한 기본적인 사항을 정함으로써 기상업무의 건전한 발전을 기하도록 하여 기상재해로부터 국민의 생명과 재산을 보호하고 공공의 복리증진에 이바지함을 목적으로 한다.

② **제 9 조(특수 관측 자료의 제공요청)** (ⅰ) 기상청장은 제14조의 규정에 따른 선박 또는 항공기의 안전운항을 위한 예보 및 특보를 함에 있어 필요한 경우에는 다음 각 호의 선박 또는 항공기의 소유자(선박 또는 항공기를 임차하여 사용하는 경우에는 그 임차인을 말한다)에게 기상현상에 관한 관측 자료의 제공을 요청할 수 있다.

③ **제11조(관측결과 등의 발표)** 기상청장은 기상현상에 관한 관측결과 및 정보의 신속한 발표가 공공의 안전과 복리증진을 위하여 필요하다고 인정하는 때에는 방송사 · 신문사 · 통신사 그 밖의 보도 관련기관, 또는 다른 적절한 방법을 통하여 즉시 이를 발표하여야 한다.

④ **제13조(일반인을 위한 예보 및 특보)** (ⅰ) 기상청장은 기상현상에 관하여 일반인이 이용할 수 있도록 필요한 예보 및 특보를 하여야 한다. (ⅱ) 기상청장은 제 1 항의 규정에 따른 예보 및 특보를 하는 경우에는 보도기관, 이동통신업체 또는 다른 적절한 방법을 통하여 이를 일반인에게 알려야 한다.

⑤ **제14조(선박 또는 항공기에 대한 예보 및 특보)** (ⅰ) 기상청장은 선박 또는 항공기의 안전운항에 필요한 예보 및 특보를 하여야 한다.

⑥ **제15조(특보의 통보)** (ⅰ) 기상청장은 제13조제1항 또는 제14조 제1항의 규정에 따라 특보를 한 경우에는 다음 각 호의 기관에 즉시 이를 통보하여야 한다. 특보를 해제한 경우에도 또한 같다. 다만, 항공기상특보의 통보는 대통령령이 정하는 항공관계기관에 한한다.

⑦ **제16조(기상현상에 관한 긴급방송 요청)** (ⅰ) 기상청장은 기상재해의 사전 예방을 위하여 기상현상에 관한 특보 등을 국민들에게 긴급하게 전달하여야 할 필요가 있는 경우 등 대통령령이 정하는 요건에 해당하는 경우에는 「방송법」제75조 제3항의 규정에 따라 방송통신위원회가 지정한 재난방송의 주관기관에게 신속한 방송을 요청할 수 있다.

(ⅱ)제1항의 규정에 따라 요청을 받은 재난방송의 주관기관은 특별한 사유가 없는 한 이에 응하여야 한다.

⑧ **제17조(예보 및 특보의 제한)** 기상청장 외의 자는 예보 및 특보를 할 수 없다. 다만, 대통령령이 정하는 특수한 목적을 위한 경우와 기상사업자가 등록한 사항에 대하여 예보를 하는 경우에는 그러하지 아니하다.

⑨ **제19조(기상현상에 관한 정보의 수집 및 통신에 의한 발표)** (ⅰ) 기상청장은 국내외 기상현상에 관하여 수집 · 종합된 관측결과 · 예보 · 특보 및 정보에 관한 사항을 국내외의 기상업무를 행하는 기관 · 선박 또는 항공기가 수신할 수 있도록 통신의 방법으로 발표하여야 한다.

(4) 자연재해대책법(제1조, 제2조, 제3조, 제35조, 36조)

① **제1조(목적)** 이 법은 태풍 · 홍수 등 자연현상으로 인한 재난으로부터 국토를 보존하고 국민의 생명 · 신체 및 재산과 주요 기간시설을 보호하기 위하여 자연재해의 예방 · 복구 그 밖의 대책에 관하여 필요한 사항을 규정함을 목적으로 한다.

② **제2조(정의)** 이 법에서 사용하는 용어의 정의는 다음과 같다.<개정 2007. 1. 3>

2. '자연재해'라 함은 제1호의 규정에 의한 재해 중 태풍 · 홍수 · 호우 · 강풍 · 풍랑 · 해일 · 조수 · 대설 · 가뭄 · 지진(지진해일을 포함한다) · 황사 그 밖에 이에 준하는 자연현상으로 인하여 발생하는 재해를 말한다.
3. '풍수해'라 함은 태풍 · 홍수 · 호우 · 강풍 · 풍랑 · 해일 · 조수 · 대설 그 밖에 이에 준하는 자연현상으로 인하여 발생하는 재해를 말한다.

③ 제 3 조(책무 <개정 2007. 1. 3>) (ⅰ) 국가는 기본법 및 이 법의 목적에 따라 자연현상으로 인한 재난으로부터 국민의 생명 · 신체 및 재산과 주요기간시설을 보호하기 위하여 자연재해의 예방 및 대비에 관한 종합계획을 수립하여 이를 시행할 책무를 지며, 그 시행을 위한 최대한의 재정적 · 기술적 지원을 하여야 한다.

④ 제35조(중앙긴급지원체계의 구축) (ⅰ) 중앙행정기관의 장은 자연재해가 발생하거나 발생할 우려가 있는 경우 신속한 국가지원을 위하여 다음 각 호 가운데 소관 사무에 해당하는 사항에 대하여 긴급지원계획을 수립하여야 한다. <개정 2008. 2. 29>

⑤ 제36조(지역긴급지원체계의 구축) 시 · 도 및 시 · 군 · 구 본부장과 시 · 도 및 시 · 군 · 구의 전부 또는 일부를 관할구역으로 하는 재난관리책임기관의 장은 자연재해가 발생하거나 발생할 우려가 있는 경우 업무별 지원기능에 따라 신속한 지원체제를 가동하기 위하여 대통령령이 정하는 바에 따라 소관 사무에 대하여 긴급지원계획을 수립하여야 한다.

(5) 방송법(제75조, 방송통신위원회 규칙 19조)

① 방송법 제75조, ② 방송통신위원회 규칙 제19조(재난방송) 제 1 항에는 "종합편성, 또는 보도전문편성을 행하는 방송사업자는 자연재해대책법 제 2 조의 규정에 의한 재해 또는 재난 및 재난안전관리기본법 제 3 조, 제 6 조, 제 9 조, 제38조 등의 규정에 의해서 재난이 발생하거나 발생할 우려가 있을 경우에는 그 발생을 예방하거나 그 피해를 줄일 수 있는 재난방송을 하여야 한다"라고 규정하고 있다.

3) 재난방송의 법적 의무[78)]

(1) 재난방송 실시책임과 법적 의무

재난방송의 목적은 긴급한 재난 발생시 신속한 보도로 국민들의 생명과 재산을 보호하는 데 있다. 재난방송은 대통령의 긴급명령(전시나 준전시에 있어서 대통령의 긴급명령권)이나 총리 및 장관령 등에 의해서 실시될 수도 있다. 또, 자연재해대책법, 소방법, 도시가스사업법, 해양안전관리법, 방송법, 긴급 지진대책법, 재난 및 재난안전관리기본법, 기상법, 지방자치단체장의 요청 등에

78) 이 연, 『재난 홍보시스템 강화방안 연구』, 행정안전부, 2008년, pp. 22～24.

의해서 긴급방송을 실시할 수 있도록 법적으로 의무화하고 있다.

이미 앞에서 언급했듯이 방송법 제75조(재난방송) ① 항에는 "종합편성 또는 보도전문편성을 행하는 방송사업자는 자연재해대책법, 또는 재난 및 재난안전관리기본법에 의해 재난이 발생하거나 발생할 우려가 있는 경우에는 그 발생을 예방하거나 피해를 줄일 수 있도록 재난방송을 실시하여야 한다"라고 명확하게 책임과 의무 규정을 두고 있다.

또한, 방송법 제75조 제③항의 규정에 따라 방송통신위원회는 KBS를 재난방송 주관 방송사로 지정하고 있다. 뿐만 아니라, 동 75조에 의해 지상파방송사업자, 종합유선방송사업자, SkyLife, 방송채널사용사업자, 지상파 DMB 사업자 등을 재난방송 의무 사업자로 확대 실시하고 있다. 그러나 특별한 사유 없이 이를 어길 때에는 방송법 제108조에 의해서 3000만원 이하의 과태료에 처하도록 법적으로 규제하고 있다.

게다가, 방송사업자는 3년마다 한번씩 방송사업자 면허를 갱신해야 하는데, 3년 동안 이루어진 방송 내용을 전반적으로 평가하여 면허를 갱신해 주게 된다. 이 때 방송 평가 항목에 재난방송 실시 여부에 관한 항목으로 재난방송 실적이 방송 평가에 반영되도록 하고 있다. 따라서 재난 발생시 정당한 사유 없이 재난방송을 실시하지 않았거나 실적이 저조할 경우에는 방송통신위원회로부터 지적을 받게 되는데 이런 경우에는 방송평가에 감점 요인이 된다.

그 밖에 방송통신위원회 규칙 제19조(재난방송)에도 ① "종합편성 또는 보도전문편성을 행하는 방송사업자는 방송법 제75조 제1항의 규정에 의한 재해 또는 재난이 발생하거나 발생할 우려가 있는 경우에는 지체 없이 재난방송을 실시하여야 한다"고 하는 규정이 있다. 이 경우 방송통신위원회의 승인을 필요로 하는 사안에 대해서는 사후에라도 방송통신위원회의 승인을 얻어야 한다.

(2) 제도적인 문제점

이미 앞에서 지적했듯이 재난보도에 대한 법적 규정은 여러 정부부처나 기관 등에 흩어져 있는 실정이다. 그러다보니 자연이 법적 체계나 통일성이 부족한 나머지 업무부처도 중복되는 등 대응 부서가 명확하지 않은 부분이 많다. 따라서 현행 법규로는 대형 재난 발생시 주관부처가 불분명해 신속한 초동 대응이나 재난보도가 늦어져서 재난 피해를 키우는 경우가 많다.

예를 들면, 2007년에 발생한 '조류독감'이나 2008년 '광우병 괴담' 등의 경우에, 대형 재난 발생에도 불구하고 중앙 정부의 주무부처 불분명 등의 이유로 초동 대응이 미숙하게 이루어졌다. 뿐만 아니라, 정확(fact)한 재난정보를 제때에 신속하게 전달하지 못해 막대한 재산 피해를 키우는가 하면, 사회갈등까지 야기해 국민의 생존권이나 국가의 안전기반마저도 통째로 흔들리는 사태로 확산되게 되었다. 물론 재난 발생시에는 과학적인 방법이나 신속한 방재대책이 필수적이겠지만, 이보다도 더 중요한 것은 사전 예방이나 사후 대책을 긴급하게 수행할 수 있는 주관부처나 책임기관 등을 사전에 명확히 구분해 두는 것이다.

뿐만 아니라, 이러한 대형 재난을 전후하여 대 국민 재난 홍보 활동도 적극적으로 전개하여 국민 소통을 활성화해야 할 것이다. 왜냐하면, 2008년 '광우병 괴담'이나 2010년 '천안함 침몰 사건' 등에서도 보았듯이, 방재대책을 아무리 세운다 하더라도, 재난 발생 자체를 국민에게 신속하게 전달하지 못하면 불신이나 더 많은 피해로 사회갈등을 야기할 수 있기 때문이다.

따라서 관계부처는 재난 발생시 그 피해 상황을 우선 국민들에게 신속·정확하게 있는 그대로 전달하는 일이 중요하다. 특히, 범정부적인 차원에서 재난정보를 공유하고 통합할 수 있는 재난대응 시스템을 구축하는 것도 이 시점에서는 무엇보다 가장 시급한 정책과제다.

(3) 언론사의 재난보도에 대한 문제점

재난 발생시 언론사들의 신속한 재난보도는 국민들의 생명과 재산을 지키는 데 중요한 역할을 하고 있다. 그럼에도 불구하고 우리나라 언론사들의 재난보도 대응시스템의 불비나 늑장보도 등은 상당히 심각한 수준이라고 하겠다. KBS의 경우는 재난방송 주관 방송사이긴 하지만, 일본 NHK의 '기상 재해센터' 같이 재난방송에 관련된 독립된 조직이나 예산, 전문 인력 등은 부족하기 때문에 재난방송에 상당히 어려움을 겪고 있다. 따라서 재난방송 시스템에 대해서는 범정부적인 차원의 대책이 시급한 실정이다.

게다가, MBC, SBS, YTN, SkyLife, DMB(지상파 위성 포함), 케이블 TV 등의 지상파방송사도 마찬가지로 재난 관련 전문 인력이나 예산, 조직 등은 매우 불충분한 상태다. 재난 발생시 보도기관은 공적 기관으로 국민의 생명과 재산을 최우선으로 보호해야 할 사회적 책임과 의무가 있다. 그럼에도 불구하고 언론사들은 다음과 같이 늑장보도나 대응 미숙 등의 행태를 드러냈으며, 이는 국민들로부터 많은 비난을 받아 사회적으로 문제가 되기도 했다.

〈2000년대 들어서 재난보도가 문제가 된 사례〉

- 2003년 2월 '대구 지하철 화재사건' 늑장보도
- 2003년 9월 태풍 '매미' 발생 시 늑장보도
- 2004년 3월 '후쿠오카 지진발생' 늑장보도
- 2004년 6월 이라크 '김선일씨 피살사건' 선정보도
- 2005년 4월 '낙산사 전소 화재사건' 선정 및 늑장보도
- 2005년 12월 '폭설보도' 무대책 늑장보도
- 2006년 7월 태풍 '에위니아' 늑장보도
- 2007년 7월 '아프가니스탄 인질보도' 선정 및 늑장보도, 김만복 국정원장의 언론 노출문제
- 2007년 12월 '허베이 스피리드호 기름유출 사건' 늑장 및 재난보도 전문성 부재
- 2008년 1월 '이천 화재 참사' 선정보도 및 차별보도, 전문성 부재
- 2008년 2월 '숭례문 방화사건' 늑장보도 및 전문성 부재
- 2008년 4월 '김제 AI발생' 재난 홍보 실패로 전국 확산(제주도 제외)
- 2008년 5월 3일 전남여수 '국가산업단지 2초 정전'에 200억 손실 늑장보도
- 2008년 5월 4일 '광우병 괴담' 어느 재수생의 문자 메시지 허위보도
- 2009년 1월 20일 '용산 참사사건' 같은 사회적 갈등 사건에 대한 전문성 부족
- 2009년 11월 14일 '부산 실내 사격장 폭발사고' 같은 안전 불감증이 가져온 사건
- 2010년 3월 26일 '백령도 천안함 침몰참사' 사건의 재난보도와 사회적 갈등

이상 여러 사례에서도 보았듯이 위기 관리 매뉴얼이 부재한 보도, 늑장보도, 선정적 보도, 전문성이 부족한 보도가 나타남으로 인해 국민의 생명과 재산 손실은 물론, 인권침해, 국가정보나 개인 프라이버시의 과도한 노출 등이 발생함으로써 사회적으로 위기관리에 큰 문제가 제기되고 있다.

3. 재난 유형별 주관부처와 대응방향

2010년 5월 「재난 및 안전관리기본법」이 일부 개정됨에 따라 행정안전부는 이제 재난 홍보에 상당한 행정력을 집중해야 할 것으로 보인다. 뿐만 아니라, '2005 국가안전관리 기본계획 수립지침'이나 '재난 홍보시스템 강화방안 연구'(2008)에 의하면 다음과 같이 재난도 유형별로 해당 주관부처가 전담해서 관리해야 할 것이다. 재난의 유형은 크게 풍수해와 같은 자연재해와 재난, 국가기반체계 마비 등으로 나누어서 대응하게 되었다.

1) 재난 유형별 주관부처 및 지원 부처(2005 국가안전관리 기본계획 수립지침 및 2008 재난 홍보시스템 강화방안 연구 참조)

① 주관부처는 당해 재난유형별 「국가안전관리기본계획」을 총괄하여 종합적으로 작성

② 지원부처는 재난유형별 소관 지원대책과 자체 공공시설(외청과 소속 및 산하기관 포함)에 대한 「국가안전관리기본계획」을 '해당 유형별 또는 16개 재난 유형을 총괄'하여 작성

③ 법에 규정된 16개 재난분야에 포함되지 않았으나, 각 부처별로 소관사무 중 수립하여야 할 중요 재난대책과 해외재난 대책은 「17. 기타대책」분야로 분류

- 예) 폭염, SARS, 조류독감 등

④ 국가기반보호대책은 기본법 제 3 조 다 목에서 규정한 에너지 · 통신 · 교통 · 금융 · 수도 등의 마비와 전염병 확산피해에 관한 대책으로

(ⅰ) 파업 등 사회적 갈등과 자연적 · 인위적 재난, 테러 등에 의해 발생할 수 있는 국가기반체계 마비 등으로 분류

• 표 4-7 •

<table>
<tr><th colspan="2">재난유형</th><th>주관부처</th><th colspan="2">재난유형</th><th>주관부처</th></tr>
<tr><td rowspan="5">자연재난</td><td>1. 풍수해대책</td><td>소방방재청</td><td rowspan="7">인적재난</td><td>10. 방사능방재대책</td><td>과학기술부</td></tr>
<tr><td>2. 설해대책</td><td>〃</td><td>11. 전기 · 유류 · 가스재난대책</td><td>산업자원부</td></tr>
<tr><td>3. 가뭄재난대책</td><td>〃</td><td>12. 폭발 · 대형 화재대책</td><td>소방방재청</td></tr>
<tr><td>4. 지진재난대책</td><td>〃</td><td rowspan="2">13. 건축물 · 통신등 시설물재난대책</td><td rowspan="2">국토해양부, 정보통신부, 소방방재청</td></tr>
<tr><td>5. 해일대책</td><td>〃</td></tr>
<tr><td rowspan="4">인적재난</td><td>6. 항공재난대책</td><td>국토해양부</td><td>14. 독극물 · 환경 오염사고대책</td><td>환경부</td></tr>
<tr><td>7. 철도재난대책</td><td>〃</td><td>15. 산업재난대책</td><td>산업자원부</td></tr>
<tr><td>8. 도로재난대책</td><td>〃</td><td colspan="2">16. 국가기반체계 보호대책</td><td>아래 표 참조</td></tr>
<tr><td>9. 해상재난대책</td><td>국토해양부</td><td colspan="2">17. 기타대책</td><td></td></tr>
</table>

※ 지원부처 : 유형별 주관부처 이외의 모든 중앙부처 · 청

(ii) 일반적인 경우는 개별 분야(6. 항공, 7. 철도, 8. 도로, 9. 해상, 10. 방사능, 11. 전기 · 유류 · 가스, 13. 통신, 16. 산업재난)로 분류

(iii) 전국적인 시스템에 영향을 미치는 경우는 국가기반보호대책분야로 분류

2) 재난유형과 담당 주관부처(재난 홍보시스템 강화방안 연구)[79)]

• 표 4-8 •

분야	재난 유형	주무 부처	관련 부처
재난 (12)	풍수해 재난	소방방재청	국방부, 농림부, 환경부, 국토부, 경찰청
	지진 재난	소방방재청	국방부, 고용노동부, 농림부, 환경부, 국토부
	산불 재난	산림청	국방부, 농림부, 경찰청, 방재청, 문화재청
	고속철도 대형사고	국토해양부	국방부, 방재청, 경찰청
	다중밀집시설 대형사고	소방방재청	국방부, 복지부, 지경부, 국토부, 교과부
	대규모 환경오염	환경부	국방부, 국토해양부, 방재청, 해경청
	화학 유해물질 유출 사고	환경/노동부 /지식경제부	방재청, 국방부, 경찰청
	댐 붕괴	국토해양부	지경부, 국방부, 방재청 경찰청
	지하철 대형 화재사고	국토해양부	국방부, 방재청, 경찰청
	공동구 재난	국토해양부	지경부, 방통위, 환경부, 행안부, 국방부
	전염병	보건복지가족부	외교부, 법무부, 교육부, 국방부, 행안부
	가축질병	농림수산식품부	외교부, 행안부, 복지부, 국방부, 경찰청
국가 기반 (8)	전 력	지식경제부	교과부, 고용노동부, 행안부, 국방부, 경찰청
	원유 수급	지식경제부	외교부, 행안부, 국토부, 경찰청, 해양경찰청

79) 2005 국가안전관리 기본계획 수립지침; 이 연, 『재난 홍보시스템 강화방안 연구』, 행정안전부, 2008년, pp. 30～34.

	원전 안전	교육과학/ 지식경제	국방부, 행안부, 복지부, 경찰청, 방재청
	금융 전산	금융위원회	행안부, 고용노동부, 경찰청
	육상 화물운송	국토해양부	국방부, 행안부, 고용노동부, 지경부, 경찰청
	식·용수	국토해양/환경부	행안부, 국방부, 방재청
	보건의료	보건복지가족부	고용노동부, 행안부, 국방부, 교육부, 경찰청
	정보통신	방송통신위원회	행안부, 국방부, 고용노동부, 경찰청
안보 (1)	소요폭동	경찰청	국가정보원, 국방부, 방재청, 경찰청

《참 고》 분야별 주요 착안사항

[풍 수 해]

- ○ 방재시설의 점검·정비(부처·청 공통)
- ○ 방재정보의 보급 및 방재훈련의 실시(부처·청 공통)
- ○ 수방자재, 구호·방역물자의 비축관리 및 응급복구용 장비의 사전지정(부처·청 공통)
- ○ 풍수해대책에 관한 연구(부처·청 공통)
- ○ 피난장소 지정 및 피난시설·설비 정비(교육과학부, 소방방재청)
- ○ 정보의 수집·연락체제 정비(소방방재청)
- ○ 백중사리 예방대책(국토해양부, 농림부, 소방방재청)
- ○ 주민의 피난유도체계(교육과학부, 국토해양부, 경찰청, 소방방재청, 해양경찰청)
- ○ 이재민의 생활재건 등의 지원(보건복지가족부, 기획경제부, 소방방재청)

[설 해]

- ○ 건축물 등 시설물의 안전성 확보(부처·청 공통)
- ○ 종합적 예방대책(소방방재청, 국토해양부, 농림수산식품부, 산림청)
- ○ 폭설시의 주요 교통·통신기능 강화(소방방재청, 국토해양부, 경찰청)

○ 제설체제의 정비(소방방재청, 국토해양부)
○ 설해정보의 수집 · 분석 · 연락체제의 정비(소방방재청, 국토해양부)
○ 설해에 대한 방재영농의 촉진(농림수산식품부)
○ 설해방재지식의 홍보와 교육(소방방재청, 문화체육관광부, 경찰청)
○ 예측, 관측시설의 정비 및 보강(기상청)
○ 피난유도체제(소방방재청, 국방부, 경찰청)
○ 긴급수송 및 응급활동관계(소방방재청, 국토해양부)
○ 이재민들에게 정확한 정보전달활동(소방방재청, 문화체육관광부, 기상청)
○ 피해 시설 및 농작물에 대한 복구비 지원대책(부처 · 청 공통)
○ 설해대책에 관한 방재기술의 연구개발, 상습설해지역의 대책마련(부처 · 청 공통)
○ 기업 및 시민의 제설작업의 촉진(소방방재청)

[가 뭄]

○ 지하수 개발 및 관리(환경부, 농림수산식품부, 소방방재청)
○ 상습가뭄지역에 대한 중 · 장기계획 수립(환경부, 국토해양부, 농림수산식품부, 소방방재청)
○ 상습가뭄지역에 대한 특별대책 수립(환경부, 농림수산식품부, 소방방재청)
○ 가뭄상황관리(부처 · 청 공통)
○ 범국민적 절수운동 전개 등 대국민 홍보(부처 · 청 공통)
○ 긴급식수원 확보(소방방재청, 환경부, 농림수산식품부)
○ 가뭄발생지역 긴급 용수원 개발 추진(소방방재청, 환경부, 농림수산식품부)
○ 피해 농작물에 대한 복구비 지원대책(농림수산식품부)
○ 가뭄 · 한해장비 구입 및 시설비 등의 지원대책(소방방재청, 환경부, 농림수산식품부)
○ 가뭄 · 한해농가의 생계안정과 경영유지를 위한 지원대책(소방방재청, 환경부, 농림수산식품부)

[지 진]

○ 구조물 · 시설물 등의 지진에 대한 안전성 확보(부처 · 청 공통)
  - 도시기반시설, 국민생활필수시설, 방재시설 등의 내진성 확보
  - 시설물 내진설계 기준제정, 내진설계 대상시설물 선정 포함

○ 보유시설, 설비에 대한 대체에너지 시스템의 확보(부처 · 청 공통)
○ 위험시설의 안전 확보(부처 · 청 공통)
○ 구조물시설의 액상화 방지대책(부처 · 청 공통)
○ 지진에 의한 도시방재 계획(부처 · 청 공통)
- 국가중추기능 수행을 위한 수도권의 방재구조화
- 공원, 1차 피난장소의 확보, 건축물의 낙하 물 대책
○ 방재훈련의 실시와 사후평가(부처 · 청 공통)
○ 지진방재지식의 보급(부처 · 청 공통)
○ 지진발생 및 지진방재에 관한 연구의 추진(부처 · 청 공통)
- 지진방재에 관한 기술개발 및 선진방재정책 연구, 자료 집적, 지진관측연구, 행동 매뉴얼 개발
○ 긴급수송 수단의 확보(소방방재청, 국토해양부, 경찰청)
- 도로교통시설의 내진성 확보와 재해시 도로교통 관리체제 정비
- 교통통제지역의 차량운전자에 대한 안전운전 의무사항 홍보
○ 피난장소의 정비(소방방재청, 교육과학기술부, 보건복지가족부부, 행정안전부)
- 피난장소의 지정, 피난장소에서 저수조, 우물, 임시화장실, 통신기기 등 시설 · 설비의 정비
○ 식료품 · 음료수 및 생활필수품 등의 조달, 공급활동(소방방재청, 환경부, 보건복지가족부)
○ 구조 · 구급차 등 응급조치를 위한 구급구조용 기자재 정비(소방방재청, 국방부, 경찰청)
○ 진화활동(소방방재청, 국방부, 경찰청)
- 소방펌프자동차 등의 소방용 기계 · 기자재의 정비 촉진
○ 통신수단의 확보(방송통신위원회)
- 정보통신시설의 내진성의 강화 및 정전대책, 정보통신시설의 위험분산대책, 디지털화의 촉진 등에 의한 방재대책의 추진
○ 방재관계기관 상호간의 지원체제 확립(부처 · 청 공통)
○ 2차 피해 방지대책(부처 · 청 공통)
- 여진에 의한 건축물 등의 붕괴에 따른 응급위험도 판정 및 응급조치, 2차 피해대책강구, 피난대책
○ 피해자 등의 생활재건의 지원(소방방재청, 기획경제부, 보건복지부)

- 세금에 관한 기한의 연장, 징수유예 및 감면, 국민건강보험제도 등에 있어서의 의료비부담의 감면 및 보험료 감면

[해 일]

○ 지진해일에 대비한 항만시설 및 구조물의 안전성 대책(소방방재청, 국토해양부, 해양수산부, 농림수산식품부)
- 지진해일에 의한 피해의 염려가 있는 지역에서 구조물, 시설 등을 정비하는 경우 해일에 대한 안전성 배려

○ 피난대책의 정비(소방방재청, 교육과학기술부)
- 해일위험 예상지역에 있어서의 해일에 대한 피난장소, 피난 로의 정비
- 해일의 위험이나 피난방법 등에 대한 교육 및 홍보

○ 해일예보의 신속한 발표와 전달을 위한 대비(소방방재청, 국토해양부, 기상청, 해양경찰청)
- 신속한 해일예보의 실시를 위한 지진 및 해일 관측, 해석, 통신체제의 정비

3) 국가기반체계 보호대책분야

• 표 4-9 • 국가기반체계 보호영역(유형1~5)[80)]

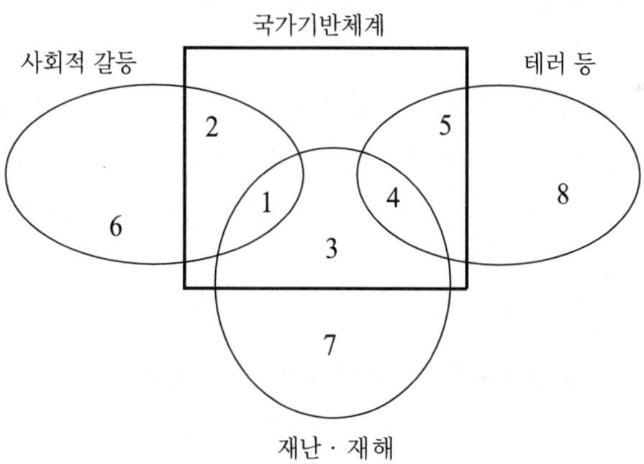

80) 2005 국가안전관리 기본계획 수립지침 참조.

유형1 : 사회적 갈등이 격화되어 국가기반체계의 손괴 및 재난발생
유형2 : 파업 스트라이크 등 시위대에 의한 국가기반 점거 및 방해 상태 등(화물연대파업 등)
유형3 : 재난 · 재해가 극심하여 국가기반체계의 파괴나 마비상태(태풍, 폭설, 지진 등)
유형4 : 테러나 폭발 등의 재난형태로 국가기반의 손괴 상태 등
유형5 : 테러집단이 국가기반 점거나 농성
유형6 : 개별 사업장 및 특정지역에 국한되는 파업 · 시위
유형7 : 특정 시설 · 지역에 영향이 국한되는 재난 · 재해
유형8 : 인질 납치 등 특정 장소 · 사람에 국한되어 발생하는 테러
※ 국가기반체계보호분야는 유형 1~유형 5에 해당

4) 주관부처별 역할 구분

○ 에너지(전기 · 석유 · 가스 · 전력)분야 시스템 마비 및 운영 중지 · 수급문제 등으로 에너지 공급 · 유통이 중단되거나 차질을 가져오는 상황

- 주관⇒산업자원부, 유관기관 → 과학기술부 · 국방부 · 행정안전부 · 기획재정부 · 고용노동부 등

○ 식 · 용수(댐 · 저수지, 식 · 용수처리 · 급수관 등)분야 시스템 마비 및 운영중단 상황 등

- 주관⇒용수/국토해양부 · 식수/환경부, 유관기관 → 국방부 · 행정안전부 · 고용노동부 · 경찰청 등

○ 보건 · 의료(병원 · 약국 · 의약품제조 · 질병관리 등)분야 서비스 · 운영중단

- 주관 ⇒보건복지부, 유관기관 → 국방부 · 고용노동부 등

○ 정보 · 통신(유 · 무선 · 통신 · 우편 · 방송 등)분야 기능마비 또는 공공서비스 제공중단 등

※ 단 사이버는 제외

- 주관 ⇒ 방송통신위원회, 유관기관 → 국방부 · 행정안전부 · 지식경제부 · 고용노동부 등

○ 금융(은행 · 증권/전산망 등)분야 전산망 운영 중단, 서비스 마비 등

- 주관 ⇒ 기획재정부 · 금융감독위원회, 유관기관 → 행정안전부 · 방송통신위원회 · 고용노동부 · 경찰청 등

○ 교통 · 수송(육상 · 항공 · 해운시스템과 도로 · 철도 · 지하철 · 공항 · 항만

등)분야 시스템·기능 마비 및 운영중단 상황

- 주관 ⇒ 국토해양부, 유관기관 → 국방부·행정안전부·고용노동부·경찰청 등

ㅇ 원자력(방사선 폐기·핵연료주기시설·방사선 동위원소 취급시설)분야 안전시스템 마비 등에 따른 방사능 유출 상황

- 주관 ⇒ 지식경제부·교육과학기술부, 유관기관 → 국방부·행정안전부 등

ㅇ 주요산업단지(국가산업·지방산업 및 자유무역지역)분야 기능 저하 및 안전에 중대한 영향이 가해지는 상황

- 주관 ⇒ 지식경제부, 유관기관 → 국방부·소방방재청·고용노동부·경찰청 등

ㅇ 건설·환경(건설공사·쓰레기 등)분야 운영중단 및 시스템마비 상황

- 주관 ⇒ 국토해양부, 유관기관 → 행정안전부·고용노동부 등

ㅇ 기타 (해당소관 국가기반재난사항)분야

※ 통합지원 및 국가기반보호 종합상황실 운영

- 주관 ⇒ 행정안전부, 유관기관 → 기획재정부·법무부·국토해양부·지식경제부·비기위·고용노동부·농림수산식품부·기획재정부·환경부·방송통신위원회·보건복지부·여성가족부·해양경찰청·국정원·경찰청·소방방재청·산림청 기타 재난관리책임기관 등

5) 가타 재난분야

- 기획재정부 : 금융·세제·재정지원 대책
- 교육과학기술부 : 어린이안전종합대책, 시설물안전교육, 어린이교통안전대책
- 통일부 : 북한방문자 체류, 인도적 구호물자 수송, 경수로 사업
- 외교통상부 : 재외국민보호대책, SARS·조류독감, 신종인플루엔자 등 국제적 재난 대책
- 법무부 : 국가적 재난지원 대책, 테러 관련 출입국 대책
- 국방부 : 자체위험시설, 국가적 재난지원 태세, 탐색구조지원
- 행정안전부 : 국가재난기반체계보호분야, 교통관리(경찰청)

- 교육과학기술부 : 방사능방재 대책 등
- 문체부 : 유원시설, 청소년수련시설, 레저스포츠 종목, 다중문화이용시설
- 농림수산식품부 : 가축방역, 수리시설, 방조제 안전관리, 산불방지(산림청)
- 지식산업부 : 전기 · 가스 · 유류, 광산, 열에너지, 공단시설, 승강기관리 등
- 방송통신위원회 : 통신망안전대책, 긴급통신관리체계 구축, 시스템고도화 등
- 보건복지부 : 전염병대책(SARS 등), 조류독감, 신종인플루엔자, 생물테러대비 등
- 환경부 : 환경(대기, 폐기물, 상수원, 유해물질, 토양) 오염사고 예방
- 노동부 : 취약 업종별 관리대책, 재해사업 장기근로자 지원대책
- 국토해양부 : 건설 · 교통(도로, 철도, 지하철, 항공)분야의 관리, 해양(해운, 항만, 선박, 수난구조 포함) 안전관리 등
- 소방방재청 : 안전문화운동, 유도선, 소방, 자연재난 등
- 기상청 : 방재기상(태풍, 호우, 폭풍 등) 관련 사항

※ 이외에도 중앙부처별 소관 중요 재난대책 발굴 · 수립

제 4 절 국가적인 재난발생과 위기관리 사례연구

1. '허베이 스피리트호의 기름유출사건'[81)]

1) 재난보도의 문제제기

2007년 12월 7일 오전 7시 6분경 충남 태안 해역에서 삼성중공업 소속 해상 크레인 예인선이 유조선 '허베이 스피리트호(홍콩선적)'를 들이받아 수조원

81) 일반적으로 선박에 의한 기름 유출사고의 경우는 대체로 사고 선박의 이름을 따서 명명하는 것이 보통이다. 예를 들면, '씨 프린스호 기름유출사건' 등이다. 그러나 '허베이 스피리트호 기름유출사건'의 경우는 언론들이 초기 단계에서 '태안반도 기름유출 사고', '태안군 기름유출사고', '태안 앞바다 원유유출사고' 등으로 잘못 명명해 보도하게 되었다. 그 결과 소비자들에게는 태안산 건어물이나 수산물은 모두가 오염된 것 같이 비쳐져 소비자들이 외면하게 되었다. 심지어는 훨씬 이전에 생산한 수산물도 오염 물질로 소비자들에게

대의 피해를 입힌 국내 최대의 원유 유출 사고가 일어났다. 사고발생 2년이 경과한 2009년 12월 7일 현재까지도 당국은 피해 보상은커녕 사고 원인조차도 정확하게 밝혀 내지 못한 상태다. 뿐만 아니라, 태안군 피해지역 6개 시·군 어민들 중에는 어업 중단으로 인한 생계 위협으로 세 사람이나 자살하기도 했다.[82] 그럼에도 불구하고 사건 수사를 맡은 검찰은 명확한 원인 규명은 뒤로한 채 가해자인 삼성중공업과 유조선 측의 쌍방과실로 기소하기에 이른다. 이미 사고 발생 후 2년이 지났음에도 불구하고 가해자 측으로부터의 피해 주민에 대한 아무런 사과나 배상에 대한 의견 표명이 없어서 피해 주민들이 격앙되기도 했다. 2007년 사고발생 이후 47일 만인 1월 21일에서야 삼성중공업 측의 간단한 대 국민 사과문 발표가 전부일 정도였다. 이와 같이 사고발생 2년이나 경과했음에도 불구하고 가해자 처벌은 물론, 피해보상이나 배상 문제가 아직까지 무엇하나 시원하게 해결된 게 없다. 이것은 결과적으로 적절하게 대응하지 못한 관계 당국의 책임과 함께 이를 제대로 보도하지 못한 언론의 책임 또한 크다고 하겠다.

재난보도에서 가장 기본적인 보도태도는 '국민의 생명과 재산 지키는 데 최우선해야 한다.' 즉 재난보도는 피해자의 입장에서 피해자 중심의 재난보도가 그 기본적인 준칙이다. 그럼에도 불구하고 이번 허베이 스피리트호 기름유출 사건의 언론보도는 피해자 중심의 보도가 아니라, 시청자나 독자 중심의 보도로 일관되었다고 하겠다. 이러한 재난보도 태도는 재난발생에 분노하는 시

각인되어 이 지역 어민들은 엄청난 피해를 보게 되었다. 뿐만 아니라, 태안군 지역 주민 전체가 마치 기름으로 오염된 지역에 사는 것 같은 이미지로 형상화되어 마치 '홈 리스' 처럼 가엾은 존재로 인식돼 엄청난 피해를 입게 되었다.

82) 『서울경제』, 2010년 5월 12일자. 태안 원유유출 사건 이후 2년 6개월이 지났는데 피해어민 10만명 가운데 네 사람의 자살자가 나왔다. 2008년에 세 사람이 자살했고 그리고 네 번째 사람이 지난 2010년 2월 26일 성정배씨가 자살했다. 이 분은 전 어민 대책 위원장이고 그 자신이 전복 양식장을 경영하던 분이다.

12일 서울중앙지법에 따르면 태안에서 양식업과 횟집 등을 운영하다 자살한 어민 네 명의 유족들이 국가와 삼성중공업·허베이스피리트 선박주식회사를 상대로 각 5억 원씩 총 20억 원의 위자료 청구소송을 제기했다. 이들은 "양식업·어업·요식업에 종사하던 주민들로 아무런 잘못 없이 하루아침에 날벼락 맞듯이 발생한 기름유출로 생활기반을 상실했고 책임있는 국가와 삼성 등이 생계터전의 복원과 피해배상에 무책임한 태도로 일관한 데 통분해 스스로 생명을 끊었다"며 "피고들이 유효한 대처를 했다면 선박충돌 예방과 기름유출 확산을 방지할 수 있었음에도 이들의 무책임으로 대재앙이 초래됐다"고 주장했다고 한다.

청자들이나 독자들에게는 어느 정도 카타르시스가 될지는 몰라도 격앙되고 분통터지는 어민들의 심정을 위로하는 데는 거리가 멀었다. 따라서 본고는 허베이 스피리트호 기름유출사고를 둘러싼 재난보도의 문제점을 지적하고 개선책을 제시해 보고자 한다.

2) 재난정보와 매스 미디어

(1) 재난발생과 매스 미디어

2000년대 들어 세계 도처에서는 테러나 대형 재해·재난 사고가 빈번하게 일어나고 있다. 이러한 대형 재난사고가 일어날 때마다 우리들에게 신속하게 재난정보를 전해 주는 것이 언론이다. 그러나 언론은 평소에는 우리들의 생활에 필요한 생활정보를 제공하지만, 일단 재난이 발생하게 되면 '국민의 생명과 재산을 지키는 일'에 충실하게 된다. 특히, 현대사회는 온난화 현상에 의한 기후 이변 등으로 각종 재해·재난이 빈발하고 있어 그 어느 때보다도 재난보도의 중요성이 절실하다고 하겠다.

재난발생시 언론의 역할은 재난피해를 최소화시키는 것이 가장 중요한 임무다. 즉, 재난발생 이전에는 ① 재난을 예방하는 방재 활동에 주력하고, ② 재난이 일어나면 재난발생 사실을 주민들에게 알리는 일에 최신을 다해야 한다. ③ 또, 재난발생 이후에는 복구와 부흥(재난 이전 상태보다 더 진전된 모습)에 이르기까지 피해 주민들에게 희망과 용기를 불어넣는 메신저의 역할도 해야 한다. 이와 같이 언론은 재난발생 시에 어떻게 하면 효과적인 재난정보를 신속하게 주민들에게 전달해 그 피해를 최소화할 수 있을까 하는 것이 가장 중요한 관건이 된다.

2004년 새로 제정된 「재난 및 안전관리기본법」 제3조에는 '재난'의 정의를 국민의 생명·신체 및 재산과 국가에 피해를 주거나 줄 수 있는 것으로 규정하고 천재나 인재를 포괄하고 있다. 즉, 태풍이나 홍수·호우·폭풍·해일·폭설·지진 등 자연재해에서 화재나 붕괴·폭발·교통사고·화생방사고·환경오염사고 등 인위적인 사고를 포함하고 있다.[83]

미국의 경우도 부시정권 출범과 동시에 국가재난 및 테러의 개념을 대폭

83) 이 연, 『재난방송 평가기준 마련을 위한 연구』, 방송위원회, 2006년, p. 21.

확대하여 전쟁이나 테러행위까지를 포함해서 새로운 방재전략을 수립했다. 즉, 2001년 9 · 11 테러 이후 재난이나 테러에 대비해 국가조직을 대폭 강화하기 위하여 2003년에 국토안전보장성(Department of Homeland Security)을 신설하고 그 밑에 FEMA를 확대 · 개편하였다. 일본도 2001년 미국의 9 · 11 테러 이후 고이즈미 준이치로(小泉純一郎) 일본 총리는 내각부에 방재시스템을 대폭 강화하였다. 특히 방재대신 자리를 새로 신설하는 등 전 국토를 재해나 테러로부터 신속하게 보호할 수 있도록 하였다.

이제 재난도 사전에 철저히 대비만 잘 한다면 그 피해를 얼마든지 최소화 할 수 있다. 따라서 어떻게 하면 재난발생시 언론을 통해서 '사전 예방'이나 '사후 대응' 등으로 그 피해를 최소화 하도록 할 수 있을까? 또, 어떻게 하면 재난피해를 신속하게 '복구 · 부흥'하게 할 수 있을까'하는 재난정보 전달시스템의 중요성에 대해서 살펴보기로 한다.

(2) 재난발생과 긴급방송

한국에 있어서 긴급방송의 유형은 크게 다음과 같이 5가지로 분류할 수 있다.

① 전쟁이나 제 3 국으로부터의 무력침략이나 공격 등 이에 준하는 긴급사태 발생시

② 지진이나 태풍, 폭우 등 자연재해 등에 의한 풍수해발생시

③ 테러나 대형사건 · 사고에 의한 재난발생시

즉, 테러나 인질, 협박, 폭발물 등에 의한 대형사건 · 사고 발생시, 또, 대형화재나 가스폭발, 독극물 살포, 교량 붕괴, 대형건물 붕괴, 열차사고, 자하철 사고, 원자력 발전소 사고, 정유공장 사고, 각종 화학공장 사고, 해양 사고, 항공기 사고, 지하 갱 매몰사고 등

④ 환경오염이나 자연공해 등으로 인명이나 재산상의 피해가 극심하거나 우려가 있는 경우

대기오염, 해양오염, 수돗물 오염, 식품오염, 오존 경보, 다이옥신 발생, 쓰레기 공해 등

⑤ 급성이나 신종 전염병 등의 급속한 전파 내지는 확산에 따른 인명피해

가 우려 될 때

급성전염병의 확산, 신종 전염병의 발생, 예방이나 치료가 불가능한 신종 전염병, 광우병, 사스, 조류독감(AI), 신종 플루 등 원인 불명의 전염병이나 죽음의 괴질 발생 등

예를 들면, 허베이 시피리트호 기름유출사고의 경우는 제 ④항에 해당될 것으로 본다.

재난발생 시에 긴급 재난방송의 역할은 가장 강력한 위력을 지니게 된다. 즉, 재난방송은 재난현장에 대해서는 가장 속보성이나 광역성(광파성)을 지닌 매체로 그 특성을 유감없이 발휘할 수 있다. 따라서 방송법 제75조에는 KBS를 「재난방송 주관방송사」로 지정하고 있기도 하다.

재난방송의 본질은 재난의 규모나 피해 상황을 신속하게 전달하는 단순한 ① '보도 기능'에만 그치는 것이 아니라, 재난으로 불안에 떨고 있는 국민들을 안심시키는 '행동 정보'나 '안부 정보', '생활 정보' 등을 전달하는 ② '방재기능'도 함께 수행하고 있다. 또, 재난발생의 문제점 등을 심층 보도한다든가 복구나 새로운 건설 등을 꾀하는 ③ '부흥 기능'의 역할도 충실히 수행해야 한다.

재난방송의 기능은 아래의 도표와 같이 크게 세 가지로 분류할 수 있다.[84)]

재난보도에 있어서는 ① '보도의 기능' ② '방재의 기능' ③ '부흥의 기능'이라고 하는 3개의 영역을 잘 균형 있게 보도하는 것이 가장 중요하다. 또한, 이 때는 무엇보다도 보도의 초점을 시청자가 아닌 피해자의 입장에서 보도하는 것이 바람직하다고 하겠다.

재난이 발생하면 일단은 사람들이 생명에 위협을 느낀 나머지 침착하지 못하고 당황하여 우왕좌왕하게 된다. 뿐만 아니라, 온갖 유언비어가 난무하여 같은 집단이나 이웃끼리도 연대하지 못하고 흥분하게 된다. 따라서 재난방송은 재난이 일어나면 ① 피해자들의 생명과 재산 보호에 최선을 다해야 한다. ② 재난정보를 신속·정확하게 파악하여 피해 주민들에게 전달함으로써 그들을 안심시키고 침착하게 행동할 수 있도록 유도할 의무가 있다.

그러나 '허베이 스피리트호 원유유출사건'이나 '이천 화재대참사' 등의 재

84) 이 연, 『위기관리와 매스 미디어』, 학문사, 2007년, p. 292.

• 표 4-10 • **재난방송의 기능**

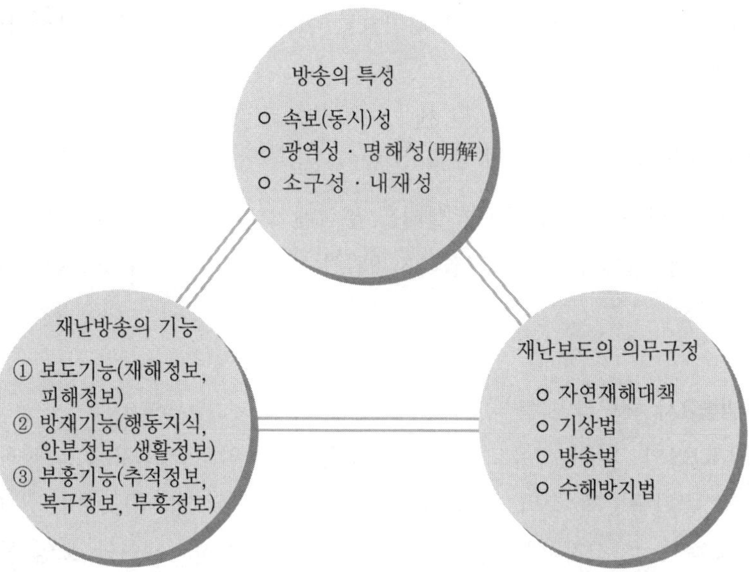

난방송에서 볼 수 있었던 것은 '피해 정보'나 '복구 정보' 전달에만 너무 치중한 나머지, 진정 피해자들이 원하는 '안부 정보'나 '생활 정보'에는 매우 미흡했다고 할 수 있다. 게다가 해양경찰청이나 검찰, 정당, 정부 당국자들이 발표하는 발표저널리즘 보도에만 충실한 나머지 피해 어민들이나 지역 주민들에 대한 생계대책이나 피해보상 등에 관한 보도는 너무 인색했다고 할 수 있다. 또한, 피해 주민들에 대한 보도도 그들이 오열하고 분노하는 장면들만 클로즈업시켜 상업화한 측면이 없지 않았다. 따라서 이번 사건의 초기에는 온통 지역 주민이나 자원봉사자들의 복구 손길 보도만 있었지, 정녕 피해당사자들이나 어민들의 생계보호대책 등에는 매우 인색한 재난보도였다. 즉, 당시는 대통령 선거가 있었기 때문에 이명박, 박근혜. 정동영, 이회창 등 대선 후보자들의 자원봉사 장면이나 전국 각지에서 몰려드는 NGO들의 기름 닦는 장면으로만 도배를 할 정도였다. 결과적으로 이는 NGO들의 복구장면만 과다 노출하였을 뿐, 정년 피해어민들이 절규하는 재난보도는 소홀히 해 완전 주객이 전도된 균형 잃은 재난보도였다. 그 결과 사건발생 2년 6개월이 지나도 피해보상 문제가 제대로 해결이 되지 않자 2010년 2월 27일에는 태안 거주 피해어민보상위원회 소속 성정배씨가 자살하는 등 이 사건으로 인해 벌써 네 번째나 자살희생자가 발생하게 되었다.

(3) 재난방송과 헤드라인 분석

실제로 방송 3사 헤드라인 실태를 분석해 보면 다음과 같다, 다음은 12월 7일 재난발생 당일에서부터 14일까지 8일간 재난보도 헤드라인을 분석한 내용이다.

〈방송3사 헤드라인 분석〉

① KBS의 경우는 "유조선 크레인 충돌 … 최악의 기름유출", "피해 최소화 총력", "기름방제 총력 … 인력 장비 태부족", "유조선 곳곳 '구멍' 아직도 기름 '줄줄'", "양식장 백사장 '기름 뻘'어민 '망연자실'", "연안 오염 물적 피해 '상상초월'", "국내유일 해상국립공원 훼손심각", "복구 작업 본격화 인력확보 시급", "유출기름 봉쇄 … 사고원인 조사", "끝 없는 검은 파도 피해지역 확산", "죽음의 가의도 … 마을 기름 범벅", "제구실 못하는 '최첨단 방제장비'", "자원봉사자 주민들, 두통 메스꺼움 호소, 빠른 조류에 속수무책 … 피해 어디까지", "아직도 검은 바다 기름띠 안면도까지 위협, 기름유출 6일째 … 어민들 시름가득", "잔류기름 어디로, 오일볼 2차 피해 우려", "흡착포 '바닥' … 방제장비 턱없이 부족, 풍랑과의 사투, 안면도를 지켜라", "방제작업 일주일째 '죽어가는 갯벌'", "타르 볼 비상", "태안으로 태안으로 구호인력 10만 육박", "100만 명의 기적 태안바다를 살립시다."(보도특집), "보상금 어떻게 받을까?" "복구하는 것이 아니라 못한다." "냄새가 나서 망막(오열하는 장면)", "주민들의 절규 장면", "기름 띠 씻는 모습(자원봉사자)", "기름덩이 뜨는 장면 몇 번이고 반복하는 화면", "해안경찰 담당관의 방재대책 인터뷰", "태안군청 상황실장의 인터뷰", "주민들의 라면 먹는 모습", "급식장면", "대선 주자들의 자원봉사 모습", "유명무실한 방재 매뉴얼", "재앙이 사라지고 새싹이 튼다.", "생계비 언제 지급될지 분통 터뜨린다." 등.

② MBC는 "태안 앞바다 유조선 충돌", "최악의 피해지역, 방제선 기름과의 사투", "기름띠 어디까지 확산되나", "도마 위에 선 국가 방제능력", "르포-죽음의 섬", "피해실태 나흘째 방제 사투", "천수만 안면도 뚫렸다", "허술한 전시성 방제 + 어민들 분노", "안면도 비상 … 초토화된 갯벌", "바닷가에 바닷물이 없다", "기름띠에 멍든 동심", "피해구제 방업 없다", 안면도 뚫렸다", 방제 총력전", "방제 백태", "방제 시스템 무엇이 문제인가", "시커먼 기름띠의 위협 … 가로림만을", "육지 양식장도 오염됐다", "방제작업에 유화제 마구잡이", "서해안 전체가 오염지역", "기름 못 막으면 다 죽는다, 안면도", "검은 바다 위성포착", "만리포 해수욕장 시커먼 모래 화면", "무료 봉사자들의 버스 장면", "검은 띠도 물리치다(사고 10일 만에)", "외국인들 NGO의 인터뷰", "닦아도 닦아도 끊임없이 밀려오는 기름 띠", "대선 주자들의 자원봉사 장면", "태안서 사라진 바닷새", "목숨 걸고 사수 가로림도 기름띠" 등.

③ SBS는 "검게 물든 바다 사상 최악의 기름유출사고", "유조선 조심, 호출 무시했다 방심이 부른 인재", "작은 구멍에도 기름 '콸콸'", "온통 기름 범벅 … 검은 바다에 재난사태 선포", "청정 해역을 덮친 시커먼 기름, 죽음의 만리포", "태안반도 어민들에 직격탄", "초기 대처 미흡했다 … 대규모방제", "기름과의 사투 원유제거에 최소 한 달", "태안 일대 양식장 초토화 … 3년 농사 망쳤다", "갯벌을 뒤덮은 검은 재앙", "무선 교신 했나 안 했나", "초등학생 인터뷰(박슬이)", "초등생 그네 타는 모습, 엄마랑 아바랑 모두 기름 띠 제거로 어린이들이 늦게 귀가", "검은 재앙 검은 눈물", "검은 기름 덩어리, 크레인 등 사고 시뮬레이션", "변호사 인터뷰(징벌적 손해배상제도 우리나라에는 없다)", "원유 12000톤 유출", "그것이 알고 싶다", "예상을 잘못 했다(기름 띠 36시간 만에 안면도)", "청정 해수욕장 검은 기름 띠", "피해지역 주민, 이것 다 죽 는다", "자원봉사 끝도 없다", "피해어민/강희만/46(맨손 어업종사자), 폐교 막기 위해 이사", "맨손 어업은 보상받기 힘들다", "도시에서 고향인 횟집으로 이사(식당운영자 인터뷰)", "세계 5대 갯벌 태안국립공원" 등이다.

앞의 헤드라인에서도 보았듯이 이번 "허베이 스피리트호" 보도에서 볼 수 있었던 것은 표면적인 ① '피해 정보'나 ③ '복구 정보'에만 치중한 나머지, 진정으로 피해자들이 원하는 어민들을 위한 ② '안부 정보'나 '생활 정보' 보급에는 매우 미흡했다. 게다가 해양경찰청이나 검찰, 정부 당국자 등이 발표하는 발표보도에만 치중한 나머지 피해민들을 위한 정확한 피해 집계나 통계, 그리고 피해보상 등 실제로 어민들에게 절박한 생계대책 등에 관한 보도에는 매우 인색했다고 하겠다. 뿐만 아니라, 피해 주민들이 오열하고 분노하는 장면들만 영상으로 클로즈업시켜 상업화시켰다는 비난도 없지 않았다. 이번 태안사건의 초기 보도태도는 지역주민이나 자원봉사자들의 복구손길에 대한 영상보도는 넘쳐났지만, 재난발생 원인 규명이나 보상・복구 등의 대책에 대한 구체적인 추적보도는 매우 인색했다. 결과적으로, 전국에서 몰려드는 NGO들의 기름 닦는 장면만 도배를 한 균형 잃은 재난보도였다.

마지막으로 언어의 선택 또한 아주 자극적이다. 예를 들면, "최악의 기름유출", "장비 태부족", "망연자실", ""상상초월", "훼손심각", "풍랑과의 사투", "죽어가는 갯벌", "복구하는 것이 아니라 못한다." "오열하는 장면", "절규 장면", "죽음의 섬", "기름띠에 멍든 동심", "서해안 전체가 오염지역", "기름 못 막으면 다 죽는다.", "목숨 걸고 사수", "양식장 초토화", "검은 재앙 검은 눈물", "피해지역 주민, 다 죽 는다." 등으로 언어의 선택에 있어서도 너무 자극적이고 극단적이었다. 한마디로 허베이 스피리트호 기름유출 재난보도는 진정한 의미에서 재난은 있어도 재난보도는 없었다고 하겠다.

(4) 신문과 재난보도

방송사뿐만 아니라, 신문사도 방재기관이다. 따라서 신문사도 재난발생 시에는 방제기관으로서의 그 사명을 다해야 한다. 신문은 재난발생시 속보와 상세보를 그 사명으로 삼아야 한다. 또 나아가서는 신문사 사원이나 가족들의 안전망 확보와 함께 '판매망 구축'이라고 하는 재난발발 시 신문보급의 대 원칙을 세워둬야 한다. 일본의 신문사 중에서 방재계획을 가장 잘 세운 신문사는 아마 요미우리 신문(讀賣新聞)일 것이다. 요미우리 신문은 도쿄의 한 중심가인 오테마치(大手町)에 위치하고 있기 때문에 더욱 더 치밀한 계획을 세우고 있다. 그것은 지난 1923년 관동대지진 당시 분화구였던 카스미가세키(霞ケ關)의 히비야(日比谷) 공원이 바로 인접해있기 때문이기도 하다.[85)]

85) 이 연, 『위기관리와 커뮤니케이션』, 학문사, 2003년, p. 279.

요미우리는 이러한 방침을 근거로 사장을 위원장으로 하는 "방재대책위원회"를 상설하고 "부위원장"에는 부사장 겸 편집주간과 부사장 겸 영업주간, 또 전무, 사장실 실장, 전국편집장, 역원(논설위원, 이사) 등을 위원으로 구성하여 "재해대책본부"를 가동하게 된다.

방재대책위원회 밑에는 총무, 신문 발행, 통신 시스템, 판매점, 시설, 사회공헌의 6개 대책부서와 '자위 소방대'를 두고, 또 각 부서에서 평소부터 반장 이상 직제와 지명 사원에 의해서 '재해대책요원'을 지명해 두고 있는 상태다. 또, 일본의 신문사들은 재해시의 보도매뉴얼 작성에서부터 언론사 전체의 방재대책이나 재난관리 쪽으로 재난 연구의 방향이 급선회하고 있다. 뿐만 아니라, 평소에도 기획프로그램으로는 '방재교육훈련'과 '방재심포지엄', '방재 특집 연재' 등으로 방재 의식을 고취하고 있다.

일본 언론사들의 기자들은 대체로 재난보도 저널리즘에 대한 기본적인 지식이 상당히 축적되어 있을 뿐만 아니라, 사내에도 대체로 재난보도에 관한 전문컨소시엄이 구축돼 있는 상태다. 우리나라도 1995년부터는 재난사고가 줄을 잇고 있지만, 각사마다 재난보도 매뉴얼조차도 제대로 작성돼 있지 않을 뿐만 아니라, 재난보도에 대한 전문기자도 확보돼 있지 않은 상태다. 따라서 재난관련 전문기자나 전문가의 양성이 시급한 실정이다.

3) 재난보도준칙(기준)과 재난보도 매뉴얼

2010년 3월 26일 '천안함 침몰사고'에서도 보았듯이 언론사들은 재난발생 이전에는 반드시 재난보도준칙에 따라 각 사가 '재난보도 매뉴얼'을 작성해 두어야 한다. 재난보도는 대체적으로 이렇게 사전에 준비된 재난보도 매뉴얼에 따라서 긴급보도를 하는 것이 바람직하다. 물론, 꼭 이 매뉴얼에 얽매일 필요는 없지만, 대체로 사전에 준비된 내용과 수순에 따라 보도하는 것이 리스크를 최대한 줄이는 합리적인 방법이다. 물론, 경우에 따라서는 한신 대지진과 같이 기존의 매뉴얼을 훨씬 뛰어넘는 경우도 있지만, 재난보도는 사전에 치밀한 준비와 훈련, 노하우 등이 한데 어우러져야 훌륭한 재난보도가 되기 때문이다.

(1) 재난방송의 개시

실제로 재난발생시 긴급방송 개시는 각 방송국마다 정해진 매뉴얼에 따라서 재난방송이 실시된다. 자연재해의 경우, 태풍이나 호우, 폭설 등은 사전에 기상청으로부터 통보 받은 기상정보에 의해서 방송을 실시하게 된다. 이 경우는 비교적 예측이 가능하기 때문에 기류의 진행방향이나 피해정도에 따라 생방송이나 긴급방송 등으로 재난방송을 실시하면 된다. 그러나 긴급한 천재지변이나 대형사건·사고, 그리고 지진이나 쯔나미 등은 예측이 불가능하기 때문에 사전에 충분이 대비하지 않으면 안 된다. 특히 지진이나 쯔나미의 경우는 철저한 사전대비와 훈련 및 첨단장비의 사전 구입 없이는 재난방송이 불가능하다. 현재 NHK의 경우는 최소한 지진발생 직후 3~5초 이내에는 TV화면에 지진발생 자막이 뜰 정도로 NHK 기상센터에는 자동화 시스템이 구축되어 있다. 늦어도 지진발생 20초 이내에는 반드시 재난방송을 하도록 의무화하고 있다.

현재, 우리나라의 경우는 일본과는 달리 텔레비전이나 라디오·인터넷·케이블TV·DMB 등 재난방송이 가능한 모든 보도채널들은 재난방송을 해야 하는 의무규정이 있다. 단, 재난 상황이 중대한 경우는 단일방송사의 경우도 TV방송뿐만 아니라, 라디오, FM, 그 밖에 인터넷, DMB(지상파 DMB포함) 등도 동시에 재난방송을 실시할 수 있다. KBS의 재난방송은 보도본부장이 상황을 판단한 뒤 편성본부장과 협의하여 결정하도록 되어 있다. 재난방송은 피해가 예상되는 지역이나 규모 및 시기에 따라 단계별로 구분하여 실시해야 한다. 또, 재난피해 단계별로 자막이나 경계방송, 기상경보, 기상특보 등의 순서로 방송을 점점 확대해 나간다. 피해상황이 국지적일 경우에는 지역방송협의회에서 담당하게 하고 피해상황이 전국적일 때는 매뉴얼 기준에 따라서 점차적으로 전국방송으로 확대해 나가는 것이 전파 낭비를 줄일 수 있고 합리적이다.[86)]

① 재난방송 실시의 결정

재난방송의 경우 일본은 기상청의 기상통보에 의해서 결정한다. 즉, NHK

---

86) 이 연, 『재난방송체계 구축방안 연구』, 방송위원회, 2005년, p. 316.

는 기상청의 통보에 의해서 자체 매뉴얼에 따라 NHK 기상센터가 자동적으로 재난방송을 실시하게 된다. KBS는 자연재해의 경우는 1TV 뉴스제작팀 기상재해 데스크가, 대형 사건·사고의 경우는 해당 팀장이 상황별 단계별로 재난방송의 기준에 도달되면 즉시 1TV 뉴스제작팀장에게 보고한다. 1TV 뉴스제작팀장은 종합적인 상황을 판단한 후 총괄기획팀장과 보도본부장에게 보고하고 보도본부장은 편성본부장과 협의하여 사장의 승인을 받아 재난방송을 실시하도록 규정하고 있다. 또, 재난예방기관의 장(지방자치단체의 장), 또는 방송통신위원회의 요청이 있을 경우에도 재난방송을 실시해야 한다. 단, 야간이나 휴일에 긴급재난이 발생했을 경우에는 당직팀장이 당직근무 수칙에 따라 긴급 대응조치를 취한다. 상황이 급박할 경우에는 먼저 재난방송을 실시한 뒤에 사후보고를 할 수 있다.[87)]

(2) 신문매체와 재난보도

신문매체도 공기(公器)로서 방송사에 준하는 준 방재기관이라는 점을 한시라도 잊어서는 안 된다. 특히 신문사는 우리 사회에 있어서 사회적 책임(social responsibility)과 역할이라는 측면에서도 재난발생시에는 신속하게 재난보도를 해야 한다. 따라서 신문도 재난발생시에는 국민의 생명과 재산을 지킨다고 하는 측면에서는 방송과 전혀 다를 바가 없다. 또, 미디어의 특성상 신문은 방송과는 달리 지속성과 심층적인 상세보라는 보도 측면에서는 많은 장점이 있다. 그럼에도 불구하고 이번 사고와 같이 온 국민적인 재난이 발생했는데도 불구하고 '호외신문'이나 '일요판' 한 번 발행하지 않을 정도로 신문 또한 재난보도에는 매우 인색한 보도태도를 갖고 있다.

우리나라 신문은 방송과는 달리 조·석간 셋트 신문이 아니기 때문에 보도 사이클이 24시간이나 된다. 일본의 경우는 조·석간 셋트 신문으로 발행하기 때문에 보도 사이클이 12시간인데 비하여 우리는 24시간으로 일본보다 두 배나 더 길다. 그것도 일요일의 경우는 신문을 발간하지 않기 때문에 재난보도가 중단되는 상황이 발생한다. 이번 허베이 스피리트호 원유유출사고의 경우도 12월 7일 오전 7시경에 발생했기 때문에 8일은 토요일로 신문사가 휴무였

87) 이 연,『재난방송 평가기준 마련을 위한 연구』, 방송위원회, 2006년, p. 27.

으며, 9일은 일요일인 관계로 재난보도가 올 스톱돼 중단되게 되었다. 따라서 재난발생시 독자들에게 신속하게 재난정보를 전달해야 할 신문사의 입장에서는 언론의 사회적 역할과 책임이라는 측면에서는 '직무유기'라는 비난으로부터 자유로울 수가 없다. 앞으로 우리나라 신문사들도 대형 재난발생 시에는 '호외'라도 발간해 신속하게 대응하도록 심사숙고해 볼 필요가 있다.

또, 신문사들도 방송사와 같이 재난보도준칙에 따라 반드시 사전에 '재난보도 매뉴얼'을 작성해 두어야 한다. 신문사의 재난보도도 대체로 사전 작성해 둔 매뉴얼에 따라서 긴급보도를 하는 것이 바람직하다. 물론, 방송사와 같이 이 매뉴얼에 꼭 얽매일 필요는 없지만, 재난규모나 상황에 따라 이 매뉴얼을 준수하면서 유연하게 대처하는 것이 바람직하다.

4) 재난보도의 법적 근거

(1) 재난방송의 실시 목적과 법적 근거

재난방송의 목적은 긴급 재난발생시 신속한 재난방송으로 국민의 생명과 재산을 보호하는 데 있다. 재난방송은 대통령의 긴급명령(전시나 준전시에 있어서 대통령의 긴급명령권)이나 총리 및 장관령 등에 의해서 실시될 수 있다. 앞에서 이미 언급했지만 재난방송은, 자연재해대책법, 소방법, 도시가스사업법, 해양안전관리법, 방송법, 긴급 지진대책법, 재난 및 재난안전관리기본법, 기상업무법, 지방자치단체장의 요청 등에 의해서 긴급방송을 실시할 수 있도록 의무화하고 있다.

방송법 제75조(재난방송) ① 항에는 "종합편성 또는 보도전문편성을 행하는 방송사업자는 자연재해대책법 제2조의 규정에 의한 재해, 또는 재난 및 재난안전관리기본법 제3조, 제6조, 제9조, 제38조의 규정에 의해 재난이 발생하거나 발생할 우려가 있는 경우에는 그 발생을 예방하거나 그 피해를 줄일 수 있는 재난방송을 하여야 한다"라고 규정하고 있다(2004년 3월 11일 개정). 그 밖에 방송통신위원회 규칙 제19조(재난방송)에도 ① 종합편성 또는 보도전문편성을 행하는 방송사업자는 방송법 제75조 제1항의 규정에 의한 재해 또는 재난이 발생하거나 발생할 우려가 있는 경우에는 지체 없이 재난방송을 실시하여야 한다고 규정하고 있다. 이 경우 방송통신위원회의 승인을 필요로 하는 사안에 대해서는 사후에라도 방송통신위원회의 승인을 얻어야 한다.

(2) 신문의 재난보도

신문의 경우는 재난보도에 대한 직접적인 법적 근거는 없지만, 신문사도 방송사와 마찬가지로 방제기관으로 이에 준하여 재난정보를 신속하게 보도해야 한다. 다만, 신문윤리강령이나 실천요강, 기자협회 윤리강령, 그리고 개별 각 사별 사시(社是)나 윤리강령 등 사회적인 공기(公器)로서의 역할도 충실히 이행해야 한다.

예를 들면, 1996년 개정된 신문윤리강령에는 다음과 같은 규정이 있다.

제 2 조(취재준칙) 제 ② (재난 등 취재)항에는 "기자는 재난이나 사고를 취재할 때 인간의 존엄성을 침해하거나 피해자의 치료를 방해해서는 안 되며 재난 및 사고의 피해자, 희생자 및 그 가족에 적절한 예의를 갖추어야 한다" 또, "③ (병원 등 취재) 기자는 병원, 요양원, 보건소 등을 취재할 때 신분을 밝혀야 하며 입원실을 포함한 비공개 지역을 허가 없이 들어가서는 안 된다. 또한 기자는 허가 없이 환자를 상대로 취재하거나 촬영을 해서는 안 되며 환자의 치료에 지장을 주어서도 안 된다"는 등의 규정이 있다.

제 3 조(보도 준칙) 보도 기사(해설 기사 포함)는 사실의 전모를 충실하게 전달함을 원칙으로 하며 출처 및 내용을 정확히 확인해야 한다. 또한 기자는 사회정의와 공익을 실현하기 위해 진실을 적극적으로 추적 · 보도해야 한다.

③ (선정보도의 금지) 기자는 성범죄, 폭력 등 기타 위법적이거나, 비윤리적 행위를 보도할 때 음란하거나 잔인한 내용을 포함하는 등 선정적으로 보도해서는 안 되며, 또한 저속하게 표현해서는 안 된다.

⑥ (피의사실의 검증보도) 경찰 및 검찰 등 수사기관이 제공하는 피의사실은 진실 여부를 확인하도록 노력해야 하며 특히 피고인 또는 피의자 측에 해명의 기회를 주어야 한다.

제 4 조(사법 보도 준칙) 언론인은 사법 기관의 독립성을 부당하게 훼손하는 취재, 보도, 평론을 해서는 안 된다.

① (재판에 대한 부당 영향 금지) 언론인은 재판에 부당한 영향을 끼치는 취재, 보도, 평론을 해서는 안 된다.

제13조(어린이 보호) 언론인은 어린이의 건전한 인격형성과 정서함양을 위해 노력해야 하며, 특히 음란하거나 폭력적인 유해 환경으로부터 어린이를 보호해야 한다.

5) 허베이 시프리트호 기름유출사건을 둘러싼 재난보도의 문제점

재난발생시 보다 신속하고 바람직한 재난보도가 되기 위해서는 우선 〈재난보도준칙〉에 맞추어서 '재난보도 매뉴얼'을 잘 작성해 두어야 한다. 예를 들면, 태풍이나 홍수 같은 기상재해의 경우는 4단계로 나누어서 보도하는 것이 좋다. 단계별로 ① 제1단계는 기상정보를 단순히 전달하는 단계, ② 제2단계는 기상주의보 단계, ③ 제3단계는 피해 직전의 기상경보단계, ④ 제4단계는 피해속출 단계로 구분해서 대응해야 한다.

그런데 허베이 스피리트호의 경우는 다음과 같이 크게 3가지 측면에서 문제점이 있었다는 것을 지적하고자 한다.

(1) 재난사고의 명명(命名)에 대한 오류

먼저, 해양사고나 원유유출사고의 경우 대체로 피해를 입힌 선박이나 회사 이름을 따서 명명한다. 예를 들면, 1989년 3월 24일 미국 알래스카 주 프린스윌리엄사운드 일대에서 발생한 해상 원유 유출 사고의 겨우는 '엑존 발데즈 원유 유출 사고(Exxon Valdez oil spill)'로 명명해 피해 정유회사의 이름을 딴 것이다. 피해 선박의 이름을 따면 '시 프린스호 원유유출사건' 등이다. 그렇다면 '허베이 스피리트호 원유유출사건'이나 '삼성중공업 크레인 원유유출사건' 등으로 불러야 한다. 그럼에도 불구하고 잘못된 명명으로 '태안반도(앞 바다) 원유유출사고' 등으로 명명돼 마치 사고 이전에 생산된 태안산 수산물 전체가 오염 덩어리인 양 비쳐져 소비자들로부터 태안 산은 외면당해 이 지역 주민들은 엄청난 피해를 입었다. 따라서 이번 삼성중공업 소속 예인선에 의한 원유유출사건의 재난보도는 우선 첫 단계인 사건의 명명(命名)부터 잘못된 재난보도였다.

(2) 기상청의 정교한 기상정보가 없었다 하더라도, 해상항해 준칙 준수

둘째, 기상청의 정교한 기상정보가 없었다 하더라도, 기상이 악화된 상태에서 삼성중공업 소속 예인선단이 무리하게 항해하지만 않았더라도 사고를 사전에 충분히 예방할 수 있었을 것으로 본다. 또한, 기상청이 사전에 태안 지역에 대한 정확한 기상주의보나 경보가 있었더라면 무리한 항해에 따른 유조선의 해상 충돌을 미연에 방지할 수 있었을 것으로 본다.

- (이 지역을 항해하는 선박은 ○○하세요 : 일반적인 재난보도 패턴) -

이번 사고의 제 1 차적인 책임은 기상청으로 실시간 정확한 기상정보나 해양파고에 대한 정확한 정보를 항해 선박들에게 리얼타임으로 전달하지 않은데서 비롯된 것으로 본다.

(3) 무리한 항해준칙과 항해제한 및 관계 당국의 신속한 재난 커뮤니케이션 부재(해양경찰청)

셋째, 유조선 허베이 스피리트호의 경우도 마찬가지로 기상이 악화된 상태에서 정박하지 않고 무리한 항해를 강행한 데서 화를 자초한 측면이 없지 않다.

넷째, 삼성중공업 소속 예인선과 유조선 간의 상호 긴급교신이 이루지지 않아 상호 불통한 것도 이번 사고에서는 결정적인 요인이 될 수도 있다.

다섯째, 긴급재난발생시 해양재난사고의 최고 지휘사령탑인 해양경찰청의 안이한 대처도 결코 이 사건으로부터 자유로울 수 없다. 아무튼 이번 재난사고에서는 가장 근본적인 문제는 항해자 상호간에 재난정보를 전달할 수 있는 비상네트워크나 교신 채널 부재가 화를 키운 면이 적지 않다고 하겠다.

(4) 기상재해나 해양재난보도에 있어서 재난보도의 단계적 오류

기상재해나 해양재난의 경우는 거의 사전 예측이 가능하기 때문에 보편적으로 단계적인 재난보도를 하면 되는 것이다. 그럼에도 불구하고 이번 재난보도의 경우는 침착하지 못하고 지극히 상식적인 재난보도 단계인 제 1 단계, 제

2단계, 제3단계는 거의 무시된 채 막 바로 제4단계에 진입해 버리고 말았다. 긴급한 재난 상황에서는 단계적인 재난보도가 역순으로 이루어지더라도 사후에는 다시 전 단계에서 못다 한 재난보도를 단계적으로 보충해 보도할 필요가 있다.

앞에서도 이미 언급했지만 단순한 〈기상재해(해양재난)〉의 경우라도 단계적인 재난보도가 필요하듯이, '전체적인 재난보도'라는 패턴에서는 메시지를 전달하는 단계적인 보도가 필요하다. 이를테면, 이번 허베이 스피리트호 기름 유출사건의 경우도 일반적으로는 ① 피해 정보, ② 안부 정보, ③ 생활 정보, ④ 복구 정보 순으로 보도하는 것이 바람직하다. 그러나 재난의 종류나 긴급 상황 발생 등의 특성에 따라서는 다소 그 순서가 서로 뒤바뀔 수는 있지만, 전달해야 할 단계적인 내용들은 사후에라도 보도하는 것이 바람직하다. 그런데 이번 재난보도의 경우는, 재난보도 패턴의 단계보도 무시는 뒤로하더라도 지나치리만큼 ① 피해 정보나, ④ 복구 정보를 강조한 나머지, ② 안부 정보, ③ 생활 정보는 상대적으로 상당히 미흡한 상태였다. 그나마도 어민들의 분통터지는 장면이나 울부짖는 장면, 또는 노약자나 어민들, 초등학생들 등의 마구잡이식 인터뷰 등의 장면이 많았다고 하겠다. 결과적으로 이러한 재난보도 패턴에 가려서 정녕 피해 당사자인 어민들의 들끓는 불만이나 요구, 그들이 원하는 생활정보, 생계대책에 대한 피해자 중심의 재난정보에는 턱 없이 모자라고 미치지 못했다. 뿐만 아니라, 보도패턴의 잘못으로 어민들에게는 사활이 걸린 가장 중요한 피해보상·배상 등의 문제에 대해서는 한번 언급하는 수준에서 지나쳐버린 감이 없지 않다. 따라서 재난발생에 대한 원인규명이나 사고책임 등의 추궁에는 인색해 피재자들에게는 더 많은 고통을 요구하게 되었다. 또한, ① 피해정보나 ④ 복구정보만 강조해 보도한 나머지 온통 태안반도는 '기름덩어리', '오염 덩어리'로 국민들 눈에 비쳐지게 되어 마치 태안반도 지역 주민들은 하루아침에 '홈리스'라도 된 것처럼 가엾은 국민들로 비쳐지게 되었다. 결과적으로, 태안반도는 온 국민들이 기름제거를 위한 구조의 손길이나 봉사자들로만 붐벼 마치 보상·배상이 모두 다 끝난 것 같이 착가하게 되었다. 그러나 실제적으로 어민들에 가장 시급한 피해보상이나 생계대책은 커녕, 생계나 장래불안에 떨게 만들어 어민들을 두 번 울리는 꼴이 돼 버렸다.

(5) 재난보도의 화면(지면) 구성이나 언어의 선택 등이 너무 자극적이고 상업적인 표현이 많았다

앞에서도 이미 언급했지만 재난보도의 목적은 국민의 생명과 재산을 지키는 일 뿐만 아니라, 국민이 안심하고 하루빨리 생업에 복귀할 수 있도록 위로하는 데 그 목적이 있다. 그런데 이번 재난보도는 자극적인 언어와 화면(지면) 사용 등으로 피해자들을 위로하기는커녕 전문성 부족 등으로 진정하게 이들의 눈물을 닦아 주는 데는 실패했다고 하겠다.

6) '재난보도준칙(기준)'과 '매뉴얼 작성'의 유의할 점

(1) 재난보도에서 가장 기본적인 보도태도는 ① 피해 정보, ② 안부 정보, ③ 생활 정보, ④ 복구 정보 등의 순서로 단계적으로 보도하여 피해자들이 안심하고 다시 생업에 종사할 수 있게 해야 한다.

(2) 또, 재난보도에서 가장 기본적인 보도태도는 어디까지나 피해자 중심의 보도태도가 되어야 한다는 것이다. 다시 말해서 재난보도는 시청자나 독자 중심의 재난보도가 아니라, 피재지(被災地) 중심, 피해자 중심의 재난보도가 되어야 한다는 것이다.

(3) 재난발생 초기에는 사건·사고의 원인 규명이나 가해자의 처벌 내지는 책임 추궁성 탐사보도보다는 ① 피해 정보나, ② 안부 정보 등, ③ 복구 정보 중심의 보도태도로 재난보도의 객관성 유지에 노력해야 한다. 재해나 재난보도의 성패는 냉정하고 객관적인 생활 정보 중심의 보도태도가 피해자들의 생활보호에 중요한 계기가 되기 때문이다.

(4) 재난발생시 언론의 중요한 역할 중의 하나가 보도기능에 충실한 진실보도이다. 따라서 재해 대책 본부나 정부기관의 공식적인 발표라 하더라도 다시 한 번 철저한 자체조사를 통해서 진위를 검증한 후에 발표하는 진실보도가 가장 중요하다.

(5) 언론사도 재난발생시에는 구조자이면서도 또 다른 한편으로는 정보전달자라는 사실을 한시라도 잊어서는 안 된다. 재난보도가 직접적으로 구조하는 행동은 아니지만, 보도를 통해 피해자들을 구조되게 함으로써 직접적인

구조자가 된다.

(6) 재난보도에서 가장 유의해야 할 부분이 인권이나 초상권침해로부터 자유로워지는 일이다. 재난현장을 취재하다가 보면 기자의 속성상 근접촬영에 따른 피재자의 인권이나 초상권남용 등 사실상 선정적인 재난보도의 유혹으로부터 완전히 벋어나기가 어렵다.

(7) 재난보도 중 현장 증거물이나 인멸을 훼손하는 행위를 해서는 안 되며, 또 인명 구조나 복구 작업에도 지장을 주어서도 안 된다. 나아가서 재난보도가 사법부의 재판에 부당한 영향이나 압력을 미치는 형태의 취재나 보도, 평론을 해서는 안 된다.

(8) 재난보도 시에도 어린이들에게는 건전한 인격형성과 정서함양에 피해를 주어서는 안 된다. 특히, 음란하거나 폭력적인 유해 환경으로부터 어린이를 보호해야 한다. 따라서 어린이의 경우는 부모나 보호자의 동의나 승낙 없이 임의로 어린이를 대상으로 인터뷰나 촬영을 해서는 안 된다.

(9) 재난보도는 반드시 계속적이고 지속적인 추적보도가 필요하다. 대형사고가 일어나면 사고의 원인 분석에서부터 사태의 결말에 이르기까지 지속적인 관심으로 추적보도 해 문제를 해결하도록 노력해야 한다.

2. 2010년 1월 4일 서울 · 경기지역 사상 최고의 폭설, 한파, 그리고 교통마비

1) 재난의 발생

경인년 새해 첫 출근길인 1월 4일 서울과 수도권 · 중부지역에 기상관측 41년만에 사상 최대의 폭설인 25.8㎝의 '눈 폭탄'이 쏟아져 극심한 교통대란을 빚는가 하면 일부 도시기능이 마비되기도 했다. 서울시와 수도권 각 시 · 군은 아침 일찍부터 제설작업에 나섰지만 끊임없이 내리는 눈을 처리하지 못해 도로는 통제 불능 상태가 되었다. 기상청은 "4일 0시부터 오후 3시까지 서울에 쌓인 적설량은 25.8㎝로 1937년 적설 관측 이래 최대치를 기록했다고 밝혔다. 지금까지 최고 기록은 1969년 1월 28일 25.6㎝가 최대였다고 했다. 기상청은 지난달 두 번 연속 눈 오보(誤報)를 낸 바 있고, 이번에 또다시 '눈 폭탄'이 쏟아져 예보 정확도에 허점을 드러내기도 했다. 이처럼 많은 눈이 예상될 때는 미리 '대설 예비 특보'를 발령해야 정상적이지만 기상청은 눈발이 굵어지던 4일 오전 5시 30분에야 예비특보 없이 바로 서울·경기지역에 대설주의보(눈이 5cm 이상 내릴 것으로 예상될 때 발령)를 내린 것이다.

기상청 관계자는 "하루 전날인 3일 오후 5시 예보를 통해 서울지역에 2~7cm의 눈이 예상되고 많은 곳은 '10cm 이상'이라고 예보했기 때문에 오보는 아니다"면서도 "이처럼 사상 최대의 폭설이 쏟아질 줄은 솔직히 예측하기 어려웠다"고 말했다. 서울을 비롯한 중부지방의 이번 '눈 폭탄'은 '폭설의 3박자'가 제대로 갖춰지면서 발생했다. ① 지표면에서 5㎞ 이상의 상층에 중국 대륙에서 불어오는 영하 30도 안팎의 차가운 공기가, ② 적도 부근에서 북상하는 따뜻하고 축축한 공기를 진공청소기처럼 빨아올려 응결시킨 뒤 거대한 눈구름을 만들었고, ③ 이 서로 다른 두 공기덩어리가 서해안에서 맞부딪쳐 점차 동쪽으로 이동하면서 서울 등지에 눈 폭탄을 쏟아 부은 것이다. 여기에다 한반도에 찬 공기를 몰고 오는 시베리아·중국 대륙 등지의 기상 여건도 폭설의 원인이 됐다고 한다.[88)]

아무튼 이날 폭설로 전국 도로망 43곳과 고속도로 나 들목 7곳이 통제됐다. 서울에선 한남대교를 비롯한 주요 도로에서 빙판길 사고가 잇따랐고 출근길 도로도 꽉 막혔다. 지하철이나 철도에 많은 시민들이 몰리면서 일부 차량이 고장나는 등 북새통을 이루었다. 이날 폭설로 194개의 열차가 운행에 차질을 빚는가 하면, 수도권 45개 전철이 지연 운행됐고, 7개 열차는 운행이 취소했다. 김포공항은 오후 3시까지 항공기 운항이 전면 중단돼 공항 이용객들이 큰 불편을 겪었다. 인천공항은 22편이 결항됐고, 104편이 지연운행, 3편은 회항하는 사태가 빚어졌다.

한편, 이날 폭설로 교통이 마비가 된 데 대해서 서울시는 "어마어마하게 쏟아진 눈 폭탄 때문에 방법이 없었다"고 해명했지만 제설작업이나 대중교통 대책 등은 허점투성이였다. 서울시는 3일 밤 11시부터 제설대책으로 1단계 비상근무를 지시했지만, 실제 각 구청이 주요 도로 제설작업에 나선 시각은 4일 오전 1시~4시 사이로 제각각이었다. 서울시는 명령만 내렸지 제설작업 상황을

88) 『조선일보』, 2010년 1월 5일자.

종합적으로 점검하는 기능은 없었다. 또한, 제설작업에 대한 매뉴얼이나 정해진 지침도 없었다. 어느 구청은 눈이 내리기 전 염화칼슘을 마구 뿌리는 바람에 정작 폭설이 내려 눈이 많이 쌓인 뒤에는 뿌려야 할 염화칼슘이 바닥이나 모자라기도 했다.

기상청은 4일 오전 4시 30분을 기해 수도권에 대설주의보를 내렸는데도 불구하고 서울시는 오전 7시에야 2단계 비상근무에 들어갔다. 2단계는 눈이 5cm 이상 예상될 때 내리지만 서울시가 2단계 근무령을 발동했을 때는 이미 적설량이 5.5cm를 기록하고 있었다. 미리 지하철이나버스·택시 등 대중교통 운행 시간과 차량 대수를 늘려 시민들의 편의를 배려해야 하는데도 불구하고 늑장대응으로 이미 출근길이 엉망이 된 뒤에야 조치를 취하도록 했다.[89)]

폭설로 인해 지하철 운행이 중단된 1호선 구간인 서울역과 청량리역 구간의 경우, 차량은 코레일 소속이고 구간 관리 책임은 서울메트로에 있어 이를 두고 서로 책임 공방까지 벌어졌다. 이날 서울시는 총 인원 9956명에 제설장비 1200대, 염화칼슘과 소금을 합쳐 3636t을 쏟아 붓고도 별다른 효과를 거두지 못했다. 아무튼 이번 수도권에 내린 폭설의 경우는 서울시나 관계 당국의 안이한 대응과 폭설에 대비한 대응시스템의 부재에 가장 큰 그 원이 있다고 본다.

2) 재난보도 태도

이번 폭설은 한국의 기상관측 사상 100년 이래 최대의 폭설이고, 영국·독일 등 유럽과 북미대륙, 중국 등도 한파와 폭설로 큰 혼란을 겪고 있는 가운데, 지구 북반구에 '미니 빙하기'(a mini ice age)가 시작됐다는 주장이 제기되고 있다.[90)] 아무튼 이번 폭설에 대한 1월 4일자 언론보도 태도를 보면 다음과 같다.

---

89) 『조선일보』, 2010년 1월 5일자.

90) 『조선일보』, 2010년 1월 11일자.

(1) KBS (2010년 1월 4일자)

① "서울 '대설주의보' … 중부지방 많은 눈"[91)]

〈앵커 멘트〉

새벽부터 서해안 지역을 시작으로 서울과 경기 지역에 눈이 내리고 있습니다.

오늘 아침 새해 첫 출근길이 걱정입니다.

여의도에 중계차 나가 있습니다.

박대기 기자, 눈 상황 전해주시죠

〈리 포 트〉

네, 현재 서울 시내에는 이 시각 현재 눈이 내리고 있습니다.

눈은 새벽에 조금 내리다 일시 그쳤다가 새벽 5시 쯤부터 다시 시작됐고 눈발도 점차 커지고 있습니다. 때문에 도로에도 눈이 벌써 하얗게 덮여 있는 곳이 많습니다. 지금은 교통량은 많지 않지만 추운 날씨로 인해 얼어버릴 우려가 있어 새해 첫 출근길에 많은 어려움이 예상됩니다. 아직까지는 눈으로 인한 교통 통제구간은 없습니다. 하지만 차량이 늘어나면 북악산 길 등 일부 상습 통제구간의 차량 통행도 금지될 것으로 보입니다. 많은 눈이 내리면서 서울시는 2천 5백여 명의 인력과 천 2백여 대의 장비를 동원해 서울 시내 전체에서 제설작업을 벌이고 있는 한편 대중교통을 이용해 줄 것을 당부했습니다. 경찰도 시내 주요 도로에 인력을 집중 배치해 교통관리에 나서고 있습니다.

지금까지 서울에는 3cm, 인천에는 6cm, 문산에는 7cm의 눈이 내렸습니다.

서울에는 오늘 최고 5센티미터 가량의 눈이 더 내릴 것으로 예상돼 오늘 하루 교통 혼란이 심할 것으로 우려됩니다.

지금까지 여의도에서 KBS 뉴스 박대기입니다. (06:07) 박대기 기자

② "중부 폭설 뒤 다시 한파"[92)]

〈앵커 멘트〉

오늘 중부지방에는 10에서 20cm의 많은 눈이 예상되고 있습니다.

눈은 오후 늦게 그치겠지만, 밤부터는 찬바람이 강하게 불면서 매우 추워지겠습니다.

취재기자를 연결합니다. 김성한 기자! 지금 경기 남부에 대설주의보가 내려져

91) http://news.kbs.co.kr/news/actions(2010년 1월 4일자).

92) http://news.kbs.co.kr/news/actions(2010년 1월 4일자).

있지요?

〈리 포 트〉

네, 서울보다 일찍 눈이 시작된 인천과 경기도 남부, 또, 충남 북부에도 대설주의보가 내려져 있습니다. 현재 인천 6.2cm, 수원 5.8cm 등 5cm 이상의 적설량을 기록하고 있습니다.

서해상에서 눈구름이 주로 경기 남부와 충청 북부로 강하게 들어오고 있어 앞으로 대설주의보는 충북지역으로 확대될 가능성이 있습니다. 이는 눈은 오전 중에 전국으로 확대됩니다. KBS 뉴스 김성한입니다. (06:07) 김성한 기자

③ "밤사이 강추위 속 화재 잇따라"[93)]

〈앵커 멘트〉

대구에서 아파트에 불이 나 대피하던 50대 여성이 8층에서 떨어져 숨지는 등 전국에서 화재가 잇따랐습니다. 사건사고, 김진화 기자가 보도합니다.

〈리 포 트〉

고층 아파트가 새까맣게 그을렸습니다.

어제 오후 6시 반쯤 대구시 사월동의 한 아파트 8층 51살 김모 씨의 집에서 불이 났습니다. 경남 마산에서도 밤사이 세 건의 산불이 잇따라 일어나 경찰이 수사에 나섰습니다.

KBS 뉴스 김진화입니다.

④ "중부 · 영남 대설특보"[94)]

서울을 비롯한 중부지방과 영남 내륙지역에 대설특보가 내려진 가운데 많은 눈이 내리고 있습니다. 지금까지 서울에는 기상관측 이후 가장 많은 25.7cm의 눈이 쌓였고, 이천 22.5, 춘천 20.5, 동해 17, 충주 14.5, 울진은 9cm의 적설량을 기록하고 있습니다. (06:27) 김민경 기자

⑤ "전국 눈…밤부터 추워져"[95)]

오늘은 전국에 많은 눈이 내린 뒤 밤에 대부분 그치겠지만, 중부 내륙과 경북 내륙, 서해안 지역은 내일도 눈이 이어지겠습니다. 오늘 낮 기온은 서울

93) http://news.kbs.co.kr/news/actions(2010년 1월 4일자).

94) http://news.kbs.co.kr/news/actions(2010년 1월 4일자).

95) http://news.kbs.co.kr/news/actions(2010년 1월 4일자).

이 영하 3도 등 전국이 영하 5도에서 영상 8도로 어제보다 낮겠습니다. 또, 밤부터는 찬바람이 강하게 불면서 다시 추워지겠습니다. (06:27) 신방실 기자

⑥ "뉴스광장 : 서울 · 경기 · 충남 대설주의보"96)

폭설이 예상되는 월요일 아침입니다. 현재 중부지방 곳곳에 굵은 눈이 쏟아지고 있습니다.

서울경기와 충남 북부지방에는 대설주의보가 내려져 있고 눈은 점차 남부지방까지 확대되겠는데요, 이번 눈은 습도가 높아서 쌓였을 때 무게도 만만치 않아 피해 없도록 주의하셔야겠습니다. 이 눈은 대부분 밤사이 그치겠지만 서해안지방은 내일을 비롯해 사나흘 정도 눈이 더 이어지겠습니다. 중부와 호남지방은 오늘 2~7cm, 많은 곳은 10cm의 눈이 내리겠습니다. 특히 강원산간지방은 최고 20cm의 폭설이 오겠고 충남과 호남 서해안지방은 내일까지 최고 15cm의 눈이 예상됩니다. 현재 기온은 대부분 영하권이고 낮 기온도 어제보다 낮겠습니다. 바다의 물결은 모든 해상에서 4m까지 점차 높아지겠습니다. 날씨정보였습니다. (07:01)

⑦ "뉴스광장 : 서울 · 경기 · 충남 대설주의보 … 밤사이 그쳐"97)

오늘 아침 출근길, 중부지방에선 폭설에 단단히 대비하셔야겠습니다.

현재 서울경기와 충남 북부지방에는 대설주의보가 내려져 있는데요, 눈은 오전중에 남부지방으로도 점차 확대되겠습니다. 지금까지 인천에는 7cm, 수원에 6.8, 서울에도 2.5cm의 눈이 내린 상탠데요, 지금도 굵은 눈발이 이어지고 있어서 출근길 넉넉히 시간을 갖고 출발하셔야겠습니다. 눈이 지난 뒤 내일부터는 다시 매서운 한파가 찾아오겠습니다. 이번 주말까지 아침기온이 -10도 안팎까지 떨어질 것으로 보여 대비 잘 하셔야겠습니다. 날씨정보였습니다. (07:02)

⑧ [주요뉴스] – "서울 '대설주의보' … 중부 많은 눈(화면 영상 중간에 자막 글자 영상"

96) http://news.kbs.co.kr/news/actions(2010년 1월 4일자).

97) http://news.kbs.co.kr/news/actions(2010년 1월 4일자).

⑨ "중부지방 많은 눈 … 출근길 비상!"[98]

〈앵커 멘트〉

새벽부터 서해안 지역을 시작으로 서울과 경기 지역에 눈이 내리고 있습니다. 오늘 아침 새해 첫 출근길이 걱정입니다. 여의도에 중계차 나가 있습니다. 박대기 기자, 눈 상황 전해주시죠

〈리 포 트〉

네, 서울 시내에는 이 시각 현재 눈이 내리고 있습니다.

새벽부터 내리던 눈은 한때 그쳤다가 새벽 5시 쯤부터 다시 시작됐고 앞이 제대로 보이지 않을 정돕니다. 때문에 도로에도 눈이 벌써 하얗게 덮여 있는 곳이 많습니다.

지금은 교통량은 많지 않지만 추운 날씨로 인해 얼어버릴 우려가 있어 새해 첫 출근길에 많은 어려움이 예상됩니다. 서울 시내 도로 중 삼청동 길, 인왕산실, 북악산 길의 통행이 6시쯤부터 통제되고 있습니다. 상습 통제구간의 경우 추가로 통제되는 구간이 있을 것으로 전망됩니다. 많은 눈이 내리면서 서울시는 2천 5백여 명의 인력과 천 2백여 대의 장비를 동원해 서울 시내 전체에서 제설작업을 벌이고 있는 한편 대중교통을 이용해 줄 것을 당부했습니다. 경찰도 시내 주요 도로에 인력을 집중 배치해 교통관리에 나서고 있습니다.

지금까지 서울에는 3cm, 인천에는 7cm의 눈이 내렸습니다.

서울에는 오늘 5센티미터까지 눈이 더 내릴 것으로 예상돼 오늘 하루 교통 혼란이 심할 것으로 우려됩니다. 지금까지 여의도에서 KBS 뉴스 박대기입니다. (07:02)

⑩ "중부 폭설 뒤 다시 한파"[99]

〈앵커 멘트〉

오늘 중부지방에는 10에서 20cm의 많은 눈이 예상되고 있습니다.

눈은 오후 늦게 그치겠지만, 밤부터는 찬바람이 강하게 불면서 매우 추워지겠습니다.

취재기자를 연결합니다. 김성한 기자! 지금 수도권과 충남지역에도 대설주의보가 내려져 있지요?

---

98) http://news.kbs.co.kr/news/actions(2010년 1월 4일자).

99) http://news.kbs.co.kr/news/actions(2010년 1월 4일자).

〈리 포 트〉

네, 서울 뿐 아니라 경기도 대부분 지역과 충남 북부에 현재 대설주의보가 내려져 있습니다. 서울보다 눈이 일찍 시작된 수원은 6.8cm, 충주는 2.7cm 등의 적설량을 기록하고 있습니다. KBS 뉴스 김성한입니다.

⑪ **"수도권 대설특보…출근길 혼잡 우려"**[100)]

서울을 비롯한 중부지방에 대설 특보가 내려진 가운데 새해 첫 출근길 혼잡이 우려되고 있습니다. 영하의 날씨 속에 이면도로 등에 쌓인 눈이 녹지 않고 얼어붙으면서 주요 도로에서는 차량들이 서행하고 있습니다. 경찰은 오늘 오전 6시부터 서울 삼청터널 길, 인왕산 길, 북악산 길 구간의 차량 통행을 통제하고 대중교통 이용을 당부하고 있습니다. 오늘 오전 7시 현재 적설량은 서울 3cm, 인천 7cm 등으로 서울에는 오늘 최고 5cm 가량의 눈이 내릴 것으로 예상되고 있습니다. (07:03) 최영은 기자

⑫ **"서울 · 경기 · 충남 대설주의보 … 밤사이 그쳐"**[101)]

이른 새벽부터 중서부지방에 눈이 내리기 시작했습니다.

현재 서울경기와 충남 북부지방에는 대설주의보가 내려진 가운데 말씀드리는 지금도 굵은 눈이 계속 쌓이고 있는데요, 오늘 오전 중에 남부지방에도 눈이나 비가 내리기 시작하겠지만 기압골이 중부지방을 통과하면서 눈은 주로 중부지방에 집중되겠는데요,

이 눈은 대부분 밤사이 그치겠고 그사이 예상 적설량이 매우 많겠습니다.

⑬ **"서울시 제설작업 비상근무 … 군에 병력 투입 요청"**[102)]

오늘 새벽부터 수도권 일대에 큰 눈이 내리자 서울시도 비상 근무체제를 가동하고 제설 작업을 계속하고 있습니다. 서울시는 오전 8시부터 모든 가동 인력을 총동원해 제설대책 3단계 근무에 들어갔습니다. 현재 3천 6백여 명이 투입돼 2천 6백여 톤의 염화칼슘을 주요 도로와 언덕길 등에 뿌리고 있습니다. 또 제설작업을 위해 수도방위사령부에 병력 투입을, 제설장비를 보유하고 있

100) http://news.kbs.co.kr/news/actions(2010년 1월 4일자).

101) http://news.kbs.co.kr/news/actions(2010년 1월 4일자).

102) http://news.kbs.co.kr/news/actions(2010년 1월 4일자).

는 민간 기업엔 제설작업 참여를 요청했습니다. (07:37) 김상협 기자

⑭ 뉴스광장; "중부지방에 눈 … 출근길 비상!"[103)]

〈앵커 멘트〉

새벽부터 서해안 지역을 시작으로 서울과 경기 지역에 눈이 내리고 있습니다. 오늘 아침 새해 첫 출근길이 걱정입니다. 여의도에 중계차 나가 있습니다. 박대기 기자, 눈 상황 전해 주시죠.

〈리 포 트〉

네, 서울 시내에는 이 시각 현재 눈을 뜨고 서 있기 어려울 정도의 많은 눈이 내리고 있습니다. 새벽부터 내리던 눈은 한때 그쳤다가 새벽 5시쯤부터 다시 시작됐고 점차 눈발이 굵어졌습니다. 때문에 도로에는 눈이 하얗게 덮여 있는 곳이 많고 일부 도로는 얼어붙고 있습니다. 출근 시간이 시작되면서 도로에 교통량이 늘어나 일부 도로의 정체가 시작됐습니다.

지금까지 여의도에서 KBS 뉴스 박대기입니다. (07:58)

⑮ "중부 폭설 뒤 다시 한파"

〈앵커 멘트〉

오늘 중부지방에는 10에서 20cm의 많은 눈이 예상되고 있습니다.

눈은 오후 늦게 그치겠지만, 밤부터는 찬 바람이 강하게 불면서 매우 추워지겠습니다.

취재기자를 연결합니다. 김성한 기자! 지금 수도권과 충남지역에도 대설주의보가 내려져 있지요?

〈리 포 트〉

네, 서울 뿐 아니라 경기도 대부분 지역과 충남 북부에 현재 대설주의보가 내려져 있습니다. 서울보다 눈이 일찍 시작된 인천은 6.2cm, 수원 5.8cm 등 5cm 이상의 적설량을 기록하고 있습니다. 서해상에서 눈구름이 주로 경기 남부와 충청 북부로 강하게 들어오고 있어 앞으로 대설주의보는 충북지역으로 확대될 가능성이 있습니다.

KBS 뉴스 김성한입니다. (07:58)

103) http://news.kbs.co.kr/news/actions(2010년 1월 4일자).

⑯ "중부지방에 눈…출근길 비상!"[104]

〈앵커 멘트〉

새벽부터 서해안 지역을 시작으로 서울과 경기 지역에 눈이 내리고 있습니다. 오늘 아침 새해 첫 출근길이 걱정입니다. 여의도에 중계차 나가 있습니다. 박대기 기자, 눈 상황 전해주시죠.

〈리 포 트〉

네, 서울 시내에는 이 시각 현재 온 하늘을 가득 채운 눈 때문에 마치 밤중처럼 어둡습니다. 새벽부터 내리던 눈은 한때 그쳤다가 출근시간이 시작되던 새벽 5시쯤부터 다시 내리면서 점차 눈발이 굵어졌습니다. 때문에 도로에는 눈이 하얗게 덮여 있는 곳이 많고 일부 도로는 얼어붙고 있습니다. 대부분 도로에서 차들이 서행하고 있으며 일부 도로는 출근길 차량으로 정체를 빚고 있습니다. 지금까지 여의도에서 KBS 뉴스 박대기입니다. (07:59)

⑰ [주요뉴스] "서울 '대설주의보'… 전국 많은 눈 外(자막 영상 크게)" (07:59)

⑱ "전국 많은 눈 … 내일부터 다시 한파"

지금 중부지방에는 한 시간에 2~3cm의 눈이 쌓이고 있습니다.

대설특보는 더욱 확대돼 서울경기와 강원영서, 충청 북부지방에 대설주의보가 내려져 있는데요, 새해 첫 출근길 가급적 대중교통수단을 이용하시고 차량의 월동장비를 갖춰서 출발하셔야겠습니다. 지금까지 인천에는 11.5cm의 눈이 내렸고 수원도 거의 10cm의 눈이 더 쌓였습니다. 서울도 오늘 아침에만 5.5cm의 눈이 내린 상탠데요, 지금도 굵은 눈발은 계속되고 있고 호남서해안과 경북 일부지방에도 눈이 확대되기 시작했습니다.

눈과 추위로 인한 피해 없도록 주의하셔야겠습니다. 날씨정보였습니다. (07:59)

---

104) http://news.kbs.co.kr/news/actions(2010년 1월 4일자).

⑲ "중부지방 많은 눈 … 출근길 어려워"[105)]

〈앵커 멘트〉

새벽부터 서해안 지역을 시작으로 서울과 경기 지역에 눈이 내리고 있습니다.

오늘 아침 새해 첫 출근길이 걱정입니다. 여의도에 중계차 나가 있습니다. 박대기 기자,눈 상황 전해주시죠

〈리 포 트〉

네, 서울 시내에는 이 시각 현재 온 하늘이 눈으로 덮여 아직 밤처럼 어둡습니다.

새벽부터 내리던 눈은 한때 그쳤다가 출근시간이 시작되던 새벽 5시쯤부터 다시 내리면서 지금은 발목까지 눈이 쌓였습니다. 때문에 도로에는 눈이 하얗게 덮여 있는 곳이 많고 일부 도로는 얼어붙고 있습니다. 여의도에서 KBS 뉴스 박대기입니다. (08:12)

⑳ "항공기 운항 차질·여객선 통제"[106)]

〈앵커 멘트〉

서울과 경기 지역을 중심으로 내리는 눈 때문에 항공기와 여객선 운항의 차질도 속출하고 있습니다. 송명희 기자입니다.

〈리 포 트〉

김포공항에서 출발하는 국내선 항공편의 결항과 지연 출발이 이어지고 있습니다.

한국공항공사는 오늘 새벽 오전 6시 45분 김포에서 제주로 출발하려던 아시아나항공 OZ8901편 등 9편의 국내선 운항이 취소됐다고 밝혔습니다. 비행기에 쌓인 눈을 치우느라 대부분의 여객기 출발이 지연되고 있습니다. 또 공항에 진입하는 도로 대부분에서 눈으로 인한 지정체가 계속되면서 항공편을 놓치는 이용객도 나오고 있습니다. 그러나 인천 공항은 현재 별다른 결항사항은 없습니다. KBS 뉴스 송명희입니다. (08:12)

㉑ "경기도 도로 곳곳 통제"[107)]

오늘 새벽 폭설로 경기도 내 도로 곳곳이 통제되고 있습니다.

---

105) http://news.kbs.co.kr/news/actions(2010년 1월 4일자).

106) http://news.kbs.co.kr/news/actions(2010년 1월 4일자).

107) http://news.kbs.co.kr/news/actions(2010년 1월 4일자).

성남에서 광주를 잇는 지방도 342호선이 오늘 오전 6시 40분부터 통제됐습니다.

또 지방도 338호선이 배재 고개 구간도 같은 시각 차량운행이 차단됐습니다.

이와 함께 용인시 양지면 국지도 98호선과 57호선도 오전 7시부터 교통이 통제됐습니다.

입력시간 (08:21) 송명훈 기자

㉒ "폭설로 통제된 삼청터널 길"

통제된 삼청터널 길

기상청이 4일 오전 5시 30분 서울시에 대설주의보를 발령한 가운데 성북구로 향하는 삼청터널길이 통제되고 있다.[연합]

㉓ 중부 대설주의보 "[07시 50분 기상특보]

㉔ "폭설 때문에 열차 운행도 차질"[108)]

서울에 내린 103년 만의 폭설로 인해 열차 운행이 곳곳에서 차질을 빚었습니다.

오늘 오전 8시 45분쯤 1호선 대방역에서 선로 변압기가 고장 나면서 노량진역에서 대방역까지 1시간이 걸리는 등 인천 방향 열차가 잇따라 지연 운행됐습니다. 또 오전 7시쯤 구로에서 인천방향으로 가던 1호선 전철 급행열차 3대의 운행이 40분 동안 중단됐습니다. 서울 메트로는 오늘 수도권 지하철을 1시간 연장 운행하겠다고 밝혔습니다. (08:58) 한승연 기자.

㉕ "서울 시내 도로 곳곳 마비"

새벽에 내린 폭설로 서울 시내 도로 곳곳이 마비되고 일부 구간이 통제되고 있습니다. 서울지방경찰청은 현재 삼청터널 길과 인왕산실, 북한산길, 그리고 개운산 길과 은평 터널 길 등 모두 9 곳의 차량 운행을 제한하고 있습니다. 올림픽대로와 강변북로는 전 구간에서 지·정체가 빚어지고 있으며, 동부간선도로와 북부간선도로 내부 순환로 등 주요 간선도로 역시 차량 운행이 어렵습니다.

---

108) http://news.kbs.co.kr/news/actions(2010년 1월 4일자).

㉖ "항공기 운항 차질 · 여객선 통제"[109)]

서울과 경기 지역을 중심으로 내리는 눈 때문에 항공기와 여객선 운항이 차질을 빚고 있습니다. 한국공항공사는 오늘 새벽 6시 45분 김포에서 제주로 가려던 아시아나항공 oz8901편 등 오늘 아침부터 김포공항을 들고 나는 국내선 여객기 104편이 결항됐다고 밝혔습니다. 김포에서 일본 간사이로 출발하려던 대한항공 여객기 등 국제선 5편도 결항됐습니다. (09:07) 유동엽 기자

㉗ "서울경기 · 충청 대설주의보"

㉘ "중부지방 많은 눈…출근길 어려워"[110)]

〈앵커 멘트〉

새벽부터 서해안 지역을 시작으로 서울과 경기 지역에 눈이 내리고 있습니다.
오늘 아침 새해 첫 출근길이 걱정입니다. 여의도에 중계차 나가 있습니다.
박대기 기자, 눈 상황 전해 주시죠

〈리 포 트〉

네, 서울 시내에는 이 시각 현재 온 하늘이 눈으로 덮여 아직 밤처럼 어둡습니다.

새벽부터 내리던 눈은 한때 그쳤다가 출근시간이 시작되던 새벽 5시쯤부터 다시 내리면서 지금은 발목까지 눈이 쌓였습니다. 때문에 도로에는 눈이 하얗게 덮여 있는 곳이 많고 일부 도로는 얼어붙고 있습니다. 대부분 도로에서 차들이 서행하고 있으며 일부 도로는 출근길 차량으로 정체를 빚고 있습니다. 지금까지 서울에는 5.5cm, 인천에는 11.5cm의 눈이 내렸습니다. 서울과 수도권에는 오후까지 눈이 더 내릴 것으로 예상돼 오늘 하루 교통 혼란이 심할 것으로 우려됩니다. 지금까지 여의도에서 KBS 뉴스 박대기입니다. (09:16)

㉙ "충북도 큰 눈 … 대설주의보"

〈앵커 멘트〉

충북 북부 지역에도 굵은 눈발이 쏟아지면서 7시를 기해 대설주의보가 발효됐습니다.

청주 연결합니다. 박기영 기자. 그곳에도 눈이 많이 오고 있군요.

---

109) http://news.kbs.co.kr/news/actions(2010년 1월 4일자).

110) http://news.kbs.co.kr/news/actions(2010년 1월 4일자).

〈리 포 트〉

네, 새벽부터 내리기 시작한 눈은 이미 많이 쌓여 있습니다. 청주에서 KBS뉴스 박기영입니다. (09:16)

㉚ "항공기 운항 차질 · 여객선 통제"[111)]

〈앵커 멘트〉

서울과 경기 지역을 중심으로 내리는 눈 때문에 항공기와 여객선 운항의 차질도 속출하고 있습니다. 송명희 기자입니다.

〈리 포 트〉

김포공항에서 출발하는 국내선 항공편의 결항과 지연 출발이 이어지고 있습니다. 한국공항공사는 오늘 새벽 오전 6시 45분 김포에서 제주로 출발하려던 아시아나항공 OZ8901편 등 9편의 국내선 운항이 취소됐다고 밝혔습니다. 비행기에 쌓인 눈을 치우느라 대부분의 여객기 출발이 지연되고 있습니다. 또 공항에 진입하는 도로 대부분에서 눈으로 인한 지정체가 계속되면서 항공편을 놓치는 이용객도 나오고 있습니다. KBS 뉴스 송명희입니다.

㉛ [주요뉴스] "대설주의보 확대 … 출근길 혼잡 극심(큰 자막)"(09:17)[112)]

㉜ (속보) "중부지방 폭설 … 출근길 대란"[113)]

〈앵커 멘트〉

오늘 새벽부터 서해안 지역을 시작으로 서울과 경기 지역에 많은 눈이 내려 새해 첫 출근길이 큰 혼잡을 빚었습니다. 여의도에 중계차 나가 있습니다. 송형국 기자, 지금도 눈이 많이 옵니까.

〈리 포 트〉

네, 새벽부터 내린 눈이 지금까지 그칠 줄을 모르고 있습니다.

도로 전체가 눈밭으로 변하면서 출근시간이 조금 지난 지금까지 시내 곳곳이 큰 혼잡을 빚고 있습니다. 오전 8시 30분부터 서울, 인천, 경기 남부지역에 대설경보가 내려진 가운데 눈이 발목 위까지 덮고 있습니다. 시내 주요 도로는 내린

111) http://news.kbs.co.kr/news/actions(2010년 1월 4일자).

112) http://news.kbs.co.kr/news/actions(2010년 1월 4일자).

113) http://news.kbs.co.kr/news/actions(2010년 1월 4일자).

눈이 얼어붙어 차량들이 거북이걸음을 하고 있고 곳곳에서 사고가 잇따르고 있습니다.

그 밖에도 헤드라인을 보면 다음과 같다.[114)]

"새해 첫 출근길 폭설로 '교통대란'", "중부 대설주의보"(09시 20분 기상특보), "정부, 제설작업에 군·관 총동원 만 여명 투입"(11:12), "중부 폭설로 교통통제 구간 늘어", "눈길 교통사고 잇따라 … 1명 숨져"(11:59), "제주, 항공기 전면 결항 … 관광객 발 동동"(12:00), "대설주의보 지리산 입산 전면 통제", "육군, 제설작업에 대규모 병력·장비 투입"(12:05), "충북 전 지역 대설 특보 … 곳곳 피해", "중부지방 폭설=폭설로 수도권 교통 혼잡 극심"(12:42), "폭설로 안산 에어돔 붕괴 … 1명 중태(12:42)", "김포공항 운항 정상화 … 여객선은 통제"(12:40), "대전·충남 곳곳에서 교통 혼잡", "전국 많은 눈 … 내일부터 다시 한파"(12:46).[115)]

- "12시뉴스 : "중부지방 눈 … 출근길 '교통대란'", "12시뉴스, 폭설로 고속도로 정체 극심", "12뉴스, "폭설로 경기도 도로 곳곳 통제(13:14)", "12시뉴스, 항공기 운항 차질…여객선 통제", "12시 뉴스, 서울시, 긴급 제설작업(13:14)", "12뉴스, 서울 41년 만에 최고 폭설 … 이번 주 내내 한파", "12시뉴스, 중부지방 폭설 … 이번 주 내내 '한파'"(13:15), "12시뉴스, 강원북부지역 대설주의보 … 통행 어려움", "12시뉴스, 대전·충남 전지역 '대설주의보'", "12시뉴스, 충북 전 지역 대설특보", "12시뉴스, 중부지방 눈 … 출근길 '교통대란'(13:16)", "12시뉴스, 폭설로 경기도 도로 곳곳 통제(13:16)", "12시뉴스, 항공기 운항 차질 … 여객선 통제입력시간(13:17)", "12시뉴스, 폭설로 국무회의 지각 사태·신년 인사회 취소(13:57)", "12시 뉴스, 서울 지하철 막차 운행 1시간 연장 … 버스·택시도 늘려(13:57)", "수도권 도로 곳곳 교통 혼잡 극심(14:13)".[116)]

- "[속보], 중부지방 폭설…교통대란(14:20)", "[속보], 고속도로 정체 계속 … 일부 진입로 통제(14:23)", "[속보], 폭설로 경기도 도로 곳곳 통제(14:23)",

114) http://news.kbs.co.kr/news/actions(2010년 1월 4일자).

115) http://news.kbs.co.kr/news/actions(2010년 1월 4일자).

116) http://news.kbs.co.kr/news/actions(2010년 1월 4일자).

"[속보], 항공기 · 여객선 운항 차질 속출(14:24)", "[속보], 서울시 긴급 제설작업…교통대책도 마련(14:24)", "[속보], 서울 관측사상 최대 폭설 … 밤부터 한파(14:25)", "[속보], 강원북부지역 대설주의보 … 통행 어려움(14:27)", "[속보], 대전 · 충남 대설주의보 전 지역 확대(14:27)", "[속보], 충북 전 지역 대설특보 … 마을 고립 등 피해 잇따라", "속보특보, 중부지방 폭설(14:40)", "폭설로 수원지법 재판 연기(15:24)", "서울시 "폭설로 안 된 환승할인 환불(15:28)", "폭설로 우편물 배달 일부 지연(15:32)", "서울 폭설로 교통 · 안전사고 속출(15:32)", "고속도로 소통 원활(15:33)", "김포공항, 항공기 운항 부분 재개(15:47)", "폭설 영향으로 통신량도 급증(15:53)", "강원 영동 대설특보 계속(15:57)", "폭설에도 출통태세 '이상무'폭설에도 출통태세 '이상무'", "국토부, 전국 '눈길 교통정보' 서비스(16:14)", "성주서 눈길 승용차 추락…2명 부상", "서울 자치구, 관내 제설작업 지원(16:15)", "폭설로 항만 · 내륙화물기지 부분 차질(16:27)", "'제설 미루기' 지자체 경계도로 '주차장'", "폭설로 양계장 붕괴 … 닭 3,000마리 폐사(16:29)",[117]

-"[속보] 기록적인 폭설 … 도로 곳곳 마비상태(16:29)", "[속보] 폭설에 고속도로 진입 통제" "[속보] 폭설로 경기도 도로 곳곳 통제", "[속보] 이 시각 도로 상황(16:30)", "[속보] 이 시각 서울시 교통 상황(16:30)", "[속보] 항공기 · 여객선 운행 차질", "[속보] 서울시, 긴급 제설작업…교통대책도 마련", "[속보] 강원도 비롯 동쪽지역 강한 눈", "[속보] 강원 대설 경보…곳곳 교통 통제", "[속보] 동해안 대설 경보", "[속보] 경북에도 최고 16㎝ 폭설", "[속보] 충북 대설 특보 해제", "[속보] 충남 전 지역 대설특보 해제", "[속보] 이 시각 고속도로", "[속보] 강원도 비롯 동쪽지역 강한 눈(16:54)", "중부고속도로 눈길 통근버스 굴러 … 30여 명 부상(17:05)", "서울 민 · 관 · 군 16,000명 제설작업(17:05)", "눈길 고속도로서 3중 추돌사고 … 일가족 3명 사망(17:06)", "[속보 · 특보] 중부지방 폭설(17:17)", "[속보] 사상 최대 폭설 … 도로 곳곳 마비 상태(17:31)", "[속보] 고속도로 곳곳 사고…정체 잇따라(17:31)", "[속보] 폭설로 경기도 도로 곳곳 통제", "[속보] 이 시각 도로 상황", "[속보] 항공편 운항 점차 정상화", "[속보] 서울시, 지하철 막차 운행 1시간 연장 등 퇴근길 대중교통 마

117) http://news.kbs.co.kr/news/actions(2010년 1월 4일자).

련", [속보] 영동지방 대설특보 … 강추위 계속", "[속보] 강원 산간 많은 눈", "속보, 경북에도 최고 16cm 폭설", "[속보] 충남 전 지역 대설특보 해제", "[속보] 사상 최대 폭설 … 도로 곳곳 마비 상태", "속보, 대관령 시간당 5.5cm 폭설", "[속보] 이 시각 도로 상황", "잇따라 빗나간 기상청 눈 예보(17:33)", "논산서 눈길 교통사고 … 6명 부상(17:34)", "서울시 제설 제 중국산 논란(17:54)", "오늘 밤부터 강추위…다시 많은 눈(17:56)", "[속보특보] 중부지방 폭설", "[속보]대부분 해제 … 서울 3곳 · 경기 2곳(19:23)", "[속보] 강원 영동 대설특보 … 오늘 밤부터 기온 '뚝'(19:25)", "[속보] 이 시각 도로 상황(19:25)", "[속보] 사상 최대 폭설 … 도로 곳곳 마비 상태(19:25)", "[속보] 충남 서해안, 밤새 최고 8cm 더 내려", "[속보] 경북에도 최고 16cm 폭설", "[속보] 영동지역 대설경보…교통 통제 잇따라", "[속보] 항공기 운행 차질 · 여객선 통제", "[속보] 이 시각 교통 상황", "[속보] 이 시각 도로 상황", "[속보] 수도권 도로 곳곳 여전히 차량 통제", "[속보] 퇴근길 고속도로 정체 서서히 시작", "[속보] 사상 최대 폭설 … 도로 곳곳 마비 상태", "[속보 · 특보] 중부지방 폭설 [19시 기상특보](19:47)", "[뉴스타임] 103년 만에 최대 폭설 … 발 묶인 도심(20:33)".[118]

- "[뉴스타임] 강원 동해안 전역 대설특보 … 교통 불편", "[뉴스타임] 수도권 주요 고속도로 곳곳 정체 시작", "[뉴스타임] 사상 최대 폭설 … 도로 곳곳 마비 상태", "[뉴스타임](영상)103년 만에 폭설 … 도심 마비", "[뉴스타임] 기록적 폭설…눈길 교통사고 잇따라", "[뉴스타임] 대중교통 '뚝' … 고립 산간 마을 속출", "[뉴스타임] 고속도로 · 국도 곳곳 두절 … 극심한 정체", "[뉴스타임] 김포공항 9년 만에 통제 … 승객들 '발 동동'", "[뉴스타임] 폭설에 '위험천만' 자동차 애물단지", "[뉴스타임] 경인년 첫 출근길 무더기 지각사태", "[뉴스타임] 밤부터 기온 뚝 … 강추위 계속(20:34)", "[뉴스타임] 사상 최대 폭설…도로 곳곳 마비 상태(20:34)", "[뉴스타임] 강원 영동 · 서해안 눈 … 내일 서울 영하 10도", "[뉴스타임] 게릴라성 '눈 폭탄' … 원인은?", "[뉴스타임] '무너지고 주저앉고' 시설물 피해 잇따라",[119]

- "[뉴스 9] 대중교통 이용객↑… 수도권 고속도로 원활(22:06)", "[뉴스 9]

118) http://news.kbs.co.kr/news/actions(2010년 1월 4일자).

119) http://news.kbs.co.kr/news/actions(2010년 1월 4일자).

인천 퇴근길 '지옥 철' 방불 … 1시간 연장(22:06)", "[뉴스 9] 수도권 일부 도로 통제 여전 … 전철 '혼잡'", "[뉴스 9] 퇴근길 '거북이 운행' … 지하철은 '북새통'", "[뉴스 9]강원 영동 · 서해안 눈…내일 서울 영하 10도", "[뉴스9] 눈 폭탄 원인은 수증기 대량 유입 · 한파 탓", "[뉴스 9]호남 · 충남 밤새 많은 눈 … 15cm 더 내린다.", "[뉴스 9] 강원도 산간 · 동해안 대설특보 … 교통 불편", "[뉴스 9] 제설작업에 민 · 관 · 군 총동원 … '속수무책'", "[뉴스 9] '무너지고 주저 앉고' 시설물 피해 잇따라", "[뉴스 9] 김포공항 9년만에 통제…승객들 '발동동'", "[뉴스 9] 지하철 승객 폭주 … 전동차 고장 · 연착 · 지연", "[뉴스 9] 시민 출근 지각사태 … 국무회의 20분 연기", "[뉴스 9] 수도권 '눈 재난' … 퇴근길 차량 '엉금엉금'", "[뉴스 9] 103년 만의 최대 폭설- … 출근길 '아수라장'", "[뉴스 9] 눈길 속 백태 … 스노보드 · 스키까지 등장", "[뉴스 9] 새해 첫 장사부터 허탕…손님들 발길 '뚝'", "[뉴스 9] 택배 배송 지연 … 홈쇼핑 '대박' 마트 '한산'", "경기도 비닐하우스 붕괴 등 폭설 피해(22:07)", "[뉴스 9] 군 병력도 제설작업 투입- … 9년 만에 처음", "[뉴스 9] 쏟아지는 폭설 … 골목길 · 인도 시민들 '아슬'", "[뉴스 9] 버려진 차 · 차 · 차 … 견인차 오히려 견인 신세", "[뉴스 9] 고지대 서민들, 고단한 하루 '더 힘들어'", "[뉴스 9] 대중교통 '뚝' … 산간 오지마을 완전 고립", "[뉴스 9] 갑작스런 폭설로 '눈길 교통사고' 잇따라", "[뉴스 9] 눈길로 변한 도로 정체 극심 … 주차장 방불", "[뉴스 9] 내일 아침 서울 영하 10도 … 소한 한파 계속(22:08)", "강원영동 · 호남 · 충남 서해안 대설특보(23:16)".[120]

- "[뉴스라인] 내일, 소환 추위 … 서울 영하 10도(23:37)", "[뉴스라인] 도로 곳곳 통제 … 내일 빙판길 우려", "[뉴스라인] 〈전문가대담〉폭설 원인은?", "[뉴스라인] 〈취재현장〉 폭설로 도심 기능 마비 … 피해 속출", "[뉴스라인] 서울, 103년 만의 최대 폭설", "[뉴스라인] 대전 · 충남, 밤 늦게부터 다시 눈", "[뉴스라인] 강원 · 동해안 전역 대설특보" 등.

이번 폭설을 통해서 'KBS' 박대기 기자가 네티즌으로부터 많은 격려를 받았다. 특히 전문인력이 부족한 가운데 초보 기자로 혼자서 쉼 없이 KBS1, KBS2 TV에 번갈아 리포트를 하는 과정에서 머리나 양복위에 하얗게 순 쌓인

120) http://news.kbs.co.kr/news/actions(2010년 1월 4일자).

장면 그대로 리포트를 해 박기자에게 시청자들은 많은 성원을 보냈다. 1월 10일 현제 1500여명이 넘는 TV나 라디오 시청자들이 박대기기자(waiting@kbs.or.kr)에게 많은 성원을 보냈다고 한다.[121)]

㉝ '폭설스타' 박대기 기자 "즐거움 드려 기뻐(1.5헤럴드)〉[122)]

- 누리꾼들로부터 '눈사람'이라는 별칭을 얻으며 화제를 모은 KBS 박대기(32) 기자가 1월 5일 "조금이나마 즐거움을 줬다면 기쁘다"고 말했다. KBS는 지난 4일 박 기자가 폭설현장에서 머리와 어깨에 눈이 쌓여 얼어붙은 채 리포트를 하는 모습으로 인터넷에서 화제를 모은 데 대해 5일 '폭설 속 기자정신 연일화제'라는 제목의 보도 자료를 내고 박 기자의 소감을 전했다. 박 기자는 "이렇게 화제가 될 줄 몰라 놀랐다."며 "눈 때문에 고생하신 분들에게 조금이나마 즐거움을 줘 기쁘다. 시청자들께 감사한다"고 소감을 밝혔다. KBS 공채 35기인 박 기자는 이날 오전 6시부터 8시30분까지 KBS1, 2 TV 뉴스에 20~30분 간격으로 8차례 출연해 폭설현장을 리포트했다. 그의 리포팅 모습은 4일부터 주요 포털에서 주요 검색어순위 1, 2위를 다퉜고 위키백과에도 등록될 정도로 인기를 끌었다. 특히 화면에 나온 그의 이메일 주소가 본인의 이름을 연상케 하는 '웨이팅(waiting)'이라는 점도 화제가 됐다.[123)]

㉞ KBS '뉴스9' 시청률 25% 돌파, 박대기 기자 효과?[124)]

KBS 한국방송이 뉴스와 드라마, 예능 등 모든 분야에서 시청률 1위로 1주일 간 전성시대를 맞았다. 시청률 조사 전문기관인 TNS에 따르면 KBS '뉴스 9'는 지난 4일 시청률 25.9%(서울 기준)를 기록한 뒤 9일까지 닷새 연속 시청률 20%를 뛰어넘는 저력을 보였다. AGB닐슨 미디어리서치의 집계에서도 지난주 평균 시청률 20.3%를 기록했다. 이처럼 뉴스 프로그램이 연속으로 20% 이상의 시청률을 기록한 것은 극히 이례적인 일이다. KBS 관계자는 "지난주 폭설과 세종시 관련 뉴스가 화제를 모으면서 시청자들이 공영방송인 KBS에 더욱 주목한 것으로 분석된다"고 말했다. 물론, 학생들에게 인기가 높

121) http://news.kbs.co.kr/news/actions(2010년 1월 4일자).

122) http://news.kbs.co.kr/news/actions(2010년 1월 4일자).

123) 헤럴드 생생뉴스(online@heraldm.com).

124) 『TV Daily』, 2010년 1월 11일자.

은 KBS 2TV의 새 월·화 드라마 '공부의 신'이 지난 4일 첫 방송부터 20% 가까운 시청률로 1위에 올랐고, 6일 첫 방송된 수·목 드라마 '추노'도 시청률도 20%대를 넘고는 있다. 그러나 그것보다도 일부 네티즌들의 재미성 격려와 함께 또 다른 한 편으로는 지구 온난화 현상에 따른 시민들의 재난의식이 상당히 높아졌기 때문으로도 볼 수 있다. 뿐만 아니라, 지난해 개봉된 영화 '해운대'와 같은 재난의 경각심을 일깨우는 컨텐츠가 선풍적인 인기를 끈 경우도 상당히 일조한 것으로 보인다.[125]

<이미지 출처 : KBS-1TV(기상특보 방송화면 캡처, 2010년 1월 4일자)>[126]

125) http://news.kbs.co.kr/news/actions(2010년 1월 4일자).

126) http://news.kbs.co.kr/news/actions(2010년 1월 4일자).

(2) 조선일보[127)]

① "서울 최악의 '눈 폭탄' 25.8㎝… 관측사상 최대"

경인년(庚寅年) 새해 첫 출근일인 4일 서울과 중부지방에 기상관측 사상 최대의 '눈 폭탄'이 쏟아져 극심한 교통대란을 빚었고 일부 도시기능이 마비됐다. 서울시와 각 시·군은 아침 일찍부터 제설작업에 나섰지만 끊임없이 내리는 눈을 처리하지 못해 도로는 통제 불능 상태가 됐다. 기상청은 "4일 0시부터 오후 3시까지 서울에 쌓인 눈은 25.8cm로 적설량 측정이 시작된 1937년 이래 최대를 기록했다"고 밝혔다. 지금까지 최고 기록은 1969년 1월 28일 25.6cm가 최고 였다. 기상청 관계자는 "거대한 눈구름대가 동쪽으로 이동하면서 강원도와 경북 북부지방 등에는 5일 아침까지 눈이 더 내릴 것"이라고 말했다.

이날 폭설로 전국 도로 43곳과 고속도로 나들 목 7곳이 통제됐다. 서울에선 한남대교를 비롯한 주요 도로에서 빙판길 사고가 잇따랐고 오르막 내리막길을 통과하지 못하는 차량들 때문에 출근길 도로가 꽉 막혔다. 지하철·철도도 많은 시민들이 몰리고 일부 차량이 고장나면서 시민들이 지각하는 일이 속출했다. 이날 폭설로 모두 194개 열차가 운행에 차질을 빚었다. 수도권 전철에서는 45개 열차가 지연 운행됐고, 7개 열차는 운행이 취소됐다. 하지만 5일 아침 기온이 서울과 인천은 영하 10도, 수원이 영하 11도, 철원이 영하 17도까지 각각 떨어질 것으로 예상돼, 쌓인 눈이 얼어붙을 경우 또 한 차례 출근길 교통대란이 우려된다.[128)]

② "뒤엉킨 차 … 미어터진 전철 … "찜질방서 자자 " 귀가 포기도."

③ "경사로, 헛바퀴로 마비 출근길 전철 잇단 고장 시무식 날 '지각사태'"

4일 사상 최대의 '눈 폭탄'을 맞은 서울과 수도권 일대는 출근길이 교통지옥이었다. 끊임없이 내리는 눈이 쌓여 주요 도로는 거대한 주차장으로 변했다. 대중교통을 이용하려는 인파가 버스 정류장과 지하철역에 한꺼번에 몰려 혼잡이 극심했고, 일부 전동차의 고장사태까지 빚어져 2010년 첫 출근길에 대규모

---

127) 『조선일보』, 2010년 1월 5일자.

128) 『조선일보』, 2010년 1월 5일자.

지각사태가 속출했다.

"도로 마비, 최악의 교통대란", "출근 인파 몰린 '지옥 철'," "곳곳에서 눈길 사고 속출"

"또 예보 빗나간 기상청3일 저녁"

④ "서울에 2~7㎝, 많은 곳은 10㎝이상" 4일 아침, 눈발 굵어진 후에야 대설주의보 발령

지난달 두 번 연속 눈 오보(誤報)를 냈던 기상청은 '눈 폭탄'이 쏟아진 이번에도 예보 정확도에 허점을 드러냈다. 이처럼 많은 눈이 예상될 때는 미리 '대설 예비 특보'를 발령해야 정상이지만 기상청은 눈발이 굵어지던 4일 오전 5시 30분에야 예비특보 없이 바로 서울·경기지역에 대설주의보(눈이 5㎝ 이상 내릴 것으로 예상될 때 발령)를 내린 것이다. 기상청 관계자는 "하루 전날인 3일 오후 5시 예보를 통해 서울지역에 2~7㎝의 눈이 예상되고 많은 곳은 '10㎝ 이상'이라고 예보했기 때문에 오보는 아니다"면서도 "이처럼 사상 최대의 폭설이 쏟아질 줄은 솔직히 예측하기 어려웠다"고 말했다.

⑤ "제설작업도, 대중교통 대책도 '늑장', – 안이했던 서울시 –"

4일 폭설로 도시가 마비된 데 대해 서울시는 "어마어마하게 쏟아진 눈 폭탄이라 방법이 없었다"고 해명했지만 제설업무 시스템의 허점이 곳곳에서 드러났다. 서울시는 3일 밤 11시부터 제설대책 1단계 비상근무를 지시했지만 실제 각 구청이 주요 도로 제설작업에 나선 시각은 오전 1~4시 사이로 제각각이었다. 시는 명령만 내리고 제설작업 상황을 종합적으로 챙기는 기능은 없었다. 제설작업을 하는 정해진 지침도 없었다. 어느 구청은 눈이 내리기 전 염화칼슘을 마구 뿌리는 바람에 정작 눈이 쌓인 뒤에는 염화칼슘이 모자라기도 했다.

⑥ "눈길 안전운전 요령"[129)]

- 오르막길에선 미리 탄력 받아 올라야… 감속 땐 엔진브레이크 활용을-

⑦ "인천대교, 첨단 장비 제설로 소통 원활 영종대교, 일부 구간 '미끌' … 추돌 3건"

4일 송도와 영종도를 잇는 인천대교는 폭설에도 차량 흐름에 큰 문제가

129) 『조선일보』, 2010년 1월 5일자.

없었다. 다리를 운영하는 인천대교(주)는 눈이 내리기 시작한 0시부터 다리 위 경사진 구간 9곳에 설치돼 있는 '자동염수분사시설'을 작동시켰다. 눈이 오거나 기온이 떨어져도 도로가 얼지 않도록 자동으로 염수(鹽水)를 뿌리는 첨단 장치다. 회사 측은 이 장치를 1분 간격으로 30여분 정도 가동시킨 뒤 눈이 계속 내리자 제설차량 7대를 동원해 도로 위의 눈을 치웠다. 염화칼슘도 뿌려 차량 운행이 가능하도록 했다. 또 다리 위 2㎞마다 설치된 도로안전 전광판을 통해 긴급상황과 사고발생 때 이용할 차로를 안내했다.

⑧ "200명 자정부터 제설 '인천공항 정상' 35명 4시 20분쯤 시작 '김포공항 마비'"[130)]

폭설이 내린 4일, 인천공항은 대규모의 결항 사태 없이 비교적 정상적으로 운영된 반면, 김포공항은 이날 오후까지 마비됐다. 그 차이는 두 공항의 대처방식이었다. 김포공항은 항공편 운항이 이날 오후 3시까지 전면 중단됐다. 한국공항공사에 따르면 이날 오후 4시까지 출발 예정이던 여객기 113편(국제선 포함)의 운항이 취소됐다. 인천공항공사는 이날 자정쯤 눈이 내리기 시작하자 직원 200명을 투입해 활주로 제설 작업을 벌였고, 항공사들도 항공기 기체의 눈을 제거하고 날개에 방빙(防氷)제를 뿌려 운항에 차질이 없도록 했다. 김포공항 이용객들이 큰 불편을 겪었지만 공항과 항공사는 결항의 책임을 서로 떠넘겼다.

⑨ "[수도권 최악의 폭설] '남 배려 안하는 車'가 교통대란 부추겼다."

- 월동장비 없이 車운전 헛바퀴 돌자 연쇄장치 도로에 차 버리기도… -

서울 서초구에 사는 회사원 최모(46)씨는 4일 오전 8시쯤 서울 광화문의 회사에 가기 위해 버스를 탔다. 더디지만 꾸준히 움직이던 버스는 반포대교 위에서 멈춰 섰다. 버스가 1시간 30분 만에 겨우 다리를 건넜을 때, 최씨는 버스 앞 차량들이 반대편 차로 차량과 뒤엉켜 있는 모습을 보고 입을 다물지 못했다. 다리 북단에서 남단으로 건너오려는 승용차 중 체인을 준비하지 못한 차들이 언덕길을 오르지 못해 유턴하면서 양쪽 차량 모두 오도 가도 못하는 상황이 됐다. 출동한 제설 차량도 이들 차량에 막혀버렸다. 최씨는 버스에서 내려

---

130) 『조선일보』, 2010년 1월 5일자.

30분 동안 눈을 맞으며 걸어가 지하철을 탔다. 평소 30분이면 충분하던 최씨의 출근길은 이날 2시간 30분이나 걸렸다. 최씨는 “눈이 많이 온다는 걸 아침 뉴스에서 들었을 텐데 자가용을 왜 끌고 나왔는지 도무지 이해할 수 없다”며 “기본적인 월동 장비조차 갖추지 않은 차량이 교통난 주범”이라고 분통을 터뜨렸다. 이날 최악의 교통대란 원인으로 기록적인 적설량과 기상청의 오보(誤報)를 꼽을 수 있다. 하지만 운전자들의 안이한 대처와 부족한 시민 의식이 새해 아침부터 서울 도심의 교통난을 키웠다는 지적이 나오고 있다.

⑩ “차에서 휴대폰 통해 시무식 사내방송”131)

- ‘폭설 출근길’ 이모저모 -

4일 서울에 25㎝가 넘는 기록적인 폭설이 쏟아지면서 새해 첫 출근길에 오른 시민들은 큰 불편을 겪었다. 버스 운행이 중단되는가 하면, 차량들도 눈길 위에 갇혀 직장인과 학생들이 지각하는 일이 많았다. 경기도 분당에 사는 박모(44)씨는 4일 아침 창밖에 내린 눈을 보고 승용차 출근을 일찌감치 포기했다. 지하철로 향하는 길에 박씨는 회사 간부에게 문자 메시지를 보냈다. “아직도 경기도입니다. 오늘 시무식 참석은 어렵겠습니다. 오늘 중으로 출근하겠습니다.” 박씨는 “버스에서 내린 승객 중 중년 남자 한 명은 고가도로 위에서 노상방뇨를 했다”며 “초등학교 졸업 이후에 낮에 노상방뇨 하는 것은 처음 봤다”고 했다. 박씨는 지하철을 2번 갈아타고 오후 1시 30분에야 회사에 도착했다. 출근하는 데만 꼬박 5시간이 걸린 셈이다.

사공일(69) 한국무역협회 회장은 눈길에 길게 늘어선 차량 행렬에 갇혀 이날 오전 9시로 예정된 시무식에 참석하지 못했다. 이 때문에 사공 회장은 승용차 안에서 휴대전화를 통해 사내 방송을 하며 직원들에게 새해 각오를 전달해야 했다. 또 국무회의도 장관 지각사태가 벌어졌다. 이날 이명박 대통령 주재로 청와대에서 열린 국무회의는 폭설로 인해 시작 시각이 오전 8시에서 20분 늦춰졌으나 최경환 지식경제부 장관, 현인택 통일부 장관 등 일부 장관들이 제시간에 도착하지 못했다.

이날 학교·학원 수업도 줄줄이 취소 또는 연기됐다. 안상현(25·서울대

131) 『조선일보』, 2010년 1월 5일자.

경제학부 4년)씨는 "신촌에서 영어학원 수업이 있어 신림역에서 지하철을 타고 가려고 했지만 매표소까지 사람들이 꽉 들어차 있었다"며 "너무 숨 막혀서 집으로 돌아왔는데 다행히 수업이 미뤄졌다는 연락이 왔다"고 했다. 정모(23 · 홍익대 4년)씨는 "간신히 버스를 잡아타고 학교에 가려는데 '계절학기 수업이 폭설로 취소됐다'는 휴대폰 문자 메시지를 받았다"고 했다. 경기 안산에 사는 장모(38)씨는 폭설로 4일 오후 1시 30분에 예정된 면허기능시험도 보지 못했다. 장씨는 "면허시험 보려고 서울까지 2시간이 걸려 왔는데 허탕만 쳤다"고 분통을 터뜨렸다.

⑪ "[수도권 최악의 폭설] 폭설 피해, 법원 판단은?"[132)]

- 사고예방 미흡 관리부실 땐 국가배상 판결 -

⑫ "폭설, 시카고와 서울의 차이"[133)]

… 선진국에서는 오래전부터 도로관리 부실에 의한 책임을 공공기관에게 묻고 있기에, 도로상의 제설작업도 즉각 이루어진다. 폭설에 의한 교통사고도 적은 편이다. 눈이 많이 오는 지역에는 시 조직 내에 '폭설 특별대책 기구'를 두어 운영하고 있고 막대한 장비와 염화칼슘을 보유하고 있다. 제설 민간업체도 있고 개인들도 지프나 트럭에 부착할 수 있는 간단한 제설 장비를 항시 준비하고 있다. 민관합동의 제설작업 체제 덕택에 아무리 바쁜 출근길이라도 차도에 눈이 쌓여 있거나 녹은 눈이 다시 얼어 빙판길이 되는 일은 거의 없다.

도로에 내리는 폭설은 '예측된 교통 혼잡'으로 간주한다. 미국과 유럽의 폭설 상습 지역에는 정부에서 막대한 예산을 할애해 폭설 대비책을 마련하고 있다. 도로의 폭설관리를 제대로 못할 경우, 사고를 포함하여 관광손실, 시간 비용까지 엄청난 사회비용이 낭비되기 때문이다. 우리는 당할 때만 크게 이야기하다 쉽게 망각한다. 폭설 대비책이 올바로 가동되려면, 일기예보를 시 당국에서 철저히 관리하여야 한다. 눈 올 확률에 따라 혼잡이 예상되는 지역에 눈 치우는 장비와 뿌려야 될 융설제를 배치시키고 있다가 눈이 오면 지체 없이 실행시켜야 한다. 우리나라는 5cm의 강설량만 보여도 고속도로가 막히고 터널

---

132) 『조선일보』, 2010년 1월 5일자.

133) 『조선일보』, 2010년 1월 5일자.

이 통행금지된다. 눈 많이 내리기로 유명한 미국의 시카고에는 내렸다 하면 대개 20cm가 내린다. 그래도 5분 안에 제설이 되는 체제를 갖추고 있다. 그 정도라면 아마 우리나라는 이틀 이상 걸릴 것이다. '폭설혼잡'을 해결하는 데 엄청난 시간차가 발생하는 셈이다. 앞으로 우리의 지자체와 한국도로공사도 제설시간 감소에 만전을 기해야 한다. 우리도 '폭설관리시스템'을 가동시켜 겨울마다 겪게 되는 홍역이 하루빨리 퇴치되었으면 한다.[134)]

⑬ "[사설] 폭설을 겪으면서 느낀 국가 수준, 국민 수준"

4일 새벽부터 내린 폭설로 서울을 비롯한 수도권 일대 출근길이 아수라장처럼 변했다. 승용차로 20분, 30분 걸리던 서울 시내 통근시간이 2시간, 3시간 걸리는 게 예사였고, 분당에서 출발한 버스는 5시간 만에 광화문에 도착하기도 했다. 서울은 오후까지 25.8㎝의 눈이 내려 적설량 측정이 시작된 1937년 이후 최고를 기록했다. 불가항력의 측면이 있는 것이 사실이다. 그렇다 해도 정부와 지자체·방송사·시민이 더 철저한 대비로 빈틈없는 대처를 했더라면 도시 교통이 완전히 마비되다시피하는 상황은 피할 수 있었을 것이다. 기상청의 3일 예보는 수도권에 4일 하루 2~7cm의 눈이 내린다는 것이었다. 적어도 3배 이상 틀린 예보였다. 기상청은 지난해 12월 27일에도 눈을 예보하지 못해 서울 도심이 속수무책으로 정체를 빚었다. 기상변화를 정확히 내다보는 것이 어렵다고는 해도 매번 이렇게 틀린 예보를 내보내서야 얼굴을 들 수 없다. 기상청이 수도권 적설량이 10~15cm에 달한 오전 8시 20분에야 대설경보를 내린 것도 보통 지각이 아니다. 서울시는 눈이 내리기 전인 4일 0시부터 주요 도로에 제설제를 뿌리는 1단계 비상근무에 들어갔다. 하지만 주요 도로 정체가 시작된 7시에야 2단계 비상근무령을 내렸고 8시에 가동 인력을 총동원하는 3단계 비상근무에 들어갔다. 서울시 행정에서 서울의 교통마비를 막는 것만큼 시급하고 중요한 일은 없다. 서울시는 더 빨리 최고 수준의 비상을 앞당겨 걸고 대비했어야 했다. 민간 건설 중장비를 제설작업에 동원할 수 있는 시스템도 갖춰야 한다. 지하철이 환승역마다 밀려드는 인파 때문에 기능이 마비되고 곳곳에서 고장난 것은 이해할 수 없다. 눈이 많이 내리면 자가 운전자와 택시 이용

---

134) 『동아일보』, 2010년 1월 5일자.

자가 지하철로 몰릴 게 뻔하고 합류 지점의 혼잡이 눈에 훤히 보이는데도 거기에 대한 대비가 전혀 없었다. 지상파 방송들은 오전 6시 방송개시 시간부터 적설 상황을 시민에게 알렸다. MBC의 경우 광화문에 중계차를 배치해 6시, 6시 32분, 7시, 7시 21분에 빙판길이 될 우려가 있다는 안내를 했다. 그러나 방송사가 좀 더 빨리 과감하게 비상상황에 준하는 편성을 하고 자가운전보다 대중교통을 이용할 것을 권유했더라면 곳곳에서 거리에 버리고 간 차들이 소통을 막는 일은 피할 수 있었을 것이다. 미국 동부지역에 작년 12월 18일부터 폭설이 내렸을 때 방송사들은 워싱턴 DC 시장을 방송에 출연시켜 “꼭 외출해야 할 상황이 아니면 집 밖으로 나오지 말라”는 호소를 하게 했다. 비상일수록 시민 개인개인의 철저한 질서의식이 중요하다. 서울 네거리마다 차량들이 서로 먼저 가겠다고 머리를 들이밀고 진입하는 바람에 모든 차량이 엉켜 꼼짝 못하는 혼란이 빚어졌다. 재난을 겪으면서 국가의 수준, 국민 수준이 드러나는 법이다. 4일 벌어진 일들은 우리가 선진국으로 가는 길에 준비하고 대비할 일이 아직 많다는 것을 보여줬다.

(3) 동아일보[135]

① “25.8cm … 서울, 하얗게 질리다”

새해 첫 출근날인 4일 서울에 기상당국이 적설량 측정을 시작한 1937년 이후 가장 많은 25.8cm(오후 8시 기준)의 눈이 내리는 등 중부지방에 폭설이 집중돼 주요 도로가 마비되는 등 큰 혼잡을 빚었다. 기상청은 당초 이날 서울에 5~7cm, 최대 10cm 이상 올 것으로 예보했으나 실제 눈은 역대 최고 기록인 25.6cm(1969년 1월 28일)를 경신할 정도로 빗나갔다. 기상청은 “한반도 상공에 있던 찬 공기와 서해에서 습기를 품은 따뜻한 저기압이 서울 상공에서 만나 많은 눈이 내렸다”고 밝혔다. 이날 인천 22.3cm, 경기 이천 23.2cm, 문산 20.2cm, 강원 춘천 23cm, 동해 21.6cm, 충남 천안 11.5cm 등 중부지방을 중심으로 눈이 많이 내렸다. 이날 서울에는 출근 시간대인 오전 6~9시에 12.4cm가 집중되면서 대혼란이 빚어졌다. 시민들은 지하철로 몰렸으나 폭설로 전동차가 고장을 일으켜 지각 사태가 속출했다. KTX와 새마을, 무궁화호 열차 142

135) 『동아일보』, 2010년 1월 5일자

편 등 190여 편도 지연됐다. 김포공항은 9년만에 항공기 운항이 전면 중단됐다가 눈이 그친 이날 오후 3시 반부터 운항이 재개됐다. 인천공항에서도 국제선 27편이 취소됐다. 고속도로와 주요 국도가 오후까지 주차장으로 변해 수도권과 강원, 전남 지역의 물류 기능이 사실상 마비됐다. 서해안 연안 여객선까지 발이 묶여 육해공 교통수단이 대부분 막혔다.[136)]

② "출근 못해요" "택배 못가요" … 눈 펀치에 '녹다운'

중부지방을 중심으로 예상치 못한 폭설이 쏟아짐에 따라 4일 도로 교통이 마비되고 항공기와 선박 운항이 전면 중단되는 등 피해가 속출했다. 운송차질로 물류업계는 비상이 걸렸고 도로가 빙판길이 되면서 크고 작은 사고가 잇따랐다.

- 하늘도, 바다도 '올 스톱'[137)]

서울 김포공항의 항공기 운항은 이날 오전 9년만에 전면 중단됐다가 오후 3시 반부터 정상운항이 재개됐다. 인천국제공항, 청주국제공항에서도 지연 출발 사례가 계속됐다. 한국공항공사에 따르면 이날 오전 6시 45분 김포공항에서 제주도로 가는 아시아나항공을 시작으로 부산, 광주, 포항, 울산, 여수 등지로 가는 항공기 187편이 결항됐다. 인천국제공항에서는 중국 동부지역 폭설로 인해 이날 중국행 27편 국제선이 결항되고 150여 편의 국제선 여객기가 1~2시간 이상씩 지연 출발했다.

- 폭설 교통사고 속출[138)]

폭설로 인한 교통사고와 추락사고로 6명이 숨지고, 재산 피해도 속출했다. 이날 경남 진주시 금산면 대전~통영 고속도로 하행선 연화산 나들목 부근에서 눈길 사고로 오모 씨(37 · 여) 등 3명이 사망하고, 전남 나주에서도 교통사고로 2명이 숨지는 등 전국에서 크고 작은 사고가 이어졌다. 오후 3시 29분경 경기 하남시 중부고속도로 상행선 만남의 광장 근처에서는 하이닉스반도체 통근버스가 눈길에 미끄러지면서 갓길 가드레일을 들이받고 5m 아래 풀밭으로 굴렀다. 이 사고로 버스에 타고 있던 운전기사와 직원 등 45명이 다쳐 병원으로

136) 『동아일보』, 2010년 1월 5일자.

137) 『동아일보』, 2010년 1월 5일자.

138) 『동아일보』, 2010년 1월 5일자.

이송됐다. 이 밖에 고속버스도 오후 7시 현재 전국의 예약건수 2만 7865건 중 1만 1393건이 취소됐다.

- 물류업계 비상

산업계는 이날 폭설로 물류, 택배 업체, 우체국 등을 중심으로 업무에 큰 차질을 빚었다. 대한통운은 "제설장비 정비와 스노체인 등 준비는 마쳤지만 워낙 도로 사정이 나빠 운송이 어려웠다"며 "서울과 포천·연천·양주 등 경기지역, 철원·속초·양양 등 강원도 일부 지역, 광주와 나주, 영광 등 전남지역에서 차량 운행에 상당한 차질을 빚었다"고 밝혔다.

③ "10cm가 25.8cm로 … 또 빗나간 예보".

여름 장마철에 '족집게 예보'로 칭찬을 받았던 기상청이 겨울 눈 예보는 잇달아 빗나가면서 곤혹스러워하고 있다. 2.6cm가량의 눈이 내린 지난해 12월 27일에는 눈이 시작되기 불과 두어 시간 전까지도 눈 예보를 하지 못해 비난을 받은 데다 4일에는 25.8cm라는 기록적인 폭설을 전혀 예상하지 못했기 때문. 기상청은 최근 눈이 자주 오는 것은 시베리아 지방에 내린 눈과 엘니뇨현상 때문이라고 설명했다. 기상 전문가들은 눈이 얼마나 쌓일지는 예측이 매우 어렵다고 말한다. 서명석 공주대 대기과학과 교수는 "눈구름이 예상보다 조금만 늦게 이동해도 10~20cm의 눈이 금방 쌓이기 때문에 정확한 적설량 예측이 쉽지 않다"고 설명했다.

④ "치우지 못한 눈 얼어붙어"… 출근길 어쩌나.[139)]

4일 내린 기록적인 폭설로 도로 곳곳이 얼어붙은 5일 전날에 이어 '출근길 대란'이 우려된다. 수원이 영하 9도까지 내려가는 등 경기도 전역이 영하 10도 안팎으로 떨어진 가운데 새벽부터 그쳤던 눈발까지 다시 시작돼 출근길 주의가 요구된다. 경기도는 공무원 2만 4천여명, 군인 2천 900여명, 경찰 6천여명 등 모두 3만 4천여명의 인력과 1천 900여대의 제설장비를 동원해 밤늦게까지 제설작업을 벌였으나 주요 간선도로를 제외한 지방도 등의 눈은 아직 치우지 못했다.

---

139) 『동아일보』, 2010년 1월 5일자.

⑤ "폭설 빙판길 출근길 이틀째 혼잡"140)

4일 내린 기록적인 폭설로 도로 곳곳이 얼어붙은 5일 전날과 같은 극심한 혼잡은 없었지만 대중교통 이용객이 늘고 차량들은 거북이 운행을 해 출근길 혼잡이 빚어졌다.

⑥ "雪亂에 지하철도 한때 스톱 시무식 연기 … 119 발 묶여"141)

2010년 첫 평일인 4일 서울에 관측 기록상 가장 많은 눈이 내려 사상 최악의 도로 마비 사태가 빚어지면서 출퇴근길 시민들은 큰 불편을 겪었다. 이날 새벽부터 내린 폭설로 '출근대란'을 겪은 직장인들이 귀가하며 일제히 지하철로 몰려 퇴근길은 전쟁을 방불케 했다. 지하철 1호선과 2호선이 교차하는 신도림역 승강장은 이날 오후 5시 반경부터 밀려든 인파로 가득찼다. 신도림역 김문식 역무원은 "인파가 평소보다 3배는 많은 듯하다"고 말했다. 1호선으로 갈아타기 위해 만원인 2호선 전동차에서 내리던 회사원 최도영 씨(29)는 "오늘은 그야말로 '지옥 철'"이라고 말했다.

⑦ "눈 … 눈 … 눈만큼 쌓이는 '눈 스트레스', "

눈 내리는 하늘이 마냥 예쁘고 좋았는데…. 이젠 지겹습니다."

연말부터 내리던 눈이 4일 새해 첫 출근길에는 기록적인 폭설로 변하자 시민들은 "눈 때문에 스트레스를 받는 다"는 반응을 보였다. 지난해 12월 27일 예기치 않게 2.6cm의 눈에도 일시적으로 도시 교통이 마비되기도 했다. 대학생 이은영 씨(24 · 여)는 4일 오전 학원에 가려고 지하철 1호선 역곡역으로 갔지만 사람이 너무 몰려 50분 만에야 전동차를 탈 수 있었다. 이 씨는 "전동차 안이 콩나물시루가 돼 원하는 역에서 내리지 못하자 여기저기서 괴성이 터져나왔다"며 "이제 눈이 그만 왔으면 좋겠다"고 말했다.

⑧ 선진국 "눈 내리는대로 치운다"

⑨ "중부권 '눈폭탄' … 빙판 출근대란 또 비상" …… 여기부터

서울시에 관측 사상 최대인 25.8cm의 폭설이 내리는 등 4일 중부지방에 많은 양의 눈이 내린 데 이어 5일에는 한파가 엄습해 빙판길 출근이 우려된다.

140) 『동아일보』, 2010년 1월 5일자.

141) 『동아일보』, 2010년 1월 5일자.

중부지방은 4일 내린 눈으로 상당수 도로가 통제되고 눈길 사고가 곳곳에 잇따르며 교통이 마비돼 '경인년' 첫 출.퇴근길에 나선 시민들이 큰 불편을 겪었다.

- 기록적 폭설..교통통제 = 이번 '눈폭탄'은 서울을 비롯한 각지의 강설 관련 기록을 갈아치웠다. 오후 10시 기준으로 서울에는 25.8cm의 눈이 내려 종전 최대치인 25.6cm(1969년 1월 28일)를 넘어섰다.

- 제설작업 더뎌..밤샘 작업 = 오후 들어 서울.인천.경기 등에 내려진 대설경보가 해제됐지만 각 지역의 제설작업은 속도를 내지 못하고 있다. 경기도 재해대책본부는 공무원 2만 2천여명과 군인 1천 200명 등 2만 7천 800여명의 인력과 1천 885대의 장비를 동원해 염화칼슘 7천 576t과 소금 912t, 모래 953㎥를 주요도로에 뿌리며 제설작업을 벌였다. 그러나 이날 20㎝ 안팎의 기습 폭설로 비축해 놓은 염화칼슘이 거의 바닥나면서 지자체별로 제설작업에 차질을 빚었다. 경기 의정부시는 비축한 염화칼슘 700t을 모두 사용하고 110t가량 남은 상태이나 눈이 1cm 미만으로 내려도 염화칼슘 약 150t이 필요한 점을 감안하면 턱없이 모자라는 양이다.

- 5일 출근길..가급적 대중교통 이용을 = 밤사이 기온이 영하권으로 떨어지며 도로에 남은 눈이 얼어붙으면서 5일 출근길 도로가 빙판길로 변할 것으로 보인다.

(4) 중앙일보[142)]

① 100년 만의 눈폭탄[143)]

새해 첫 출근길이 폭설에 갇혔다. 4일 오전 9시30분 서울 반포대교 북단 승용차들이 야트막한 언덕길조차 오르지 못해 멈춰섰다. 일부 녹았던 눈이 다시 얼어붙어 오늘 아침에도 교통대란이 우려된다. [강정현 기자] 4일 서울 등 중부지방과 경북 내륙지방에 '눈 폭탄'이 쏟아졌다. 특히 이날 새벽부터 오후 2시까지 서울에는 25.8㎝의 폭설이 내렸다. 1907년 기상 관측(공식 적설량 관측자료 기준으로는 1937년) 이래 하루 적설량으로는 가장 많은 것이다.

---

142) 『중앙일보』, 2010년 1월 5일자.

143) 『중앙일보』, 2010년 1월 5일자.

② 25.8cm에 갇혔다

③ 30분 버스 기다리고 150분 버스에 갇혀 있고 170분 추위 속에 걷고

④ 지하철도 속수무책[144)]

4일 폭설엔 지하철도 속수무책이었다. 시민들은 "폭설이 올 때는 지하철을 이용하라고 해 놓고 대책을 제대로 세워 놓지 않았다"며 분통을 터뜨렸다.

이날 출근시간대에 서울 도심의 주요 도로는 주차장으로 변했다. 상황이 이렇다 보니 지하철에 많은 사람이 몰렸다. 2호선 강남역의 경우 출근길 이용객이 평소보다 30% 가량 늘었다. 서울시는 이날 지하철의 러시아워(배차간격 3분)를 오전 7~9시에서 11시까지로 연장하고, 5~8호선은 20대의 열차를 추가로 운행했다. 그러나 혼란은 해소되지 않았다. 지연 도착에 고장까지 잇따랐다. 2호선(역삼~강남역), 1호선(남영~용산역) 등 일부 구간에서 멈춰선 열차가 생겼다. 오전 8시엔 전기 공급에 차질이 생겨 지하철 1호선 서울역~청량리역 구간의 열차가 양 방향으로 멈춰 서 있기도 했다. 일부 승객이 출근 인파 속에서 실신하는 소동도 벌어졌다. 오전 10시쯤 2호선 교대역에서는 지하철에서 내려 승강장 개표구 쪽으로 올라오는 계단에서 20대 유치원교사 A씨가 쓰러져 119가 출동했다.

⑤ "평소에 지하철 타봐야" MB, 국무회의 기다리다 한마디[145)]

4일 새벽부터 내린 '눈폭탄'은 정부의 주요 일정에도 영향을 끼쳤다. 우선 이명박 대통령 주재로 오전 8시부터 청와대에서 열릴 예정이었던 국무회의가 제 시간에 열리지 못했다. 국무위원들이 폭설에 갇혀 도착하지 못해서다. 이 대통령은 회의 시작을 기다리며 미리 도착한 참석자들에게 "불가항력이라고 이해해야 한다"면서도 "(이럴 땐) 지하철을 타면 된다"고 말했다. 그러면서 "평소에 지하철을 타 봐야 한다. 평소에 안 탄 사람은 (지하철을) 어떻게 타는지, 어디서 (타야) 가는지 잘 모를 수가 있다"고 했다. 국무회의는 대통령이 출석했기 때문에 오랫동안 지체할 수 없어 오전 8시 20분에 시작됐다. 현인택 통일부, 임태희 노동부 장관은 지각을 했다. 윤증현 기획재정부, 최경환 지식경제

144) 『중앙일보』, 2010년 1월 5일자.

145) 『중앙일보』, 2010년 1월 5일자.

부, 정종환 국토해양부 장관은 회의가 끝날 때까지 끝내 도착하지 못해 '결석생'이 됐다.

⑥ "눈 예보 오류 맞지만 실수 아닌 과학의 한계 보인 것"[146)]

기상청은 오보를 최소화하기 위해 지난해 8월 기상선진화추진단 켄 크로퍼드(사진) 단장을 영입했다. 크로퍼드 단장은 미국 국립기상청에서 근무했으며 오클라호마대학 기상학과 석좌교수로 재직하다 외국인 최초로 1급 공무원에 임명됐다. 그의 연봉(3억 2500만원)은 대통령의 두 배나 된다. 그는 폭설 예보가 어긋난 데 대해 "한국만의 문제는 아니다"면서도 "한국이 선진국에 비해 초단기 예보에 약하다"고 말했다. 다음은 일문일답.

- 예보의 오차가 큰 원인은 무엇인가?

"이번 눈 예보에 오류가 있었던 건 사실이다. 그러나 시스템에 문제가 있거나 예보관들이 실수를 했다기보다는 현재 인간이 구현 가능한 과학의 한계를 보여준 것이다. 실제로 유럽・일본 등 주변국에서도 오늘 한반도 강수량을 10㎜(눈 10㎝) 이하로 예측하고 있었다."

-잦은 오보로 시민들의 항의가 많은데?

"현재 한국 기상청은 가능한 모든 기술력을 동원해 날씨 예보에 힘쓰고 있다. 물론 오늘(4일) 폭설에 대비해 '20㎝ 이상 내릴 것'이라고 정확한 예보를 했다면 더 좋았겠지만 기상예보는 항상 넘침 없이 신중하게 해야 한다. 가능한 한 보수적으로 해야 장기적으로 예보 정확도가 더 높기 때문이다."

-미국에서도 이렇게 눈 예보가 어긋나는 경우가 있나.

"내 고향인 미국 오클라호마에 크리스마스 이브였던 지난해 12월 24일 4~8㎝가량의 눈이 온다고 예보했는데 실제로는 25㎝의 눈이 내렸다. 다행히 휴일이라 시민들의 항의가 적었지만 예보가 어긋나 불편함을 겪었다. 이처럼 눈・비가 얼마나 올 것인지를 정확히 예측하는 데 어느 나라나 어려움을 겪는다. 그런데 미국은 한국 기상청처럼 시민들에게 즉각적으로 해명하고 사태에 대응하지는 않는다."

-한국 예보관들의 수준은 선진국과 비교해 어떤가?[147)]

---

146) 『중앙일보』, 2010년 1월 5일자.

147) 『중앙일보』, 2010년 1월 5일자.

"기상도에 대한 이해도가 매우 높다. 미국의 예보관들에 뒤지지 않는 수준이다. 오늘 아침 회의 때 보니 폭설이 내린 원인을 정확히 이해하고 있었다. 눈이 오는 기상의 전형적인 단서에 대해서도 잘 알고 있었다. 다만 한국은 선진국에 비해 0~12시간, 0~24시간을 내다보는 초단기 예보에 약하다. 요즘 세계적으로 초단기 예보 역량을 높이는 게 추세다. 장차 한국의 초단기 예보 수준을 높이는 게 내가 달성할 목표 중 하나다."

⑦ 폭설 쏟아지기 한 시간 전까지만 해도 … 기상청 "오늘 수도권에 최고 7cm 올 것"

서울지역에 1907년(공식 적설량 관측자료 기준으로는 1937년) 이래 가장 많은 25.8㎝의 눈이 내린 4일. 기상청의 예보는 또다시 빗나갔다. 500억 원 이상 하는 수퍼 컴퓨터도, 베테랑 예보관도 '눈 폭탄'을 전혀 예상하지 못한 것이다. 3일 밤에 수도권에 2~7㎝, 많은 곳은 10㎝ 정도의 눈이 내리겠다고 예보한 기상청은 4일 오전 5시까지도 예보를 바꾸지 않았다.[148)]

⑧ 물류망 '폭설테러' … 홈쇼핑 · 택배 줄줄이 배달 포기 · 지연[149)]

- 멈춰선 택배 업계=택배 업계는 비상상황실을 가동하며 24시간 비상운영 체제로 들어갔다.

- 비상 걸린 유통 업계=GS샵은 평소 오전 7시부터 상차 작업(주문받은 상품을 택배 차량에 옮겨 싣는 작업)을 마치고 오전 9시부터 가정 배송을 시작했지만, 이날은 폭설 때문에 상차 작업 시간이 오전 8시 30분으로 늦춰졌다.

⑨ 퇴근 인파 몰린 지하철 '콩나물시루'

⑩ "몇 번이나 미끄러져 사고 날 뻔 … 기다리는 승객위해 끝까지 운행"

⑪ 제설차 1200대 1만 명 투입했지만 … 장비 수백 대 지원받고도 역부족

서울 동대문구 공무원들이 4일 청량리역 앞 도로에서 제설작업을 하고 있다. 이날 서울시와 각 구청에서 1만여 명의 인력이 투입돼 제설작업을 벌였다. [김태성 기자]

기록적인 폭설 속에 제설 작업을 지휘하던 오세훈 서울시장은 4일 오전 9

148) 『중앙일보』, 2010년 1월 5일자.

149) 『중앙일보』, 2010년 1월 5일자.

시쯤 다급하게 지시를 내렸다. "우리 힘만으로 눈을 치우는 데 한계가 있으니 제설장비를 보유한 민간 기업에 도움을 요청하라." 하늘에 '제설기(製雪機)'가 달려 있는 듯 쏟아지는 눈에 맞서기에는 서울시의 인력과 장비만으로는 역부족이라고 오 시장은 판단했다. 앞서 오전 7시 40분에는 수도방위사령부에 인력과 장비 지원을 요청했다. 서울시가 이날 투입한 제설 장비는 1200여 대. 제설용 중·소형 트럭인 '유니목' 60대와 덤프트럭 38대, 염화칼슘 살포기 797대 등이다. 이 밖에도 눈을 밀고 퍼나르는 대형장비 페이로더가 11대나 동원됐다. 서울시와 25개 구청에 투입된 인력은 1만 명에 달했다. 그러나 이러한 장비와 인력도 폭설 속에서는 힘을 발휘하지 못했다. 염화칼슘도 효과가 없었다. 서울시는 도로에 염화칼슘 3100여t과 소금 530t을 뿌렸다. 하지만 채 눈이 녹기도 전에 눈이 다시 쌓였다. 서울시 김상범 도시교통본부장은 "23㎝가량 눈이 내린 2001년의 폭설에 대응할 정도로 장비를 갖췄으나 이번처럼 집중적으로 내린 폭설에는 역부족인 것 같다"고 말했다. 서울시가 군·민간업체와 맺은 비상협조 체계에 따라 군 장비 13대와 민간 장비 340대 가량 투입됐으나 턱없이 부족했다. 특히 눈을 밀고 나가는 중장비인 그레이더는 2대만이 가동됐을 뿐이다. 서울시가 보유한 것은 없고 수방사가 동원한 장비였다. 경기도에서는 제설차 40대와 제설기 257대 등 장비 1440대를 투입했다. 그러나 주요 도로의 제설 작업을 하기에도 역부족이었다. 경기도에도 이날 가동된 그레이더는 파주시가 보유한 2대가 전부였다.[150)]

⑫ 골목길 눈 치우기 주민이 나서야

⑬ 100년 만의 폭설에 꽁꽁 얼어버린 재난시스템

어제 서울이 기상관측이 시작된 1937년 이래 최고의 적설량을 기록했다. 사실상 100년 만의 폭설이라고 한다. 이번 '기습 폭설'로 새해 출근 첫날 수도권 교통은 온통 마비됐다. 회사마다 시무식이 늦춰졌고, 곳곳에서 빙판길 사고와 시설물 피해가 잇따랐다. 비록 불가항력적인 측면이 있지만 구멍난 예보와 미흡한 폭설 관리는 재점검이 요구된다.

---

150) 『중앙일보』, 2010년 1월 5일자.

(5) 경향신문[151)]

① 쉼 없는 '눈 폭탄' … 땅 · 하늘 막히고, 지하철은 숨 막혔다

서울과 수도권 · 충청지역 등이 폭설로 덮인 4일 도로와 하늘 길은 꽁꽁 묶였다. 눈길 · 빙판길에서는 하루 종일 사람과 차가 우왕좌왕하며 최악의 교통대란이 벌어졌다. 아침에는 무더기 지각사태가 이어졌고 예정된 시무식은 취소되거나 오후로 늦춰졌다. 거리에는 자장면 배달이나 택배도 자취를 감췄다. 새해 첫 월요일이 '설폭(雪爆)'을 맞은 날이다

- 도로 수십 곳 마비 … 김포공항 9년 만에 올 스톱

② 분당~서울 5시간… 버스 포기 '지옥철'로

폭설이 기습한 4일 시민들이 한꺼번에 버스나 지하철로 몰리면서 출 퇴근길은 '교통지옥'으로 바뀌었다. 회사원 안 모씨는 오전 7시 30분쯤 분당에서 광역버스를 타고 출발, 서울 종로구 계동까지 출근하는 데 5시간이 걸렸다. 평소 1시간 10분 걸리던 거리다. 분당을 떠난 버스는 3시간 넘도록 고속도로에도 진입 못하고 도로에 갇혔다. 끝내 고속도로 진입로가 폐쇄돼 안씨는 분당으로 돌아가 지하철을 타고 낮 12시 30분에 사무실에 도착했다. 용인에서 오전 7시 20분쯤 통근버스에 오른 한 공무원도 과천 정부종합청사에 도착한 것은 5시간 20분이 지난 낮 12시 40분쯤이었다. 교통정체를 피해 지하철을 탄 시민들도 혼잡과 전동차 고장으로 큰 불편을 겪었다. 회사원 이지혜씨는 "양천구 목동에서 강남구 삼성동까지 1시간 30분이면 갔었는데 지하철을 타고도 3시간이 걸렸다"며 "사람은 몇 배나 많고 열차 지연 때문에 느리게 가니까 '이런 게 바로 지옥철이구나'라는 생각이 들었다"고 말했다.

③ 지각 출근… 휴강… 배달 서비스 '스톱'

④ "눈 내리는 대로 치운다" 선진국 제설도 앞서[152)]

서울에 기상 관측 사상 최대의 '눈폭 탄'이 쏟아지면서 4일 도로가 빙판길로 변해 곳곳에서 교통 대란이 빚어졌다. 세계 주요 국가들도 이번 겨울 한파

151) 『경향신문』, 2010년 1월 5일자.

152) 『경향신문』, 2010년 1월 5일자.

와 폭설이 이어져 연말 휴가를 망치거나 출퇴근 전쟁을 치르는 사례가 속출하고 있다. 지난 연말에는 영국과 프랑스를 잇는 고속열차인 유로스타가 한파로 인해 고장나 승객들이 해저 터널에 갇혀 꼼짝 못하는 일도 벌어졌고 유럽 각국에서는 공항이 폐쇄되고 고속도로가 마비되기도 했다. 그러나 눈이 많이 내리는 러시아나 북유럽, 미국 동북부 지역을 비롯해 선진국들의 경우 첨단 제설 장비를 갖추고 있는 것은 물론 상대적으로 더 기민하고 체계적인 제설 대책을 시행하고 있다.

- **미국** : 뉴욕과 보스턴 등 미 동북부 지역은 겨울철에 10인치(25센티미터) 이상의 눈이 내리는 것은 다반사다. 이 때문에 제설 시스템과 장비도 발달돼 있다. 대중교통보다 자가용 이용이 많은 미국, 특히 눈이 많은 동북부 지역에서는 도로 제설 작업은 겨울철 가장 큰 행정업무에 속한다. 웬만한 시 단위에서는 제설 삽날이 부착된 다목적 제설 차량이나, 폭설 전용 그레이더를 여러 대씩 보유하고 있다. 일단 눈 예보가 있으면 주요 도로에는 거의 100미터 간격으로 제설차량이 배치된다. 눈이 어느 정도 내려 도로에 쌓이기 시작하면 제설 차량이 곳곳에서 사이렌을 울리며 눈을 도로 가장자리로 밀어내고 염화칼슘을 뿌린다.

이 같은 초기 대처 덕에 눈이 많이 오더라도 뿌려놓은 염화칼슘으로 도로의 눈은 녹아버리고 빙판길은 생기지 않는다. 폭설이 내릴 경우 이 같은 작업이 수차례 반복되며 웬만한 눈으로는 도심과 고속도로가 마비되는 현상은 일어나지 않는다. 제설 작업은 정부나 지방자치단체의 몫만은 아니다. 집이나 건물 주인들은 행인들이 지나가는 보도나 집 앞의 드라이브웨이를 치워야 하는 의무가 법적으로 지워져 있다. 자기 집 앞의 눈을 치우지 않아 지나가는 행인이나 우편배달부 등이 미끄러져 다쳤을 경우 이들에 대한 배상 책임은 집 주인에게 있다. 때문에 건물주나 집주인들은 차량에 부착하는 제설 블로어 등 장비를 갖춰 놓고 있는 경우가 대부분이며, 민간 제설업체를 고용해 제설 작업을 진행하기도 한다. 이들은 이면도로의 일정구간을 치운 후 주정부로부터 제설 비용을 지급받는다.[153)]

이 때문에 눈이 많이 오면 겨울철에는 제설작업으로 개인들이 상당한 수

153) 『경향신문』, 2010년 1월 5일자.

입을 챙긴다. 이렇게 풀린 돈은 지역 경기를 활성화시키고 북동부 지역은 폭설이 잦으면 경기가 살아난다는 얘기가 설득력을 지닌다. 사실 웬만한 폭설에도 주요 도로의 교통을 포함해 도시 기능이 끄떡없는 이유는 충분한 제설 예산이 확보돼 있기 때문이다. 물론 겨울철 폭설이 드문 수도 워싱턴 D.C.과 인근의 버지니아, 메릴랜드는 사실 상대적으로 적은 눈에도 쩔쩔매는 경우가 많다. 따라서 몇 십년 만의 기록적인 폭설은 자연재해로 담담하게 받아들이고 주정부 당국은 주민들에게 외출을 자제토록 당부하는 한편 주 방위군을 동원해 정전이 된 가구나 노약자, 독거노인 등을 위해 비상구호물품을 제공하는 데 치중한다. 버지니아 주의 경우 폭설이 내리면 주요 고속도로와 간선도로만 치울 뿐 주택가의 이면도로는 거의 손대지 못한다. 이 경우 스쿨버스 통행이 불가능해 각급학교의 휴교가 불가피하다. 주민들도 폭설 적응력이 상당히 커져, 기상예보에 따라 비상 식료품을 사전에 충분히 확보하고 외출을 자제하는 데 익숙하다. 병원 응급실을 비롯해 반드시 문을 열어야 하는 곳은 4륜구동 차량을 이용한 경우에만 고객을 받는 식으로 운영, 대책 없이 몰고 나온 차량이 교통소통을 방해하는 일을 원천적으로 막고 있다.[154]

- **러시아** : 워낙 눈이 많은 곳이라 눈이 내리는 한 쉬지 않고 제설작업이 이뤄진다. 모스크바 등 대도시의 경우 아무리 많은 눈이 내려도 주요 도로는 말끔히 눈이 치워져 있는 것도 '쉼 없는 제설 작업' 때문이다. 현재 모스크바 시에서 운영하는 제설작업 차는 약 3천 여대. 제설제를 뿌리고 도로 양 옆으로 눈을 밀어내는 제설차는 물론 컨베이어 벨트를 장착한 차량에 눈을 올린 뒤 이를 다시 트럭에 옮겨 싣는 장비도 갖추고 있다.

또 눈이 많이 오면 한 두 대의 제설차가 쓱 지나가는 것이 아니라 5-6대가 한꺼번에 열을 지어 도로 전면에서 눈을 완전히 제거한다. 아파트 단지 안은 물론 주택가 이면도로와 보행자 도로 등의 눈도 말끔히 치워지는데 이는 각 구청이 고용하는 인력들, 특히 중앙아시아 이민 노동자들이 제설작업에 총동원되기 때문이다. 이들은 눈이 오는 날이면 밤낮을 가리지 않고 하루 종일 눈을 치운다. 단지 제설장비가 부족한 일부 소도시는 몇 달이고 쌓인 눈이 방치돼 있지만 주민들이 이를 크게 게의치 않는다는 점도 러시아만의 특

154) 『경향신문』, 2010년 1월 5일자.

징이다.[155)]

- **스위스** : 알프스 산맥을 끼고 있어 겨울철에 동부 산악지역을 중심으로 눈이 많이 내리기로 유명하다. 강설량이 많기 때문에 오히려 제설 작업을 법으로 강제하기보다는 자율에 맡기고 있으며, 따라서 자택 주변의 눈을 치우지 않았을 때 부과되는 벌금 같은 것은 없다.

제설작업은 칸톤(州)보다 하위 행정 단위인 코뮌(시 또는 구)에서 자체적으로 이뤄지며, 일단 눈이 오면 지역의 도로 폭에 맞는 다양한 크기의 제설차가 총동원돼 거의 하루 종일 반복적으로 거리를 누비며 눈을 치우고 염화칼슘을 살포한다. 특히 차도뿐만 아니라 보행자가 다니는 인도 역시 코뮌에서 제설작업을 책임지며, 아파트 등 공동주택은 관리인이 동력 제설기계를 동원해 눈을 치운다. 개인주택의 제설에 대한 별도 규정은 없지만, 눈을 치우지 않고 방치할 경우 자가용 운행이 불가능해지기 때문에 거주자들이 자발적으로 치운다.

언덕길이 많고 강설량이 많은 스위스에서 겨울에 스노타이어와 체인은 필수이고, 누구나 겨울이 오기에 앞서 타이어를 교체하기 때문에 별도 규정은 없다. 다만 현지 상황에 따라 경찰이 체인이 없는 차량의 통행을 통제할 수 있으며, 눈길 교통사고 발생시 스노타이어나 체인을 하지 않은 차량이 보험사 책임 산정시 불이익을 당할 수 있다.

- **영국** : 오래된 좁은 도로가 많은 영국에서 제설대책의 핵심은 조기경보 시스템이다. 눈이 온 뒤 뿌리면 이미 늦기 때문에 눈이 오기 직전에 제설제인 `암염'을 집중적으로 살포한다.

이를 위해서는 도로가 빙점 이하로 떨어지는 때를 정확히 파악하는 것이 중요하다. 영국 주요 고속도로와 간선도로의 아스팔트 표면에는 센서가 깔려 있다. 70~80년대부터 사용되기 시작해 지금은 악천후가 이어지는 계절에 도로 상태를 예측하는 데 광범위하게 사용되고 있다. 이 센서는 도포 표면의 온도, 이슬 상태 등을 측정해 케이블 등을 통해 도로 옆에 설치된 기상장비에 전달한다. 이 기상장비는 추가로 공기 중 온도, 도로 표면 온도, 풍속, 풍향, 도로의 습기 등을 측정해 데이터를 전송한다. 이러한 정보는 기상청과 지방정부의 모니터에 나타나고 담당 공무원은 이를 바탕으로 제설제 살포 시점을 결정한다.

---

155) 『경향신문』, 2010년 1월 5일자.

센서가 깔려 있지 않은 곳에서는 기상청이 매시간 마다 발표하는 예보를 바탕으로 제설 대책을 가동한다.

각 지방정부는 추위가 시작되기 전인 10월에 3곳의 지하 광산에서 암염을 구입해 비축하지만 추운날씨가 이어진 이번 겨울에는 스코틀랜드 몇몇 지방정부의 경우 암염이 일찍 바닥나 긴급 공수를 받기도 했다.156)

- **프랑스** : 폭설이 내리면 기상당국인 메테오 프랑스가 가장 먼저 비상경보를 발령하는 것으로 관련 행정부처와 일선 시·도 등 지방정부에 즉각적인 대책을 주문한다.

지방정부는 미리 눈이 내리기 전에 제설제를 교통량이 많은 도심 주요 도로 등에 시간에 구애받지 않고 집중적으로 살포하는 등 신속한 대처에 나선다. 파리시의 경우 주요 도로 800㎞에 대해 수십 대의 차량을 동원해 제설제를 미리 뿌려 폭설에 대비한다. 각 지방정부는 또한 시시각각 빙판길 현황과 적설량, 주요 도로의 제설현황 등을 담은 정보를 시민들에게 공개해 도로 이용에 불편함이 없도록 하고 있다. 지방정부는 도로 외에도 공원과 화단, 묘지 등에 대해서도 통행로 확보 등을 위한 제설 대책을 즉각 시행한다. 도로변에 사는 사람들은 자기 집 앞길에 쌓인 눈을 치우는 것이 의무화돼 있다.

3) 재난보도의 문제점 및 대책

(1) 기상예보를 정확하게 예측하기란 정말 어려운 일이다. 기상청은 4일 오전 5시 30분에야 비로소 예비특보 없이 바로 서울·경기지역에 5cm 이상 눈이 내릴 것으로 예상 대설 주의보를 내렸다. 기상청 관계자는 "하루 전날인 3일 오후 5시 예보를 통해 서울지역에 2~7cm의 눈이 예상되고 많은 곳은 '10cm 이상'이라고 예보했기 때문에 오보는 아니다"고 말했다. 그러면서도 "이처럼 사상 최대의 폭설이 쏟아질 줄은 솔직히 예측하기 어려웠다"고 말했다. 물론, 급작한 기후변화 등으로 정확한 적설량 평가는 현대과학으로도 어려운 측면이 있기는 하지만, 좀 더 신속한 경보시스템의 발령이었다. 제설대책의 핵심은 '조기경보시스템'이다.

(2) 또 하나는 관계 당국의 늑장대응과 준비부족이다. 이번 대설의 경우는

---

156) 『경향신문』, 2010년 1월 5일자.

서울시나 경기도의 늑장대응이나 준비부족 등으로 제설 작업이 늦어져서 수도권의 도시기능이 일시적이나마 마비상태가 되기도 했다. 앞에서도 이미 언급했지만, 선진제국의 제설 대책은 즉각적일 뿐만 아니라, 철저하리만큼 신속한 대응시스템을 구축하고 있다. 만약, 미국의 뉴욕이나 모스크바시가 늑장대응으로 시민들에게 불편을 끼쳤다면, 다음번 선거에 낙선하거나 책임을 묻게 된다. 선진국의 경우는 제설작업이 반드시 정부나 지방자치단체의 몫만은 아니다. 집이나 건물소유주가 행인들에게 불편을 끼치지 않도록 보도나 내집앞 길은 자기가 치워야 할 의무가 있다. 만약, 눈을 치우지 않아 지나가는 행인이나 우편배달부 등이 미끄러져 다쳤을 경우에는 이들에 대한 분명한 배상책임도 있다.

(3) 대설 주의보가 내리면 스노우타이어로 교체하도록 권장하고, 그렇지 않은 경우에는 대책 없이 무분별하게 몰고 나온 차량은 원활한 교통소통을 위해 원칙적으로 제재해야 한다. 다만, 현지 상황에 따라 경찰은 체인 없는 차량의 통행을 통제한다든지 눈길 교통사고 발생시 스노우타이어나 체인을 하지 않은 차량은 보험사 책임 산정시 불이익을 당할 수 있게 한다.

(4) 대설 경보지역은 눈이 내리는 한 쉬지 않고 제설작업은 계속 '쉼 없이 제설 작업'을 하는 것이 중요하다. 특히, 제설제는 이미 눈이 온 뒤에 뿌리면 효과가 적기 때문에 눈이 오기 직전에 제설제를 집중적으로 뿌리는 것이 좋다. 이를 위해서는 도로가 빙점 이하로 떨어지는 때를 정확히 파악하는 것이 중요하다. 영국의 경우는 주요 고속도로와 간선도로의 아스팔트 표면에 센서가 깔려 있다. 70~80년대부터 사용되기 시작해 지금은 악천후가 이어지는 계절에 도로 상태를 예측하는 데 광범위하게 활용되고 있다. 이 센서는 도로 표면의 온도, 이슬 상태 등을 측정해 케이블 등을 통해 도로 옆에 설치된 기상장비에 전달한다. 이 기상장비는 추가로 공기 중 온도, 도로 표면 온도, 풍속, 풍향, 도로의 습기 등을 측정해 데이터를 전송한다. 이러한 정보는 기상청과 지방정부의 모니터에 나타나고 담당 공무원은 이를 바탕으로 제설제 살포 시점을 결정한다. 센서가 깔려 있지 않은 곳에서는 기상청이 매시간 마다 발표하는 예보를 바탕으로 제설 대책을 가동한다. 우리나라도 이번 대설 때 새로 만든 인천대교 같은 경우는 철저한 대응준비로 교통 혼잡을 막은 좋은 사례가 있다.

(5) 이번 대설은 폭설과 한파가 이어지는 가운데 도로 교통의 마비와 수도권 전철의 잇달 고장 등으로 시민들은 큰 불편을 느꼈다. 코레일 측은 "폭설과 한파 때문에 전철고장이 잦은가 하면, 심지어는 전철 출입문이 얼어붙어 긴급 수리작업을 나선 게 한두 번이 아니었다. 특히, 얼어붙은 도로 사정 때문에 자가용이나 버스 대신 전철을 타러 나왔던 시민들은 북새통이 된 전철 역사 등에서 큰 불편을 겪기도 했다. 뿐만 아니라, 해가 지면서 기온이 더 내려가 전철 고장이 훨씬 잦아져 퇴근길은 극심한 혼잡상태를 이루기도 했다.

(6) 서울시는 이번 강설로 인해 대량으로 도로 위에 뿌려진 염화칼슘과 소금 등 제설제의 환경오염 문제로 어려움을 겪고 있다. 서울시에 따르면 이번 25개 자치구에 내린 폭설로 도로 결빙을 막기 위해 약 60만 포대(25㎏ 기준)의 염화칼슘과 소금을 도로 위에 뿌렸다. 서울시뿐 아니라 아파트 단지들도 단지 내 자체적으로 도로나 보행로 등지의 결빙을 막고자 염화칼슘을 뿌려 실제로는 이 사용량보다 훨씬 많은 것으로 추정된다. 염화칼슘과 소금 등은 눈을 녹이는 효과가 크지만, 환경오염이나 토양의 염분성분 등의 증가로 가로수와 식물의 수명을 줄이는 것으로 알려졌다. 뿐만 아니라, 교량 구조물이나 차량 등을 부식시키는 것은 물론, 도로를 미끌미끌하게 해 치명적인 교통사고를 유발하기도 한다. 서울시는 이러한 제설제의 환경오염 문제를 줄이고자 염화칼슘보다 환경에 미치는 영향이 적은 소금의 사용량을 점진적으로 늘리는 등 환경에 거의 악영향을 주지 않는 '친환경 제설제'를 사용하는 방안을 검토해야 할 것이다.

제 2 부

기업의 위기관리 커뮤니케이션

제 5 장 선진 기업의 위기관리 커뮤니케이션

제 6 장 기업의 방재업무에서부터 위기관리 커뮤니케이션에 이르기까지

제 7 장 기업의 위기관리체제와 커뮤니케이션

제 8 장 기업의 위기관리와 정보전쟁

제 9 장 기업의 위기관리 교육·훈련 및 평가

제10장 재해대책본부의 조직과 역할 및 긴급비상연락체제

제11장 기업의 홍보와 위기관리 커뮤니케이션

제 5 장

선진 기업의 위기관리 커뮤니케이션

제 1 절 기업의 위기관리계획과 매뉴얼 작성법

기업은 투자한 자본을 효율적으로 관리하여 계속적인 수익과 이익을 창출하는 것을 경영 목표로 하고 있다. 그러나 기업 경영에는 필연적으로 불확실성이 수반되게 되어 목적 달성을 저해하는 다종다양한 위험 요인이 있다. 이러한 위험 요인은 어느날 갑자기 위기로 나타나 기업을 도산케 하는 최악의 사태를 초래하기도 한다. 현대 기업은 종래와는 판이하게 달라 시시각각으로 변화하는 수많은 위험 요소들을 마주하고 있다. 그런 의미에서 현대의 기업 경영은 위기와의 싸움이라고도 말할 수 있다.[1)]

'파괴적 혁신(disruptive innovation)'[2)] 이론으로 유명한 클레이튼 크리스텐슨

1) Theodore C, Solensen, Decision-Making in the White House, New York: Columbia University Press, 1963.

2) 『조선일보 토일섹션(Eeekly Biz)』, 2010년 1월 23~24일 토-일 C1, 혁신에는 '존속적 혁신(sustaining innovation)'과 '파괴적 혁신(disruptive innovation)'이 있다. 존속적 혁신은 과거보다 더 나은 성능의 고급품을 선호하는 고객들을 목표로 기존 제품을 지속적으로 개선해 보다 높은 가격에 제공하는 전략을 말한다. 반면 파괴적 혁신은 현재 시장의 대표적인

(Clayton Christensen) 하버드대 경영대학원 교수는 2010년 1월 "한국 경제는 이미 위급한 상황입니다. 지금부터 천천히 생각해서 5~10년 후에 솔루션을 내놓을 그런 상황이 아닙니다. 단지 대다수 국민들이 이런 위기 상황을 인식하지 못하고 있을 뿐이죠"라고 경고를 한 바 있다. 세계 경제가 80년만에 최악의 경기 침체 위기에 빠져 있는 상황에서 지난 해 삼성전자와 현대차를 비롯한 국내 대표 기업들은 사상 최대 실적을 기록하며 그 어느 때보다 강력한 경쟁력을 발휘하고 있다. 그런 지금, 그가 한국 경제에 대한 칭찬은커녕 위기를 말하는 이유는 뭘까? 한마디로 "선두에 서 있다는 것 자체가 위기"라는 게 그의 설명이다.

클레이튼의 저서인 '혁신 기업의 딜레마(Innovator's Dilemma)'나 '신 기업의 해법(Innovator's Solution)' 에서도 알 수 있듯이 '잘 나가는 기업도 한순간에 끝장날 수 있다'는 것이다. 업계 1위 기업들은 대규모 투자로 첨단 신제품을 개발해 비싼 가격에 판매하는 것에 몰두하지만, 현실 세계에선 싸고 단순한 제품을 만드는 기업들에 야금야금 시장을 빼앗기고, 결국 몰락한다는 것이 그의 '혁신 기업의 딜레마' 지론이다. 그 예로 일본의 사례를 들고 있다. 1970년대 고도 성장기에서부터 일본 기업들은 앞서가고 있던 많은 미국 기업들을 파괴적 혁신을 통해서 단순한 싼 제품으로 야금야금 추월했다는 것이다.

예를 들어 보겠다. 도요타와 소니는 소형차와 트랜지스터 라디오처럼 아주 단순하고도 값싼 솔루션을 가지고 시장의 가장 밑바닥에서 시작해서 한 발자국씩 고가 시장을 점령해 나갔다. 1990년대가 되자 많은 일본 기업들이 시장의 정점에 올라가 각 분야에서 최고의 제품을 만들게 되었다. 그러나 이런 하이엔드(high-end) 시장을 점령한 기업들에 발생하는 문제는, 정점에 오르면 더이상 예전과 같은 성장률을 유지하기 어렵다는 것이다. 여기서 클레이존은 "더욱더 심각한 문제는 기업들이 시장의 정점에 오르게 되면, 반드시 새로운 경쟁자들이 나타난다는 사실"이라고 지적했다. 즉, "일본 경제가 성장을 멈추기 시작하자마자 바로 한국·대만·싱가포르에 있는 기업들이 과거 일본 기업

제품의 성능에도 미치지 못하는 제품을 도입해 기존 시장을 파괴하고 새로운 시장을 창출하는 것을 말한다. 일반적으로 기존의 고객이 아니던 사람이나 덜 까다로운 고객들을 사로잡는, 간단하고 편리하고 저렴한 제품들을 출시하는 전략이 여기에 속한다고 볼 수 있다.

들이 했던 것과 똑같은 파괴적 혁신 방법으로 일본 경제를 공략했다. 그래서 이번엔 많은 일본 기업들이 시장에서 쫓겨나는 운명이 됐다"는 것이다. 그는 한국도 일본의 전철을 밟지 않으리란 보장이 없다고 했다. 현재, 하드웨어는 중국이, 소프트웨어는 인도가 치고 올라오고 있는데, 이는 한국처럼 앞서 있는 국가들에게는 매우 큰 위협이고 또 그들은 이미 세계적인 수준에 와 있다고 했다.

여기서 클레이튼 교수는 선두 기업의 숙명이라고도 할 수 있는 위기에 대한 대비책은 "시장 밑바닥으로 다시 내려가는 것"이라고 하기도 했다.

이를 한국의 사례에 적용시켜 보자. 한국의 재벌들이 명심해야 할 것은 시장 아래 쪽인 로 앤드(low-end)에서 치고 올라오는 기업들의 위협을 절대 간과해서는 안 된다는 것이다. 현재 중국 기업들, 특히 하이얼 같은 기업들은 꾸준히 저가 시장을 공략하고 있다. 이것이 바로 아래 쪽에서 오는 위협이다. 우선 대기업들이 알아야 할 것은 시장에서 점점 하이 앤드로 나아가는 것도 좋지만, 새로운 성장 가능성은 시장 밑바닥으로 내려가는 것에서 나온다는 사실도 알아야 한다고 했다. 새로운 성장 동력은 파괴(disruption)에서 나온다는 것도 명심할 필요가 있다. 정상에 오른 기업들이 다른 분야에서 자기 스스로 밑바닥으로 내려가는 것은, 처음부터 밑바닥에서 출발하는 것보다 훨씬 어려울지 모른다. 그것은 무엇보다 기존의 조직이 변화를 싫어하고 저항하기 때문일 것이다. 이에 대해 크리스텐슨 교수는 기존 조직과는 별도로 다른 회사를 설립하거나 사업 부문을 만드는 것을 대안으로 제시했다. 향후 한국 경제에서 가장 큰 위협이 되는 것은 파괴적 혁신을 기반으로 시장에 새롭게 진입하는 중국과 같은 경쟁국일 것이다. 따라서 이에 대한 대책으로는 "밑바닥으로 다시 내려가는 것"과 함께, "외국의 인재들에게 문을 열라"고 충고하기도 했다.

이건희 전 삼성그룹 회장도 지난 3월 24일 다시 삼성전자 회장으로 경영일선에 복귀하면서 삼성도 언제든지 도요타와 같이 무너질 수 있다는 위기감을 피력하기도 했다. 이 회장의 경영 복귀는 2008년 4월 22일 삼성 비자금 사태에 대한 책임을 지고 퇴진 선언을 한 이후 23개월만이다. 이 회장은, "지금이 진짜 위기다. 글로벌 일류 기업도 무너지고 있다. 삼성도 어떻게 될지 모른다. 삼성을 대표하는 제품들도 3~4년 뒤면 사라질지 모른다. 머뭇거릴 시간이 없다. 앞만 보고 가라"고 말할 정도로 기업의 위기관리를 강도 높게 주문하고 있다.[3] 실제로 이는 삼성전자가 일등 기업으로 머뭇거리는 사이에 미국의 아이폰이 등장해 세계시장을 석권하고 있다는 사실에서도 증명되고 있다. 이와 같이 글로벌 기업이라도 위기관리나 개혁을 조금이라도 게을리하고 안주하게 된다면 곧 위기를 맞게 된다는 점을 잘 알 수 있다.

기업의 위기관리 계획은 지금까지는 단순히 매뉴얼을 작성하는 것과 같은 뜻으로 생각하는 경향이 있었다. 하지만 매뉴얼 작성은 위기관리 계획 중 극히 일부분에 지나지 않는다. 위기는 대체로 매뉴얼 대로 일이 일어나지 않는다. 대부분의 경우에는 매뉴얼에 나타나지 않은 위기가 발생하기 때문이다. 그러나 위기가 매뉴얼에 기록돼 있지 않다고 해서 수수방관하거나 기다리게 되면 사태가 더 악화될 수 있다. 피해를 최소화하기 위해서는 신속하게 행동하지 않으면 안 된다. 따라서 위기관리 매뉴얼은 조직이나 개인에 있어서 최소한의 행동 수순에 해당된다. 즉, 매뉴얼에 나타나 있지 않은 '비상사태'에 대한 대처 방법은, 매뉴얼 자체에 있는 것이 아니라, 매뉴얼을 작성하는 위기관리 계획 전반 자체에 있어야 할 것이다.[4] 물론, 긴급사태 발생 직후 혼란에 대처하기 위해서는 매뉴얼에 충실할 수밖에 없다. 그리고 유효한 매뉴얼이 되기 위해서는 위기관리 계획 전반에 걸쳐서 치밀하고 정교하게 작성해야 한다는 점을 잊어서는 안 된다.

기업의 위기관리 계획은 회사마다 다를 수 있다. 왜냐하면 위기관리 계획은 기업마다 가지고 있는 유·무형의 자산에 대한 위기로부터 피해를 최소화하는 것이므로 각 개별 기업의 잠재적인 위협의 종류의 차이, 그리고 자산의 차이 등에 따라 대처 수단이 달라지기 때문이다. 따라서 기업의 위기관리 계획은 스스로의 기업 상태를 파악한 후에 각각 개별 기업별로 작성하지 않으면 안 된다. 이처럼 각 개별 기업의 위기관리 계획 자체는 기업마다 다를 수 있지만, 전반적으로 그것을 작성해가는 과정이나 내용 검토 및 계획의 수순에 대해서는 어느 정도까지 일반화할 수 있다. 본 장에서는 개별 기업 조직이 각각의 위기관리 계획이나 매뉴얼 작성을 위한 위기관리 가이드라인을 제시하도록 하겠다.

---

3) 『조선일보』, 2010년 4월 24일자; 『동아일보』, 2010년 4월 24일자; 『경향신문』, 2010년 4월 24일자.

4) 大泉光一, 『クライシス·マネジメント』, 1997年, pp. 20~28.

1. 기업의 위기관리계획과 대응단계

일반적으로 기업의 위기관리 계획 단계에서 대응 수순을 명확하게 정하기 위해서는 각각의 단계에서 필요한 항목과 그 대응 수순을 미리 정해 두어야 한다. 우선 이러한 대응 수순을 정하기 이전에 위기관리 계획에 포함되어야 할 요건들을 단순화한 위기관리 계획 모델을 제시하여야 한다. 위기관리의 대응 단계는 가급적 단순화하는 것이 대응의 신속성 측면에서 좋다.[5]

1) 위기관리 계획의 대응 단계

위기관리 계획에 있어서 대응해야 할 단계는 아래와 같이 4개로 나눌 수 있다.[6]

<위기관리계획의 4단계>

① 단계	위기의 감지 · 확인단계 (Risk-Identification)	……	어떤 위기가 있을 수 있는지의 경우의 수를 확인 검토(예: 지진 · 태풍, 금융위기의 경우)
	↓		
② 단계	위기의 정량화 단계 (Risk-Quantification)	……	피해의 크기나 또는 그 위기 발생 가능성에 대한 검토
	↓		
③ 단계	위기의 평가 단계 (Risk-Evaluation)	……	당해 위기 발생이 어느 정도 중대한지, 혹은 무시할 수 있는 것인지 등에 대한 충분한 평가와 검토
	↓		
④ 단계	위기대처 대응 계획 단계 (Risk-Handling)	……	사전 위기 대처 계획의 검토, 또 위기 발생시 대응계획 및 복구 계획 수립 등 다른 사람으로 전환(보험 · 회피) 득실의 검토 및 피해 경감 대응책 강구

5) I. L. Janis, Crucial Decisions: Leadership in Policy Making and Crisis Management, 1989, New York: Free Press.

6) 鈴木敏正, 『企業における防災管理実験』, 新日本法規出版株式会社, 2008年, p. 36. 스즈키의 견해를 우리 실정에 맞게 다시 재구성한 4단계 이론이다.

앞의 그림에서 보는 바와 같이, 위기관리 계획은 모든 단계에 걸쳐서 대응계획을 철저하게 세우는 것을 말한다.[7)]

예를 들면, '위기의 감지·확인단계'에서는 실제로 위기라고 말할 수 있는 요소가 무엇인지를 발견·확인하게 된다. 이 단계는 단순해 보이지만 가장 어렵고도 가장 중요한 작업이다. 고베 대지진의 경우도 이 지역에 사는 대부분의 주민이나 기업인들이 지진에 대한 위기 의식을 가지지 못했다고 한다. 그러나 지진을 위기라고 인식하고 그들 나름대로 대응 계획을 세웠던 기업은 훨씬 더 복구가 빨랐다고 한다. '위기(리스크)를 위기라고 인식하지 못한 데서부터 위기가 시작된다.'는 격언은 위기의 본질을 정확하게 말해주고 있다. 따라서 위기를 신속하게 감지할 수 있는 시스템을 구축하는 것이 가장 중요하다.

둘째, '위기의 정량화 단계'이다. 위기를 발견, 인식했다면 그 위기가 어떤 '모습'으로 어떤 피해를 가져올 수 있는지를 구체적으로 명확하게 수치화할 수 있어야 한다. 즉, 발견된 위기가 실제로 일어났을 때 미치는 영향이나 피해의 크기 정도를 객관적으로, 또는 정량적으로 정확하게 파악하려는 노력이 필요하다. 자칫 잘못하면 정서적으로 논의되기가 쉽고, 피해 정도도 금액으로 계산할 수 없는 경우가 있다. 예를 들면, 환경 영향 평가나 혹은 회사의 신용도 평가, 기업의 이미지 등이 여기에 속한다.

셋째, '위기에 대한 평가'이다. 위기의 평가는 상정되는 위기에 대해 어떤 대응이 필요한지, 또는 현 상태로는 무시해도 좋은지 어떤지를 판단하는 것이다. 즉, 불확실한 것을 평가해서 어떻게 대처해야 할지를 '지금' 판단하는 것이다. 위기관리가 '불확실성 아래에서의 의사 결정'이라고 불리는 것도 이런 이유 때문이다. 그런데 불확실한 상태에서 평가하는 방법에는 다음의 두 가지 판단 요소가 필요하다.

먼저, 위기라고 생각되는 사태가 실제로 일어날 경우 어느 정도의 피해가 예상되는가 하는 점이다. 아무리 피해가 중대할지라도 기업에 피해가 치명적이지 않으면 우선 두고 보자는 판단도 있을 수 있다. 또, 이와는 반대로 피해가 극심해 기업이 괴멸(壞滅)하게 된다고 생각되는 경우에는 그 결과 이전에 미리 신속하게 대응하지 않으면 안 된다는 점이다. 하지만, 이런 '피해 판단'은

7) 大泉光一, 『クライシス·マネジメント』, 1997年, pp. 50～58.

누구 혹은 무엇에 의한 '피해'인지 명확해야 한다. 그런 의미에서 기업의 위기관리는 기업이라는 조직의 시스템을 중심으로 판단하지 않으면 안 된다.

둘째, 위기의 발생가능성이다. 즉, 위기관리 계획에서는 '절대로 일어난다, 일어나지 않는다'라는 극단적인 생각은 금물이다. 솔직히 말해서 '일어날지 일어나지 않을지는 모른다'라고 말할 수밖에는 없다. 따라서 실제적으로는 지극히 애매해서 스스로 판단하지 않으면 안 된다. 그런 판단 자체는 사람이나 기업, 그리고 조직의 문화나 가치관 등 회사 시스템 전반에 의해서 크게 좌우된다.

위기 발생 가능성에 관해서는 다음과 같이 3단계로 분류해서 평가할 수 있다.

① 위기가 발생할 가능성이 절대 없다고는 말할 수 없지만, 실질적으로 일어나지 않는다고 생각해도 좋다(무시할 수 있는 가능성).

② 일어날 가능성은 적지만 없다고는 말할 수 없고 우선 일어날지도 모른다고 해 두자(고려해야 할 가능성).

③ 상정 기간 내에는 거의 확실히 일어날 가능성이 높다(현실적인 가능성).

그런 다음에 이런 위기 발생에 수반되는 피해의 크기와 위기 발생 가능성 양자를 두고 아래 그림과 같이 '위기의 평가'를 판정해야 한다.

〈그림 5-1〉에서 영역 Ⅱ, Ⅲ, Ⅵ, Ⅸ는 기본적으로 위기관리 대상에서 제외되는 지역이다. 영역 Ⅳ, Ⅶ은 회피해야 할 영역으로서 매우 중대한 위기로 인식해야 한다. 영역 Ⅶ은 발생 가능성도 현실적이고 위기가 발생하면 괴멸적인 피해를 초래할 가능성이 높기 때문에 온갖 노력을 다해 영역 Ⅷ까지 이동시켜 그 발생 가능성을 낮추지 않으면 안 된다. 게다가 만약 위기가 발생한다고 해도 그 피해가 괴멸되지 않도록 하기 위한 것으로 영역 Ⅴ까지 유도해 가는 것이 필요하다. 이것은 당면한 영역 Ⅷ에서 자만해 일어나지 않을 것을 바라는 소극적인 태도에서 다시 일어나더라도 충분히 대응할 수 있도록 적극적인 대책을 세워둔다는 것을 의미한다.

다음으로 영역 Ⅳ는 위기가 발생해도 괴멸적인 피해는 입지 않는다고 하더라도 그러한 사태를 방치해 두는 것은 위험한 도박을 하고 있는 것과 같이 경영적으로 지극히 불안한 상태다. 따라서 신속하게 대책을 세워 영역 Ⅴ로 이

• 그림 5-1 • **위기평가 판정도**[8)]

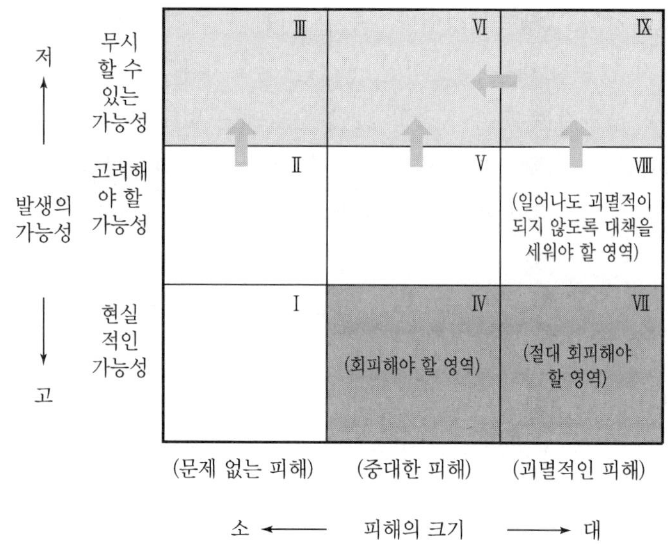

동시킬 필요가 있다. 또한, 영역 Ⅴ에 위치하는 위기는 될 수 있으면 영역 Ⅱ의 '문제가 있는 피해에 다다르지 않음' 상태까지 변화시키는 것이 바람직하다. 영역Ⅰ의 경우 그것 자체는 문제가 되지 않지만 이것을 방치해 두는 체제 그것 자체에 결함이 있는 경우가 많아서 영역 Ⅱ까지 이동해 가도록 요망되며, 평상시부터 유효한 관리 기능을 살려 나가야 한다. 이처럼 여기에서는 대상이 되는 위기를 적절히 평가하고 어떤 대응을 해야 하는지를 결정하는 것이 중요하다. 또, 영역 Ⅶ에 있는 위기를 영역 Ⅴ까지 개선하는 것과 같이 위기관리의 목표치를 설정해야 한다.[9)]

셋째, '위기 대처 대응 계획 단계'이다. 여기에서는 '위기의 평가'로 설정되는 위기관리의 목표 달성에 대해 어떤 대책을 세워야 하는지를 구체적으로 검토하도록 하겠다. 위기에 대처하는 구체적인 계책으로서는 다음의 네 가지

---

8) 鈴木敏正『企業における防災管理実験』, 新日本法規出版株式会社, 2008年, p. 41.

9) H. K. Downey and Slocum. J. W., "Uncertainty Measures, Research and Sources of Variation", Academy of Management Journal, Vol. 18, No. 3, September, 1975, pp. 562~578.

를 들 수 있다.[10)]

① 위기의 회피

② 위기의 저감(低減)

③ 위기의 타자 전가(他者轉嫁)

④ 위기의 보류

앞의 ① 위기의 회피는 두 가지 방법이 있다. 한 가지는 잠재적인 위기의 원인과 계기 자체를 제거하는 것이고, 다른 한 가지는 위기에서 물리적인 의미로 멀어지게 하는 것이다. 예를 들면, 지진 발생을 위기로 생각할 경우 전자는 현실적인 의미로 지진 발생 자체를 저지하는 것과 같은 방책이고, 후자는 지진 다발 지역 혹은 거대 지진이 상정되는 지역에서부터 타지역으로 이전하는 것과 같은 방책을 말한다.

② 위기의 저감은, 만일의 사태에서 위기가 발생해도 그 상정되는 피해를 최대한 줄여서 중대한 피해가 발생되지 않도록 하는 방책이다. 뿐만 아니라, 중대한 위기 발생 가능성을 낮추는 것 등도 여기에 포함된다. 예를 들면, 건물의 내진성(耐震性)을 향상시켜 지진 피해에 대비한다거나 기반이 약한 장소에는 중요한 것을 두지 않는 것 등이다. 또한, 거대 지진이 발생해도 신속하게 복구해서 기업 활동에의 영향을 최소화하는 사후 대책도 있다.

③ 위기의 타자 전가는 문자 그대로 위기 발생시 그 피해를 타자에게 떠맡기는 방책이다. 즉, 사전에 설정한 위기에 대해서 일정의 보험료를 지불해두고 피해시의 손해를 그 위기의 인수자, 즉 보험회사에 맡기는 방책 등이다.

④ 위기의 보류는 상정하는 위기를 스스로 보류하고 특별 대책을 시행하지 않는 방책이다. 위기 발생에 대비해서 일정의 자금을 자사에서 직접 적립하고 만일 위기가 일어날 경우에는 그 자금으로 충당하는 일종의 자가 보험 등의 방책이다. 또 자사 계열로 보험회사의 기능을 가진 회사를 설립하고 위기를 일괄해서 짊어지게 하거나 동업자 간에 보험회사를 설립하는 것 등도 하나의 방책이다.

이상 ①~④에 이르기 까지 위기 대처 방법에는 각각 단독으로 대처하는

10) 鈴木敏正,『企業における防災管理実験』, 新日本法規出版株式会社, 2008年,p. 42.

경우도 있고, 일반적으로는 위기에 직면하게 된 기업이나 조직이 그 피해를 최소화하기 위해 최대의 노력을 기울이게 된다.

제2절 위기관리 계획의 내용과 순서

1. 위기관리 계획의 순서

위기관리 계획은 실제로 위기가 발생했을 당시를 가정해서 대응해 나갈 순서를 말한다. 기업의 위기관리는 경영자에서부터 종업원에 이르기까지 각자의 입장에서 계획 만들기에 참여해야 한다. 그 프로세스를 표시한 것이 〈그림 5-2〉이다.[11] 이 프로세스에 따라서 계획의 내용이나 대응 수순(순서)을 명확히 해야 한다.

① 위기관리의 목표 설정 ② 위기관리 계획 책정을 위한 전제 조건의 정리는 위기관리 계획의 기본으로서 가장 중요한 것이다. 목표가 명확히 기록되어있지 않은 경우, 위기관리 계획은 구체성이 없어서 실효성이 떨어지게 된다. 위기 발생시라는 것은 말 그대로 위기가 발생한 이상(異常)적인 상황으로 통상의 상태로 돌리는 것이 불가능한 상황이다. 때문에 사전에 '최소한 이것만이라도 건지자'라는 목표가 명확히 설정돼 있지 않으면 유효한 행동을 할 수 없다. 또 위기 발생시의 상태, 특히 외부의 상태, 예를 들어 도로교통망, 통신망, 전기, 가스 등 사회적인 life line 시스템 전반이 어느 정도 작동하고 있는지를 먼저 파악하고 계획을 세우지 않으면 안 된다. 특히. 위기관리 계획은 애매하거나 너무 낙관적이면 그 자체가 정말 도움이 안 될 때가 있다. 고베 한신・아와지 대지진에서의 고속도로의 붕괴나 교통・물류의 단절 등은 위기관리 계획 자체를 훨씬 뛰어넘는 일로 위기관리 계획 자체가 실효성을 잃게 된 전형적인 사례이다.

---

11) 鈴木敏正, 『企業における防災管理実験』, 新日本法規出版株式会社, 2008年, p. 45.

• 그림 5-2 • **위기관리 계획 책정 수준**

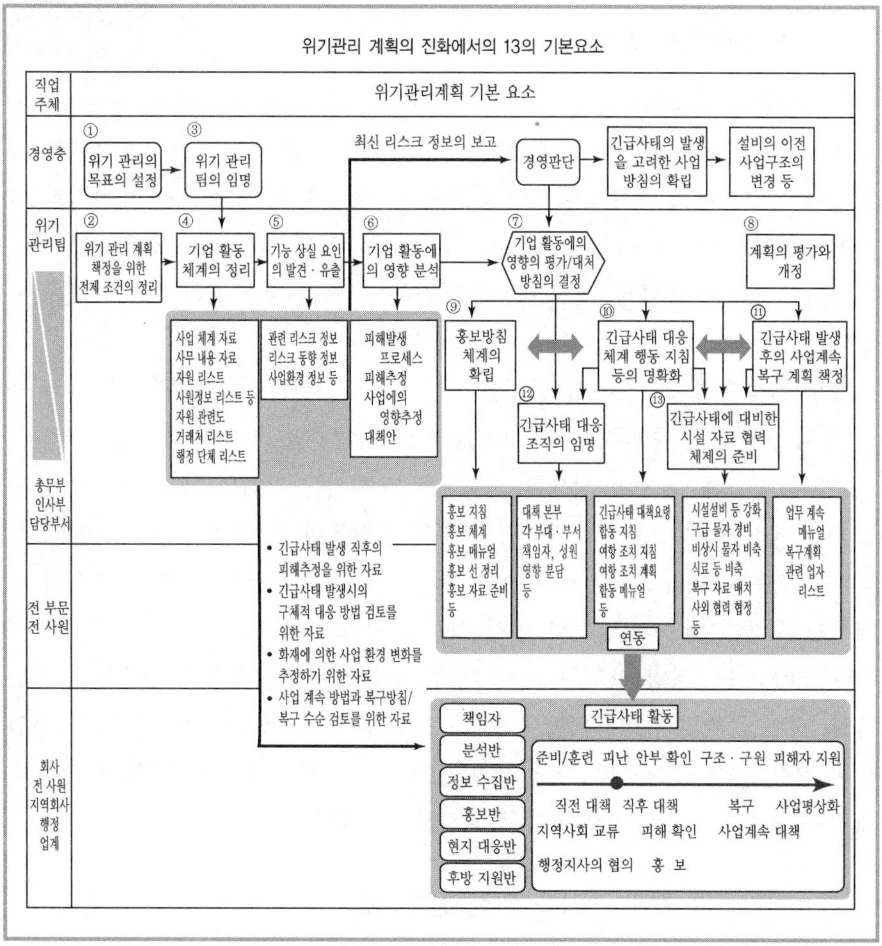

다음은 지진 발생을 상정한 위기관리 계획이지만 그 대응 수순은 다른 위기에 대해서도 적용 가능하다.[12]

---

12) R. G. Hunt, Technology and Organization, in F. E. Kast and J. E. Rosenzweig(eds.), Contingency Views of Organization and Management, Science Research Associates, Chicago, 1973, p. 42.

2. 위기관리 계획의 수순과 설정 내용

1) 위기관리의 목표 설정

위기관리의 목표는 기업 활동의 종류에 따라 달라진다. 예를 들어 소비자에게 직접적으로 상품이나 서비스를 공급하는 기업이라면 소비자의 건강과 안전이 무엇보다도 중요하다고 생각하여 '어떠한 때라도 소비자의 건강과 안전에 중대한 영향을 미치지 않도록 혹은 그럴 위험성이 있는 경우에는 회사의 모든 자원을 동원해서도 그것을 저지하는 것'을 위기관리 목표로 삼아야 한다.

또 종업원과 그 가족의 안전을 최우선으로 지키는 것을 목표로 하는 예도 있다. 이 경우, 종업원과 그 가족들의 안전을 기업 스스로 책임지고 행하며 그것을 기반으로 지원이 필요한 사람들에 대해서는 기업의 책임으로 지원 활동을 실행하는 것이다. 또, 불특정 다수의 사람들이 모여야만 기업 활동이 성립되는 경우도 있다. 예를 들어, 놀이 시설(amusement), 영화관, 호텔, 백화점 등에서는 그곳에 있는 손님들의 안전 확보와 구제가 위기관리의 중요한 목표가 된다. FEMA는 '기업을 위한 지진 대책 지침'에서 위기관리의 목표는 기업의 특성, 기업 문화의 차이 등을 고려해서 어떻게 설정해도 좋지만, 적어도 '종업원의 건강, 복지, 안전 및 회사 자원의 건전성과 안전 확보의 결의'를 명확히 내외에 선언하는 것이 중요하다고 지적하고 있다.[13)]

2) 위기관리 계획 수립을 위한 전제 조건

위기관리 계획 수립의 전제 조건을 세우는 것은 위기 발생시의 현실적인 상태를 위기관리 계획에 상정되도록 하기 위함이다. 전제 계획이 불명확하거나 실제 위기 상태가 잘못 상정될 경우 긴급 사태 발생시의 대응 자체가 아무런 도움이도 되지 않는다. 따라서 이러한 상황을 피하기 위해서는 보다 정치한 사전 위기관리계획이 필요하다.

전술한 바와 같이 FEMA가 기업을 위해 지진 대책 지침의 가이드라인을

---

13) J. D. Thompson, Organizations in Action: Social Science Base of Administrative Theory, McGraw Hill, N. Y. 1967.

수립할 때에 사용 전제 조건은 다음과 같다.[14)]

전제 조건의 참고 예(FEMA)

(1) 괴멸적인 대지진은 다음과 같은 사태를 초래한다.

- 다수의 사상자
- 보통 사용하고 있는 건물설비 등의 파괴
- 회사 각 레벨의 기관이 전 정력(精力)을 써서 대처하지 않으면 안 되는 사태
- 회사의 생산 활동의 장기적 정체
- 각 공적기관, 기업의 긴급시 행동, 복구행동에 심각한 제약을 부여하는 사태

(2) 지진은 최악의 피해를 가져오는 시각에 아무런 예고도 없이 발생하는 것도 있을 수 있다. 피해가 발생한 지역, 혹은 그 지역의 교통은 수 시간에서 수일간에 걸쳐 제한된다. 통신과 사회 생활 지원의 서비스에 관련된 시스템이 중단되든지, 파괴되든지 해서 그 역할을 다하지 못할 우려가 있다.

(3) 지진의 본진, 여진은 지진 자체의 흔들림에 의해서 피해를 발생시킬 뿐 아니라, 화재, 해일, 지각변동, 지반의 액상화, 댐의 붕괴, 홍수, 위험물의 발생, 확산 등 소위 2차 재해도 가져올 가능성이 있다.

(4) 괴멸적인 지진에 의한 피해는 광범위하게 걸쳐질 가능성이 있다. 지진의 형태(예를 들어 지면의 흔들림 등)는 지역에 따라 달라지고 피해가 큰 지역, 피해가 적은 지역 등이 광범위하게 혼재하게 된다. 지진 발생 후 일정 기간 동안 생산 설비는 조업 정지를 할 수밖에 없는 가능성도 있다. 종업원 대부분은 이와 같은 피해 지역에 갇히게 되지만, 일하던 종업원은 자기 스스로가 가족이나 집, 가재도구의 안전 확인, 확보를 위해 자택 귀환을 바라게 된다.

(5) 괴멸적인 지진은 광역단체장에 의한 비상사태 선언, 그것을 받은 대통령에 의해 재해 지역 지정을 선포하게 된다. 이러한 선언에 의해 공적인 지원, 재해 복구 활동이 개시된다. 하지만 이 지역에 있는 각종 자원은 지진 발생 후 72시간을 경과할 때까지는 어떤 이유에 의해서라도 이용될 수 없을 것으로 생각된다. 이용할 수 있어도 양적으로는 불충분할 가능성이 높다.

(6) 지자체에 의한 구원을 위한 자원은 괴멸적 지진발생 후의 기업의 요망에 응할 정도로 충분히 준비가 되어 있지 않다. 따라서 산업계나 기업은 지진발생 후 수

14) 鈴木敏正, 『企業における防災管理実験』, 新日本法規出版株式会社, 2008年, pp. 47～50.

시간 내, 경우에 따라서 수일간은 스스로 만족할 수준의 대응책을 미리 준비해 두지 않으면 안 된다. 한편, 지자체는 지진 발생시 이용할 수 있는 자원의 이용 방법, 또 그 이용 우선순위를 먼저 정해 둘 필요가 있다. 그 밖에 산업계, 기업계에 대해 사회적 설비, 통신, 교통 수단, 우송 수단 등의 복구 행동 우선순위도 명확히 해 둘 필요가 있다.

이와 같은 전제는 기업이 건설된 지역적 특성과 기업의 활동 내용 등에 따라 달라진다. 이러한 전제는 기업 스스로가 가진 자원 혹은 그것들을 사용함으로써 달성하고 있는 기능 이외의 소위 기업 관리 외의 자원, 기능에 관한 것이다. 기업 활동이 기업 내에서 모두 완결하고 있는 경우에는 이런 전제는 그다지 중요하지 않지만 현대와 같은 국제 규모의 거래와 분업제의 진전, 적시생산 시스템(Just in Time)에의 철저, 외주 제작(Out Sourcing)의 도입 등이 계속되고 있는 상태에서는 자사 자원 외에도 사회 생산 기반이나 거래처 등이 어떤 피해를 입는지가 자사 복구에 지극한 영향을 미치게 된다. 회사와 기업 활동과의 관계, 공공적 회사 기반, 예를 들어 교통이나 수송 수단, 통신, 상·하수도 등의 피해가 기업 활동에 미치는 영향을 파악하고 자사의 긴급 사태 발생시 계획 전체를 보다 현실적으로 설정하는 것이 중요하다.

3) 위기관리 팀의 임명

위기관리는 기업 활동을 추진해가는 통상 조직과는 달리 전 회사적 종적·횡적 독립 조직으로 행해지는 것이 바람직하다. 그 이유는 다음과 같다.

(1) 위기관리는 일어나서는 안 될 사태를 미리 검토하는 것이지만, 위기대처 그 자체가 새로운 기업 이익을 창출하는 것은 아니다. 따라서 기존의 조직은 위기대처하고 싶지 않을 뿐만 아니라, 위기를 극복하기 위한 새로운 계획이나 업무를 바람직하지 않게 생각하는 경향이 있다. 하지만, 일단 위기가 발생하면 기업은 치명적인 타격을 입을 수 있기 때문에 회사는 피해를 경감시키기 위해 전 회사적 차원에서 적극적으로 대처하지 않으면 안 된다.

(2) 기업 위기는 단일 부서 혹은 단독 기업 활동에 기인하는 단순한 것이 아니라, 기업 활동의 복합적인 조합의 결과, 또는 기업의 조직적·구조적인 결

함으로 발생하는 경우가 많다. 따라서 전 회사적, 종·횡단적 성격을 지닌 부서 설치가 필요하다. 한편, 위기관리 팀의 임명은 최고 경영자의 책임 하에 이루어지기 때문에 경영자의 리더십이 전 회사에 미치게 된다. 위기관리 팀의 역할은 다음과 같이 정리할 수 있다.

위기관리 팀의 역할

- 위기의 발견과 분석
  - 기업을 위협하는 잠재적 위기를 발견해서 그 중대도나 발생 가능성을 검토한다. 이를 위해서는 기업 내 각 부서로부터 위기에 관한 정보가 일상적으로 수집된 수 있는 구조를 만들지 않으면 안 된다. 또한, 중대한 위기로 진전할 가능성이 있는 사태에 대해서는 항상 감시(모니터링) 가능한 체제를 구성해야 한다.
- 위기에 대한 기업의 대응력 검토
  - 위기 발생시 기업이 중대한 위기 상태에 빠지지 않도록 제체 정비 및 준비 대책에 대한 검토를 행해야 한다.
  - 또, 현재 사용 가능한 자원으로 보다 효과적인 피해 저감책이 있는지 여부를 검토해야 한다.
- 경영층에의 보고
  - 상기 검토 결과를 경영층에 보고하고 위기관리에 있어서의 조직적인 대처 방향과 목표를 명확히 한다.
- 위기관리 대응책에 대한 작업 및 전 회사적 지원
  - 위기관리 대응 계획에 대한 조직을 정비해야 한다.
  - 위기관리 대응 계획을 위한 대응 지침 만들고, 그에 근거해 계획 수립 및 매뉴얼 작성, 혹은 각 부서에서의 작업을 지원한다.
- 각 부서에서의 실행 및 운용 지원
  - 각 부서에서의 실행 체제 정비 지원 및 운용에 관한 지원을 행해야 한다.
  - 대응책 실행을 위해 필요한 설비나 비품 정비, 긴급물자 배치에 관한 협력 및 긴급사태에 대비한 훈련 등의 지원을 행해야 한다.
- 위기관리 실행 계획의 평가와 경신
  - 위기는 외부 환경, 내부 환경의 변화에 따라서 그 중대도나 가능성도 함께 변

한다.

따라서 위기 자체를 다시 보고, 즉 위기가 발생한 때의 중대도의 변화 및 발생 가능성의 변화 등에 대한 전망을 항상 행해야 한다.

- 위기관리 계획의 점검 및 평가를 위해 이를 정기적으로 행하며 위기 변화에 대응할 수 있는 실효성 있는 계획이 마련되게 해야 한다.

여기에 더해 위기관리 팀은 위기에 대한 인식과 상정되는 대응책에 관해서 반드시 경영층에 제안해야 한다. 위기관리는 경영적인 측면에서의 문제 인식이 가장 중요하고, 그 대처 방식에 있어서도 경영층의 리더십이 더욱 중요하다. 따라서 위기관리 팀은 항상 경영 마인드를 가지고 경영층이 문제를 바르게 인식하고 경영적 인식에서 판단할 수 있도록 위기관리에 관한 조언을 다하지 않으면 안 된다. 즉, 위기관리는 최고 경영자의 인식이 가장 중요하다.

4) 기업 활동 체계의 정리

기업 위기는 자사가 가진 경영 자원이 위협받는 형태로서 나타난다. 경영 자원의 상실은 곧 기업 활동의 중단이라는 형태로 기업에게 피해를 가져오게 된다. 따라서 기업에서 위기관리를 계획하는 데 있어서는,

① 어떠한 기업 활동이 어떠한 형태로 넓게 전개되고 있는가?

② 기업 활동과 그것을 지탱하는 경영 자원이 어떠한 관계에 있는가?

라는 두 가지에 대한 파악이 필수불가결할 것이다. 기업의 활동은 점점 더 복잡화되어 국소적인 기업 활동의 중단, 또는 그에 대한 타결이 상상을 초월하는 파급을 불러오는 경우도 드물지 않다. 먼저 스스로를 아는 것이 중요하고 최악의 경우 무엇을 지켜야 하는지를 아는 것도 위기관리의 출발점이다. 위기관리는 '피해를 인식하고 그 피해를 최소화하는 노력'이라고 할 수 있다. 구체적으로 긴급사태 발생시 한정된 시간과 한정된 자원밖에 없기에 모든 자원, 혹은 모든 활동을 지키고 계속 복구한다는 것은 불가능하다. 따라서 할 수 있는 한 피해를 가장 적게 받도록 행동을 취해야 한다. 그러기 위해서는 기존의 자원이나 기업 활동의 중요도를 인식해 두어 긴급사태 발생시에 최소한 무엇은 지켜

야 하는지를 알아 두어야 한다. 따라서 '기업 활동 체계의 정리'는 위기의 발견 및 그 중대함을 인식하기 위한 기본 작업이라고도 할 수 있다.

기업 활동 체계의 정리 목적은 다음과 같이 네 가지가 있다.

'기업 활동 체계의 정리' 목적

- 자사에 있어서의 위기를 발견하기 위해
- 사전 대책(위기의 비연 방지, 피해 최소화 대책)의 효과적인 시책 부분
- 시책 방법을 선정하기 위해
- 피해 규모, 파급 범위를 추정하기 위해
- 사후 대책(피해파급 억제책, 복구계획)의 효과적인 시책 부분
- 시책 방법을 선정하기 위해

다음으로 기업 활동 체계 정리 내용으로서는 이하의 항목을 들 수 있다. 또한 이것들은 본래에 경영 정보로서 정비되어 있기 때문에 위기관리 자료로서의 자료 정리는 위기관리 팀이 하지 않으면 안 된다.

기업 활동 체계의 정리

- 기업 활동을 지탱하는 구성요소의 추출
  - 구성요소: 시설, 설비, 업무 정보, 사원, 거래처 등의 리스트화
  - 사원 정보·거래처 정보의 파악, 행정·업계 단체의 연락처 등의 리스트화
- 구성요소의 기능, 역할, 거래 규모 등의 정리
  - 시설/설비의 기능, 업무 정보의 목적, 부서
- 사원의 분담 처리, 거래 상품, 거래 규모 등의 정리표
  - 업무 단위의 기능(업무 내용, 역할, 거래 규모 등)표

  ※ 여기에서 업무 단위라는 것은 사업부, 공장 등의 조직 단위를 가리킴.
- 구성요소의 상호 관계 정리
  - 업무 단위 간의 기능 연관도, 업무 정보 연관도
  - 거래처 등 사외 관계자(사) 연관도

- 구성요소가 기능하기 위한 조건(자연, 사회, 경제 환경 등)의 정리
  - 필요한 관리자, 인프라(infrastructure), 에너지, 정보, 비품 · 소모품 등의 정리표
  - 요소가 기능하지 못하는 사업 환경(온도, 물, 인근 주민 의향, 교통 환경, 통신환경, 시장 환경, 경제 환경 등)의 정리표

5) 기능 상실 요인의 발견 · 추출

여기에서는 '4) 기업 활동 체계의 정리'에서 밝힌 각 요소가 수행해야 하는 기능을 잃게 되는 사태를 상정하고 그 원인을 발견 인식하고자 한다.

그 목적은 다음의 세 가지이다.

기능 상실 요인의 발견 · 인식의 목적

- 기업 활동 각 요소의 약점을 파악하기 위해
- 업무 구조 전체에서의 약점 분포 상황을 명확히 하기 위해
- 업무 구조의 약점을 구체적으로 파악하기 위해

또, 기능 상실 요인의 발견 · 추출에서의 작업 내용 및 아웃풋(output)으로서 이하의 항목을 들 수 있다. 이들의 정비는 위기관리 팀이 주체가 되어 행하게 된다.

기능 상실 요인의 발견 · 인식

- 기능 상실 요인의 발견 · 추출을 위한 정보 수집
  - 시설/설비의 성능 리스트: 내진성, 내수성, 내온도성 등 물리적 성능 외 환경에의 부하(負荷), 가동 제약 조건 등도 포함함.
  - 구성요소의 가동 조건 리스트: 어떤 업무가 기능하기 위한 조건의 정리. 예를 들어 인원, 정보, 물류, 인프라(전기 등 에너지, 물 등)의 필요 조건 등
  - 기존 대응책: 위기에 대한 상정, 대응책
  - 과거의 사례 리뷰(관련 리스크의 발굴): 다른 업계도 포함한 위기 발생시의

피해 사례에서의 교훈

- 구성요소가 기능 상실하는 원인의 발견·추출
  - 기능 상실 요인 리스트: 대상이 되는 시설/설비가 피해를 입을 가능성이 있는 요인의 발견, 업무가 중단되는 원인의 추출, 회사의 존립 기반, 예를 들어 신용이 실추하는 원인을 밝혀 내는 등
  - 동시 발생 현상의 정리 리스트: 다른 시설이라도 하나의 원인으로 동시에 피재(被災)하는 것 같은 현상의 발견
- 재해 등에 의한 직접 피해와 외부 환경의 변화 상정
  - 직접 피해 항목 리스트: 시설/설비의 피해 상정, 업무 정체, 중단의 상정
  - 외부 환경 변화 시나리오: 스스로 관리하지 않는 외부 자원(예를 들어 수송 수단, 통신, 전기, 에너지, 물 등)의 피해 상태의 상정

6) 기업 활동에의 영향 분석

기업 활동의 영향 분석은 재해 등에 의해 자사가 입는 피해의 질 및 규모를 명확히 하고 그 대책의 요건, 대책 레벨 등을 판단하기 위해 행하는 것이다.

또 여기에서는 기업 활동에의 영향 분석 외 그 대책 대체안도 강구한다. 기업 활동의 영향 분석에서 작업 내용 및 기대되는 성과로서는 이하의 항목들을 들 수 있다. 이들의 정비는 위기관리 팀이 주체가 되어 행해야 한다.

기업 활동에의 영향 분석

- 구성요소의 기능 상실이 얼마나 파급되어 기업 피해로서 현재(顯在)화하는지의 예측과 그 저지 방책의 검토
  - 기업 피해 현재화에 달하는 프로세스(피해 진전 시나리오)의 검토
  - 영향 파급 저지 포인트의 정리와 대책안 검토
- 구성요소의 기능 상실이 기업 활동에 미치는 영향의 예측, 분석
  - 피해 진전 시나리오에서 예상되는 기업 피해의 예측(양, 질)
- 기업 활동의 정체 등이 경영에 미치는 영향의 예측, 분석
  - 기업 활동의 중단, 정지에 의한 경영에의 영향 예측: 기업 경영에의 중대함이라는 면에서의 예측, 분석

- 대책 방침의 책정과 대응 불능 현상의 명확화
  - 위기에 대한 저지 방책 입안(시책의 구체화, 실현성, 효과의 측정, 비용 어림셈 검토)
  - 각 대책 방침의 대책 개요 정리(대책의 편성 검토, 전체로서의 효과, 비용 견적)
  - 대응 불능인 위기의 추출, 제언: 대책을 위한 비용이 너무 들거나 효과적인 대책을 현상에서는 찾아낼 수 없는 등 스스로의 노력으로는 대응할 수 없는 위기의 유출 및 그것에 관한 경영층에의 제언의 정리

7) 기업 활동이 받는 임팩트의 평가와 대처 방침의 결정

여기에서는 지금까지의 스텝에서 정리한 기업 활동이 받는 임팩트와 대처 방침에 대해 종합적으로 평가함과 동시에 경영진이 그들에 대한 대처 방침의 결정을 행한다.

최고 경영진은 이하의 평가 및 결정을 명확히 행해 전체에 선언하지 않으면 안 된다.

기업 활동이 받는 영향의 평가와 대처 방침의 결정

- 자사가 사업을 계속하기 위해 수용 가능한 피해의 한계를 경영진이 인식하는 것. 즉, 위기에 즈음하여 어느 정도의 피해라면 허용할 수 있을 것인가. 혹은 어떤 종류의 피해에 대해 그 크기도 포함해서 허용 불가능한지 등을 명확히 선언하지 않으면 안 된다.
- 긴급사태 대응 계획에 있어서 목표로 하는 사업/사무의 달성 레벨을 명시하는 것
  - 긴급사태 발생시에는 모든 기업 활동의 계속·유지를 행하는 것은 실질상 불가능하다. 따라서 회사 존속을 위해, 혹은 기업 활동의 현상 회복을 빠르게 실시하기 위해 구체적인 목표를 설정한 후, 긴급사태 발생시에 최소한 무엇을 해야 할지 우선순위를 포함해서 명확히 해 두어야 한다.
  - 대책의 정비 수순이 아니라, 피재시에 있어서도 유지해야 할 사업/업무의 내용, 질, 양을 나타내는 것이 중요하다.
- 피재시에 있어서의 자사의 자세를 명시하는 것
  - 회사의 자세는 평상시와 피재시로 바뀌는 것은 아니다. 하지만 피재시에 있어

서 기업의 행동은 사원뿐만 아니라 거래처와 지역 주민 등에 큰 영향을 미치게 된다. 따라서 사원, 거래처, 지역 주민 혹은 사회에 대해서 회사의 자세를 더욱 명확히 해 두는 것이 필요하다.

- 대책 방침을 명시하는 것
  - 대책은 반드시 피해의 방지와 억제만이 아니다. 예를 들어, 거점 시설의 추가와 이전 혹은 보험과 타사와의 상호 지원 협정, 단골 고객과의 계약 조건 등으로 대응하는 것도 생각할 수 있다. 또 피해를 수용해 가는 것과 사업의 변경(철퇴)도 하나의 방법이 될 수 있다. 경영진은 이들의 대책에 대해서 큰 방침을 명확히 해 두지 않으면 안 된다.

경우에 따라서는 위기관리 팀 뿐만이 아니라, 경영회의 등의 경영층과 경영 스태프로 대응하지 않으면 안 되는 경우도 있다. 또, 때에 따라 신속히 담당자를 임명해서 대응책의 검토를 계속해 나가도록 하지 않으면 안 된다.

8) 긴급사태 발생시 대응 체제 및 긴급사태 대응의 명확화

여기에서는 경영진이 지시한 자사의 자세, 대응 방침, 목표로 하는 사업·사무의 연속 수준이라는, 소위 회사의 큰 방침에 근거해서 긴급사태 대응 체제의 뼈대(긴급사태 대책요령) 및 긴급사태의 사전·사후 대응의 방침(행동 방침, 예방조치 등)의 전 회사적 차원에서 공통 부분을 책정한다. 이들은 위기관리 팀이 주체가 되어 인사, 총무 등의 관련 부문의 협력을 얻어서 행해야 한다. 또 위기관리팀은 '긴급사태 대책요령', '대응 방침(전 회사 공통부분)'에 근거해 각 부문에 있어서의 대응 지침 및 각종 매뉴얼의 책정 지원 및 그들의 정합성(整合性) 등을 조정한다.

여기에서 검토 내용으로는 이하의 항목을 들 수 있다.

긴급사태 대책 요령의 작성

- 긴급사태 발생시 대응 체제의 뼈대
  - 대응 조직의 설치 조건, 설치 장소, 책임자, 분담 처리, 책임 권한 위양 등의

명문(明文)화를 행한다.
- 전체 대응 조직 구성을 명확히 함과 동시에 대책 본부, 현지 대책 본부의 구성, 기능 및 양자의 관계를 명확히 한다.

- 긴급사태 발생시의 대응 방침
  - 대응 항목, 대응 방법, 연락 항목 · 수순, 협력 지원 방법 등을 각 부서가 책정할 수 있도록 가이드라인을 책정한다.
- 사원 안부 확인 체제, 본 · 지사 간의 통신 체제
  - 안부 확인의 범위, 구체적 수단 등의 검토를 행함과 동시에 정보의 집약 방법, 대책 본부에서의 활용 방법을 나타냄.
- 사업 계속을 위한 대응 방침
  - 피재 직후의 사무 처리 방침
  - 업무의 계속 혹은 재시동의 방침
- 긴급사태에 대비한 대응 방침
  - 시설, 설비, 기기의 사전 대책
  - 피해의 발생에 대비한 업무 방법, 행동
  - 사전의 자원 물자 등 준비 체제
- 복구 방침
  - 긴급시의 복구 레벨을 명확히 한 후에 통상 상태로 복귀할 때까지의 시나리오를 작성하고 그 방책 입안을 위한 기본 방침을 작성한다. 또한 실행 계획의 입안은 각 부서가 행하는 것으로서 위기관리 팀은 그 지원을 행한다.

행동 지침의 작성

- 대응 항목, 대응 방법, 연락 항목 · 수순, 협력 지원 방법 등의 명문화
  - 행동 매뉴얼의 구성(실용성을 중시함과 동시에 회사용, 가정용, 포켓 사이즈판 등 사용자별의 매뉴얼로 한다.)
  - 필요한 체크리스트(준비, 피난, 직후 행동, 안부 연락, 구조 · 구원 방법 등에 누락이 없도록 체크리스트를 작성한다.)
  - 피난 장소 리스트, 구급 물자, 비상시 물자. 복구자재 등의 보관 장소 리스트
  - 피해 상황 파악 시스템의 정비, 연락 방법의 명시, 피해 상황 보고 포맷의 작성
- 사원 안부 확인 체제, 본 · 지점 간 통신 체제의 명확화

- 연락처 리스트, 연락망(사원, 회사 본·지점, 단골 고객, 거래처, 지역사회 등)
- 연락수단(누구로부터 누구에게 연락할지 비상망 작성)

● 사업 계속을 위한 처리, 대응의 검토, 업무 계속 매뉴얼의 소안(素案) 작성 등
- 피재 직후의 업무처리 방침의 명확화(데이터 보전, 축소 운영 방침 등)
- 업무 계속 혹은 재시동의 방침 결정(우선 업무의 결정 방침 등)

물자 비축 계획의 작성

● 사전의 자재 물자 등 준비 체제의 입안
- 비축 품목, 양, 보관 장소, 배포 방법, 보급 방법, 재신 방법
- 외부 자원의 활용 지침

예방 조치 지침(피해경감을 위한 업무 수순, 행동) 작성

● 피해의 발생에 대비한 업무 방법, 행동 지침 명문화
- 긴급시의 인원 배치 방침
- 파일 백업 체제, 계약 조항 등의 검토
- 중요 업무의 분산화 방침
- 중요 업무의 재개를 위한 수순서의 작성

예방 조치 계획(시설, 설비의 강화)의 작성

● 시설, 설비, 기기의 사전 대책의 입안
- 내진화 방침, 대책 수준의 설정
- 건물, 전원, 통신회선, 통신기기, 비품 등의 대책

● 사전 협력, 지원 체제에 관한 협정 등에 대한 방침 명확화
- 기업 파트너와의 역할 분담
- 긴급 물자, 인원 등의 상호 융통 협정

9) 홍보 방침 · 홍보체제의 확립

여기에서는 최고 경영진이 지시한 자사의 긴급사태 발생시 대응 방침에 의거하여 대외적으로 '무엇을' '누구에게' 홍보할까를 명확히 해야 한다. 또, 그것에 근거해 대외 대응 방침을 '홍보 지침'으로 제시함과 동시에 그 구체적 방법으로서 '홍보 매뉴얼'을 제정한다.

이들은 위기관리 팀의 지원 하에 홍보 담당 부문 등이 주체가 되어 시행한다.

여기에서는 작업 내용 및 성과로서 이하의 항목을 들 수 있다.

홍보에 관한 작업 항목

- 홍보 방침의 명확화
  - 홍보 방침의 구체화를 행한다. 예를 들어 평상시에 지역사회나 인근 주민들과의 정보 교환 · 교류, 혹은 긴급 시의 인근 주민, 행정, 업계 단체, 매스미디어의 대응 등
  - 긴급시에 어떠한 정보를 회사의 관계자에게 각각 전달할 것인가를 명확히 한다.
- 긴급사태 발생 시 홍보체제의 정비
  - 홍보 담당부서와 긴급사태 발생시 홍보담당과의 역할 분담
  - 필요 정보의 수집 방법 명시
- 긴급사태 발생 시의 홍보 대응의 명확화
  - 긴급사태 홍보 가이드라인 매뉴얼 등의 작성
  - 지역사회와 인근 주민 대응 : 구원, 구호, 피난, 물자 제공, 정보 교환 등
  - 행정 대응 : 상황 보고, 인허가, 신청 수속 등
  - 매스 미디어의 대응 : 피재 상황, 사업 계속 상황, 복구 상황의 제공 및 인터뷰 대응
  - 고객 대응 : 안부 · 피해 상황, 업무 변경 등의 확인, 자사의 복구 전망 연락
  - 네트워크 대응 : 인터넷 등에의 정보 발신
  - 홍보 툴(도구)
    용지, 게시 장소, 배부처
    전화, FAX, 확인 메모, FAX 용지, 응대 기록
    정보 네트워크

10) 긴급사태 발생 후의 대처 계획의 수립

여기에서는 '8) 긴급사태 발생시 대응체제 및 긴급사태 대응의 명확화'의 항에서 밝힌 '긴급사태 대책 요령' 및 거기에서의 검토(소안)에 근거해서 긴급사태 발생 후의 '업무 계속 매뉴얼' 및 '복구 계획'을 수립한다.

이들은 위기관리 팀의 지원의 아래, 각 업무의 담당 부문이 수행한다.

여기에서의 작업 내용 및 성과로서는 아래와 같은 항목을 들 수 있다.

긴급사태 발생 후의 대처 계획

- 피재 직후의 업무 처리에 관한 각종 체크리스트 결정
  - 긴급도에 따라 작업항목의 구분(일상 업무에서의 업무분류 방법 등에 반영하여 업무 단위가 평상시부터 명확히 구분되어 있도록 한다.)
  - 피해 확대 저지를 위한 보호, 보전 수순(긴급 시의 행동 수순을 명확히 한다.)
  - 피해 상황 확인, 기기 이상 확인 수순(피해 상황 파악, 보고를 위한 포맷화를 꾀한다.)
  - 데이터 보전, 중복 운전 수순(필요 데이터의 보호, 백업 및 2차 재해 방지를 위한 운전 정지에 향한 수순서의 정비)
  - 업무 처리 상태 보고의 수순(본격적 복구에 대비하여 긴급시 업무 처리 상태를 적절히 기록해 두기 위한 행동 기준)
- 업무계속 매뉴얼의 수립
  - 업무의 계속 혹은 재시동의 평가 기준 설정 및 판단 책임의 명확화
  - 계속 혹은 재시동 즈음해서의 업무 우선 순위의 명확화
  - 업무 계속 거점의 지정 혹은 대체 처리 위탁처의 지정
  - 지원 요원, 기자재 보완 체제의 명확화(관계 업자, 기술자 등의 확보)
  - 업무 계속 거점에의 보급 체제의 명확화, 지원 방법, 지원 내용의 성문(成文)화
- 복구계획 결정
  - 복구 책임자의 명확화
  - 시설, 설비의 복구 우선순위의 명확화
  - 복구 지원 요원, 기자재 보완체제 등의 명확화(관계 업자, 기술자 등의 확보)
  - 복구 지원 요원에의 보급체제의 명확화
  - 복구 자재 배치체제의 명확화

11) 긴급사태 대응 조직의 임명

여기에서는 전술한 긴급사태 시의 대응 체제 틀 속에서 긴급사태 대응 조직의 책임자, 구성원을 임명함과 동시에 실제에 입각한 훈련 및 이미지 트레이닝을 실시한다.

임명에 관해서는 위기관리 팀의 요청에 근거를 둔 인사 부문이 훈련에 관해서는 위기관리 팀이 주체가 되어 총무, 연수 등의 관련 부문의 협력을 얻어서 실행한다.

여기에서의 작업 내용 및 요구되는 아웃풋으로서 이하의 항목을 들 수 있다.

긴급사태 대응 조직의 임명 및 훈련

- 긴급사태 대응 조직도
  - 긴급사태 대응 조직은 위기의 종류, 사태의 중대도에 따라 그 구성원이 달라지지만, 그 수행해야 하는 기능에서 볼 때에는 다음과 같이 단순한 조직을 기본으로하고 있다.

지진 재해 시 긴급대책 조직 예

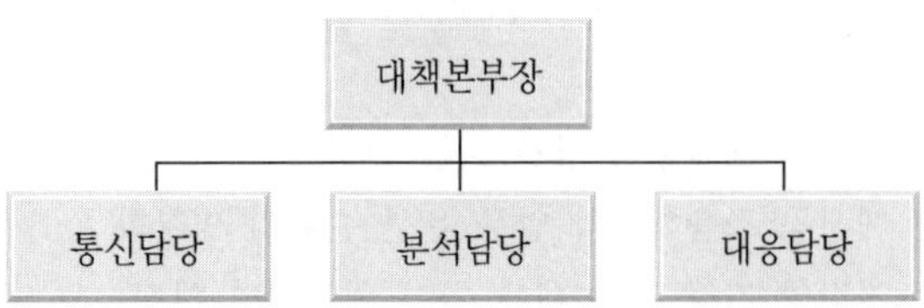

각각의 역할 및 임명함에 있어서 주의점을 정리해 보면 다음과 같다.

통신담당

- 각지의 피해 상황 파악 및 정리
- 사회 인프라, 관련 지역 사회의 상태 파악
- 기업 활동 재개에 관련된 각종 정보의 수집
- 정보 수집에 있어서는 될 수 있는 한 자동적으로 수집되는 구조를 생각해

둔다.

특히 종업원, 그 가족에 관련된 안부 정보는 전화・전자 메일 등으로 대책본부의 활동 상황에 좌우되지 않고 자동적으로 대응 축적해 가는 시스템으로 한다.

- 피재 현장과의 접촉은 이 통신 담당으로 일괄 관리한다.

분석담당

- 피해 정보를 받고 사전에 준비해 둔 위기관리 계획 방침에 의거하여 긴급시 행동 수순을 작성함과 동시에 그 우선순위도 맞춰서 결정한다.
- 피해 진전의 유무를 판단하고 자사의 최종 피해액 혹은 중대사를 추정한다.
- 분석 결과를 신속하게 대책본부장에게 보고한다.

대응담당

- 대책본부장의 판단에 근거해 대응책을 실행한다.
- 대응책의 내용으로서는 구원・지원, 여러 가지 차원의 홍보 실행 등이 있다.

대책본부장

- 긴급시 대응에 관련된 모든 판단의 권한과 책임을 진다.
- 대책본부장은 기본적으로는 기업의 최고 경영진 혹은 그에 준하는 사람이 맡는다.
- 대책본부장 후보를 각 지역(지진 발생을 생각한 경우에는 같은 지진에 의한 피해를 입지 않을 정도로 떨어진 곳)에 각각 순번을 정해 복수로 임명한다. 긴급시에 있어서는 정보 통신망의 확보가 가능한 장소에 대책 본부를 두되 그곳에 가장 빨리 도착한 대책 본부장 후보가 대책 본부장이 된다.
  최초에 대책 본부장이 된 사람은 그 초기 대응이 종료하기까지 그 임무를 계속한다.

- 실제 현지 훈련, 시뮬레이션 실시
  - 긴급대책 조직을 중심으로 정기적으로 훈련을 실시하고, 그 시뮬레이션을 통해서 유효성을 검증함과 동시에 문제점은 재검토하게 한다.
  - 위기관리 팀은 그 계획 지원을 맡는다.

12) 긴급사태에 대비한 시설・기자재, 협력체제 등의 준비

여기에서는 '예방조치 지침', '예방조치 계획', '물자 비축 계획'에 근거하여 업무처리 수순의 재검토나 시설, 설비·기기의 강화·정비, 물자 비축, 협정 등의 대응으로 진행한다. 실제로 위기관리 팀의 지원 아래 총무와 기획 등이 담당 부문의 주체가 된다. 여기에서의 작업 내용 및 아웃풋의 항목들은 대체로 다음과 같다.

시설 및 기자재의 준비, 협력체제의 준비

- 시설, 설비의 강도 등의 향상
  - 건물, 설비의 강화
  - 컴퓨터, 발전기, 케이블의 인입단자 부분 등의지지 강화
  - 책상, 캐비닛 OA기기 등의 안전성 향상
- 정보시스템, 통신회선 등의 다중화, 백업체제의 정비
  - 컴퓨터, 통신회선 등의 다중화, 네트워크화
  - 데이터의 백업, 외주 제작
- 구급물자, 비상시물자, 복구자재 등의 비축 등 복구계획과의 정합성(整合性)의 확보
  - 의약품, 물, 식료, 일용품 등의 비축
  - 구조 기구, 피난물자, 복구기자재 등의 배치
  - 통신, 이동수단의 확보
- 협력, 지원체제에 관한 협정 등의 체결
  - 피재시에 있어서 업무처리 내용에 관한 고객과의 협의, 계약(정지 면책, 업무의 중복순위 등)
  - 대체 생산, 대체 처리의 계약
  - 통신회선 확보, 제공 등의 결정

13) 계획의 평가와 개정

긴급사태 대응 계획은 기업의 업무 구조의 변화와 사업 내용의 변화 및 사업 환경, 사회 환경, 자연 환경, 입지 환경의 변화에 대응해서 항상 그 유효성을 평가하고 필요하다면 언제라도 개정해야 한다. 따라서 위기관리 팀은 자사 내 및 사외의 제 조건 변화의 감시, 새로운 위기 요인의 발견을 행함과 동

시에 이미 가지고 있는 리스크를 그 지점마다 평가해 갈 필요가 있다.

변화의 감시 대상 예

- 사무 구조의 변화: 사원수의 증가, 중심인물(key person)의 퇴직, 조직 변경, 협력기업의 변경, 시설 · 설비의 변경 등
- 사업 내용의 변화: 거래 상품의 변화, 거래 규모의 변화, 거래처의 변화, 기업 활동의 광역화(국제화) 등
- 사업 환경의 변화: 법규제의 변화, 기업 책임의 변화(제조물 책임 등)
- 사회 환경의 변화: 정보화의 진전, 생활 양식의 변화, 소비자의 인식의 변화 등
- 자연 환경의 변화: 지각 변동, 화산, 태풍, 지진의 다발 등
- 입지 환경의 변화: 주변 인구의 증가, 인접지의 개발, 생태계의 파괴 등

위기관리 계획에 의해 각각의 회사의 실상에 맞게 위기관리 실천 매뉴얼을 작성해야 한다. 제 2 절 '위기관리 계획의 내용과 순서'에서 밝힌 바와 같이 위기관리 계획 책정의 수순은 회사의 업종이나 규모, 혹은 위기의 종류 등에 관계없이 공통적이지만 그것에 근거한 매뉴얼은 회사의 특성에 따라 다르다. 뿐만 아니라, 위기의 종류별로 섬세하고 치밀한 매뉴얼 작성이 필요하다. 본 항에서는 대규모 지진에 대비한 매뉴얼의 개요를 소개하고자 한다. 여기에 제시한 매뉴얼은 지진에 대비한 매뉴얼로 준비해야 할 최저의 수준이라고도 말할 수 있다.

또, 매뉴얼의 내용은 회사의 사정에 의해서 변화하는 것이고 여기에 나타낸 것은 어디까지나 예로서 나타낸 것에 불과하다. 이하 다섯 가지의 대규모 지진 대응 가상 매뉴얼을 소개하고자 한다.

제 3 절 대규모 지진 초동 대응 매뉴얼(본부 스태프용)15)

1. 대규모 지진 초동 대응 매뉴얼의 구성

1) 본 매뉴얼의 목적 및 적용 범위

(1) 본 매뉴얼의 목적

(2) 본 매뉴얼의 적용 범위

2) 대규모 지진 대응의 이념 및 기본 방침

(1) 대규모 지진 대응의 이념

대규모 지진 대응의 이념

'사람 및 당사의 사업 활동·자산, 단골 고객을 보호하고, 당사가 존속하는 것에 의해 ○○○○○○○○○를 달성한다'는 것을 대규모 지진 대책 대응의 이념으로 한다

(2) 대규모 지진 대응의 기본 방침

대규모 지진 대응의 기본 방침

① 사원과 그 가족을 시작으로 인근 주민을 포함한 인명 존중 사상을 최우선으로 한다.

② 고객 우선을 기본으로 하고 고객을 통해서 기업의 사회적 책임을 수행한다.

③ 회사의 자산·정보를 보전·관리하고 기업의 존속 기반을 확보한다.

15) 鈴木敏正, 『企業における防災管理実験』, 新日本法規出版株式会社, 2008年, p. 71.

(3) 대규모 지진 대응의 원칙

대규모 지진 대응의 기본 원칙

① 최선의 판단에 근거하여, ② 임기응변적인 행동으로, ③ 신속하게 실행

- 부재 시 대응의 원칙
  - 하위자는 순차로 상위자의 임무를 수행한다.
- 임무의 명확화
  - 각 대책 본부 및 각 스태프의 임무를 명확화한다.
- 임무수행의 신속 실행의 원칙
  - 각 스태프는 임무의 신속 실행에 힘쓴다.
- 자동적 행동개시의 원칙
  - 각 스태프는 행동을 자동적으로 개시한다.
  - 통신 불능 시는 가장 가까운 사업소에 출근한다.
- 책임 불추구의 원칙
  - 각 스태프는 최선의 판단으로 긴급지휘하고 그 조치에 대해서는 책임을 묻지 않는다..

3) 초동 대응 행동의 개요

(1) 초동 대응 행동의 흐름

(2) 안부 확인의 흐름

4) 재해 대책 조직

(1) ○○공업 그룹 재해 대책 조직

① ○○공업 그룹 재해 대책 체제

〈○○공업 그룹 재해 대책 체제〉

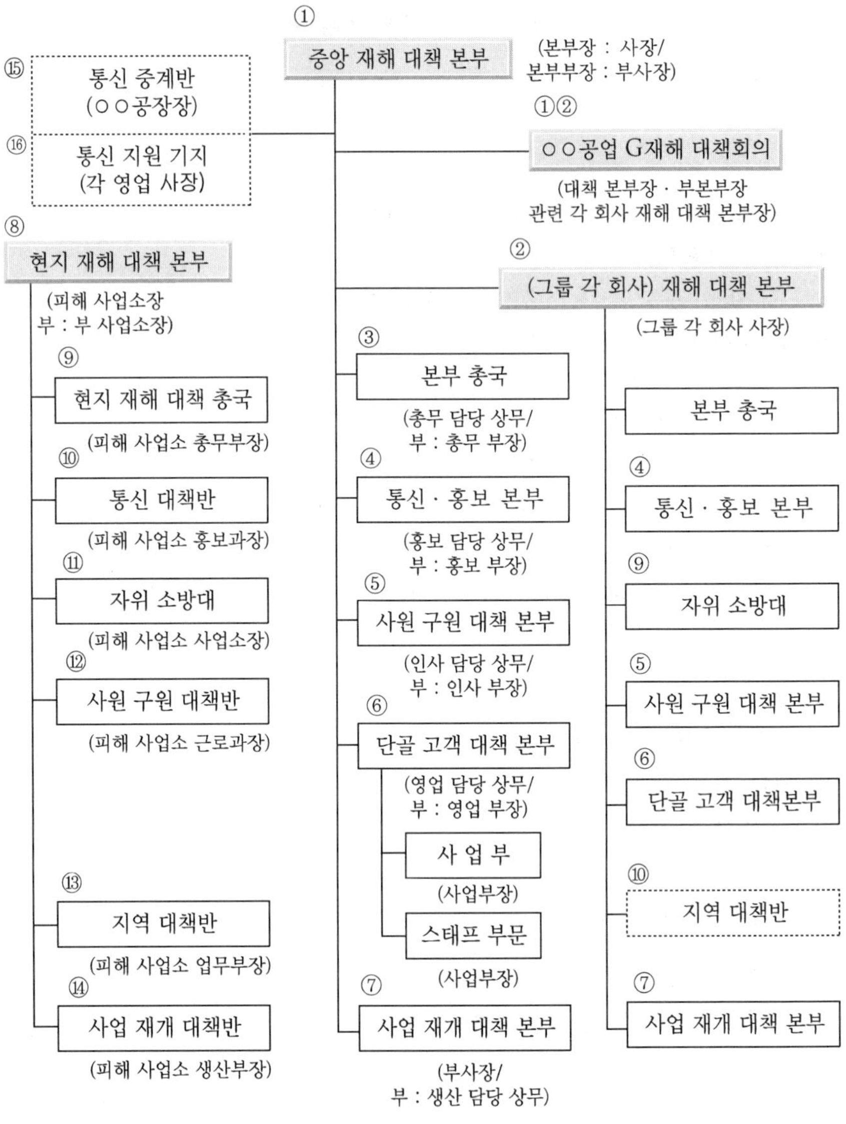
①
중앙 재해 대책 본부
(본부장 : 사장/
본부부장 : 부사장)
⑮
통신 중계반
(○○공장장)
⑯
통신 지원 기지
(각 영업 사장)
①②
○○공업 G재해 대책회의
(대책 본부장 · 부본부장
관련 각 회사 재해 대책 본부장)
⑧
현지 재해 대책 본부
(피해 사업소장
부 : 부 사업소장)
②
(그룹 각 회사) 재해 대책 본부
(그룹 각 회사 사장)
⑨
현지 재해 대책 총국
(피해 사업소 총무부장)
⑩
통신 대책반
(피해 사업소 홍보과장)
⑪
자위 소방대
(피해 사업소 사업소장)
⑫
사원 구원 대책반
(피해 사업소 근로과장)
⑬
지역 대책반
(피해 사업소 업무부장)
⑭
사업 재개 대책반
(피해 사업소 생산부장)
③
본부 총국
(총무 담당 상무/
부 : 총무 부장)
④
통신 · 홍보 본부
(홍보 담당 상무/
부 : 홍보 부장)
⑤
사원 구원 대책 본부
(인사 담당 상무/
부 : 인사 부장)
⑥
단골 고객 대책 본부
(영업 담당 상무/
부 : 영업 부장)
사 업 부
(사업부장)
스태프 부문
(사업부장)
⑦
사업 재개 대책 본부
(부사장/
부 : 생산 담당 상무)
본부 총국
④
통신 · 홍보 본부
⑨
자위 소방대
⑤
사원 구원 대책 본부
⑥
단골 고객 대책본부
⑩
지역 대책반
⑦
사업 재개 대책 본부

<재해 대책 체제 및 각 부서의 주요 기능>

본 부	조 직	주 요 기 능
중앙 재해 대책 본부 및 그룹 각 회사 재해 대책 본부		
	① 중앙 재해 대책 본부장	1) ○○공업 그룹 전체 대책의 총괄 지휘
		2) ○○공업 (당사)의 재해 대책의 총괄 지휘
	② (그룹 각 회사) 재해 대책 본부장	1) 각 회사의 재해 대책의 총괄 지휘
		2) 그룹 각 회사 재해 대책 회의 구성원으로서 재해 대책 본부장의 의사 결정을 보좌
	③ 본부 총국장	1) 각 본부장 간의 조정
		2) 화재 본부장의 스태프
		3) ○○공업 그룹 재해 대책 회의 사무국
	④ 통신 · 홍보 본부장	1) 매스컴 · 정부 정보 등을 수집하여 본부장의 판단 지휘를 보좌
		2) ○○공업 그룹 전체의 정보 수집 · 통신 확보
		3) 홍보 활동의 총괄 지휘
	⑤ 사원 구원 대책 본부장	1) 사원의 재해 상황의 총합 파악
		2) 긴급 지원 물자 조달의 총괄 지휘
		3) 피재 사원 일상생활 회복 지원의 총괄 지휘
	⑥ 단골 고객 대책 본부장	1) 단골 고객 피재 상황 파악과 긴급 대응 지휘
		2) 단골 고객의 복구 작업 지원 전 회사 총괄 지휘
		3) 자원의 긴급 재배치 지휘
	⑦ 사업 재개 대책 본부장	1) 사업 재개의 전 회사 실무 총괄 지휘
		2) 사업 재건 계획의 전 회사 사무 총괄 지휘

현지 재해 대책 본부

⑧ 현지 재해 대책 본부장	* 피재 사업소의 실무를 지휘 (초동 체제의 전 권한이 위임됨.)
⑨ 현지 재해 대책 총무국	1) 현지 재해 대책 각 반장 간의 조정
	2) 현지 재해 대책 본부장의 스태프
⑩ 통신 대책 반장	1) 매스컴·정부 정보 등을 수집하여 현지 재해 대책 본부장의 판단 지휘를 보좌
	2) 사업소, 지역 등의 정보수집·통신 확보
⑪ 자위 소방대장	1) 사원의 안전 유도·인명구조
	2) 소화 활동
	3) 지역 인명 구조·소화 활동
⑫ 사원 구원 대책 반장	1) 사원 안부 파악과 귀택 안전 판단
	2) 긴급 지원 물자 조달의 배송 관리
	3) 피재 사원 일상생활 회복 지원
⑬ 지역 대책 반장	* 지역 봉사 활동
⑭ 사업 재개 대책 반장	1) 건물 설비 피해 상황 파악 및 응급 처치
	2) 사업 재건 계획과 실행

통신 중계·지원 기지

⑮ 통신 중계반 (○○공장)	1) 사원 안부 연락의 접수 및 정보 정리
	2) 전 회사 통신의 중계기지 중추로서의 기능
⑯ 통신 지원반	1) 지정 사무소의 통신 지원 기능
	2) 피재 사원의 피재 상황 파악

② 재해 대책 체제의 편성 방침

③ 재해 대책 조직의 설치 기준과 설치 목표

1. 재해 대책 조직의 설치 기준

① 진도 6 이상의 지진이 발생한 경우(자동적으로 구축 개시)

② 지진이 발생한 것에도 관계없이 지진 상황의 파악 불능, 혹은 그 지역의 사업소와 연락 불능의 경우(자동적으로 구축 개시)

③ 진도 5 이하의 지진이라도 사원, 래방자 등에 부상자가 나오거나 사업소에서 물적 피해가 발생한 경우(상황 확인 후 구축 개시)

2. 재해 대책 조직의 설치 목표

제 1 목표: 지휘 계통 확보

제 2 목표: 대책 행동의 지휘

〈해 설〉

○ 진도 6을 재해 대책 조직의 설치 목표로 한다.
하지만 일본의 고베 대지진에서 보았듯이 대규모 지진 시에는 기상청 등의 피재로 진도 발표 자체가 지연되거나 사업소가 괴멸적으로 파괴되어 연락 불능이 되는 경우도 있다. 따라서 지진 발생에 관계없이 즉시 지진 정보를 얻을 수 없는 경우에도 만일의 경우를 상정하여 재해 대책 조직 설치를 개시한다.

○ 재해 대책 조직의 설치 기준 ① ②에 해당하는 경우, 우선 임무가 부여된 스태프 및 출동 가능한 남성 사원은 전원 자동적으로 긴급출사 한다.

○ 대규모 지진이 발생할 경우 전 사원은 정해진 대로 자동적으로 행동을 시작한다.

○ 재해 대책 조직의 설치에 있어서는 이들의 자동적 행동을 조직적 행동으로 이행 시키기 위해 지휘 계통 확보를 제1 목표로 한다.
지휘 계통 확보 후는 즉시 조직적 대응 행동을 위한 지휘를 한다.

제 6 장

기업의 방재업무에서부터 위기관리 커뮤니케이션에 이르기까지

제 1 절 기업의 위기관리 커뮤니케이션

1. 종래 기업의 방재 업무[1)]

방재(防災)는 「재해나 재난을 미연에 방지하고, 발생한 재해는 피해 확대를 방지하며, 피해 복구를 도모하는 것」이다.[2)] 방재의 요점은 주로 처음에는 자연재해를 염두에 두었으나 요즘은 인재도 포함하고 있다. 재난이 발생했을 때 「재난을 줄인다(減災)」고 하는 관념이 강하기 때문에 방재 대책은 안전 관리의 중요성이 강하다고 말할 수 있다. 이것을 시계열(時系列)[3)]별로 정리해 보면 다음과 같이 3단계로 나눌 수 있다.

---

1) 原田泉, 『情報セキュリティ企業は守れるのか, 企業危機管理マニュアル』, NTT出版, 2005年, p. 121.

2) 재난 및 안전관리기본법 제 1 조, 제 2 조, 제 3 조 태풍 · 홍수 · 호우(호우) · 강풍 · 풍랑 · 해일 · 대설 · 가뭄 · 지진 · 황사 · 적조 그 밖에 이에 준하는 자연현상으로 인하여 발생하는 재해 등이다.

3) 시간의 흐름에 따라 관측된 통계량을 시간대별로 벌여 놓은 열.

<방재의 요소>

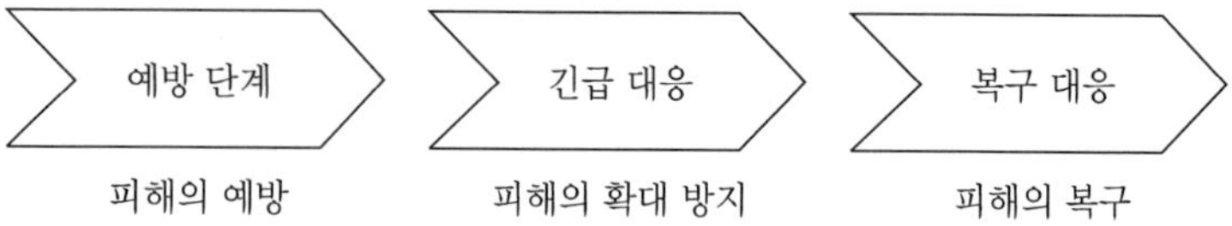

① 피해를 방지하는 「예방의 단계」
② 재해가 발생한 경우 피해 확대를 막기 위한 「긴급 대응 단계」
③ 재해가 발생한 경우에 복구를 도모하는 「복구 대응 단계」

효과적인 방재 대책을 수립하기 위해서는 각각의 단계에 있어서 균형 있게 대책을 세워야 하지만, 방재 대책과 안전 관리가 완벽했다고 하더라도 피해와 손실을 경감하는 것만으로는 재해 발생을 방지할 수 없다.

현재 미국이나 일본의 기업체제는 대체로 지진이나 풍수해 대책을 중심으로 방재 계획 및 매뉴얼이 작성되어 있다. 즉, 건축물의 내진 강화·방화 용품의 비축 등 예방 대책과 긴급 대책을 중심으로 방재 업무와 위기관리시스템을 구축하고 있다. 하지만 이제는 테러나 시스템 장해[4] 등 전 방위적 모든 위기를 상정해 본사와 공장 등이 재난 피해로 인해 사용할 수 없게 된다거나 또는 불상사에 의해 상품이 모두 점두(店頭)로부터 철거되는 등 자연 재해 이외의 모든 위기에 대해서도 최악의 경우를 상정해 위기관리체제를 구축해야 한다. 현실적으로 우리나라에서 위기에 대응하기 위해 전문 부서를 설치하고 있는 기업은 그다지 많지 않고, 위기 대응이 가능한 지식과 능력을 가진 스태프도

4) 『이데일리 종합뉴스』 2010년 7월 7일자. 지난해 행정안전부는 200억 원 예산을 편성해 범정부 차원의 대응체계를 구축했다. 방송통신위원회는 중소 규모 업체를 위해 사이버 긴급 대피소 구축 사업이나 인터 디도스 대란 발생 1년 이후 공공과 금융 등 각계 기관에서 재발을 막기 위한 사업들을 진행하고 있다. 한국인터넷진흥원도 해킹과 바이러스 대응체계 고도화를 위해 예산을 증액하고 전문 인력도 늘렸다. 금융결제원에서도 은행이 DDoS 공격을 받을 경우 트래픽을 우회시킬 수 있는 공동 대피소를 추진하고 있다. 하지만 IT 강국을 자부하며 세계적 인터넷 인프라를 갖췄음에도 불구하고 보안에 대한 투자와 인식은 여전히 후진국 수준이란 지적이 나오고 있다. 미국과 일본의 경우 10년 전부터 IT 전체 예산 10% 정도를 보안에 투자하고 있다. 한국은 디도스 대란을 겪은 후에야 올해 정보보호 예산을 늘렸으며, 이렇게 늘린 투자 규모도 전체 정보화 예산중 약 8.1%에 불과하다.

소수에 불과하다. 게다가 일상 업무에 쫓기다보니 스태프의 인재 교육과 훈련을 실시하기 위한 시간이 좀처럼 생기지 않는 것이 현실이다. 또, 현재의 방재 계획이나 방재 매뉴얼이 현실에 사용될 수 있을 것인가를 검토하고 문제점을 밝혀내고 개선하기 위해 노력하는 기업도 소수에 불과하다.

2. 기업 방재의 한계

기업의 방재 대책과 위기관리는 시간과 경비가 많이 들기 때문에 실제로 금방 재해가 예상되지 않는 한 기업으로서도 언제 어디서 일어날지도 모르기 때문에 거기에 경비를 투자할 여력이 없다고 할 것이다. 뿐만 아니라, 그렇지 않아도 기업이 어려운데 위기 발생이 긴박하지 않는 한 "설마 우리 기업이"하는 생각에서 방재 효과에 대한 투자 우선순위는 낮아질 수밖에 없는 상황이다. 그러나 최근에 다발하는 기업 위기는 한꺼번에 기업이 도산에까지 이르기 때문에 어느 정도 비용적인 한계가 있다고 하더라도 최악의 경우의 사태까지 상정해 만전의 대비책을 강구하지 않으면 안 될 상황에 와 있다고 본다. 게다가 이를 소홀히 한다면 나중에 치명적인 손실은 물론 선진 기업은 꿈조차도 꿀 수 없게 된다.

• 그림 6-1 • 재난 발생시 경영자의 생각과 현실

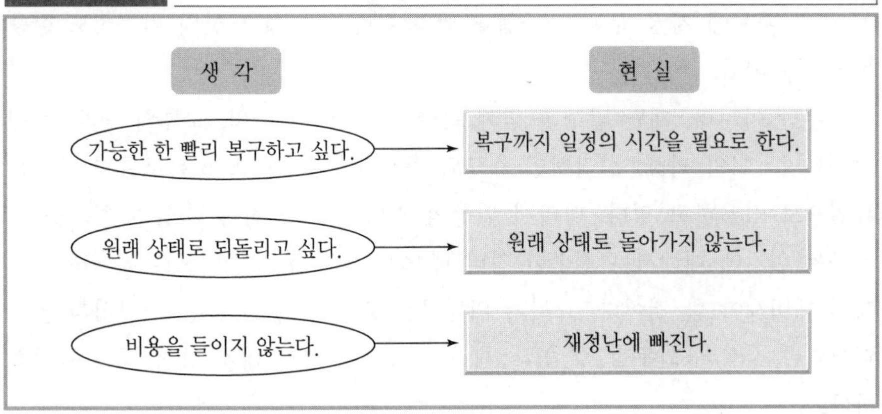

위의 〈그림 6-1〉에서 보면 일단 재해가 발생하면 경영자들은 가능한 한 빨리 원 상태로 복구하려고 한다. 그러나 현실적으로 복구하기까지는 반드시 일정한 시간이 걸린다. 뿐만 아니라 긴급 복구를 한다고 해도 복구하는 사이에 타 경쟁사에 시장 점유율을 빼앗긴다거나 라이벌 회사의 적극적인 경영 공세에 의해서 기존의 고객이 멀어지는 사태에 직면하게 된다. 재난이 일어나면 경영자가 원래 상태로 되돌리고 싶다고 해도 현실적으로는 원래 상태로 되돌릴 수 없는 경우가 대부분이다. 원래 상태로 되돌릴 수 없는 원인으로서는, 우선 복구하기 위한 자원 조달이 필요하고, 또 그러기 위해서는 예상 외의 복구 자금과 긴급 자금이 필요하기 때문이다.

재난 발생 이전부터 치밀한 복구 계획이나 투자 계획이 서지 않고 위기에 직면하게 되면 아무리 신속하게 복구한다고 해도 80% 밖에는 원래 상태로 되돌리지 못한다는 것이 관계 전문가들의 공통된 견해한다. 또, 예상 외의 자금 지출은 내부 비축금의 부족과 함께 금융 기관으로부터의 차입에 의해 복구되기 때문에 복구했다고 해서 매상이 갑자기 느는 것은 아니며, 최선을 다했다고 하더라도 이전의 매상으로는 돌아가지 않는 것을 과거의 여러 사례에서도 볼 수 있었다.

또한, 기업주들은 불안한 나머지 비용을 그다지 들이지 않고 복구하려고 하면, 반드시라고 해도 좋을 정도로 재정난에 빠지거나 비즈니스의 지속이 위험할 때도 있다. 게다가 매상이 돌아오지 않아도 기업 차입금의 변제는 이행해야 하기 때문에 자금 문제가 중첩돼 업적 부진과 함께 도산의 가능성도 한층 높아지게 된다.

뿐만 아니라, 재난 발생과 함께 라이프 라인[5]의 마비, 교통의 정체, 사원 및 친 인·척의 피해, 심리적인 쇼크와 스트레스 등이 재난 복구를 저해하는 요인으로 작용하고 있다. 따라서 일상의 경비 절감과 함께 기업의 존속을 좌우하는 위기에 대해서는 신속한 경비 배분과 절감 등의 방법으로 철저하게 위기에 대비해야 할 것이다. 그러기 위해서는 중요한 비즈니스는 중단하지 않고 잃어버린 손실은 되돌릴 수 있는 새로운 환경 변화의 대처 방법 개발이 필요하다.

---

5) 전기, 가스, 수도 등 일상생활에서 생명을 유지하기 위해 필요한 네트워크 시스템을 말한다.

지난 1995년 한신(阪神) · 아와지(淡路)대지진[6]과 2001년 미국의 9 · 11 테러의 예를 들 것까지도 없이 최근에는 종래의 방재 대책으로는 대응할 수 없는 대형 재난이 속출하고 있다. 따라서 '신종 대형 재난'에 대해서는 어떻게 대처하면 좋을까, 매뉴얼에 망라하고 있지 않은 대형 재난이 발생하게 된다면 어떻게 대처해야 할까 하는 문제에 직면하게 된다. 따라서 우리 기업도 이제는 G 20 국에 걸맞게 위기에 직면했을 때는 수동적인 체질이 아니라, 신속하고 적극적으로 대처할 수 있는 새로운 능동적인 위기관리시스템 구축이 시급한 시점에 와 있다.

가령, 국내 기업 중에서 기업위기에 미리 잘 대비해 선진기업으로 이미지가 급상승한 녹십자사 같은 경우도 있다. 녹십자는 2009년 '신종 인플루엔자'가 전 세계를 위협할 3년 전인 2006년 12월에 미리 전남 화순에 '독감백신원료 생산 기반 구축 사업'을 시작한 게 마침내 대박을 터뜨려 국내 제약사 중에 한 때는 매출액 1위에 오르기도 했다.[7] 그 전까지는 전량 수입에 의존해 왔던 인플루엔자(계절독감)백신이 지난해 녹십자사가 처음으로 국산화에 성공하면서 역사적인 첫 해외 수출 길에 오르기도 했다.[8] 녹십자 개발 본부 이병건(李炳建) 부사장은 "인플루엔자 감염시의 치료는 항생제 투여, 항 바이러스제 투여 등이 있으나, 사회 · 경제적 손실을 감안하면 가장 효과적이고 최선의 치료는 백신접종"이라며, "백신의 주권 확립은 수급 불안 해소와 함께 국가적인 위기대응, 백신 수입으로 인한 국부 유출 방지, 국내 바이오 산업의 경쟁력 제고를 이룰 수 있는 좋은 기반이 될 것"이라고 했다. 그는 또, "독립적인 신종플루 백신 생산 능력을 갖춤으로써 국가 보건 안보에 크게 이바지할 수 있을 것"이

6) 1995년 1월 17일, 효고현 남부 지진에 의한 재해. 효고 · 오사카 · 교토가 피해를 입고 사망자가 6300명, 부상자 4만 3천명. 그 외 피해자 20만 9천명. 또 고베 시내에서 한신고속도로의 고가다리와 빌딩이 무너짐. 제 2 차 대전 후 일본에서 최대의 재해가 되었다. 일명 한신대진재라고도 말한다.

7) 녹십자 입장에서 2009년 출시한 자체 개발 신제품 '신종플루 백신'(제품명: 그린플루 S주) 은 '대박' 그 자체다. 그린플루 S주가 발매 첫 해인 조달청과 총 913억 원 상당(12월 18일 기준)의 계약을 체결해 녹십자 매출(5161억 원)의 17.7%에 달하는 액수다.

8) 전남 화순 지방산업단지(전라남도 화순군 화순읍 소재)에 위치한 녹십자 화순공장은 지난 2005년 산업자원부(현 지식경제부) 및 전라남도가 주관하는 '독감백신원료 생산기반 구축사업'의 최종사업자로 선정되어 2006년 12월 착공했다. 화순공장은 정부지원금 162억 원을 포함해 총 850억 원이 투입됐으며, 9만 9천㎡ 부지에 건축면적 2만 3천㎡의 규모다.

라고 밝혔다.[9)]

녹십자사는 WHO나 영국의 NIBSC(국립생물의약품표준화연구소), 미국 CDC(질병통제예방센터)와 제휴해 국내 최초로 신종플루 백신 개발에 성공했을 뿐만 아니라, 국가 위기나 국민 건강 안보에 크게 기여했다고 볼 수 있다. 또한. 녹십자는 2010년에도 WHO(세계보건기구) 산하기관인 PAHO에 약 600만 달러 규모의 인플루엔자 백신(제품명: 지씨플루 GC Flu)을 수출해 기업 위기관리에 모범을 보이고 있다.

3. 위기관리 개념과 요소

'위기관리'라는 것은 다양한 위협을 상정할 뿐 아니라, 사상(事象)은 어찌됐든 최악의 사태를 상정하고 지금 일어나고 있는 상황이나 이어서 일어날 수 있는 다양한 상황을 상정해서 적극적으로 대처하게 하는 것을 말한다. 또한, 어떠한 변화에 대해서도 임기 응변으로 대응할 수 있는 대처 방법과 시스템을 사전에 구축하고, 위기의 징후를 가능한 한 빨리 감지하여 위기를 미연에 방지 또는 회피하게 한다. 나아가서 위기를 보다 나은 결말로 향하게 할 뿐 아니라, 전략적인 복구에 의해 위기를 극복하고 이전보다 좋은 호기의 상태로 개선할 수 있게 하는 것이다.

기업의 위기라는 것은 ① 위험한 시기, 아주 위험한 상태나 상황, ② 기존의 사회체제나 가치관 등이 붕괴하려고 하는 시기의 전환기를 말하고, 「변화의 터닝 포인트」이자 「누군가가 판단하고 어떤 대응을 하지 않으면 사태가 나쁜 방향으로 변화할 우려가 있는 상황과 사태」이다. 어디까지나 그 때의 상황이며 발생한 사상이 아니라, 발생한 사상이 대처에 따라 「위기」로 진행해 가는 상황 논리다.

따라서 앞으로 기업의 위기관리는 대처 방법에 따라서 이전보다 결과를 좋게 한다고 하는 플러스적인 발상이 필요하다. 이제는 위기 발발시 단순하게 피해를 최소한으로 억제한다고 하는 수동적인 방재 발상에 머무르는 것이 아니라, 보다 더 적극적인 사고와 대처로 사태를 좋은 방향으로 호환하는 쪽으로

---

9) http://www.greencross.com/newroom/board_b_view.asp

발상의 전환이 필요하다. 위기관리의 사고로서는 적극적으로 플러스 발상을 가지고, 피해를 받은 후에 수동적으로 대응하는 것이 아니라, 미리 피해의 징후를 포착해서 적극적으로 대처하는 것이 중요하다.

4. 기업의 위기관리

위기관리의 사고 방식을 기업에서 실천하는 것이 기업위기관리이고, 기업이 위기와 재난에 직면하더라도 고객과 주주, 사회에 불이익과 악영향을 주지 않고 비즈니스를 계속하며 기업이미지를 유지하고 신용을 실추하지 않으며, 반대로 기업의 이미지 상승으로 연결하는 것이 기업위기관리의 '특색'이다.

기업의 위기라는 것은 화재와 지진 등의 위협이 아니라, 화재와 지진에 의한 비즈니스의 중단과 신용 저하 등의 영향을 가리킨다. 기업에 있어서 최악의 경우는 도산이고, 이 상황을 회피 또는 영향을 최소한으로 억누르는 것이 기업위기관리의 범주이자 기업의 경영 전략이다. 조직 차원의 위기의식 문제는 조직의 역사적 배경과 기업 방침, 기업 문화, 톱(Top)의식에 크게 좌우되기 때문에 개인이 높은 의식을 가지고 있을 뿐 아니라, 기업으로서의 높은 의식이 필요하다. 그러기 위해서는 기업으로서의 룰, 계획 등을 일부의 사원들이 머리를 짜내서 생각하는 것이 아니라 여러 사원을 종·횡적으로 참석시켜 프로젝트 팀으로서 기업의 방침을 존중하면서 만드는 것이 중요하다.

• 그림 6-2 • **위기의 대처순서**

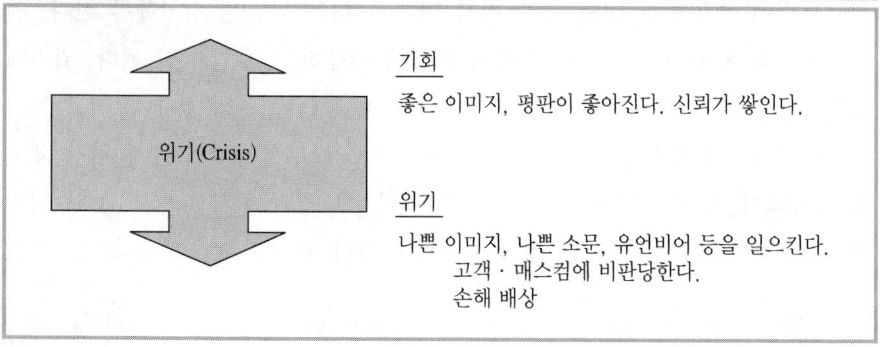

게다가 가장 중요한 것은 최고 경영진 스스로가 프로젝트에 참가하고 몰두하는 자세를 보이는 것이다. 위기관리를 기업 내에서 추진한다고 하는 강한 의식 표시야말로 사원의 의식고양은 물론, 그것이 기업위기관리를 추진하고 있는 기업에 있어서는 사내의 의식을 결집할 수 있는 절호의 기회다. 또 신입사원 교육과 인재 교육에 위기관리를 도입한다거나 다양한 사상과 상황을 시나리오로 포함시켜 위기적 상황을 상정하는 것보다는 현실적인 시뮬레이션 실시와 다양한 위기관리에 관련한 정보를 제공하는 것도 유효하다. 나아가 사원의 위기의식 행동을 평가 대상으로 하여 사내의 위기의식을 높여 나가는 것도 효과적이다. 이러한 새로운 평가 구조를 만드는 것으로부터 일상의 직장 환경을 적극적으로 변화시키거나 새로운 프로젝트에 참가하는 등 잠재적인 비즈니스 기회에 대해서도 사원 한명 한명이 민감하게 되고, 항상 촉각을 곤두세운 상황이 되며, 조그마한 문제나 비즈니스 찬스도 놓치는 일이 없이 새로운 사업 전개가 가능하리라고 본다. 즉, 위기의 초기 단계에서 대응하는 것이 가능하기 때문에 피해를 경감시키거나 위기를 회피하는 것도 가능하게 될 것이다.

제 2 절 기업의 위기관리 6가지 요소와 6단계

1. 기업위기관리의 6가지 요소[10)]

위기에 직면하게 되면 여러 가지 형태로 대응 방안을 강구해야 한다. 예를 들면, 불이 꺼진 와중에도 고객의 문의에 대응하지 않으면 안 된다. 위기에 대응하고 있다고 해서 중요한 비즈니스 기능을 중단할 수는 없다. 그리고 문의에 관해서는 단순히 고객으로부터만이 아니라 각 부서에 다양한 문의가 쇄도해 위기대처 자체에 저해 요인도 될 수 있다. 그 결과 위기 대응이 늦어 버리게 되는 것이 과거의 어려운 경험이었다. 따라서 위기관리를 효과적으로 수행

10) 原田泉, 『情報セキュリティ企業は守れるのか, 企業危機管理マニュアル』, NTT出版, 2005年, p. 131.

• 그림 6-3 • 기업위기의 6가지 측면

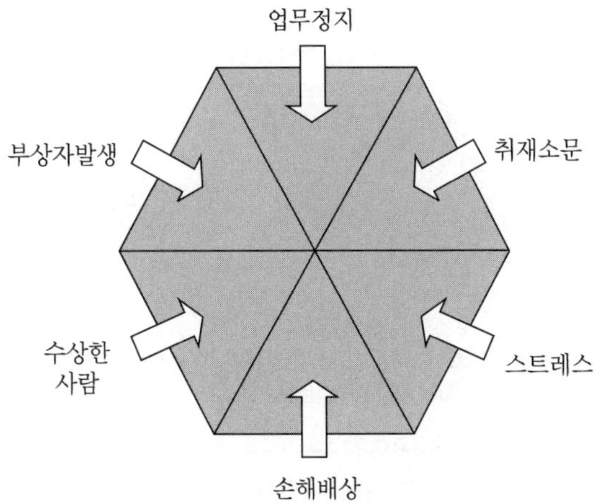

하기 위해서는 그때 그때 생각나는 대로 대응하는 것이 아니라, 계획적으로 대응할 수 있도록 하는 것이며, 이에는 관리가 필요하다. 예를 들면, 이번 백령도의 천안함 사태에서 보는 바와 같이 인명을 우선시하는 긴급 대응에만 너무 특화된다면 국가적인 보안시스템은 소홀히 될 수 있다. 또 중요한 재난 정보를 국민들에게 알리려고 하는 노력 또한 등한시될 수 있는데, 이는 바람직하지 않다.

국내외에서 일어나고 있는 위기관리 및 위기 대응에 대해서 분석해 보면, 대체로 다음의 6가지 요소로 분류할 수 있다.

① 시설 관리와 긴급 대응
② 데이터 · 네트워크 관리와 비즈니스 지속
③ 사이버 관리와 보안
④ 이미지 관리와 위기 커뮤니케이션
⑤ 건강 · 안전 관리와 환경
⑥ 위기 관리와 법무

• 그림 6-4 • **기업위기관리의 6가지 요소**

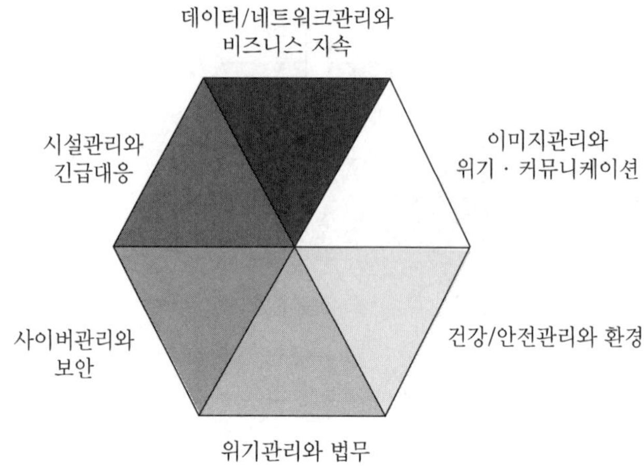

• 그림 6-5 • **프로젝트형의 대응소**

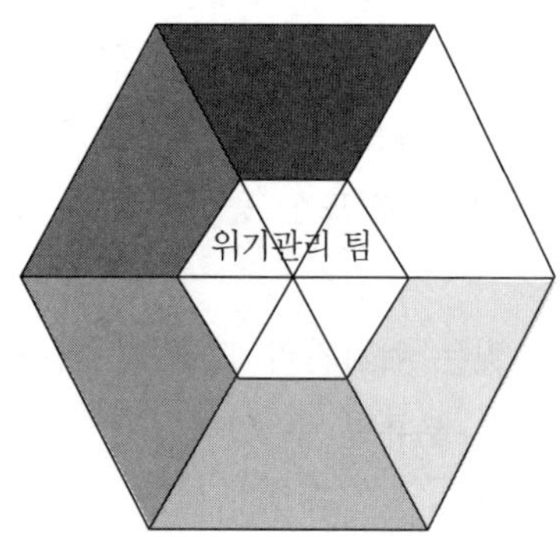

위기에 있어서는 이 6가지 요소를 거의 동시에 각각 전문팀으로 대응할 필요가 있고, 프로젝트 형식으로 실행하는 것이 가장 효과적이다. 그렇게 하기 위해서는 평소에 사내에 있어서 권한이 위임된 스태프들이 서로 교류하면서 커뮤니케이션을 나눌 필요가 있다. 또, 평소대로 부서별로 대응하는 것이 아니라, 위기 대응 특유의 요소별로 분류하고 여러 대응에 우선순위를 매겨 균형 있게 종합적으로 실시할 필요가 있다.

(1) 시설 관리와 긴급대응

〈그림 6-6〉에서 보는 바와 같이 '시설 관리와 긴급 대응' 요소는 사원의 생명과 시설・설비를 지키는 것이다. 시설관리는 사원의 생명과 시설・설비에 미치는 영향을 경감시키며 보다 좋은 직장의 안전성을 정비하는 것이며, 긴급 대응은 위기에 대해서 인적 피해와 시설・설비의 피해를 확인하고 그 피해상황과 영향에 따라서 적절한 대응을 계획적으로 실시하는 것이다.

시설 관리와 긴급 대응은 관리로서 시설 관리와 긴급사태 관리 요소가 필요하고, 종래로부터 진보하고 있는 방재 대책의 예방과 긴급 대응의 요소가 강하다.

• 그림 6-6 • 시설관리와 긴급대응

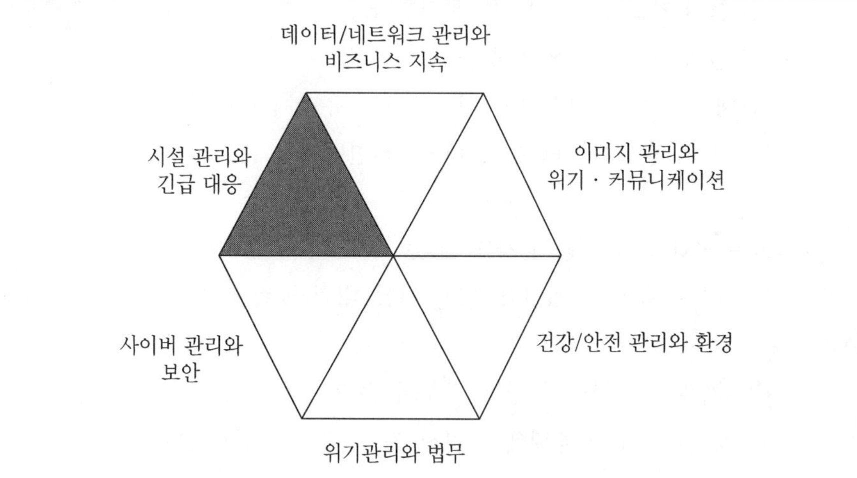

〈시설 관리와 긴급 대응의 사전 대응〉

・방화, 방재 대책(건물 진단/보강/면진[11](免震))을 실시하고, 시설 피해를 예방한다.

---

11) 지진발생시의 진동을 줄이는 것.

• 그림 6-7 • **데이터/네트워크관리와 비즈니스 계속**[12)]

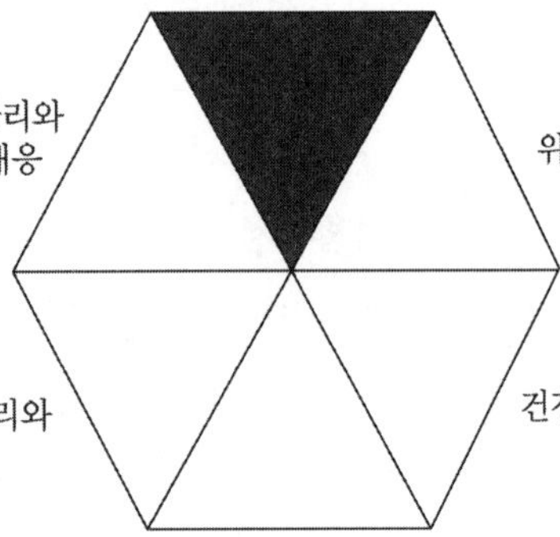

· 시설/설비/인프라[13)]를 유지 · 관리한다.

· 시설/설비/인프라 상의 이상을 감시한다.

· 긴급대응 계획을 작성하고 테스트하며 유지 관리한다.

· 긴급 시에 필요한 자원을 준비 · 관리한다.

〈시설 관리와 긴급 대응의 사후 대응〉

· 긴급 대응 팀을 소집(편성)하고, 시설 내외 개략의 피해 정보를 수집해 재빠르게 상황을 파악한다.

· 사전 계획이 포함되어 있는 기준에 근거해 현지 본부를 설치한다.

· 사전에 긴급 대응 계획에 근거해 긴급 대응을 실시한다.

〈긴급 대응 내용〉

· 응급 대응(소화/피난/수색과 구출/응급처치)을 한다.

---

12) 原田泉, 『情報セキュリティ企業は守れるのか, 企業危機管理マニュアル』, NTT出版, 2005年, p. 134.

13) 도로, 상수도와 같은 도시 생활의 기간 산업.

· 사원의 안부 확인을 실시한다.
· 피해 상황에 근거해 시설/설비/인프라를 복구한다.
· 긴급 대응에 필요한 자원을 요청한다.
· 긴급 대응에 필요한 인원 부족에 관한 요청을 한다.

(2) 데이터/네트워크 관리와 비즈니스 지속

〈그림 6-6〉와 같이 '데이터/네트워크 관리와 비즈니스 지속' 요소는 데이터/네트워크를 포함한 정보시스템을 지키는 것과 함께 기업의 핵심 비즈니스를 지키는 것이다. 데이터/네트워크 관리는 정보시스템과 핵심 비즈니스에 미치는 영향을 경감시키고 보다 좋은 비즈니스 환경을 정비하는 것이며, 비즈니스 지속은 위기에 대해서 데이터와 네트워크를 포함한 정보시스템의 피해와 핵심 비즈니스의 피해, 그리고 핵심 비즈니스를 지지하고 있는 부문에 관련한 피해를 확인하고 그 피해 상황과 영향에 따라서 적절한 대응을 계획적으로 실시하는 것이다.

데이터/네트워크 관리와 비즈니스 지속은 관리와 데이터 관리, 네트워크 관리, 화재복구 관리, 비즈니스 계속 관리의 요소가 필요하다. 데이터/네트워크 관리와 비즈니스 지속은 방재 대책으로 말하자면 정보시스템의 복구 대응과 비즈니스 복구 대응의 요소가 강하다.

〈데이터/네트워크 관리와 비즈니스 지속의 사전 대응〉
· 비즈니스 영향 분석을 실시한다.
· 비즈니스 복구의 우선순위를 특정한다.
· 비즈니스 복구 전략을 확립한다.
· 컴퓨터/데이터/네트워크/통신시스템을 유지 · 관리한다.
· 데이터/애플리케이션(Application)을 백업한다.
· 컴퓨터/데이터/네트워크/통신시스템상의 이상을 감시한다.
· 비즈니스 계속 계획을 작성하고, 테스트하고 유지 · 관리한다.
· 비즈니스 계속과 복구에 필요한 자원을 준비 · 관리한다.

〈데이터/네트워크 관리와 비즈니스 지속의 사후 대응〉

· 비즈니스 지속 팀과 복구 팀을 소집(편성)한다.

· 정보를 수집하고, 상황을 파악한다.

· 긴급대응 본부를 설치한다.

· 비즈니스 지속 계획에 근거해 비즈니스를 지속한다.

· 중요한 비즈니스 기능/콜 센터/웹을 대체 사이트로 계속한다.

· 컴퓨터/데이터/네트워크/통신시스템을 복구·재개한다.

· 우선순위에 근거해 단계적으로 비즈니스 기능을 복구한다.

· 비즈니스 지속과 복구에 필요한 자원을 요청한다.

(3) 사이버관리와 보안[14)]

〈그림 6-6〉에서 보는 바와 같이 '사이버관리와 보안' 요소는 기업의 고정 자산만이 아니라, 정보 자산과 금융 자산 등의 무형 자산을 지키는 것이다. 사이버 관리는 고정 자산과 정보 자산, 금융 자산의 피해로부터 기업에 미치는 영향을 경감시키고 보다 좋은 자산 보호체제를 정비하는 것이며, 보안은 위기에 대해서 기업의 고정 자산의 피해와 정보 자산과 금융 자산 등의 무형 자산의 피해를 확인하고 그 피해 상황과 영향에 따라 적절한 대응을 계획적으로 실시하는 것이다.

사이버 관리와 보안은 관리로서 사이버 관리와 보안 관리의 요소가 필요하다.

〈사이버 관리와 보안의 사전 대응〉

· 보안 방침을 작성한다.

· 보안 대책(감시 카메라, 방화벽 등)을 실시하고, 범죄, 부정 침입, 정보 누설을 예방한다.

· 물리적 보안/정보 보안상의 이상을 감시한다.

· 보안 대응 계획을 작성 테스트하고, 유지·관리한다.

---

14) 原田泉, 『情報セキュリティ企業は守れるのか, 企業危機管理マニュアル』, NTT出版, 2005年, p. 136.

· 긴급 시에 필요한 자원을 준비 · 관리한다.

〈사이버 관리와 보안의 사후 대응〉

· 보안 대응 팀을 소집(편성)한다.
· 정보를 수집하고 상황을 파악한다.
· 보안 대응 계획에 근거해 보안 대응한다.
· 범죄자, 부정 침입자, 정보 누설자 및 원인을 특정한다.
· 새로운 보안체제를 확립한다.
· 필요한 자원을 요청한다.

(4) 이미지 관리와 위기 커뮤니케이션[15]

〈그림 6-6〉에서 '이미지 관리와 위기 커뮤니케이션' 요소는 기업 이미지를 지키는 것이다. 이미지 관리는 기업 이미지의 피해가 기업에 미치는 영향을 경감시키고 보다 좋은 이미지를 정비하는 것이다. 위기 커뮤니케이션은 위기에 대해서 기업 이미지의 피해를 확인하고 그 피해 상황과 영향에 따라서 적절한 대응을 계획적으로 실시하는 것과 함께 적극적으로 미디어를 통해서 정보를 공개하는 것이다.

이미지 관리와 위기 커뮤니케이션은 관리로서 이미지 관리와 위기의 홍보 요소가 필요하다.

〈이미지 관리와 위기 커뮤니케이션의 사전 대응〉

· 기업이미지, 신용, 신뢰를 유지 · 관리한다.
· 미디어/여론의 이상 징후를 감시한다.
· 위기 커뮤니케이션 계획을 작성해 테스트하고 유지 · 관리한다.
· 긴급시에 필요한 자원을 준비 · 관리한다.

---

15) 原田泉,『情報セキュリティ企業は守れるのか, 企業危機管理マニュアル』, NTT出版, 2005年, p. 138.

〈이미지 관리와 위기 커뮤니케이션의 사후 대응〉

· 위기 커뮤니케이션 팀을 소집(편성)한다.
· 모든 정보를 수집하고 상황을 파악한다.
· 위기 커뮤니케이션 센터를 설치한다.
· 위기 커뮤니케이션 계획에 근거해 위기를 홍보한다.
· 정보를 분석한다.
· 긴급 기자회견을 개최한다.
· 취재에 대응한다.
· 회사 내외에 정보를 공개한다.
· 고객/불평 불편에 대응한다.
· 필요한 자원을 요구한다.

(5) 건강 · 안전 관리와 환경

〈그림 6-6〉에 의하면 '건강/안전 관리와 환경' 요소는 사원의 건강과 안전 및 사회적 환경직(職)을 지키는 것이다. 그리고 건강/안전 관리는 사원의 건강과 안전 및 사회적 환경 피해가 기업에 미치는 영향을 경감시키고 보다 좋은 직장 환경과 사회 환경을 정비하는 것이다. 안전 관리는 사원들의 건강과 안전 및 사회적 환경에 대한 피해를 확인하고, 그 피해 상황과 영향에 따라서 적절한 대응을 계획적으로 실시하게 한다.

건강/안전 관리와 환경은 관리로서 인사 관리, 건강 관리와 안전 관리의 요소가 필요하다.

〈건강 · 안전 관리와 환경의 사전 대응〉

· ISO/JIS/KIS규격/취업 규칙/규정을 준수한다.
· ISO/JIS/KIS규격/취업 규칙/규정을 유지 · 관리한다.
· 노동 환경/스트레스를 개선한다.
· 노동/제품상의 안전 관리를 철저히 한다.
· 건강/안전/환경상의 이상을 감시한다.
· 건강/안전/환경 대응 계획을 작성해 테스트하고 유지 · 관리한다.

· 긴급시에 필요한 자원을 준비 · 관리한다.

〈건강 · 안전 관리와 환경의 사후 대응〉

· 환경 대응 팀을 소집(편성)
· 정보를 수집하고 상황을 파악
· 건강/안전/환경 대응 계획에 근거해 환경 대응 실시
· 사원의 건강 안전 확보
· 상 담
· 제품 회수
· 오염 제거
· 커뮤니티 대응
· 사회 공헌
· 필요한 자원을 요청

(6) 위기관리와 법무[16)]

〈그림 6-6〉와 같이 '위기관리와 법무' 요소는 어떠한 위협에 있어서도 피해의 최소화를 도모하고, 법률을 지키는 것이다. 위기관리는 위기의 파장을 축소하고, 법무적인 문제가 기업에게 미치는 영향을 경감시키며 보다 좋은 위기 컨트롤과 효율적인 보험 가입을 포함한 위기 분산을 실시하는 것이다. 법무는 법령 준수와 법무처리 제도를 정비하는 것과 함께 위기에 대해서 금전적인 손실을 보험으로 보전하는 것과, 법무적인 문제에 대한 피해를 확인하고, 그 피해 상황과 영향에 따라서 적절한 대응을 계획적으로 실시하는 것이다. 위기관리와 법무는 관리로서 위기관리와 보험 관리 및 법무 관리, 법령 준수의 요소를 필요로 한다.

16) 原田泉, 『情報セキュリティ企業は守れるのか, 企業危機管理マニュアル』, NTT出版, 2005年, p. 141.

〈위기관리와 법무의 사전 대응〉

- 위기를 분석하고 평가하며 피해를 예측한다.
- 위기를 분산시킨다.
- 위기를 컨트롤한다.
- 보험 계약을 유지·관리한다.
- 법령을 준수한다.
- 법적 확인을 받는다.
- 경제적 손실/법률상의 이상을 감시한다.
- 법무 대응 계획을 작성해 테스트하고 유지·관리한다.
- 긴급 시에 필요한 자원을 준비·관리한다.

〈위기관리와 법무의 사후 대응〉

- 법무 대응 팀을 소집(편성)한다.
- 정보를 수집해 상황을 파악한다.
- 법무 대응 계획에 근거해 법무 대응을 한다.
- 손해 조정/추가 비용을 특정한다.
- 보험회사/변호사와 상담한다.
- 재무 관리를 한다.
- 필요한 자원을 요청한다.

2. 기업의 위기관리 6단계

기업위기관리를 구축하기 위해서는 우선 프로젝트를 세워서 각 단계별로 진행해야 한다. 최고책임자 또는 위기관리 담당 임원급이 참가해 위기관리 구축 프로젝트 팀을 지원한다.

일정 기간을, 예를 들면 1년 간 기간을 정해서 6개의 단계를 반복한다.

• 그림 6-8 • **기업의 위기관리 6단계**[17)]

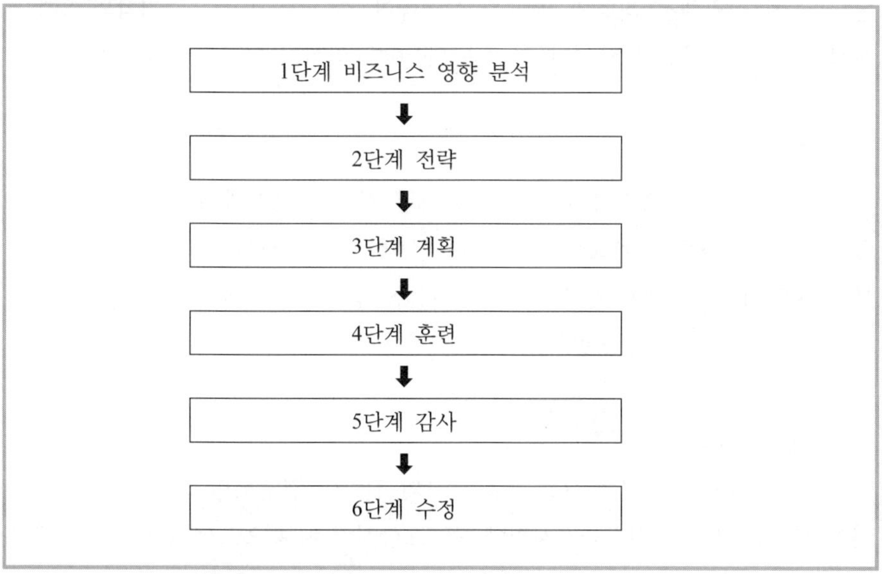

• 그림 6-9 • **6개 단계의 사이클(주기)**

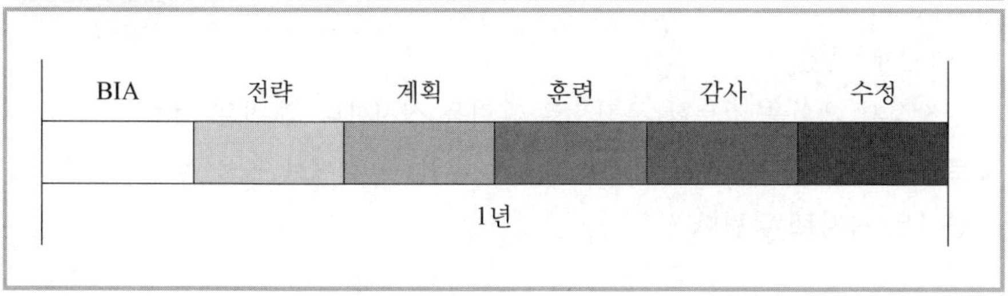

1단계: 비즈니스 영향 분석

6개 기업의 위기관리 요소마다 ① 사원의 생명에 미치는 영향, ② 비즈니스에 미치는 영향, ③ 기업 이미지에 미치는 영향, ④ 보안에 미치는 영향, ⑤ 재무・법무에 미치는 영향, ⑥ 환경에 미치는 영향을 정량적(定量的)[18)] 정성적

17) 原田泉, 『情報セキュリティ企業は守れるのか, 企業危機管理マニュアル』, NTT出版, 2005年, pp. 143～144.

18) 양적・계량적 분석.

(定性的)[19]으로 나누어 분석한다. 여기에서 주의해야 할 점은 사상(事象)이 어떻든 위기에 직면해서 최악의 영향을 상정해야 한다는 것이지만 최악의 영향을 상상하는 것은 비즈니스 영향 분석을 하는 데 있어서 가장 어려운 부분이다.

2단계: 전략

6개 기업의 위기관리 요소별로 분석된 정보에 근거해 위기관리를 하는데 있어 어떤 전략을 생각할 수 있을까를 철저하게 조사하여 대책을 수립하고 이를 실시하기 위한 비용 산출도 가장 적절한 방법으로 검토하여 6개의 요소별로 위기관리 전략을 결정한다.

3단계: 계획

6개 기업의 위기관리 요소별로 각각의 전략이 결정되면 그 전략에 근거해 위기관리 계획을 작성한다. 계획에 꼭 포함시킬 내용으로서는 위기관리체제, 시계열별 대략적인 순서, 각 부서별 및 각 시설별로 실제 대응하기 위한 위기대응 매뉴얼 등이 있다.

4단계: 훈련

작성된 계획을 검토할 목적으로 훈련을 실시한다. 훈련은 정보 교환을 주체로 책상 위에서 실시하는 「시뮬레이션 훈련」과 실제로 몸을 움직이는 「실제 훈련」 두 가지로 나뉜다.

5단계: 감사

각 부서의 위기관리 계획과 대책 준비 및 사원의 위기관리에 관한 의식과 행동 준비, 설비, 자본과 기자재 등을 일정한 기준에 근거해 정기적으로 감사를 실시한다.

기업의 위기관리 대책에 적극적으로 임하는 자세와 인재를 일정한 기준에 근거해 평가하고, 기업은 기업위기관리를 위한 공적이 인정되는 사람과 프로젝트에 대해서는 표창을 해야 한다. 주의해야 할 것은 여기서 끝내지 않고 칭

19) 질적 · 속성적 분석.

찬하는 것과 함께 더욱더 약진할 수 있도록 배려하는 것이다. 또, 훈련을 실시한 후에도 감사 시스템을 도입해 자기 평가를 시행해야 한다. 실제로 위기에 직면해 위기 대응을 한 이후에도 반드시 각각의 부서가 실시한 위기대응에 관해 자기 평가를 진단해야 한다. 자기 평가의 포인트는 자신이 취한 행동을 뒤돌아보고 「이렇게 했으면 좋지 않았을까」라는 관점에서 과대 평가 또는 과소 평가를 하는 것이 아니라. 적정한 자기 평가를 실행하는 것이다. 기업은 그들의 새로운 아이디어를 실제 행동으로 옮기는 것에 대해서 평가를 한다.

6단계: 수정

훈련을 정기적으로 실시해서 새롭게 발견한 점이나 계획상의 과제, 문제점 등을 밝혀 내 수정한다. 각 부서는 위기관리 계획의 개정, 위기 대응 후의 평가로부터 개선의 필요성이 생긴 경우에는 계획을 수정한다. 단, 각 부서에서 계획을 수정한 경우에는 신속하게 위기관리 담당 창구, 관계 부서 및 관계 기관에 알려 철저하게 관리하도록 한다.

제 7 장

기업의 위기관리체제와 커뮤니케이션[1)]

제 1 절 기업의 위기관리체제

1. 기업의 위기관리에 요구되는 체제

위기에 요구되는 체제라는 것은 위기의 종류와 위기의 정도, 또는 시간의 경과와 함께 유연하게 대응할 수 있는 체제이며 효율성과 신속성이 요구된다. 소규모의 위기 상황이나 위기가 변화하는 처음 단계라면 위기의 징후를 파악해 초기의 위기에 직면한 현장 담당자로부터 상사에 보고하는 보텀 업(Bottom up)[2)] 형식으로 의사 결정을 요청하면서 위기 대응이 가능해진다. 하지만 위기상황이 중간 정도 규모 이상이거나 확대될 가능성이 있다고 판단될 경우에는 사내에 재해대책본부가 설치되어 위로부터 아래로 전달하는 톱다운(Top-down)[3)] 형

1) 原田泉, 『情報セキュリティ企業は守れるのか, 企業危機管理マニュアル』, NTT出版, 2005年, p. 143.

2) 회사 등에서 구체적인 업무를 담당하는 하부에서 상부에 정보를 제공해 의사 결정이 되는 관리 방식.

3) 회사 등에서 임원진이 의사 결정하고, 상층부에서 하부로 전달하는 것.

식으로 위기에 대응해야 한다. 이 경우에 정보량이 많거나 여러 대응이 필요한 경우에는 기능이 마비될 가능성이 있다. 그래서 요구되는 것이 위기 레벨에 따라서 조직이 유연하게 변화하는 구조, 혹은 소규모든 대규모든 프로젝트 형식으로 대응할 수 있는 융통성이 있는 유연한 조직체제이다.

지금까지의 사고방식으로는 일상 업무의 연장선상에 재해대책본부의 역할이 있고, 각각의 사람에게 역할이 부여되어 있었다. 즉, 결재권을 가진 사람이 없으면 결제와 의사결정을 할 수 없는 상황에 직면했다. 이러한 체제에서는 돌발적인 위기와 대규모 위기에 직면하게 되면 그 기능을 발휘할 수 없게 되어 버린다.

앞으로는 앞 장에서 설명한 대로 기업위기관리의 6가지 요소를 망라한 프로젝트의 역할을 사전에 주지해 역할을 이해한 인재라면 누구든지 리더가 될 수 있도록 훈련할 필요가 있으며, 각각의 역할도 단계적 시스템에 의해서 위기에 대처하는 자세가 바람직하다.

2. 기존 위기대응조직의 과제

• 그림 7-1 • **현재의 〈재해대책본부〉 체제**

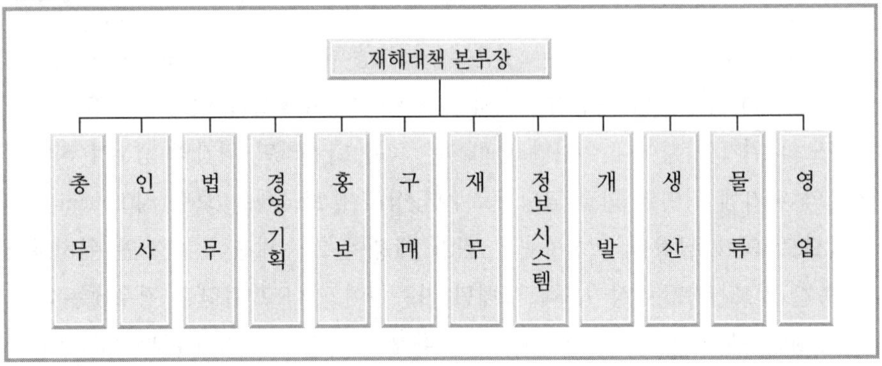

긴급 재해나 재난 발생시에는 사장을 선두로 '재해대책본부장'과 각 부서장으로 구성된 재난(긴급 · 사고) 대책본부가 설치된다. 하지만 현재의 '재해대책본부'는 평상시에 일어나는 긴급회의처럼 대응 하나 하나가 합의제의 양상

이 강하기 때문에 권한이 현재 레벨에 위임되어 있지 않다. 재빠른 대응이 필수불가결하나, 권한을 가지고 있는 직위 상의 상위자가 부재중이거나 본부로부터의 지시가 내려오지 않는 한 대응을 할 수가 없기 때문에 결과적으로 긴급 대응이 늦어져 버린다.

재난시의 정보는 현장으로부터 각 부서 그리고 '재해대책본부'로 전달되기 때문에 재난대책본부가 원하는 정보와 현장으로부터 들어오는 정보에 차이가 생겨 생각대로 상황을 파악할 수가 없게 되어 적절한 판단이 내려오지 않는다고 하는 문제가 있다. 재난에 직면하게 되면 눈앞의 문제에 대응하는 것에 열심이고 자원 관리가 평상시의 부서 단위로 이루어지기 때문에 전체의 상황을 파악하고 비용까지 의식한 효과적인 대응 체제는 이루어지기 힘들다.[4)]

따라서 현재의 '재해대책본부'는 긴급 상태에도 일상의 조직체제, 규칙, 상식이 적용되기 때문에 재난시라고 해서 단호하게 대응하기가 어려운 것이 현실이라고 할 수 있다.

제 2 절 기업의 위기관리체제와 커뮤니케이션

1. 긴급명령 시스템(Incident · Command · System: ICS)[5)]

여기에서는 미국 LA에서 개발된 긴급 사태 발생시에 여러 개의 관계기관을 효율적으로 연계할 수 있는 긴급명령 시스템을 소개하고자 한다. LA의 기업에는 이미 도입되어 있고 한국에서도 각 부·국을 운용하기에 매우 효율적이라고 생각된다. 1970년대 남 캘리포니아 지역에서 대규모 화재가 발생했을 때 파이어 스코프(Fire scope: 화재의 범위)가 설치되어 유효한 수단으로서 개발된 것이 ICS(Incident · Command · System)이다. 그 후 1991년에 북 캘리포니아에

4) 田中正博, 『実践, 自治体の危機管理』, 時事通信出版局, 2007年, pp. 29~30.

5) 原田泉, 『情報セキュリティ企業は守れるのか, 企業危機管理マニュアル』, NTT出版, 2005年, pp. 156~158.

서 대규모 화재가 발생했을 때 LA에서 도입하고 있던 ICS가 유효한 수단이라는 것에 착안하여 캘리포니아 주 전체에 도입하게 되었다.

현재는 FEMA(연방재난관리청)을 시작으로 거의 대부분의 소방, 경찰, 지자체, 기업의 긴급 대응기관에서 이 방법이 채용되고 있다. 긴급 사태 발생시의 위기관리 시스템으로 사건, 사고, 재해에 의한 피해를 완화시키고 정해진 역할에 근거해 정확한 정보를 바탕으로 계획적으로 현장 지원을 할 수 있는 구조다. 또한, 일정한 기간 동안 달성 목표를 설정하고 앞을 예측할 수 있는 행동 계획(Action plan)을 작성해 현장에서 실행함으로써 긴급 대응의 신속성과 함께 정확성을 기할 수 있는 구조이다. 이러한 프로세스가 이 'ICS'의 '자랑거리'라고 할 수 있다.

여기에서 말하는 '일정 활동 기간'이라는 것은 현장 상황에 입각해서 언제까지 무엇을 달성할 것인가를 달성 목표로 설정하고, 설정한 목표를 달성하기 위한 일정의 시간적 기한이다. 활동 초기의 경우에는 활동 기간을 수 시간으로 설정하고, 시간의 경과와 재난 상황에 따라 그 후의 활동 기간은 24시간으로 설정하며 복구 단계에 들어가면 48시간 이상으로 연장하는 경우도 있다. '액션플랜'이라는 것은 활동 기간 내에 설정된 목표를 달성하기 위한 구체적이고 상세한 대응 절차이다.

1) 긴급명령 시스템(ICS)의 특징

ICS의 특징은 재해 규모의 대소에 관계없이 모든 위기에 대해서 행정 기관뿐만 아니라, 민간 기업 등의 조직을 불문하고 응용할 수 있는 체제이다. 특히, 관계 기관끼리는 공통 언어·공통 조직을 이용하는 등 다양한 긴급 사태 발생시의 룰이 정해져 있기 때문에 다른 조직과의 연계가 가능하다. 긴급 사태 발생뿐 아니라, 일상 현상에 있어서도 관리시스템으로 이용할 수 있으며, 그 규모나 크기에 관계없이 어떠한 상황에서도 이용할 수 있는 다음과 같은 특징이 있다.[6)]

① 공통 언어와 룰의 통일

(ⅰ) 서로 다른 기관이 연계하기 위해서 사용하는 언어를 통일한다.

---

6) 田中正博, 『実践, 自治体の危機管理』, 時事通信出版局, 2007年, pp. 30～31.

(ii) 재난 발생시에는 무선 용어 등 특수 용어는 사용하지 않는다.

② 융통성 있는 조립식 조직 구조

(i) 재난의 종류와 규모에 관계없이 대응이 가능하다.

(ii) 긴급 사태 발생시만이 아니라 일상 생활에서도 사용할 수 있다.

(iii) 5가지 기능(Incident · Commander, 실행 부문, 계획 · 정보 부문, 지원 부문, 재무 · 서무 부문)은 필요에 따라 융통성 있게 조직되어 현장 도착순, 역할별로 조직을 구성할 수 있다.

(iv) 사전에 정해진 결재자와 상사의 도착을 기다릴 필요 없이 현시점에서의 잠정적인 책임자 하에서 대응할 수 있다.

③ 통신 시스템의 통합

(i) 소방 · 경찰 · 행정 · 군대 등의 통신 계획을 한 군데로 정리하여 공유한다.

④ 지령 계통의 통일

(i) 현장에서 조직이 다른 소방 · 경찰 · 행정 · 군대 등의 다양한 지시 계통을 통일한다.

(iii) 현장에서 대응하는 Incident · Command · Post는 대변인을 선출하여 모든 홍보에 대응하기 때문에 통일된 정보를 제공할 수 있다.

⑤ 액션플랜의 설정

(i) 책임자 전원에 대해 향후 활동에 대한 방향성을 제공하는 것이 액션플랜의 목적이다.

(ii) 액션플랜은 전술적 작업에 어느 정도 예측을 더해 항상 활동 기간에 맞추어 작성한다.

(iii) 주 지방법으로서는 개요 설명의 장을 설치하거나 활동기간 개시 전에 서면을 배포하거나 두 가지 모두를 시행하기도 한다.

⑥ 관리 범위의 제한

(i) 한 사람이 자원을 어떻게 효과적으로 관리할 수 있을까 하는 문제다.

(ii) Commander(지휘자)가 관리하는 범위를 3~7명까지로 하고 5명을 이상

형으로 한다.

(iii) 관리하는 범위가 7인 이상이 되면 조직을 분할해서 관리 범위를 제한한다.

⑦ 현장 시설의 설치(지정)

(i) 사건・사고의 종류와 복잡함에 따라서 시설이 설치된다.

(ii) Incident・Command・Post(현지에 설치된 활동 본부)

(iii) Staging area(현지 자원을 대기시키는 장소)

(iv) Base camp(현지 스태프의 휴식 장소) 등.

⑧ 자원 관리의 효율화

(i) 모든 자원을 일원적으로 관리하여 효율적으로 사용한다.

(ii) 통신의 부담과 임의의 행동을 줄인다.

2) ICS(긴급 명령 시스템)의 5가지 기능과 역할

• 그림 7-2 • Incident Command System 체제

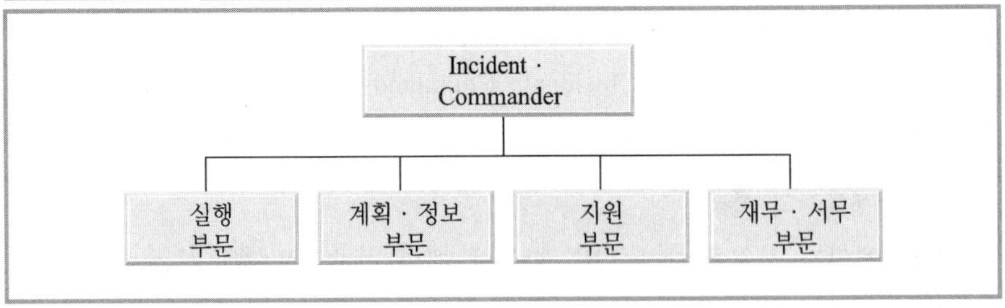

어떤 사건・사고의 장면에서도 반드시 실시해야 하는 특정의 관리 활동, 또는 행동이 있다. ICS 조직은 Incident・Commander, 실행 부문, 계획・정보 부문, 지원 부문, 재무・서무 부문의 5가지 기능으로 되어 있고 역할도 명확히 하고 있다.7)

7) 田中正博, 『実践, 自治体の危機管理』, 時事通信出版局, 2007年, pp. 30～32.

① Incident · Commander(현장 지휘자)

(ⅰ) 현재 상황을 확인하여 활동 기간을 설정하고 달성 목표를 정한다.

(ⅱ) 현장에 있어서 전체적인 책임이 있다.

② 실행 부문

(ⅰ) 현재 상황을 파악하여 액션플랜(정해진 시간별로 설정된 목표를 달성하기 위한 계획)에 근거해 실행한다.

(ⅱ) 전략상의 목표, 대응 조직을 작성해 모든 자원(사람 · 사물 · 돈)을 배정한다.

③ 계획 · 정보 부문

(ⅰ) 정보의 수집과 평가 · 분석을 시행하여 자원(사람 · 사물 · 돈) 상황을 관리한다.

(ⅱ) 다음의 활동 기간(Operational Period)에 필요한 정보 수집 계획과 목표를 달성하기 위한 액션플랜을 작성해 장기적인 계획을 세우고 마지막 기간에는 철수 계획을 세운다.

④ 지원 부문

(ⅰ) 현장에서 서비스와 지원 활동에서 뺄 수 없는 자원(사람 · 사물 · 돈)과 그 외의 서비스 전반을 제공한다.

(ⅱ) 자원을 관리하고 현장의 요구에 맞춰 지원을 한다.

⑤ 재무 · 서무 부문

(ⅰ) 비용 관계 사항을 감시하고 회계, 조달, 시간 기록, 비용 분석 및 전체적 재정 지도를 한다.

(ⅱ) 비용 관련을 감시하고 노동 시간을 기록하여 경리를 실시한다.

(ⅲ) 지원 물자의 조달, 업자와의 계약, 또는 대체 전략 등에 걸리는 비용 분석을 실시한다.

3) ICS(긴급명령 시스템)와 EOC(재해대책본부)의 관계[8)]

미국에서는 재난 현장의 활동 기능으로서 현지대응본부, 또는 현장 재난 지휘소인 Incident · Command · Post(ICP)가 설치된다. 한편, 본부의 중심적인 재난 대책 기능으로서는 재난대책본부(Emergency · Operation · Center : EOC)가 설치된다. 일본에서는 재난 현장에 현지지휘대책본부를 설치하고, 본사에서도 지휘를 총괄할 재난대책본부를 설치한다. 이 양자는 서로 비슷한 역할을 하지만, 권한 위양과 기능면에서 상당한 차이가 있다.

또, 재난 현장에는 ICP가 중심이며, 현장의 재난 활동을 효율적으로 지휘

• 그림 7-3 • Emergency · Operation · Center (EOC)

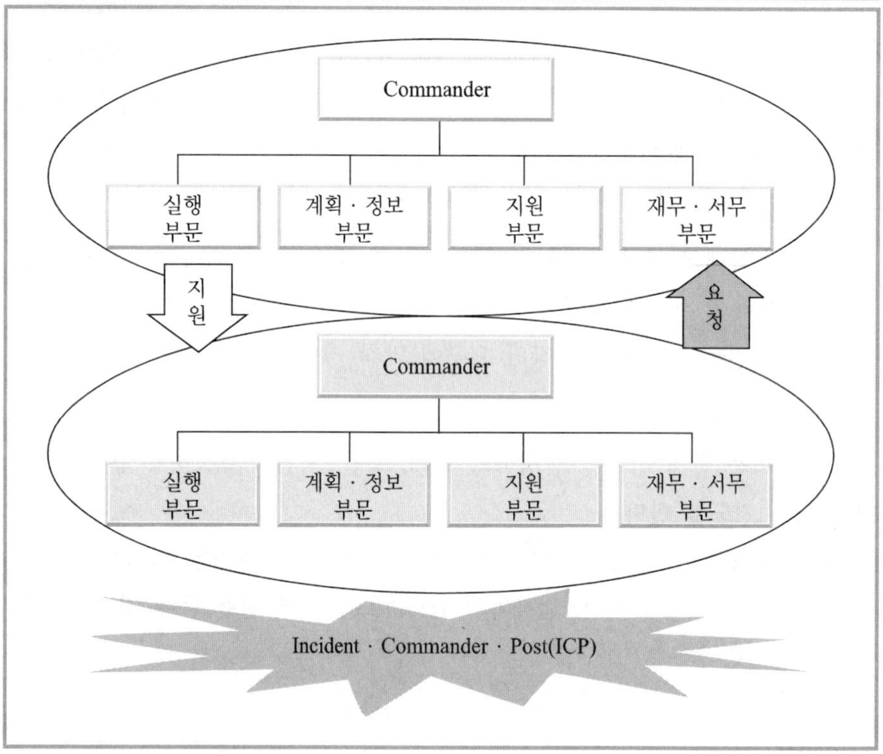

8) 原田泉, 『情報セキュリティ企業は守れるのか, 企業危機管理マニュアル』, NTT出版, 2005年, p. 155.

하기 위해 후방에서는 EOC가 지원하고 있다. 따라서 현장의 ICP의 활동과 EOC가 연계하기 위해서는 현장을 주체로 하는 ICP와 같은 활동을 하는 EOC의 공통의 룰인 ICS의 역할이 중요하다. ICP와 EOC는 장소적인 차이가 있지만 조직의 역할은 ICS의 5가지 기능으로 나뉘어 서로가 통일된 활동을 하고 있다.

4) ICS(긴급 명령 시스템)를 도입한 위기관리 체제의 구축

(1) ICS를 도입한 위기관리 대응 조직

ICS의 5가지 기능(Incident · Commander, 실행, 계획 · 정보, 지원, 재무 · 총무)을 기본으로 기업이 위기에 직면하면 동시 행동으로 대응해야 하는 긴급성이 높은 기업위기관리의 6가지 요소(데이터/네트워크 관리와 비즈니스 지속, 시설관리와 긴급 대응, 이미지 관리와 위기 홍보, 사이버 관리와 보안, 건강 · 안전관리와 환경, 위기관리와 법무)를 도입해 조속히 대응할 수 있는 위기관리 체제를 구축한다.[9)]

ICS를 도입한 위기관리 대응 조직은 일상의 룰과 직무 등의 상하관계에 얽매이지 않고 대응할 수 있도록 재해시의 룰을 설정하고 특수부대적인 프로젝트형의 조직을 세운다. 멤버는 조직의 기능별로 필요한 실무자 레벨의 멤버를 각 부서로부터 선발해 훈련을 시키고 사전에 권한을 위양한 위기관리 대응 전문 스태프로 구성한다.

조직 구조는 발생한 현상에 따라 필요로 하는 역할에 사람을 분배하는 융통성을 가진 유연한 구조로 구성한다.[10)]

(2) ICS를 도입한 위기관리 대응 조직의 기능

위기관리 담당자는 발생한 상황을 확인하여 일정의 활동 기간(통상 24시간)을 설정하고, 활동 기간별로 회의를 개최하여 활동 기간 내에 대응 우선 항목이나 달성 목표를 정한다. 실행 부문은 기업위기관리의 6가지 요소(비즈니즈

9) Sandler, Todd, 2000, Economic Analysis of Conflict, Journal of Conflict Resolution, 44(6), 723-733.

10) 田中正博, 『実践, 自治体の危機管理』, 時事通信出版局, 2007年, pp. 34～35.

지속, 긴급 대응, 위기 홍보, 보안, 건강·환경, 보험·법무)별로 결정된 중점 대응 항목의 달성목표를 달성하기 위해 액션플랜에 근거해 실행하고 활동 기간의 대응 상황은 회의에서 보고한다. 전략 부문은 결정된 정보 수집 계획에 근거해 정보의 수집·집약·분석을 시행하고 기록한다. 또 자료화한 것을 제시한다. 전략 부문은 실행 부문이 대응하고 있는중에 다음의 활동 기간에 필요한 액션플랜을 작성한다.

회의는 활동 기간별로 개최하고 상황 보고와 다음 활동 기간의 대응 우선 항목, 달성 목표, 액션플랜 등을 결정한다. 회의는 이러한 주기를 반복하게 된다(Action Planning · Cycle). 또, 지원 부문은 모든 자원(사람, 사물)을 데이터베이스화하여 실행 부문의 필요에 근거해 공급한다. 재무 부문은 실행 부문의 필요에 근거해 전략 부문과 지원 부문의 조절을 도모해 효율적인 자금 관리를 시행하고 있다.

(3) ICS를 도입한 위기관리 대응 조직의 역할[11)]

① 위기관리 매니저

(i) 현재 상황을 확인하여 활동 기간을 설정하고 달성 목표를 정한다.

(ii) 위기관리 대책 조직의 전책임이 있다.

② 실행 부문

(i) 비즈니스 지속은 중요한 비즈니스 기능을 대체 시설에서 지속하고, 시설, 설비, 웹 기능, 시스템/데이터/네트워크, 데이터센터/콜센터, 사무소 기능, 생산·물류라인 등을 복구한다.

(ii) 업무 재개는 수주 업무, 창구 및 교환 업무, 결제 업무, 생산·물류·서비스 업무 등을 재개한다.

(iii) 긴급 대응은 인명 안전 활동(소화, 피난유도, 구호), 안부 확인을 한다.

(iv) 위기 커뮤니케이션은 미디어 정보를 수집하고, 수집된 정보를 분석한다. 기자회견을 실시하는 등 정보를 적극적으로 발신한다.

(v) 보안은 입·퇴출자를 감시하고, 경비원과 사원의 안전을 보호한다.

11) 原田泉, 『情報セキュリティ企業は守れるのか, 企業危機管理マニュアル』, NTT出版, 2005年, pp. 158～159.

• 그림 7-4 • **ICS를 도입한 위기관리체제**

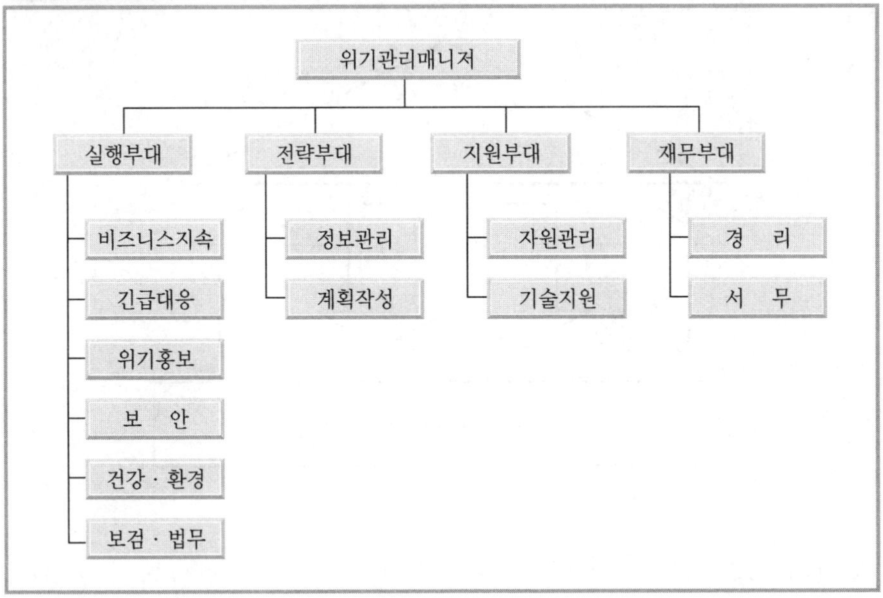

원인 구명 및 사내외 조사를 실시한다.

(vi) 건강 · 환경은 피해를 입은 사원, 가족, 지역 주민을 지원하고 상담 서비스를 실시하는 것이다.

(vii) 보험 · 법무는 손해 상황을 조사하여 보험회사와 교섭하는 것이다. 변호사와 상담하여 소송한다.

③ 전략 부문

(i) 정보 관리는 정보를 수집 · 분석 · 기록하는 것이다.

(ii) 계획 작성은 액션플랜, 철수 계획을 작성하여 회의를 개최하는 것이다.

④ 지원 부문

(i) 자원 관리는 자원을 조달하고 관리하여 유통시킨다.

(ii) 기술 지원은 통신, 시스템 등의 기술적인 지지를 한다.

⑤ 재무 부문

(i) 경리는 시간과 비용을 관리하고, 서무는 조정 기능을 완수한다.

• 그림 7-5 • **재해대책본부와 위기관리 대응 조직의 관계**[12)]

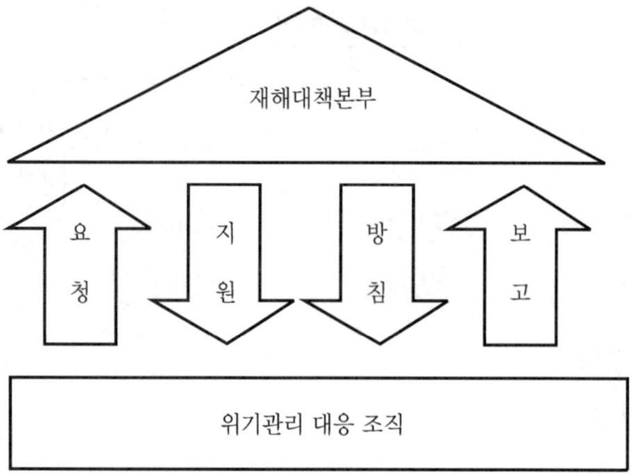

(4) ICS를 도입한 위기관리 체제의 이점

사전에 실무자 레벨에게 권한을 위양하고 있기 때문에 긴급시의 판단·의사 결정이 빠르다. 그리고 긴급 대응을 하면서 중요한 비즈니스 기능을 복구·재개할 수 있다. 또, 일정의 활동 기간별로 액션플랜에 근거해 대응하기 때문에 실수가 적다. 전략 부문에 있어서 정보 관리를 일원화하고, 지원 부문에 있어서는 자원 관리를 일원화하여 효율적으로 관리하기 때문에 비용을 절약할 수 있다.[13)]

(5) 재난대책본부와의 관계

사장을 선두로, 경영 간부를 중심으로 하는 재난대책본부는 현재 일어나고 있는 문제에 대처하는 기능 자체를 실제로 대응하는 현장 측의 활동 기능으로서 위기관리 대응 조직에 권한을 위양하여 직접 지시 명령을 내리는 것이 아니라, 위기관리 대응 조직을 지원하는 기관을 말한다. 역으로 재해대책본부

12) 原田泉, 『情報セキュリティ企業は守れるのか, 企業危機管理マニュアル』, NTT出版, 2005年, pp. 162～169.

13) 田中正博, 『実践, 自治体の危機管理』, 時事通信出版局, 2007年, pp. 44～45.

의 기능으로서는 향후 방침과 긴급 상태를 극복한 후, 다음의 경영 전략을 긴급 상황 중에 검토한다.

(6) 도입 방법

도입할 때 경영자의 승인과 임원들의 지지를 필요로 한다. 단순히 ICS의 조직 구조를 흉내내는 것이 아니라 재난시에 실무담당자가 부서장과 같은 판단을 내릴 수 있도록 사전에 훈련을 하고, 각각의 역할과 재해시의 룰도 이해한 뒤에 훈련을 거듭해 실제로 활동할 수 있는 체제를 구축해야 한다.

① 개선 전: 현재 경영자 또는 부서장으로 구성된 재해대책본부는 그대로 실무담당자로 구성된 활동 기능의 위기관리 대응 조직을 새롭게 설치하고 서로의 역할, 권한의 범위를 명확하게 한다.

② 개선 후: 현재 경영자 또는 부서장으로 구성된 재해대책본부를 폐지하고, 실무담당자로 구성된 위기관리 대응 조직과 경영자로 구성된 융통성 있는 그룹 두 개를 새롭게 설치한다.

제 8 장 기업의 위기관리와 정보(Information)전쟁

제 1 절 기업의 정보관리

1. "Information(정보)"의 종류

일반적으로 기업의 위기관리는 정보 관리에서부터 시작된다고 하겠다. 즉 자회사의 정보 관리 능력에 따라서 회사의 위기 발생과 그 극복 여부가 결정되기 때문이다. 특히 최근에는 인터넷이나 PC, IT 기술의 발달로 정보의 도청이나 복사가 쉽게 이루어져 기업 비밀 유출이 심각하게 일어나고 있다.

일반적으로 정보는 문자와 숫자 등의 기호와 그림, 영상, 음성 등에 의해 전달되며 받는 사람은 상황의 지식과 함께 적절하게 의사 결정을 된다. 정보는 사람의 판단과 행동에 도움이 되는 알림과 지식을 말하지만, 전하고자 하는 내용이 상대(정보를 받아들이는 수신자)에게 받아들여져야 처음으로 '정보'라고 말할 수 있다.[1] 정보는 받아들이는 내용과 시기가 중요하며 재난 현장 전반에

1) 백승국, "디디털 이미지의 기호학적 접근", 『기호학연구』(26집), 2009년, pp. 251.

• 그림 8-1 • **정보 종류의 평가**

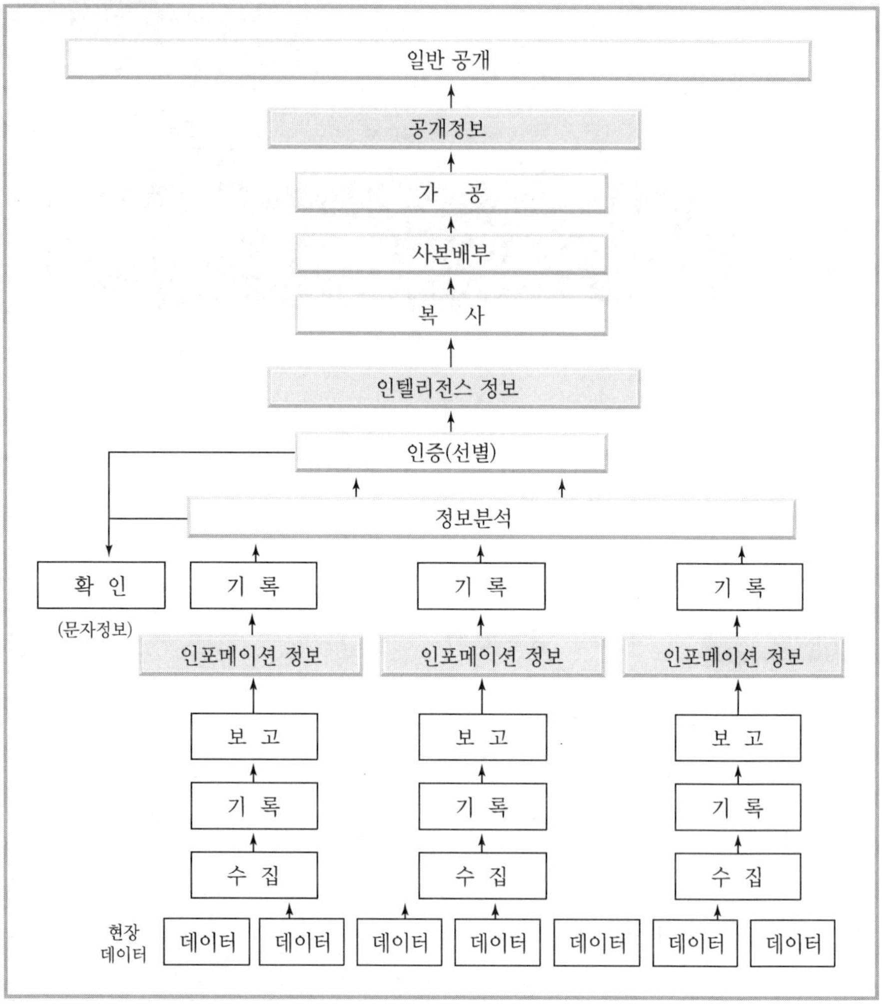

걸쳐서 상황을 조기에 정확하게 추론, 파악하기 위한 자료가 되기 때문에 위기 대응에 있어서 가장 중요하다.2)

정보의 종류는 크게 ① 데이터, ② 인포메이션 정보, ③ 인텔리전스 정보, ④ 공개 정보로 나눌 수 있다.

2) 原田泉, 『情報セキュリティ企業は守れるのか, 企業危機管理マニュアル』, NTT出版, 2005年, pp. 158~163.

① 데이터: 다양한 현장에 있는 정보

② 인포메이션 정보: 각지의 현장 데이터를 누군가가 수집해 전달된 생생한 정보. 즉, 인포메이션(Information)은 정보나 지식, 보도, 통보, 통지 보고 등의 정보를 의미한다.

③ 인텔리전스 정보: 생생한 정보나 지식 정보를 정보 분석 담당자(analyst)가 분석·비교·추론하여 결과적으로 정보 분석 담당자가 승인한 확실한 내용의 지적 정보. 즉, 인텔리전스(Intelligence) 정보는 의사 결정에 필요한 지적 능력이나 이해력, 총명, 지혜 등으로 유용한 가치가 있는 정보를 의미한다.

④ 공개정보: 인텔리전스 정보에 근거해 홍보 담당자가 가공하여 대외적으로 넓게 미디어나 시민에게 발표하는 확실한 공적인 내용의 정보.

또, 정보의 우선도에 따라 따른 경우에는 ① 전략적 정보, ② 홍보적 정보 두 가지로 분류할 수 있다.

2. 정보의 중요성

어떤 사건이나 사안에 대해서 의사 결정을 하기 위해서는 그에 관련된 정보 수집이 불가피하다. 특히, 기업의 경우, 어떤 긴급한 위기 상황이 발생해, 조속히 의사 결정을 해야 하는 경우에는 더욱 그렇다. 일상의 의사 결정 과정에서는 보고된 정보를 바탕으로 상황을 확인하여 의사 결정을 하기 때문에 '무엇에 대해서 우선적으로 대응해야 하는가'라고 하는 우선 순위가 아니라, 정보를 입수한 순으로 의사 결정을 한다. 그렇기 때문에 일상의 경우에는 의사 결정시에 우선 순위가 달라도 그다지 영향은 없지만, 위기 발생시에는 의사 결정의 우선 순위가 바뀌면 결과에 큰 영향을 미친다. 즉, 인명이 걸린 생사에 관한 정보나 상황을 안정시키기 위해서 긴급히 의사 결정이 필요한 정보, 또한 위기 상황에서 영향을 줄이기 위한 필요 정보 등은 우선도가 높다. 그러면 어떤 정보가 언제 필요한지 예를 들어 보자.

① 지금 당장 결정해야 하는 판단이나 대응에 필요한 지식이나 정보

(ⅰ) 위기·방재 대응 능력의 한계를 넘는 대규모의 사건인가(사건의 범

위, 규모, 경향 등).

(ii) 대략적인 계산이나 현장 상황을 파악하기 위해서는 화상 정보, 영상 정보가 효과적이다.

(iii) 현장을 지원하기 위해서 필요한 정보나 지식

② 향후 판단이나 대응에 필요한 정보

(i) 손해 평가나 결과에 미치는 영향

(ii) 전략적 정보 보고서를 작성하기 위해 필요한 정보

(iii) 구체적인 액션 계획 보고서를 작성하기 위해 필요한 정보

③ 향후 영향이 확대될 염려가 있거나, 아니면 영향이 확실하게 나타날 수 있는 정보

(i) 다음 대응 기간의 액션 계획, 복구, 부흥 계획을 작성하는 데 필요한 정보

(ii) 긴급성이 높고 재빠르게 판단해 전달해야 하는 정보(피난 · 출입금지 · 봉쇄)와, 즉시 행동으로 옮기기 위해서 필요한 정보

(iii) 현장에서 필요로 하고 있는 정보와 실제로 큰 문제로서 보도될 가능성이 있는 정보

(iv) 언론이나 정보 기관으로부터 취재될 가능성이 있는 정보

3. 위기 정보

먼저, 위기에 직면하게 되면 두 가지 현상에 빠지기 쉽다. 원하는 정보가 들어오지 않아 애를 태우는 '정보의 고갈 현상'과, 정보가 너무 많이 들어와 정보 수집이 어렵게 되는 '정보의 범람 현상'이라고 하는 두 가지 형태의 상황이다. 그러나 어떤 정보에 우선적으로 대처해야 하는가에 우선 순위를 매겨서 정보를 분류하고 대처할 필요가 있다. 그러기 위해서는 사전에 미리 기준을 정해 둘 필요가 있다. 우선, 제일 먼저 취해야 할 정보와 나중에 조치를 취해도 별 영향이 적은 정보 등 어떤 정보에 대해서 우선적으로 대처할 것인가를 명확히 하고, 모두가 그 정보의 우선 순위에 대해 이해해 둘 필요가 있다. 그리

고 시계열별로 정보의 우선 순위를 정해서 사전에 ① 누가, ② 언제, ③ 어디서, ④ 어떤 정보를, ⑤ 어떻게 취급할 것인가를 검토해야 한다. 뿐만 아니라, 활동 기간 등을 구분해서 '정보수집계획'에 근거해 반복해서 정보를 수집하는 과정도 위기 대응의 하나의 룰이다.3)

하지만, '정보수집계획'을 구축하여 실천했다고 하더라도 전달하는 방법에 따라서 이해되는 정보와 이해되지 않는 정보 두 가지 경우가 있다. 여기서 가장 중요한 것은 듣는 사람이 전달하고자 하는 사람과 말의 의미를 동일하게 이해하고 있다고 하는 것이다. 말의 의미가 통일되어 있지 않으면 받아들이는 사람의 가치관에 의해 판단되어 오해가 일어날 소지가 있다. 또한, 당황해서 전달하거나 감정적으로 전달된 정보도 이해하기 어려운 경우가 있다. 뿐만 아니라, 수용자 측에서도 정보가 너무 많은 경우에는 '정보처리능력'을 초과해 버리기 때문에 이해되지 않고, 중요한 정보를 놓쳐버리는 경우가 있다. 또, 받아들이는 쪽에서 의식이 낮아 문제가 되는 경우도 있다. 그러면 이해되는 정보와 이해되지 않는 정보를 열거해 보겠다.

① 이해되는 정보

(i) 짧지도 않고 길지도 않은 적절한 길이의 문장을 가진 정보

(ii) 전하고 싶은 메시지가 간결하게 담겨 있는 정보

(iii) 글자가 보기 쉽고 정리되어 있는 정보

(iv) 문장이 알기 쉬운 정보

(v) 이메일의 정보(시간이나 송신자별로 기록이 남아 몇 번이고 읽어보고 확인하기가 용이하다.)

(vi) 요구한 내용에 대해서 재빠르게 응답한 정보.

② 이해되지 않는 정보

(i) 이해할 수 없을 정도로 짧은 내용의 정보.

(ii) 내용이 너무 긴 정보.

(iii) 전문적 용어가 많이 사용된 정보.

(iv) 글자가 가지런하지 못하고 정리되어 있지 않은 정보.

3) 田中正博, 『実践, 自治体の危機管理』, 時事通信出版局, 2007年, pp. 50~51.

(v) 말로 된 정보.

4. 효과적인 위기관리 정보처리체제 구축[4)]

위기관리 정보처리체제를 효과적으로 구축하기 위해서는 먼저 발생할 우려가 있는 잠재적인, 혹은 실제로 일어난 위기와 재해에 관한 정보를 수집・처리・분석・게시(揭示)하고, 피해를 입은 현장에 있어서는 긴급대응과 복구, 또는 문제 해결을 위해 적극적으로 정보를 개시(開示)해 나갈 체제를 구축할 필요가 있다. 또 위기나 재해 발생시에는 여러 기관, 조직, 부서가 같은 시간대에 같은 정보를 필요로 하기 때문에 정보의 일원화와 정보의 공유화를 도모하여 일련의 흐름으로 정보를 처리하는 것이 효과적이다.

정보처리조직은 각각의 역할을 사전에 명확히 하고, 현상에 따라서는 프로젝트 팀을 구성하는 것이 효과적이다. 위기를 극복하기 위해서는 꼭 기존 부서에 얽매일 필요가 없고, 각각의 부서에서 정보를 처리할 멤버가 연계될 필요가 있다. 정보처리 조직은 ① 상황 파악 기능, ② 계획 작성 지원 기능, ③ 기술 서비스 기능, ④ 기록 기능의 네 가지 역할로 구성된다.

① 상황 파악 기능

상황 파악 기능은 정보를 수집하여 분석하고 게시하며 배포하는 것이다. 상황 파악 담당・정보 분석 담당・정보조정 담당 등이 이를 담당한다.

② 계획 작성 지원 기능

계획 작성 지원 기능은 정보・전략적 정보의 처리, 문제의 특성과 피해 예상, 장래의 요건에 대한 예측, 그리고 위기 대응 본부・재해대책본부의 달성 목표를 지원하기 위한 계획 작성 관리를 담당한다. 이는 계획 작성 지원 담당이 담당한다.

③ 기술 서비스 기능

기술 서비스 기능은 위기대응본부의 계획 작성 지원과 의지 결정을 지지

4) Sandler, Todd, 2000, Economic Analysis of Conflict, Journal of Conflict Resolution, 44(6), 723-729.

하기 위해서 지도(地圖) 정보 준비와 기술적인 서비스를 제공한다. 기술 서비스 담당・상황지도 작성 담당・홈페이지 갱신 담당이 이를 담당한다.

④ 기록 기능

기록 기능은 위기대응본부, 재해대책본부의 활동을 지지하기 위한 보고서의 작성과 기록의 유지・관리를 한다. 기록 담당이 이를 담당한다.

5. 정보처리 순서

지진과 태풍 등의 자연재해, 돌발적인 사건・사고, 기업의 불상사, 테러 등 다양한 사상이 '언제' '어디서' '어떻게' 발생해도 원인이 무엇이든 정보를 처리한다고 하는 행위는 같다. 그렇기 때문에 무슨 일이 일어나도 같은 움직임

• 그림 8-2 • **정보처리의 흐름도**[5)]

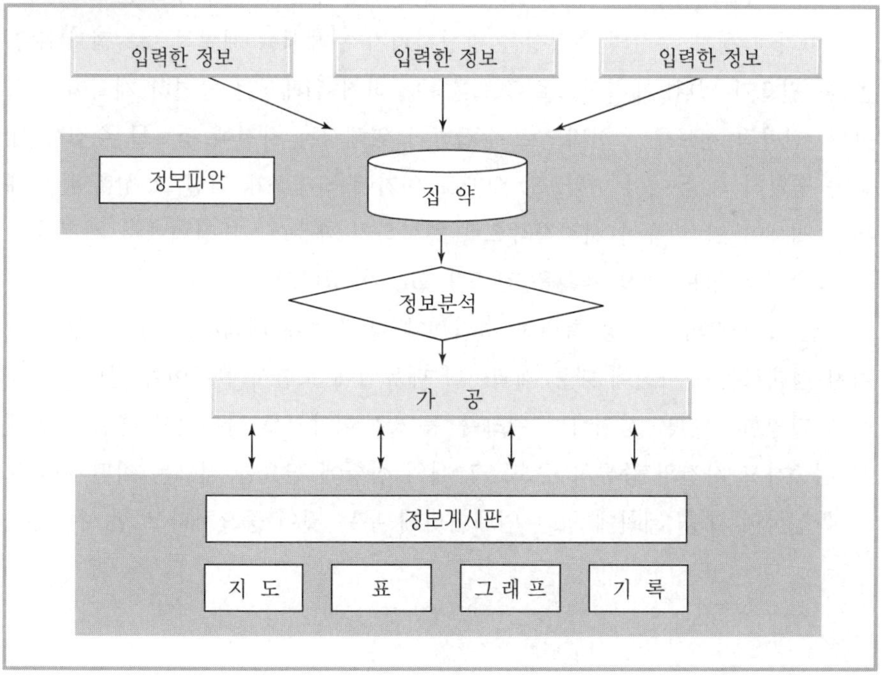

5) 原田泉, 『情報セキュリティ企業は守れるのか, 企業危機管理マニュアル』, NTT出版, 2005

이 가능하도록 정보 활동 처리 순서를 다음의 (1)~(8)에 맞추어 통일하는 것이 중요하다.

① 정보 수집 플래닝 활동
② 정보 수집 활동
③ 정보 보고 활동
④ 정보 등록 활동
⑤ 정보 분석 활동
⑥ 정보 가공 활동
⑦ 정보 기록 활동
⑧ 정보 게시 활동

(1) 정보 수집 계획 활동

정보 수집 계획이 없이 무턱대고 정보를 수집하면 정보가 중복, 또는 오보되거나 중요한 것이 빠지고 뒤로 미뤄지거나 해서 혼란을 일으킨다.

따라서 정보 수집의 정확성을 향상시키기 위해서는 계획적으로 정보 수집을 할 필요가 있다. 계획적으로 정보를 수집하기 위해서는 당연히 계획이 필요하다. 전략적 정보를 우선적으로 수집하기 위해서는 사전에 정보를 수집할 내용을 명확히 해 두어야 한다. 또 실제로 위기에 직면하게 되면 그 상황에 의해서 수집해야 할 내용이 시시각각으로 변화하기 때문에 그 장면에서 계획하고, 그 상황에서 정보 수집 계획을 검토할 필요가 있다.[6)]

한편, 사건의 성격상 특별히 수집해야 할 정보에 대해서는 될 수 있는 한 어떤 형태로든지 사전에 대응 계획이나 매뉴얼에 포함시켜 두어야 한다. 또 평소에 다양한 사건을 상정하여 워크숍 등으로 이야기를 나누면서 훈련을 통해서 검증하고 사건의 종류와 규모, 그 때의 상황에 필요한 정보는 어떤 형태로든 확인하여 대응 계획에 항상 업데이터해 두는 것이 중요하다고 할 수 있다.

年, p. 176.

6) 田中正博, 『実践, 自治体の危機管理』, 時事通信出版局, 2007年, p. 55.

〈구체적인 활동 내용〉

① 현재 대응에 관해서도 항상 우선 사항을 확인한다.

② 다음에 대응해야 할 우선 사항을 확인한다.

③ 우선 사항을 기본으로 필요한 정보는 무엇인가 검토한다.

④ 수집할 정보의 우선순위를 결정한다.

⑤ 필요한 정보는 언제까지 수집해야 하는지 기한을 확정한다.

⑥ 필요한 정보를 어디에서 수집할 것인가 수집처를 검토한다.

⑦ 필요한 정보를 어떤 수단으로 수집할 것인가 검토한다.

⑧ 정보 수집 계획을 작성한다.

⑨ 정보 수집 계획을 정보 수집 담당자에게 배포한다.

⑩ 현지에 수집 스태프를 파견한다.

(2) 정보 수집 활동

정보 수집 활동의 주된 목적으로서는 그 정보의 용도에 따라 '전략적 정보', '홍보적 정보' 두 가지로 나눌 필요가 있다.

첫째, 전략적 정보라는 것은 발생한 위기 전체상을 파악하고 현상을 확인해 의사 결정을 한 다음 필요한 자원과 비용을 최소한으로 억제하고 많은 문제를 단시간에 처리·해결하기 위해 필요한 정보이며, 다음 행동 계획을 검토하고 실행하기 위해서는 꼭 필요한 정보다.

둘째, 홍보적 정보라는 것은 기록으로 남기고 보고하는 정보이자 신빙성을 확인한 다음에 홍보용으로 첨부하여 홍보하기 위한 정보이다.

이러한 정보 수집을 할 즈음에는 전략적으로 필요한 정보인가 홍보적으로 필요한 정보인가를 이해한 다음에 수집해야 한다. 단순히 "정보는 수집만 하면 유익하다"는 생각으로 수집한 정보는 결국 쓸모 없는 정보가 될 가능성이 높기 때문이다. 때로는 정보를 수집하는 것이 목적이 되어버리는 경우도 있기 때문에 '무엇을 위해서'라는 것을 이해하고 적극적으로 수집하는 것이 중요하다.

또, 정보가 들어 올 때까지 기다리고 있다는 것은 바람직하지 못하다, 정말 필요한 정보가 들어오기까지는 상당한 시간이 걸릴 뿐만 아니라, 필요한 정보는 들어오지 않을 가능성이 높기 때문이다. 따라서 사전에 ① 언제, ②

어디서, ③ 어떤 정보를, ④ 어떻게 수집해 나갈까를 검토하여 '정보 수집 계획'을 작성하는 것이 불가피하며 활동 기간을 구분하여 '정보 수집 계획'에 근거해 정보를 수집하는 것이 중요하다.

(3) 정보 보고 활동

① 지시된 일이 끝났을 때, ② 장기 사업의 진행 상황 중간 보고, ③ 사업의 진행 방법에 변경이 필요할 때, ④ 새로운 정보를 입수했을 때, ⑤ 일에 대해 새로운 개선 방법을 발견했을 때, ⑥ 실수를 했을 때 등에는 반드시 보고를 해야 한다. 보고를 할 때에는 미리 무엇을 위해 사용할 정보인가에 따라서, ① 긴급 보고, ② 정보 수집 계획에 대한 보고, ③ 지시・명령에 대한 보고, ④ 정기・정시의 상황 보고 등 네 가지로 분류해 두면 좋을 것이다.

또, 긴급한 정도나 내용에 따라 방법도 달리해야 한다. 긴급 보고를 할 경우에는 구두로 보고하고, 먼저 결론부터 말해 간결하게 보고한다. 경과와 상황, 원인은 결론을 보고하고 나서 말한다. 내용이 복잡하거나 그림과 그래프를 사용한 방법이 알기 쉬운 경우 등에는 문서로 보고한다. 문서 보고는 주어와 술어를 분명히 하여 문장은 짧게 정리하고 쓸 데 없는 수식어는 생략하고 가능한 한 조항별로 개조씩으로 쓰는 것이 좋다. 그림과 그래프를 사용하고 종류별로 나누는 등의 방법도 필요하다. 또 책임 소재를 명확하게 하기 위하여 날짜, 보고자명은 반드시 기입하고, 많다 적다 등의 표기는 피하고 구체적인 숫자(수량)로 표현한다.

보고 내용은 항상 사실을 전해야 한다. '생각했다', '느꼈다'는 식의 보고는 상사에게 잘못된 선입관을 심어버릴 우려가 있기 때문에 의견을 요구하는 경우에는 "저의 의견을 말씀드리자면", "저는 ○○처럼 느꼈습니다"처럼 자신의 의견이자 추측인 것을 분명히 해 두어야 한다. 장기화된 위기와 재난은 정기적인 보고가 중요하다. 문제가 일어난 경우만이 아니라, '이상 없음', '변화 없음' 등도 훌륭한 보고라는 것을 잊어서는 안 된다.

(4) 정보 등록 활동

입수한 모든 정보는 보고가 누설되는 것을 막기 위해서 한 군데에 집약해 등록한다(체크인). 정보조정 담당은 정보를 받은(등록) 날짜, 정보원, 정보 내용을 시계열별로 정보 등록 서식 일람표에 의해서 문자 정보로서 등록하고 어떤 종류의 정보인가를 분류해 두어야 한다. 정보를 등록하는 것에 시간을 빼앗겨 정보가 쌓여버린 경우는 최소한 보고된 정보에 번호를 매겨 두든가 복사를 해서 정보 분석 담당자에게 넘겨 줘야 한다.

(5) 정보 분석 활동

체크인한 정보는 정보 분석 담당이 정보를 분석해 「전략적 정보 보고서」를 작성해서 관련 부서에 배포한다. 시간의 경과에 비례하여 상황이 시시각각으로 변화하기 때문에 정보의 수명은 짧다. 그렇기 때문에 정보는 신속하게 처리해야 한다. 정보를 '처리 한다'는 것은 입수된 정보를 정보 분석 담당이 분석하여 전략적 정보로서 관계 부서에 분배하는 것과 함께 인텔리전스 정보를 관리하는 일련의 정보의 흐름을 의미한다.

정보를 분석하기 위해서는 많은 정보 속에서 사용가능한 정보로서 전략적 정보를 나누어 추출해야 하기 때문에 정보 전문의 '정보 분석 담당'이 중요한 역할을 해야 한다.

(6) 정보 가공 활동

정보 분석 담당을 통과한 정보로, 기술서비스 담당에게 배포된 정보는 가공할 필요가 있다. 정보로서 수집된 전략적 정보는 설명을 더할 것도 없이 한눈에 파악할 수 있도록 지도나 도표·그래프 등으로 가공한다.

(7) 정보 기록 활동

정보 분석 담당을 통과한 정보를 기록 담당이 「정보기록일람표」에 기록하여 상황 보고서 형식을 이용해 상황 보고서를 작성한다.

(8) 정보 게시 활동

기술서비스 담당이 가공한 정보와 정보 분석 담당이 작성한 「전략적 정보 분석 보고서」 등을 정보 조정 담당이 전략회의를 실시하는 회의실 벽이나 화이트보드 등에 전략 회의 개시까지 게시한다. 게시된 정보는 활동 기간(위기관리 담당 책임자가 설정한 회의를 여는 주기)별로 갱신하여 항상 최신 정보를 게시하도록 한다.[7)]

모두 한 눈에 상황을 파악할 수 있도록 알기 쉬운 레이아웃을 고려해 어디에 어떤 정보를 게시할 것인지는 룰을 정해 두어야 한다. 나중에 오는 스태프는 반드시 게시 장소에서 현재 상황을 확인하고 나서 배속처에서 업무에 착수한다.

제 2 절 기업정보와 관리체제

1. 중요 정보의 백업체제화

기업의 중요 정보는 기업 경영에 있어서 가장 중요한 신경계와 같다고 해도 좋을 것이다. 따라서 이것이 재해의 의해 소실되거나 혼란이 생기면 기업 경영의 방향을 잃어버리게 된다. 이러한 혼란이 생기는 것은 재해시에만 한정되는 것이 아니다. 또한, 재해의 규모나 기간 등 피해를 최소한으로 억제하기 위해서는 사전 대책이 꼭 필요하다. 기업 활동이 계속되는 한 매일매일 정보는 문서로 작성되어 컴퓨터에서 쏟아진다. 정보가 경영에 필요한 신경이라고 해도 사내의 정보를 모두 같이 취급하여 보관하는 것은 비효율적이다. 정보 중에는 소실되어도 비교적 간단하게 복구 가능한 것, 혹은 다른 정보로 대체 가능한 것이 있는가 하면, 재생이 불가능한 것, 복구에 시간이 걸리거나 심지어 수복이 어려운 것까지 다양하게 존재한다.[8)]

거기에는 재해 대책 이전의 문제로서 정보를 정리하는 것을 먼저 생각하지 않으면 안 된다. 정보 정리의 기본은 불필요한 것을 과감하게 폐기하는 것에 있다.

---

7) 田中正博, 『実践, 自治体の危機管理』, 時事通信出版局, 2007年, pp. 66～67.

8) 中村洋一郎, 『企業の防災対策マニュアル』, 日本実業出版社, 1996年, p. 82.

그 기준은 대체로 다음과 같다.

① 영구 보존

기업 활동이 계속되는 한 필요한 것으로 자사 정관 등이나 사내 규정류, 부동산의 권리증(등기 제 권리증) 등의 권리 관계서, 각종 계약서가 여기에 해당된다.

② 법정 규제에 의해 보존 연한이 정해진 경우

상법, 세법, 노동기준법 등에 의해 각각의 보존 연한이 규정되어 있다.

③ 자사의 기준으로 폐기 가능한 것[9)]

영업 연보, 월보, 일보 등 해당하는 사업 연도가 경과하면 폐기할 수 있는 것과 항상 신규의 데이터로 갱신하는 것이 해당된다. 이것들은 사내에서 독자적으로 보존 연한을 정해서 보존 기한이 지난 것부터 순차적으로 폐기한다.

보존연한	해당 문서 류
10년	주주총회 의사록, 이사회 의사록 영업장부 · 경영에 관한 중요 서류(B/S, P/L 등)
7년	거래에 관한 장부(분개장부, 현금출납장부 등) 영수서, 예금 통장, 청구서, 주문 청구서, 원천징수관계의 각종 신고서, 원천징수부
5년	건강진단기록 납품서, 검수서 등 감사역의 감사보고서
4년	고용보험의 피보험자에 대한 서류
3년	노동자 명부, 입 · 퇴사에 관한 서류, 재해 보상에 대한 서류
2년	건강보험, 후생연금보험에 관한 서류, 사내 노동자 수첩

9) 中村洋一郎, 『企業の防災対策マニュアル』, 日本実業出版社, 1996年, p. 83.

2. 비상 반출 문서의 기준

다음으로 그 정보, 서류의 중요도에 의해 순위를 매겨 비상 반출 문서의 리스트를 만든다. 단, 무턱대고 비상 반출 문서를 늘리는 것은 곤란하다. 반출한 후의 일을 생각하면 위험을 감수하면서까지 많은 문서를 반출하는 것은 오히려 문서의 산실을 일으킬 수 있다. 오히려 대여 금고나 내화 금고의 병용, 복사본을 분산·보관하는 등의 대책을 검토하는 것이 바람직할 것이다. 그렇게 반출문서를 최소화한 후에 수복 불가능한 것과 당면한 사태를 해결하는 데 필요한 것(예금 통장과 수취 어음, 외상 판매 장부, 외상 매입 장부 등)을 비상 반출 문서에 포함시킨다. 비상시의 행동은 먼저 자신의 신체가 제일 중요하므로 비상 반출 물품에까지 신경을 쓰기가 어렵다. 방재 훈련이나 소방 훈련 등을 이용해서 실제훈련을 반복하는 것이 중요하다.

비상 반출 문서의 보관에 있어서는 다음의 사항들을 철저하게 해 두는 것이 좋다.

① 반출한 문서는 항상 일정 장소에 정연히 보관한다.

② '비상 반출' 등의 라벨로 표시해 둔다.

③ 일련 번호를 붙여 관리 대장을 만들어 책임자(부과장)가 관리한다.

④ 비상 사태가 발생하여 사외 혹은 외부에 반출한 때에는 사후 즉시 관리대장의 조합을 실행하는 동시에 파손, 오손 유무를 확인한다.

또한 반출하는 것은 재해 중에서도 화재와 폭발 등의 위험성이 있는 경우에 한한다.

3. 백업체제의 정비

컴퓨터와 워드프로세서의 데이터와 플로피디스크 등은 항상 백업해 두는 경우가 많다고 생각하지만, 그 보관에 대해서는 의외로 무신경한 경우가 많다. 개인의 책상 서랍에 들어 있거나, 그대로 기기의 주변에 방치되어 있는 광경도 볼 수 있다. 기껏해야 내화 금고에 넣어 두는 경우가 대부분이다. 따라서 우선은 관리 기준을 작성하여 보관하는 것이 필요하다. 그 다음에 백업은 사내에서 실행할 것인가, 외부의 전문회사에 위탁할 것인가를 검토한다.

컴퓨터가 파손되었을 때에 기술자의 도움을 얻어 복구하는 데에는, 기술자의 인원체제 등이 불충분하게 되어 있는 점에 의해 시간이 걸린다. 그래서 백업 전문의 회사에 맡기는 것은 아직까지는 비용도 많이 들고 일반적이지는 않다. 또한, USB나 플로피디스크는 내화 금고로는 지킬 수 없다. 따라서 자사에서 보관한다면 역시 멀리 떨어진 곳에 백업해 두는 것이 가장 적합할 것이다.

4. 위기 발생시 사업의 속계와 정보 관리

(1) 기업의 정보와 사업 속계[10)]

미국의 재해 복구(Disaster recovery) 업계는 1960년대부터 조금씩 변화하기 시작했다. 원래 "Data recovery"는 "데이터를 지킨다"는 의미에서 생겨났으나, 실제로 재해 복구는 데이터만을 지키는 것이 아니라, "시스템을 지킨다"고 하는 "Disaster recovery"의 사고방식이 생겨나게 되었다. 이어서 시스템이 복구되어도 사업이 재개될 수 없는 상황에 직면하게 되면, '핵심 사업(Core Business)을 지킨다'고 하는 '사업 계속(Continuity)' 쪽으로 진화하게 되었다. 재해 복구(Disaster recovery)가 사업 계속으로 진화하는 사이, 시대의 변화와 시스템상의 기술변화, 비즈니스 스타일의 변화 등과 함께 다양한 전략과 테크닉이 요구되게 되었다. 그러는 사이에 "대체적(代替的)으로 대응한다"고 하는 관점에서 '긴급 사태 대응 계획(Contingency plan)'[11)]이 생겨나 '사업을 얼마나 빨리 일으키는 가'라는 관점에서 '사업 재개 계획(Business resumption plan)'이 생겨났고, 또 '사업을 얼마나 빨리 재개하는가'하는 관점에서 '사업 복구 계획(Business recovery plan)' 등의 요소가 필요하게 되었다.

여기서 가장 포인트가 되는 것은 사업 재개를 위해 복구 시간(Recovery Time Objective : RTO)을 얼마나 단축시킬 수 있는가에 있다. 거기에서 속도를

---

10) Balanko-dickson, (2007), "GregTips & Traps for Writing an Effective Business Plan".

11) Balanko-dickson, (2007), "GregTips & Traps for Writing an Effective Business Plan". 어떤 사건이 일어날 수 있는 예측불가능의 사태, 특히 최악의 사태를 상정해서 세운 대책법.

높이기 위해 데이터를 이중화하고 복구 시간의 제한을 없애 0에 가까운 '미로링 시스템(Mirroring system)'[12)]이나 시스템 환경이 정돈된 시설로 이동해 시스템을 일으키는 '핫 사이트(Hot site)'[13)], 시설만 준비해 놓은 '콜드 사이트(Cold site)'[14)] 등의 대응 전략을 각자의 기업이 경영 판단에 의해서 선택하여 서로 절차탁마(切磋琢磨)하면서 사업을 계속 진화시키고 있다.[15)]

여기에는 관련된 인재도 지속적으로 바뀌게 된다. 데이터 복구 때에는 '시스템 기술자', 재해 복구 때에는 시설과 보안 문제가 있기 때문에 "Facility Manager", "Emergency Manager", "Security Manager"가 관련되어 있다. 비즈니스가 지속이 되려면 '사업 책임자'와 '홍보 담당자' '환경 담당자' '법무 담당자' '재무 담당자' 등 다양한 인재가 관련되게 된다. 부서 차원의 계획에서 회사 전체의 위기관리 계획으로 변화해 경영자의 관여는 비즈니스 계속에 있어서 불가결한 요소가 되고 있다.

지난 미국의 9·11 동시 다발 테러에서 비즈니스 계속 계획의 진가가 드러났다. 기업이 비즈니스 계속 계획 없이는 살아남을 수 없다는 것이 증명된 것이다. 그 중에서도 대응이 훌륭했다고 일컬어지는 당시 위기관리 담당 책임

---

12) 인터넷 상에서 국내 사용자들이 많이 이용하는 해외 서버의 내용을 국내 사이트의 일정한 시스템에 그대로 복사하여 그 정보의 이용자들에게 서비스를 제공해 주는 시스템. 해외 사이트에 직접 연결하지 않고 국내 사이트를 이용하기 때문에 파일을 내려받기할 경우 전송 속도가 빠르며, 해외 트래픽을 줄일 수 있는 장점이 있다. 해외 서버의 정보 내용이 변경되면 자동적으로 변경된 내용이 반영 시스템으로 전송되어 항상 해외 서버의 내용과 동일한 내용을 제공해 준다.

13) Arnold, John E(2003). "Fallback Position: Anyone Who Can Be Fired Needs a Fallback Position Preparing a Contingency Plan fo"
시스템 재해 복구 방안으로 주요 데이터 및 시스템과 애플리케이션 환경을 실시간으로 원격지에 복제하여 재해 발생시 최단 시간 내에 데이터 유실 없이 복구할 수 있도록 이중화하는 방식. 시스템 환경이 이중화되어 있으므로 상시 시스템 검증이 가능한 이상적인 방식이나, 이중화 설비 투자 및 전용선 유지 비용이 많이 든다.

14) 재해 발생을 대비하여 평상시 주기적으로 주요 데이터를 백업해 보관하거나 소산해 두고 재해 발생시에 시스템 운용을 재개할 수 있도록 별도로 준비한 물리적인 공간과 전원 및 배전 설비, 통신 설비 등을 이용하는 복구 방식. 이 방식은 비용이 저렴한 반면에 기술적으로 지나치게 초보적이고 시스템 복구 시간이 길며, 백업 시점차에 따른 복구 대책이 없다는 단점이 있다. 또한, 시스템 자원이 고가이던 시기에 적용하던 방식으로, 흔히 사업 복구 서비스(business recovery service)라고 하며 아웃소싱 형태로 운영된다

15) Balanko-dickson,(2007), "GregTips & Traps for Writing an Effective Business Plan".

자였던 메릴린치(Merrill Lynch)[16] 부사장은 “비즈니스 계속 계획 없이는 지금의 메릴린치는 없다”고 단언했다.

미국은 다양한 불상사를 교훈삼아 2001년에는 사업 경영자의 책임 범위를 명확하게 하기 위해 “SOX법(Sarbanes-Oxley Act법)[17]”이 제정되게 된다. 단적으로 말하면, 불상사가 일어났을 때에 경영자가 자주 사용하는 “나는 몰랐습니다”라는 말을 허용하지 않는 법률이다. 원래 이 법률은 회계상의 문제를 예견한다는 관점에서 제정되었지만, 전후 사정은 어떻든간에 실제로 사업을 중단해서 고객과 우리 사회에 악영향을 미칠 경우 사업 경영자는 이 법률에 의해서 경영 책임을 져야 하기 때문이다. 따라서 경영자는 위기와 재해에 대비해 경영자로서의 사전 예견과, 법적 근거에 의해서 사업의 지속 계획을 정비해 두어야 한다.

한편, 비즈니스의 빠른 변화에 대응하기 위해서 어떠한 상황에 대해서도 유연하게 대응 가능한 기업 경영이 요구되는 가운데 비즈니스 지속 계획의 개념을 도입되면서 비즈니스와 비즈니스 지속 계획은 하나가 되어 더욱 변화를 이루고 있다.

(2) 사업 계속의 개요

비즈니스 계속의 목적은 다양한 위협으로부터 핵심 비즈니스를 지키고 기업을 존속시킴과 동시에 핵심 비즈니스를 계속하고 필요한 데이터나 네트워크를 포함한 정보 시스템을 지속시켜서 위기를 플러스로 전환하는 것이다.

비즈니스의 계속은 원래 핵심 사업을 지속하는 사업 계속 계획과 함께 종래 재해 복구 재개 정보 시스템을 계속하는 시스템 지속과 혼동하고 있는 경우가 많다. 또, 정보 시스템을 중심으로 한 계속 전략을 비즈니스 계속과 착각해서 정의하고 있는 경우가 많다. 따라서 시스템을 중심으로 한 재해 복구와 사업을 중심으로 한 비즈니스 계속을 확실하게 나누어서 생각할 필요가 있다.

---

16) 미국의 증권 회사.

17) 사밴스 옥슬리 법(Sarbanes-Oxley Act, SOx)은 미국의 회계개혁 법안으로, 월드컴과 엔론 같은 거대기업들의 잇따른 회계부정으로 인해 막대한 재산 피해가 발생하자 회계제도 개혁의 필요성이 제기되었고, 2002년 7월 30일 법안의 발의자인 상원의원 사밴스와 하원의원 옥슬리의 이름을 따서 제정되었다

비즈니스의 계속 전략의 종류는 ① 핵심 비즈니스의 계속 전략상의 시점으로부터 비즈니스 환경의 이중화, ② 준비 상태의 정돈된 대체 시설 ③ 건물뿐인 대체 시설, ④ 아웃소싱(Outsourcing),[18] ⑤ 비즈니스 기능의 폐지, 이상 5개로 분류할 수 있다. 당연히 핵심 사업에 필요한 정보 시스템, 데이터, 네트워크에 대한 계속 전략상의 시점으로부터 대략적인 리모트 미러링, 핫 사이트, 콜드 사이트 3개로 분류할 수 있다.

① '비즈니스 환경의 이중화 전략'은 서울, 부산 양 쪽의 본사제가 대표적인 예이다. 관리 부문은 비교적 하기 쉽지만 공장계는 꽤 어렵다. 그렇다고 해도 현실적으로 생산 공장이 위기에 직면하게 되면 싫든 좋든 대응하지 않으면 안 된다. 이 계속 전략은 비즈니스 손해를 끝없이 0에 가깝게 하는 전략이며, 비용이 들기 때문에 대상은 핵심 비즈니스에 한정할 필요가 있다.

② '준비 상태의 정돈된 대체 시설(협력회사와의 협정도 포함한다)의 준비 전략'은 현실적으로는 있을 수 없다고 할지 모르겠지만, 최근에는 휴지(休止) 중인 라인과 시설을 대체하여 사용하는 형태도 실제로 나타나고 있기도 하다. 여기에서는 효율화가 위기관리상의 쓸데없는 일인지 어떤지는 경영 판단이자 기업 방침과 기업 문화의 문제라고 인식된다. 또 위기와 재해시에 자사의 공장을 사용할 수 없게 된 경우에는 같은 업계의 다른 회사와 협력해서 대체 생산과 위탁생산 계약 등을 사전에 체결해 두기도 한다. 1995년 1월 17일 한신 대지진 당시 고베신문이 교토산문과 사전 제휴를 맺었기 때문에 지진으로 신문 발행이 불가능한 고베신문은 교토신문의 인쇄 필름을 오토바이로 긴급 공수하여 인쇄하기도 했다.[19] 이와 같이 계약을 체결하는 것뿐만 아니라 사전에 서로의 제품을 실제로 생산하여 스펙을 확인해 두는 것이 이 전략의 핵심이다. 비용도 많이 들고 회사로서 같은 업계의 다른 회사에 생산을 의뢰한다고 하는 의사 결정과 생산 준비를 정리하기까지 시간과 수고가 많이 드는 반면, 비즈니스 손해를 최소한으로 억제하는 효과가 가능하기 때문이다.

③ '건물만인 대체 시설·부지의 준비 전략'은 미리 지정된 시설과 부지

18) 기업 업무의 일부 프로세스를 경영 효과 및 효율의 극대화를 위한 방안으로 제 3 자에게 위탁해 처리하는 것을 말한다. 다른 의미로는 외부 전산 전문업체가 고객의 정보처리 업무의 일부 또는 전부를 장기간 운영·관리하는 것을 뜻하기도 한다.

19) 『戸神新聞』, 1995年 1月 17日字.

에 사전 계획을 바탕으로 공사를 단숨에 진행시켜 비즈니스 환경을 정리하고 중단 기간을 최소한으로 한다. 덧붙여 계획 없이 비즈니스를 재개하는 것에 비하면 비용과 시간이 단축된다. 이 전략과 협력회사의 협정 전략을 편성하는 것으로 비즈니스 손해가 최소한으로 억제된다.

④ '아웃소싱 전략'은 위기를 기회로 문제가 된 비즈니스 기능과 과정을 외부에 알려 비즈니스 손해를 경감시키는 것이다.

⑤ '비즈니스 기능의 폐지 전략'은 비용을 들이지 않고 복구하지 않는 결단을 내리는 것을 말한다. 복구 비용과 그 후의 이익을 생각해서 그 자금을 새로운 비즈니스에 투자하자는 발상이다. 이 전략은 한 발자국 틀리면 업무를 끝내버린다고 하는 마이너스 이미지를 남기지만, 실제로는 반대로 다음 세대의 신규 사업과 향후의 성장 비즈니스를 증강시키는 전략이라고 할 수 있다.

리모트 미러 사이트는 원격지에 실제 기기와 동일한 디스크에 미러화된 환경이 정리되어 있는 대체 시설이고, 핫 사이트는 원격지에 언제나 준비 상태로 시스템 환경이 정리되어 있는 대체 시설이다. 그리고 콜드 사이트는 원격지에 설치 장소만 확보하여 위기, 재해시에 필요한 기기를 반입하여 업무를 대체하는 시설을 말한다. 여기서 열거한 비즈니스 지속 전략은 각각을 비교하기 쉽도록 알기 쉽게 설명해서 현실적이지 않을지도 모른다. 포인트는 비용을 들이지 않고 비즈니스 손해를 줄이기 위해서는 어떠한 비즈니스 지속 전략이 있을까를 검토함과 동시에 다양한 전략을 짜서 자기 회사에 어울리는 효과적인 비즈니스 전략을 결정하는 것이다. 비즈니스 계속의 이상적인 형태로서 빠른 대응으로 핵심 비즈니스를 지속하는 것은 당연한 것이면서, 설령 어떤 문제가 발생해도 결과적으로 고객 쪽에 실질적인 영향을 미치지 않았다는 인상을 주는 결과를 남긴다. 여기서 위기 대응 자체에 대해 고객과 이해 관계자로부터 평가를 받는 것이 가능하다면 이상적이다.

제 9 장

기업의 위기관리 교육 · 훈련 및 평가

제 1 절 위기관리 교육 · 훈련[1]

1. 기업의 위기관리 교육

기업에 있어서 위기관리 계획이 수립되게 되면 어떤 순서로 시행해 가는가 하는 계획을 회사 내에 침투시켜야 한다. 단, 위기관리는 듣는 것이 아닌 몸에 익히는 것이기 때문에 다음의 4가지 과정을 한명 한명이 이해하고 균형있게 배우는 구조를 만들 필요가 있다.

(1) 계발(啓発)

계발이라는 것은 사람들이 깨닫지 못하는 사물에 대해서 가르침을 받아 깨닫게 하는 것인데, 단지 눈을 뜨고 있는 것이 아니라 주의를 기울이고 있는

1) 原田泉, 『情報セキュリティ企業は守れるのか, 企業危機管理マニュアル』, NTT出版, 2005年, p. 190.

• 그림 9-1 • 위기관리 교육

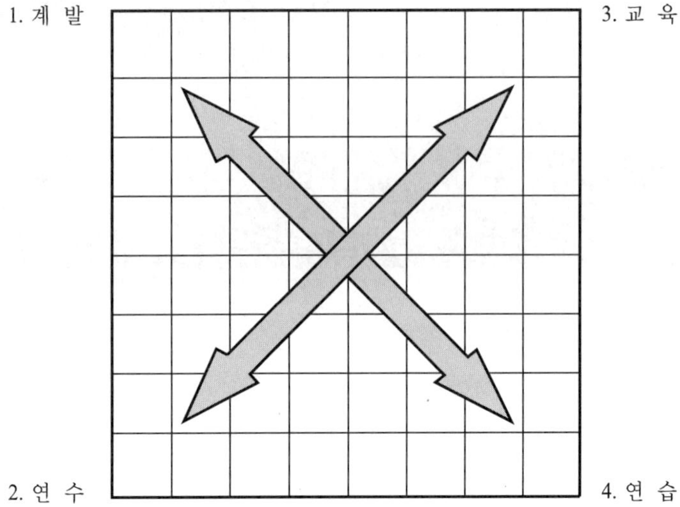

것을 말한다.

예를 들면 양치기 개는 양을 지키기 위해서 주의를 기울여 적을 지켜 보고 있기 때문에 계발을 하고 있다고 할 수 있지만 양은 계발을 할 수 없다고 할 수 있다. 이렇게 단지 배우는 것이 아니라, 항상 촉각을 세우고 있다고 하는 것이 계발의 포인트다.

(2) 교 육

위기관리 교육은 학교 교육과 마찬가지로 선생님과 학생의 관계에서 답을 배운다고 하는 수동적인 자세로 오히려 몸은 움직이지 않고 지식을 넓히는 것이다. 일본에서는 미국과는 다르게 위기관리가 좀처럼 침투하지 않으며, 이 배경에는 일본과 미국의 교육 방법 차이가 있다. 일본의 교육은 정답이 하나이고 그것은 선생님으로부터 배운 것이라고 하는 의식이 박혀 있다. 그러나 미국에서는 정답이 여러 개이고 스스로 아이디어를 냄으로써 평가를 받는 교육 방침을 따른다. 그러나 일본의 교육 방식도 반복되는 위기 의식을 전할 때에는 효과적일 수 있다.

(3) 연 수

연수라는 것은 학문 · 기능 등을 배워 터득하는 것이다. 특히 직무에 대해 이해하고 숙달하기 위해서 학습하는 것이라고 할 수 있으며, 경우에 따라서는 모의 체험을 통해서 머리만이 아닌 몸을 통해서 움직이는 적극적인 부분이 포함된다. 어떤 정해진 형태를 통해서 일련의 흐름을 체험하고 기술을 배워 스스로의 생각과 아이디어를 내서 자신의 것으로 만든다.

예를 들면 가라테(空手)[2]의 숙달 방법에서는 가라테의 형태를 익히고 나서 연습을 하는 것이 숙달 비결로, 형태를 익히지 않은 채 연습을 한다면 어느 정도까지는 숙달하지만 그 이상은 늘지 않는다. 가라테 대회에서 이기기에는 자기 독자적인 방법으로는 한계가 있다.

또 분재(盆栽)도 좋은 예이다. 강제적으로 형태에 맞추어 철사 등으로 둥글게 말아 보기 좋은 형태를 만든다. 이것을 위기관리로 바꾸어 생각한다면 위기에 필요한 '형태' = '룰'과 '기준'을 배워 일상과는 다른 방식을 체험하고 빨리 움직이기 위한 형태를 익히는 것이 중요하다고 할 수 있다. 또 다음에 서술할 연습은 그것을 실행하기 위한 준비 공부와 연습으로 파악한다면 정리하기 쉽다.

(4) 연 습

연습이라는 것은 사물에 익숙해지기 위해 반복해서 배우는 것이고, 군대 등 실전과 같은 상황을 상정해서 시행하는 훈련이다. 그러나 계발이 부족하면 원래의 출발점이 부족할 뿐만 아니라 연습을 실시했다고 해서 반드시 실행성이 따르지는 않는다.

예를 들면 100m를 빨리 달릴 수는 있지만, 올림픽에서 금메달을 따기 위해서는 계획적으로 훈련을 하고, 달성해야 할 목표를 향해서 레벨 업을 해야 한다. 위기관리로 바꾸어 생각해 보면 그림 상의 연습 등을 실시하여 계획의 실효성을 테스트하거나, 보다 대응을 빠르게 하기 위해 시스템에 부하를 건다거나, 달성해야 할 목표를 높게 잡고 시간을 단축시키거나 함으로써 보다 더

---

2) 일본 특유의 맨손으로 하는 권법.

신속하게 위기에 대응할 수 있고, 또한 효율적이다. 따라서 반복적으로 연습함으로써 진짜 위기에 직면했을 때에 신속하게 대응하는 결과를 얻을 수 있다.

2. 기업의 위기관리와 훈련

실제로 위기관리 대응 능력을 몸에 익히기 위해서는 몸소 위기와 재해를 직접 경험하는 것이 가장 좋지만 현실적으로 그런 경험을 하기는 어렵다. 유일하게 위기를 유사하게 체험할 수 있는 것이 시뮬레이션 훈련이다. 아무리 '지식'이 풍부하다 하더라도 정작 필요할 때 아무 것도 할 수 없는 경우가 때로는 있기 때문에 그 지식을 능숙하게 활용할 '지혜'가 필요하다. 어떤 의미에서 '아타마뎃카치(頭でっかち: 지식이나 이론에 치우치고 실행이 따르지 않는 사람)'은 위기에 직면하면 도움이 되지 않는 경우가 있지만, 한편으로는 전문적인 지식은 곤란한 위기에 필요불가결하여 지식 중에서도 일반적인 지식과 전문적 지식으로 나누어 생각해 볼 필요가 있다.[3)]

통상적으로 사전 시나리오를 바탕으로 행동하는 것은 비교적 쉽지만 위기 상황에는 그 시나리오가 시시각각으로 변화해 사전 시나리오대로는 움직이지 않는다. 시나리오가 변화하는중에 위기 대응에 요구되는 다른 하나의 요소는 임기응변으로 대응할 수 있는 행동력이다. 단, 훈련을 하는 것 자체가 목적이 되어서는 안 된다. 또 훈련이 성공하는 것도 중요하지만 "잘 했다"만이 아니라, "잘 못했다"는 것을 이야기하는 것을 훈련 참가자로부터 끌어내는 것이 하나의 포인트이다. "못했다" "한계다"는 것을 훈련을 통해서 새롭게 깨닫고 어떤 문제점이 있었는지, 어떤 선택의 여지가 있는지를 찾아내고 새로운 대처 방법을 찾아내 대응의 폭을 넓혀 두는 것도 대단히 중요하다.[4)]

기능별 훈련을 소개하면 다음과 같다.

① 정보 수집 훈련

정보를 부여해서 현재 상황에 입각해 향후에 어떤 정보를 어디에서 언제

3) 田中正博,『実践, 自治体の危機管理』, 時事通信出版局, 2007年, pp. 112～113.

4) 原田泉,『情報セキュリティ企業は守れるのか, 企業危機管理マニュアル』, NTT出版, 2005年, p. 193.

까지 수집할 것인가 정보 수집 계획을 작성하고, 그 정보 수집 계획에 근거해 위기 정보를 수집하는 체제를 구축하기 위해서 실행한다.

② 정보 처리(정리) 훈련

정보를 부여해서 입수한 정보를 분석하고, 공통 형식으로 정리 · 가공하여 누구든지 언제든 열람할 수 있는 정보를 개시하기 위해서 실시한다.

③ 의사 결정 훈련

의사 결정이 필요한 정보를 상정하여 '브레인스토밍(Brainstorming)'[5]형식으로 비판하지 않고 자유롭게 의사 결정 선택지를 여러개 추출해 실전에 대비하는 훈련을 실시한다. 최근 에머리대학「스콧 릴리언 펠드」교수는 이에 반론을 제기하고 있기도 하다 [6]

④ 액션 플래닝 훈련

현재 상황을 바탕으로 정보를 부여해서 다음에 시행해야 할 것을 액션플랜으로서 작성하고, 전략적이고 계획적으로 위기에 대응하는 구조를 구축한다.

⑤ 홍보 훈련(모의 기자 회견 훈련)

정보를 부여해서 입수한 정보를 분석하여 미디어, 고객, 주민을 대상으로 나누어 대외적으로 정보를 발신하기 위한 발매 문장을 작성하고, 기자 회견 순서 준비에서 카메라와 모의 기자 앞에서 실제로 모의 기자 회견을 실시한다. 또 병행해서 홈페이지 상에 정보를 업데이트한다.

---

5) 브레인스토밍(Brainstorming)은 자유 토론 형식의 아이디어 개발 방법으로 각자가 자유롭게 아이디어를 내고, 낸 아이디어에 대해서 비판하지 않고 보다 많은 아이디어를 낸다.

6) 스콧 릴리언펠드(Scott O. Lilienfeld) 교수는 미국 에모리 대학의 심리학 교수로 미국심리학회 임상심리학회에 공헌도가 높은 학자에게 주는 데이비드 사코우(David Scakow) 상을 수상한 바 있다. 그는 그동안 기업들이 브레인스토밍으로 아이디어를 짜내 자주 활용하던 방식에 대해 '사회적 태만(social loafing)'이란 화두로 효과가 떨어진다고 주장하고 있다. 특히 여러 사람이 한 자리에 모이게 되면 책임감을 덜 느끼고 게으름을 부리게 된다는 것이다. 또 다른 하나는 나쁜 아이디어가 전염된다는 점이다. 다만 집단 지능은 아이디어들이 서로 독립적일 때 제대로 기능을 작동한다는 것이다. 다시 말해서 스무명을 한방에 넣지 말고 각각 다른 방에 넣고 서로 이야기 할 기회도 주지 말아야 각자 좋은 아이디어가 나온다는 것이다. 그렇지 않으면 몇몇 연구자의 아이디어에 '나도 그래'라고 하는 식으로 동의해 버린다고 지적하고 있다. 조선일보 Weekly BIZ(2010. 7. 10) 및 Relation of Antisocial and Psychopathic Traits to Suicide-related Behavior Among Offenders 등 참조.

⑥ 시스템 복구 훈련

백업 사이트에서 백업 데이터를 이용해서 시스템 환경을 복구하는 훈련을 실시한다.

⑦ 핵심 비즈니스 재개 훈련

핵심 비즈니스를 재개하기 위해서 필요한 자원과 순서를 확인하는 훈련을 실시한다.

⑧ 위기 대응 본부 훈련

위기가 발생해서 위기 대응 본부에서 정보를 수집하고 액션플랜을 작성하며, 의사 결정을 하여 위기 대응 시뮬레이션 훈련을 시행한다.

제 2 절 실제 위기관리 교육 사례 연구

1. 위기 정보의 예지 · 방재

(1) 하드웨어에서 소프트웨어까지

위기관리에서 사전 대책을 크게 나누면 사람과 정보 등에 관련된 이른바 소프트웨어적인 것과 건물, 설비 등 하드웨어적인 것이 있다. 종래의 방재 대책은 방화 대책과 같은 의미로 사용되는 경우가 많아서 곧잘 경보 설비, 방화 설비, 피난 설비 등 하드웨어 쪽에 보다 더 비중이 실리기도 했다.

그러나 최근에는 아이티나 칠레, 타이완, 중국 등 세계 도처에서 지진이 일어나면서 지금까지 안전하다고 여겨졌던 건물, 설비 등이 의외로 허술했다는 것이 입증되었다. 뿐만 아니라 PC나 통신망 등 소프트웨어적인 기능정지에 따른 정보의 대혼란에 대한 대응도 신속하지 못했다는 것도 문제점으로 부각되고 있다. 즉, 지금까지의 방재 대책을 고려할 때 하드웨어적인 대책 위주에서 이제는 소프트웨어적인 면도 중시하는, 방재 대책의 근간의 수정이 불가피해 졌다고 하겠다.

(2) 위험 부분의 진단

사전에 방재 대책을 세우기 위해서는 우선 사내에 어떠한 위험 요소가 잠복하고 있는지를 알아내는 일이 중요하다. 그러나 화재나 풍수해 등에 대해서는 일반적으로 추측이 가능하겠지만, 대규모 지진이나 기업 도산 등과 같은 대형 재난에는 경영 책임자나 지질 공학 등 관계 전문가의 조언 없이는 정확한 예측 수립이 불가능하다. 예를 들면, 지진의 경우는 건축기준법을 통과했다고 해서 반드시 안전하다고는 할 수 없다. 위험물을 제조하는 공장에서는 미미한 설비의 파손이 더 큰 제 2의 재해를 불러일으킬 수도 있음을 상정하지 않으면 안 된다. 이는 2010년 부산의 사격장 화재사건 등에서도 이미 경험한 바가 있다. 또, 일반적으로 회사(사무소)나 현지 공장 사이에는 방재 차원에서도 분명히 차이가 있을 수 있다. 이러한 경우에 방재 레벨이 높은 곳에만 모든 방재 대책을 맡기는 것이 아니라, 회사 전체가 똑같은 통일된 가이드라인을 만들어 다 함께 대응하는 것이 중요하다. 또한, 임대 빌딩에 입주해 있는 경우에는 개별적인 입주 업체가 대책을 강구하는 것이 아니라, 빌딩의 주인, 관리회사, 입주업체 등과 공동으로 위험 부분을 진단하고 검증해서 대응할 필요가 있다.

또, 한번 위험 부분을 체크했다고 해서 그것으로 항상 괜찮다고는 할 수 없다. 시간이 지남에 따라 건축물은 노후화되고 환경 또한 변화하기 때문이다. 제조회사의 경우 제조 공정과 제조물이 변하는 것은 특별한 일이 아닐 것이며, 소매점의 경우도 점포 내의 매장 변경은 빈번히 일어난다. 자사에는 변화가 없어도 근처 인근 부지에 위험물을 제조 · 판매하는 시설물이 생기게 되면 하수도 시설이나 수로 변화 등에 따라 침수 위험에 노출되는 일도 있을 수 있다.[7)]

(3) 최저한의 보강, 강화로 대응한다

그러면 그렇게 해서 발견된 위험에 대해서는 어떻게 대처해야 할 것인가. 물론 전문 설비 등 하드웨어에 관한 것이라면 그 보강을 우선으로 해야 한다. 하지만 그렇게 보강한다고 해도 100% 안전하다는 보장은 없으며 대상물에 따라서는 물리적 · 경제적인 제약에 따라 완전하게 조치를 취하는 것이 어려운

---

7) 田中正博,『実践, 自治体の危機管理』, 時事通信出版局, 2007年, pp. 124～125.

경우도 있을 것이다. 그러한 때에도 포기하지 말고 응급처치라도 해 두어야 한다. 방재 대책에서 '모 아니면 도'라는 태도는 지양해야 한다.

예를 들어 인명과 관련된 건물이 지반이 약한 곳에 있는 경우, 인원이 탈출할 수 있는 최소한의 시간을 벌 수 있는 보강책을 강구해야 할 것이다.

한편, 대부분 기업의 사내를 둘러보면 유리나 유리 제품이 매우 많음을 알 수 있다. 뿐만 아니라, 유리창, 캐비닛 등의 문짝, 형광등, 사무기기, 텔레비전, 수조, 거울 등 유리로 만든 비품이 많이 있다. 만약, 지진이 발생했을 때 이러한 유리들이 파손되어 사방으로 흩어질 경우도 생각하지 않으면 안 된다.

유리 파편에 의한 위험에 대비한 것으로는 강화 유리나 그물 유리 등이 있으며 그 외에도 방재 필름을 바르는 방법 등도 알려져 있다. 필름의 경우 투명도도 그리 떨어지지 않으므로 미관상으로도 큰 문제가 없다. 최근에는 계속해서 강도가 높은 제품들이 개발되고 있는 실정이다. 고정 장치가 어느 정도 효과가 있을 것인가 하는 우려의 목소리가 있기도 하다. 지진이 났을 때 가구류가 쓰러지는 사고도 무서우며, 캐비닛 위에 상자를 쌓아 두는 일도 위험하기 그지없다.

지진이 무서운 것은 바로 화재 때문이다. 화재의 원인이 될 만한 것들을 평소에 책임자를 정해서 철저히 관리하는 것은 당연한 일이지만, 화학 약품이나 전기 기구 등 직접적으로는 화재의 원인이 되지 않는 것들도 파손이나 고장에 의해 발열을 일으킬 수 있는지를 전문가에게 확인해 두는 것도 필요하다. 한신 대지진에서도 오사카 시내의 화재 중 난방 기구에 의한 것은 3건이었던 것에 비해, 전기 기구, 수조용 히터나 가스 누출 등에 의한 인화건은 13건이나 되었다.

(4) 위험의 분산과 백업체제

또 하나의 위기 대응 방법에는 분산과 백업이 있다. 분산이란 한 부분에 집중됨에 따른 위험을 회피하는 것으로 그 대상이 되는 것은 〈그림 9-2〉와 같이 여러 가지가 있다.[8)]

어떤 것을 분산시킬 것인가는 각각의 기업이 놓인 상황이나 경영자의 방

8) 中村洋一郎,『企業の防災対策マニュアル』, 日本実業出版社, 1996年, p. 60.

• 그림 9-2 •

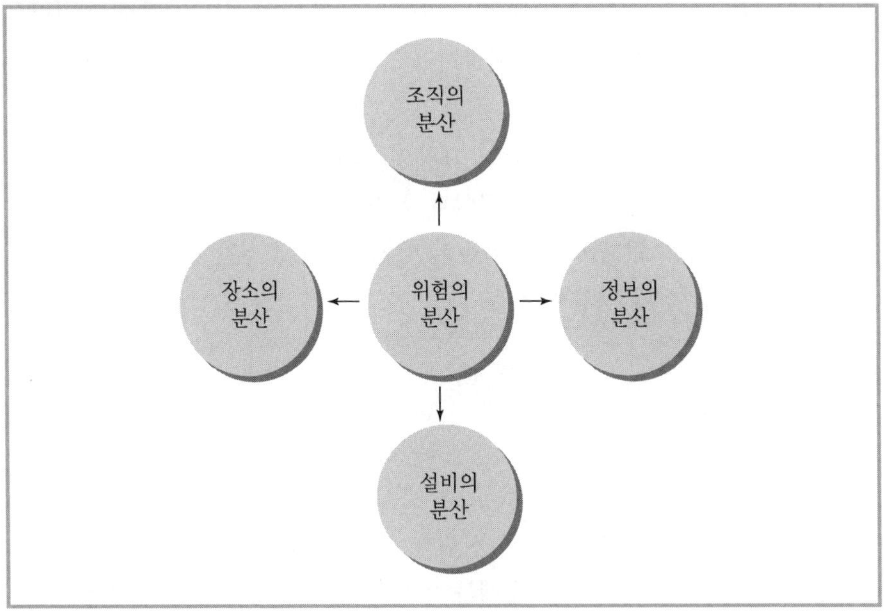

침, 비용 부담, 거래처와의 협력도, 사원의 주택 상황 등을 종합해서 결정해야 한다. 그러나 모두가 자금을 필요로 하는데다가 집중에 의한 효율성을 희생시켜야 하므로 어느 것 하나 쉽게 희생시킬 수가 없다. 또한 분산화는 거래처에 대해서도 마찬가지이다. 거래처가 소수 지역에 집중돼 있을 경우의 위험성에 대해 말해 보자면, 재해에 관계없이 구입처나 외주처가 피해를 입을 경우, 회사는 직접적으로는 피해를 입지 않지만 결국 충격을 입게 된다.

뿐만 아니라, 거래처의 피해 대책에 대해서도 확인하는 한편, 평상시에도 긴급 사태에 대비해 동업체 간의 협력 체제를 구축해 두는 것이 좋다. 분산과 마찬가지로 한 가지의 기능이 불능되었을 때, 다른 대체 기능이 가능하도록 백업해 두는 것이다. 고베 대지진 당시에서는 전화선이 불통되거나 마비 상태가 됨에 따라 많은 곳에서 사원의 안부 확인이나 지휘 명령이 원활히 이루어지지 않았다. 그러한 대체 기능으로서 무선 연락이나 무선 전화, PC 통신, 위성 통신, DMB, 최근에는 IPTV나 트위터 등이 대체 미디어로 주목받고 있다.

그 외에도 중요한 프로그램이나 데이터를 정기적으로 복사해서 내화 금고나 다른 지역의 지점, 관리자의 사택에 보관해 두는 등의 조치도 필요하다. 최근에는 그러한 보관 업무에 대해서 서비스를 제공하는 대행 회사도 생겨나고 있다. 화재 대책 등에 대해서는 비상시라도 중요 문서의 경우에는 반출할 수 있도록 미리 반출 기준을 마련해 두고 있다. 화재나 풍수해 등의 경우 피난처가 아주 가까이 있을 때에는 그러한 대책이 매우 유용할 것이다. 대규모 지진의 경우는 대량의 인명 피해의 위험성과 함께 반출물의 보관 관리에 이르기까지 상정해 두지 않으면 귀중한 물건들이 매몰되거나 소실될 가능성이 있다. 평소부터 담당자를 정해 백업해 두는 것도 아주 실무적일 수 있다.

2. 피재해시의 정보 확보

(1) 안부 확인을 우선으로

재해가 발생하면, 무엇보다도 사원을 비롯한 그 가족 및 고객들의 안부 확인을 최우선으로 해야 한다. 문제는 안부를 확인하는 수단과 방법 및 범위다. 평일은 근무 시간중이라 비교적 용이하겠지만, 외출이나 출장중인 사람도 있을 수 있다. 따라서 그러한 사람들의 소재지 등을 확실하게 파악하거나 확인 가능하도록 해야 한다. 뿐만 아니라, 피난처도 사전에 정해 두지 않은 채 각각 나름대로 피난하게 된다면 안부 확인에도 많은 시간이 걸리게 된다. 이러한 부분도 얼핏 보면 아무것도 아닌 것 같이 보이지만 실제로는 맹점이 될 수 있다.

통근 도중이나 야간, 혹은 자택 근무중에 피해를 입었다고 가정한다면 어떻게 안부를 확인할 것인지는 더욱 더 큰 문제가 된다. 게다가 그 가족과의 연락도 실제 상황에서는 어려운 문제가 된다. 더구나 통신 수단이 차단되면 긴급 연락망을 정비해 둔다고 해서 해결될 문제도 아니다. 한신 대지진의 경우는 전 사원의 안부를 확인하는 데도 일주일 정도가 소요된 경우가 많았다고 한다. 그 이유로는, 회사와 사원 간의 전화가 연결되기 어려워서, 사원이 피난한 나머지 연락을 취할 수 없어서, 사원이 회사에 연락을 취하도록 하는 데 대한 평소의 교육이 불충분해서, 사원의 죽거나 다쳤을 때 가족이 거기까지 신경을 쓸 수 없어서, 혼자 생활하는 본인이 부상을 입어서 연락을 취할 수 없게 되어서 등이 있었다고 한다. 최종적으로는 인사부서의 사람이나 근처에 사는 사람이 직접 확인하러 가거나 방문하는 일도 없었다. 긴급 연락망이라고 하면 흔히 회사가 사원에게 연락하는 것을 떠 올리겠지만, 만에 하나의 경우에 대비해 그 반대의 경우도 상정해서 제2, 제3의 경로를 지정해 주지시킬 필요가 있다. 또한 확인할 사람의 범위도 사원과 그 가족은 물론, 단신 부임자의 가족과 파트타이머, 아르바이트 등 정사원 이외의 사람 등 통산 긴급 연락망에 포함되어 있지 않은 이들로 확장하는 것도 잊지 않도록 해야 한다.

(2) 피해 상황의 파악

사원의 안부와 병행해야 할 것으로는 회사 자산의 피해 상황 파악이다. 평일 근무 시간중에 연락 수단이 확보되어 있다면 그다지 곤란할 것은 없다. 문제는 피해 상황을 직접 눈으로 확인할 사람이 회사 등에 이르지 못할 경우이다. 회사 근처 사람은 달려가면 될 일이지만 그 사람 본인이 피해를 입어 움직일 수 없게 될 경우도 있을 수 있다. 그렇게 되면, 출근할 수 있었던 사람들로부터 피해 상황을 연락받게 된다. 본사의 경우는 그래도 감독할만한 임원이 있으므로 이후 대응의 결단도 내리기 쉬울 것이다. 하지만 출장지의 경우는 인원이 적은 데다가 본사와의 연락을 취하는 것도 어려우므로 문제가 된다. 이 단계에서 확인의 목적은 피해액을 파악하는 것이 아니라, 피해에 의한 이상 징조 발견과 제 2 의 제 3 의 재해 확대 방지에 있다. 건물 내의 전기나 가스의 배선이 있는 곳과 화학 약품 등을 취급하는 사무소 등에 대해서도 제 2 의 재해의 위험성이 없는가를 판단해야 하며, 이를 위해서는 기술적인 지식이 필요하다. 점검에 있어서도 개인이 무모하게 나서서 점검한 본인이 재해에 휘말리지 않도록, 보호구 등을 착용하여 안전성을 염두해 두어야 하며, 여기서도 인명 피해를 우선으로 고려해야 한다. 또한 이 단계에서는 우선 정밀한 정보보다도 먼저 신속한 정보를 요구하도록 해야 한다.

(3) 재해 대책 본부의 설치기준

재해 직후(지진 등의 경우에서는 정부의 긴급 선언 발령 후도 포함하여)의 긴급 사태에 대한 전 회사 차원에서의 대응을 위해 설치하는 것이 재해대책본부이다. 명칭은 각 회사에 따라 여러가지가 있겠지만, 그 본질적 기능은 모든 정보를 집중 관리하고 최고경영자에게 즉각적인 보고와 결단을 요청하며, 신속하고 철저하게 지휘명령이 이루어지도록 사전 태세를 갖추게 하는 것이다.

따라서 긴급사태가 발생한 후에 재해대책본부의 설치 여부를 검토한다면 초동대응이 가장 중요한 긴급 사태에 있어서 이미 한발 늦었다고 하겠다. 일본의 고베지진이나 우리나라의 삼풍백화점 사고 당시 재해대책본부의 설치 시기가 늦어져서 후일에 복구 시기도 늦어지게 되었다. 신속하게 대책본부를 설치하기 위해서는 재해대책본부의 설치 기준을 사전에 미리 정해 두는 것이 좋으며, 그 기준은 다음과 같다.[9]

① 지진의 경우는 현지의 진도가 6 이상으로 광범위한 재해가 예상될 때
② 풍수해의 경우는 현지를 포함한 광범위한 지역에서 재해를 당해 업무의 정체가 예상될 경우
③ 자사의 기간 업무가 정체되는 재해가 닥쳤을 경우

지점, 영업점 등이 피해를 입은 경우에는 본사와 연락을 취하면서 현지에 재해대책본부를 설치한다. 이 경우 본점과 지점 간의 연락 조직을 어떻게 구축할 것인가도 미리 약속해 둘 필요가 있다. 또, 비상소집체제도 보통 관리직이나 사원들의 자발적인 출근에 의존하고 있는 경우가 많지만, 그런 경우는 실제로 모여보지 않으면 알 수 없는 체제다. 따라서 긴급시에 누가, 어디서, 어떻게 모일 것인가 등을 명확히 결정해 두어야 한다. 총무부서나 영선부서[10]의 사람들을 우선시하거나 사원별 통근 시간에 따라 그룹을 나누는 것도 한 방법이다.

재해의 전모가 밝혀진 이후에 대책본부를 설치하는 것은 이미 늦은 일이다. 규정에 너무 얽매이지 않는 유연한 대응도 필요하다. 고베대지진 때 대기업들이 대형 재해 발생시 고심했던 대책 중에 하나도 매스컴에 대한 대책이다. 피해 상황 파악과 복구 전망 등에 대한 매스컴의 적극질문 공세에 어떻게 대응할 것인가도 기업에 있어서는 대단히 중요한 일이다.[11]

---

9) 中村洋一郎『企業の防災対策マニュアル』, 日本実業出版社, 1996年, p. 63.
10) 영선부(營繕部)는 건물 등의 신축이나 수선 수리 등을 맡아서 업무를 처리하는 부서.
11) 田中正博『実践, 自治体の危機管理』, 時事通信出版局, 2007年, pp. 126～127.

(4) 정보의 혼란을 전제로 한 대책

재해가 광범위해 통신망마저 두절된다면 단편적으로 입수되는 정보를 가지고 대책을 지시하게 되는데 이 때는 상당한 어려움이 있다. 따라서 얼마나 정확한 정보를 신속하게 수집할 수 있는지 여부가 대책본부가 제 기능을 발휘할 수 있는지의 여부를 결정하는 중요한 분기점이 된다. 그러기 위해서는 대책본부를 가급적 수평적 구조로 조직하여 현장에서 본부장까지 이르는 과정을 줄이도록 해야 한다. 중간에 관리하는 사람이 많아지면 많아질수록 본부장에게까지 정보가 도달하는 데 시간이 걸릴 뿐 아니라, 현장의 정보가 도중에 조작될 위험성도 있다. 재해대책본부에 도달하는 정보 가운데는 단편적이거나 중복이 되어 판단을 내리기가 어려운 경우도 많다. 따라서 그 분석에는 정보관리를 전문으로 하는 담당자를 정해 두어서 여러 사람이 나름의 판단을 내리는 일이 없도록 해야 한다. 또한, 본부에서 응원을 위해 파견한 사람으로부터의 생생한 정보를 통해, 항상 최신의 정보에 근거한 상황 파악을 하도록 노력해야 한다.

3. 복구는 평소에 준비한 네트워크에 달려 있다

(1) 시계열(時系列)에 따른 복구 대책[12)]

재해 대응의 성패는 최초 3일에 달려 있다고 한다. 따라서 그 3일 사이의 행동을 얼마나 신속하고 능숙하게 진행할 수 있는가가 복구의 포인트가 된다. 그래서 가장 필요한 것이 방재 매뉴얼이다. 물론 매뉴얼에 상정된 그 이상의 대형 재해가 덮쳤을 경우에는 그 매뉴얼은 크게 쓸모가 없어지기도 하지만, 임기응변의 대응도 역시 이 매뉴얼에서부터 나오기도 한다.

복구는 당면한 3일, 초기의 10일간, 1개월간으로 크게 기간을 나누어 각각의 기간에 우선시해야 할 것을 명확히 해서 전 사원에게 주지시켜야 한다.

① 초기 3일간은 2차 재해 방지와 인명의 구조에 집중한다. 안부 확인에 시간이 많이 걸리는 이유는 통신 수단이 불통되는 경우도 있지만, 무엇보다 사

12) 中村洋一郎,『企業の防災対策マニュアル』, 日本実業出版社, 1996年, p. 65.

원들이 재난 발생시 회사로 즉시 연락하도록 하는 평소 전달 교육도 중요하다.

② 다음 10일간은 사업 재개를 위한 상황 파악과 응급 대처를 우선시해야 한다. 사업을 재개하는 데 있어서 무엇이 장애가 될 것인가를 파악해서 그것을 극복하는 데 전 회사가 전념해야 한다. 피해를 입기 전과 동일한 곳에 업무를 복구시킬 수 없다면 대체 부지를 확보하는 것이 시급하다. 또 설비를 이전하거나, 사원의 근무처를 일시적으로 변경해야 된다면 사원의 협력을 얻는 것도 필요하다. 재해의 규모에 따라 다르겠지만 1개월을 완전 복구 목표로 해서 근무를 평상시의 상황으로 되돌린다. 물론 이것은 어디까지나 전적으로 이상적으로 진척되었을 경우의 상황이다. 고베지진의 경우는 아직도 완전히 복구될 전망이 보이지 않는 기업도 있다.

(2) 안이한 전망은 금물

재해의 혼란이 일단 종식되게 되면, 업무의 복구를 위해 활동하게 된다. 업무의 조기 복구는 자사의 경영 유지를 위해서도 꼭 필요하지만, 다른 한편으로는 기업의 사회적인 사명을 수행하는 차원에서도 중요한 일이다. 흔히 지진이나 풍수해 등 광범위한 재해의 경우에는 지역 주민의 생활 보존이라는 의미에서도 조기 복구가 필요하다. 어떠한 수순으로 복구를 진행할 것인가는 재해대책본부가 지시하게 되지만, 이 경우 현실적이지 못한 상황은 지양해야 한다. 예를 들어 사원의 출근 상황에서는 전원이 출근하리라고 단정할 수 없다. 자택을 잃은 사람에게 즉시 근무하도록 지시하는 것은 잔혹한 일일 것이다. 또한 출근했다고 해도 컴퓨터 관계나 영선 등의 특수한 기능을 담당하는 사람의 경우는, 근무가 가혹하거나 피로가 극한에 이르게 될 수도 있다. 평소와 다른 통근으로 피로해진다면 작업장 근처의 사원 기숙사나 호텔 등에 숙박하도록 하여 피로를 경감사키도록 하는 조치도 필요할 것이다.

(3) 평소의 협력 관계를 공고히

업무의 복구는 자사의 노력만으로는 한계가 있다. 자연히 상황에 따라서는 구입처나 고객 등의 동업자의 협력도 필요하다. 여기에서 가장 문제가 되는 것이 제조 회사가 부품 조달에 어려움을 겪는 것이다. 토요타 자동차의 경우

고베지진 때에는 구입처를 서둘러 변경해서 큰 피해는 막을 수 있었다고 하는데, 모든 기업이 다 그렇게 할 수는 없을 것이다. 따라서 복수의 구입처를 확보해 두는 것이 필요하다. 그럴 때 도움이 되는 것이 평상시의 협력 관계이다. 그것은 회사 간에 이루어지기도 하지만 개인의 인맥으로 이루어지기도 한다.

(4) 회사의 동요 막기

큰 피해를 입어서 복구의 전망이 보이지 않을 때 사원들 중에서는 회사의 앞날에 대해 불안해 하는 사람이 있을 수 있다. 실제로 이번 고베 대지진에서는 파멸적인 타격을 입어 규모의 축소나 폐쇄에 몰린 기업도 있다. 그러나 거래처 등의 지원을 받아 복구하는 곳도 많았다. 그러한 복구를 궤도에 올리기 위해서 가장 필요로 하는 것이 바로 사원의 의욕이다. 최고경영자는 빠른 시간 내에 복구에 대한 강한 의욕과 자세를 보이는 것이 필요하다. 또한 피해를 입은 사원을 사택이나 기숙사에 일시 피난시키는 조치도 취할 수 있다면 취하는 것이 좋다.

(5) 위문객의 기록 남기기

재해를 만나면 거래처로부터 위문을 받거나 방문을 받는 경우가 있다. 피해 직후의 소란으로 잊어버리기 쉽기 때문에 기록해 둬야 한다. 또한 사내에서도 꼭 방문자와 면식이 있는 사람이 응대한다고는 할 수 없다. 그렇게 되면 사내의 연락을 잊어버릴 수도 있다. 그것을 막기 위해서라도 기록 용지를 미리 준비하고 만일을 위해서 반드시 명함을 받아둬야 한다.

재해가 멈추면 회사에서 일원화하여 반드시 사장 명의로 감사장을 보낸다.

4. 만약의 사태에 대비한 반복 훈련[13)]

(1) 천덕꾸러기 취급받는 방재 훈련

방재 훈련이라고 하면 기획하는 사람은 둘째치고 별로 인기가 없는 것이 사실이다. 일도 바쁜데 언제 일어날지 모를 재해에 대비해 훈련을 하는 것은

13) 中村洋一郎, 『企業の防災対策マニュアル』, 日本実業出版社, 1996年, p. 70.

시간낭비라고 생각하기 쉽다. 그래도 훈련한 만큼 효과를 기대할 수 있다면 좋겠지만, 이런 것은 곧 잊혀져버리는 것이 현실이다. 그러나 실제로 재해를 만난 경험자, 특히 피난 유도를 한 사람에게 물어보면, 훈련을 반복했기 때문에 민첩하게 행동할 수 있었다는 적극적인 평가를 얻을 수 있다. 이 차이는 어디에서 생기는 것일까? 그것은 훈련이 사전에 쓰여진 각본대로 되풀이되는 무미건조함 때문일 것이다. 훈련에는 기획한 부서의 시나리오만이 보이고 자기 자신의 모습이 우스꽝스럽게 보이기 때문이다. 훈련이란 그런 것을 반복하여 계속하는 것에 의해 몸이 자연스럽게 반사적으로 움직이게 하는 것이다. 몇 년에 한번 정도의 훈련으로 그런 것을 요구하는 것은 무리다. 적은 회수로 효과를 높이는 훈련을 하기 위해서는 참가자에게 강한 인상을 주는 방법이 필요하다. 그 중에는, 먼저 훈련에 의외성을 부여한 것이 있겠다. 훈련의 날짜는 정해져도 훈련의 장소 등 자세한 것은 참가자에게 알리지 않도록 하여, 훈련에서 참가자 스스로의 판단으로 움직일 수 있는 부분을 남겨 두어 훈련의 효과를 극대화하는 것도 좋다. 또, 방재 훈련은 자사의 방재 대책을 보완할 수 있는 절호의 기회로 삼아야 한다.

(2) 훈련에서 실패를 배운다

기업에서 자주 이루어지는 방재 훈련은, 피난 도구를 이용한 피난 훈련도, 소화기를 사용한 소화 훈련도 거의가 통상의 근무 장소가 아닌 다른 곳에 집합하여, 그야말로 주입되는 훈련이다. 물론 아무 것도 하지 않는 것보다는 나을지 모른다. 하지만 그것 만으로는 만약의 사태에서 응용력을 익히는 것은 기대하기 어렵다. 따라서 훈련에서 얼마나 많은 경험을 하는가를 중점적으로 생각하는 것이 좋을 것이다. 훈련의 목적은 실제 상황에서의 피해를 최소한으로 억제하는 것이다. 훈련에서 실패를 경험해도 그것은 실제로 방재 대책에 활용되기 때문이다.

(3) 실행하기 쉬운 소규모의 반복 훈련

방재 훈련은 탁상 훈련과 실천적 훈련으로 나눌 수 있다. 탁상 훈련은 의사결정 책임자인 중심멤버가 모여서 재해별 시뮬레이션에 따라 실제 상황과 마찬가지로 자신의 역할을 수행하는 훈련이다. 많은 시간이 걸리지 않으므로 멤버가 보이기만 하면 언제나 실행할 수 있는 이점이 있다.

(4) 훈련은 방재 교육의 호기

방재 훈련의 목적 중 하나는 사원들에게 자사의 방재 대책의 내용과 방재 시설에 대한 지식을 사전에 미리 알리는 것이다. 물론, 그것들을 통해서 방재의 중요성도 알리는 것이 있다. 소화기와 화재 경보기, 피난 도구 등의 사용법을 여성을 포함해서 전 사원에게 주지시켜야 할 필요성도 있다. 그 외에도 사용중의 기기의 정지법도 주위에 있는 사람이라면 누구나 알아 두도록 하는 것이 필요하다. 특히, 지진 발생시에는 순간적인 행동이 요구된다. 사용 방법을 아는 사람이 한 명밖에 없다면 순간적인 행동은 불가능하다. 한신 대지진 때에는 스프링클러의 오작동이 문제가 되기도 했다. 기기의 시동도 마찬가지다. 평소 기기를 다루던 사람이 재해가 일어난 직후에 반드시 출근 가능하리라고는 단정할 수 없다. 평소부터 교육을 병행하며 그 기계의 근처에 최소한의 조작법을 게시해 두는 것도 방법이다.

이와 같은 하드웨어에 관한 주지와 같이, 소프트웨어에 대한 것 역시 빠뜨리기 쉽다. 그 중 하나가 사내의 통보체제이다. 화재 등의 경우, 제1 발견자는 사내의 누구에게 통보하는가, 그리고 그 연락을 받은 사람은 다음에 누구에게 연락을 하는가, 소방서 등 사외에 연락을 취하는 것은 누가 할 것인가, 사원들에게 비상사태 발생을 통보하는 것은 어느 부서가 담당할 것인가와 같은 사항들을 규정화해서 누구나 알고 있도록 해 두어야 한다. 사람은 심리상 자신이 아니라도 '설마' 다른 사람 누군가는 있겠지 라고 생각해 버리기 쉽다. 그로 인해 '설마'가 대형 재난이 되는 경우도 있다.

긴급사태에서 책임자가 서로에게 일을 미루는 것은 엄중히 주의해야 한다. 이러한 사태를 피하기 위해서는 장소마다 통보자를 결정해 두고 부재시에는 누가 대신할 것인가를 결정해서 주지시키는 것이 필요하다. 이것은 직함을 정하는 것이 아니라, 담당자의 이름을 확실히 명시해 두는 것이다. 인사 이동시에도 잊어버리지 않도록 하는 것은 말할 필요도 없다.

(5) 방재 교육은 가정도 포함해서

훈련만으로는 재해로부터 몸을 지킬 수 없다. 평소부터 재해에 대한 지식을 가지고 긴급사태가 발생했을 때에 취해야 할 행동을 확실히 인식해 두지 않으면 안 된다. 교육은 재해의 종류별로 발생시의 행동 기준을 주지시키는 것에서 시작된다. 예를 들어 지진을 느꼈을 때에는 어떻게 신체의 안전을 확보하는가, 다음의 초동 대응으로서 무엇을 할 것인가를 교육해 나간다. 그 내용은 가능하다면 책자나 카드에 담아서 전 사원에게 배포하는 것이 좋다.

이러한 행동 기준은 사내는 물론 가정에서도 공통적인 것이다. 가족과도 평소에 그러한 이야기를 해 두는 것이 중요하다. 지진 등이 야간이나 휴일에 발생했을 때에는 회사와 가정과의 연락이 중요하며, 또한 출근 도중에 지진이 일어났을 경우에는 어디에 어떻게 연락을 취하는 것이 좋은가를 평소부터 이야기해 두는 것이 좋다. 이렇게 평소부터 재해에 대해 관심을 높여 두는 것은 재해를 미연에 방지하거나 위험 방지 요소를 많은 사람의 눈으로 체크하는 결과가 된다.[14)]

5. 사전 대책이 피해를 줄이는 관건이다

(1) 사전 준비가 피해를 줄인다

지진이나 화재 등의 재해는 대부분 돌연 찾아오게 된다. 풍수해의 경우는 기상 예보에 의해서 어느 정도 예측이 가능하지만, 지진이나 화재는 전혀 예측이 불가능하다. 특히, 지진의 경우는 현재의 관측체제로는 한신대지진에서 보여진 것과 같이 발생 시기나 규모 등을 예측하는 것이 불가능하다. 또한 수해의 경우 어느 정도는 인재라고도 말할 수 있으나 이 역시 예측하는 것은 불가능하다. 이러한 예측 불가능한 사태 발생시에, 사전대책의 유무에 따라 그 피해가 달라진다. 그러나 실제 일부 대기업은 별도로, 많은 중소기업들이 “언제 일어날지 모르는 사태에 대비해서 사전에 대책을 세우는 일은 불가능하다”라는 것이 현실적인 문제다. 어느 정도의 재해까지 대비할 것인가는 1장에서 이

14) 田中正博, 『実践, 自治体の危機管理』, 時事通信出版局, 2007年, pp. 129～130.

미 다루었으므로 여기에서는 반복하지 않겠으나, 조기 복구의 열쇠를 쥐고 있는 것은 얼마나 평소부터 재해에 대비한 대책을 마련해 두는가에 달려 있다.

(2) 인명 중시의 재난 관리 대책[15)]

재해 발생시에 가장 중요한 것은 두말할 것도 없이 인명 존중 사상이다. 그리고 조기 복구의 키포인트 역시 최종적으로는 사람 = 사원을 포함한 회사 관계자가 되겠다. 물건이나 돈은 대체가 가능하며 만약 큰 피해를 입었다고 해도, 그 이후의 노력으로 보충하는 것이 가능하다. 하지만 인명의 대체나 생명의 복구는 절대 불가능하다. 이것을 관계자 전원이 인식할 필요가 있다. 따라서 재해에 대해 어떻게 생명과 신체를 지킬 것인가, 또한 재해가 발생한 경우 먼저 사원과 가족, 그리고 거래처 등 회사관계자의 안부를 얼마나 빨리 확인할 것인가를 전제로 피해 대책을 강구해 둘 필요가 있다. 여기에서 지진 등의 재해는 언젠가 반드시 일어난다는 것을 염두에 두고 평상시부터 사원 자신, 또는 사원의 가족을 포함한 전원이 이하의 사항을 확실히 인식하고, 기업은 교육 · 훈련 등을 반복해 두는 것이 중요하다. 먼저 사원 · 가족의 생명 · 신체를 지키는 대책으로서는 〈도표 9-1〉과 같은 사항이 포인트가 된다.

• 표 9-1 • 안전성 점검

점검 항목	체크 사항
① 건물, 공작물 등의 점검과 보강	1. 토대, 기둥, 대들보, 용마루, 벽 등의 이상이 없는가 확인한다. 2. 유리의 파편이 날리지 않도록 방지 조치를 취한다. 3. 라커와 간판 등이 쓰러지거나 낙하하지 않도록 방지 조치를 취한다. 4. 복도, 계단에 물건이 놓여 있지 않은가를 확인한다.
② 화기설비도구입 점검과 안전 조치	1. 주위 상황 등 안전한 상황에서 사용한다. 2. 화기 설비 등의 본체나 연료 용기 등의 쓰러짐과 낙하 방지 조치를 취한다. 3. 내진 안전 장치의 기능을 확인한다.

15) 中村洋一郎, 『企業の防災対策マニュアル』, 日本実業出版社, 1996年, p. 76.

③ 위험물의 점검과 안전 조치	1. 위험물이 넘치거나 고가 탱크 등이 낙하하지 않도록 조치를 취한다. 2. 위험 물품의 쓰러짐, 낙하 등에 의한 혼합 발화의 방지 조치를 취한다. 3. 안전한 장소에서 사용
④ 소화기의 준비와 관리	1. 소화기 등을 꺼내기 쉬운 곳에 둔다. 2. 소화기와 소화전의 기능을 확인한다. 3. 점포 내의 설비에 알맞은 소화기 등을 설치한다.
⑤ 피난 장애물의 제거와 점검	1. 비상구, 복도, 계단 등에 방해가 되는 물건이 놓여 있지 않은가를 확인 2. 출입구의 문은 개방할 수 있도록 되어 있는가를 확인한다. 3. 점포의 레이아웃, 진열기구 등의 안전성 확인, 쓰러짐 방지 등을 확인한다.
⑥ 방재에 대한 임무 분담	1. 위험 원인을 사전에 체크하는 임무분담이 되어 있는가를 확인한다. 2. 점검반을 편성하는 등 조직적인 점검·정비가 가능한가 확인한다.
⑦ 방재 자재·기재와 비상용 물품의 준비	1. 구조용기 자재, 구급용 기자재를 준비한다. 2. 각종 경보 장치 설비를 보존, 점검한다. 3. 비상용 물품을 준비한다.
⑧ 방재 교육과 훈련	1. 지진 대비 훈련을 연 2회를 기준으로 실시한다(특히 피난 훈련). 2. 종업원 등의 방재 교육을 수시 실시한다.

• 표 9-2 • 행정청의 조사평가

평 정	평가의 내용
A	특별한 방재 상의 장애는 없습니다만, 양호한 유지 관리를 위해 노력해 주십시오.
B	방재에 지장이 있으므로 사용·관리에 대해서 조사 자격자와 상담해서 개선해 주시기 바랍니다.
C	방재에 지장이 있으므로 조사 자격자와 상담해서 방재·피난 관계를 개선해 주시기 바랍니다.

D	방재에 지장이 있으므로 조사자격자와 상담해서 시정 사항을 신속하게 개선해 주시기 바랍니다.

또, 재해 후의 관계자에 대한 안부 확인 체제의 정비이다. 피해자는 통신이 곤란하며 야간이나 휴일 등의 피해의 경우에는 확인에 시간이 걸린다. 따라서 사전에 체제를 정비해 두지 않으면 만약의 사태에 맞출 수가 없다. 사전에 준비해 둘 것으로는 명부의 준비와 비치, 긴급시의 연락 방법의 정비이다. 사원 명부 등은 보통은 부서별로 정해 두는 경우가 많지만, 사원 수가 많은 곳에서는 이 명부만으로 안부를 확인하는 것은 어렵게 된다. 가나다순으로 명부를 준비해 두는 것이 필요하다.

긴급 연락망에는 자택의 전화번호밖에 기재해 두지 않는데 이것은 정작 재해에 직면하게 되면 실제로 도움이 안 되는 경우가 많다. 제 2, 제 3 의 연락처도 조사해 두어야 한다. 이 때는 개인정보의 문제도 있으므로 취급에 만전의 주의가 필요하다. 연락 방법은 통상은 휴대폰이 되겠지만, 이것도 제 2, 제 3 의 연락 수단을 보통 때부터 상정해 둬야 한다.

(3) 물건에 대한 사전 대책

건물을 포함한 설비, 원자재, 상품 등의 물건은 대부분이 직접 보면서 관리할 수 있는 것이므로 물건에 대한 사전 대책은 비교적 세우기가 쉽다. 물건에 대한 대책에서 가장 중요한 점은 설비(건문, 생산 설비, 점포, 사무소 등)가 방재상에 지장을 주지는 않는지를 조사하여 필요에 따라 개선해 나가는 것이다. 설비 중에는 특수 건축물로서 특별히 법률에 근거해 정기 조사가 의무화되어 있는 것도 있다. 예를 들어 건축기준법에는 일정의 용도로 사용되는 일정규모 이상의 건물 부지, 구조 및 건축 설비에 대해 조사자격자(1급 건축사 등)에 의한 정기 조사를 실시하도록 하여, 건물의 소유자 혹은 관리자에게 그 결과를 행정청(각 구 · 시청의 건설과)에 보고하도록 의무화하고 있다.

일본의 경우는 〈도표 9-2〉 행정청의 조사 평가의 조사 보고서에 따라 행정청은 평가를 내리고 부적격 사항의 개선을 지시한다. 개선 항목으로서는 다음과 같은 예가 있다.

① 계단구획(방화구획)을 설치할 것
② 두 방향 피난을 확보하기 위해 2층 이상의 층에 피난 기구를 설치할 것
③ 콘크리트의 벗겨짐과 철근의 노출이 발견되므로 시급히 개선할 것

또, 거래처가 한 곳에 집중되어 있으면 그 거래처가 재해를 입을 경우 원자재와 부품 등의 조달, 혹은 구입처나 하청 등에 발주가 불가능해 자사의 피해가 커지는 경우가 있다. 이러한 사태에 대비하여 평상시에 대체가능한 거래처를 확보해 두는 것이 필요하다. 그 밖에 유통 경로의 확보 등도 대규모의 재해의 경우에는 큰 과제가 된다. 운송업자와 창고업자를 확보해 두고, 유통 센터와 창고, 점포 등에 있어서의 상품의 재고 및 보관 상황 등 재해에 견딜 수 있는지, 분산시킬 필요는 없는지, 복구에는 어느 정도의 시간이 걸리는지 등 시뮬레이션을 해 둔다. 그리고 최후에는 손해보험의 가입 여부를 검토한다. 재해에 의해서 손해보험이 면책이 되는 경우가 있으므로 충분히 보험회사와 협의를 해야 한다.

(4) 자금에 대한 사전 대책

기업경영의 혈액이라고도 할 수 있는 자금은 재해의 유무와 관계없이 항상 여유 있게 운용하는 것이 바람직하다. 그러나 재해에 대한 대비는 최악의 경우를 상정해 항상 만전의 대비와 준비가 필요하다. 재해가 발생하면 자사뿐만 아니라 금융 기관과 거래처 등도 피해를 입는 것을 상정해 두지 않으면 안 된다. 예를 들어 항상 거래를 하고 있던 은행의 지점이 영업을 중지하고 말았다면 적은 액수의 금전도 마련하지 못해서 복구 자재를 구입하는 데 어려움을 겪게 된다. 단 이 경우에 자금의 효율적인 사용과 방법의 견지에서 보면 꼭 돈이 많다고 좋은 것은 아니다. 방재의 차원에서는 긴급 자금을 여분으로 확보해 두는 것이 현실적이지 못할 수도 있다. 유가 증권, 부동산의 권리증 등 가까이에 둘 필요가 없는 것은 대여 금고 등에 보관한다. 또한 어음 용지나 수취 어음 등을 분실한 경우에 대한 지식도 정리해 둬야 한다. 또 하나 주의를 요하는

것은 수취 어음의 제시와 지불 어음의 결제이다. 특히 재해 직후의 혼란 상황에서 맞게 되는 지불 어음의 만기일은 깜빡 잊어버릴 수도 있다. 한신 대지진의 경우에는 어음의 제시 기한에 대한 특수 조치가 마련되었지만, 그러한 특례 조치가 반드시 이루어질 것이라고는 말할 수 없다. 언론 보도 등에 신경을 쓰면서 빠짐없이 처리할 필요가 있다. 회사에 따라서는 사원, 임원에 대해 생명보험, 단체 정기보험, 공제보험에 가입해 두는 경우도 있다.[16]

제 3 절 기업위기관리의 효과

1. 기업위기관리의 평가

향후 기업위기관리가 경영 관리 속에 녹아들어가기 위해서는 위기관리의 효과를 이해하고 평가하는 것이 필요하다. 그러기 위해서는 각 회사마다 위기관리를 평가하는 환경을 정비해 두어야 한다. 위기관리를 평가하는 데 있어 중요한 요소는 최신 기기와 설비 등 외연적인 정비와 함께 위기관리 계획, 매뉴얼 등 내면의 정비 등의 양면이 이루어져야 한다는 점이다. 단순히 최신 기기와 설비기기를 갖추고 있는 데만 그칠 것이 아니라 그것을 사용할 수 있어야 한다. 또 위기관리 계획과 매뉴얼 책정에 있어서는 다음의 내용이 반드시 고려되어야 할 것이다.

① 모든 위기를 상정하고 있다(주: 모든 위협이 아니다).

② 최악의 위기를 상정하고 있다(주: 일어날 수 있는 가능성이 아니다).

③ 전략적인 위기 대응 전략과 계획을 준비하고 있다(주: 왔을 때는 왔을 때, 또는 나왔을 때 승부가 아니다).

④ 언제 업무가 재개될 수 있는가를 계획에 넣고 있다(목표치가 아니라 달성 가능한 업무 재개 시기일 것).

16) 田中正博, 『実践, 自治体の危機管理』, 時事通信出版局, 2007年, pp. 129～131.

그리고 신속하게 의사 결정을 하기 위해 정보 처리 방법과 의사 결정 기준을 준비하고 있을 것을 중요한 요소로 하고 있다.

결국 위기에 직면했을 때 일상 업무와 부서 등의 틀에 얽매이지 말고, 위기를 극복하기 위한 전략적 목표와 실효성 있는 목표를 달성하기 위한 의식과 기술을 가진 인재 육성에 얼마만큼 기업이 힘을 쏟을 수가 있는가가 최대 요소이다. 미국에는 사업 지속에 관한 프로 인재를 양성하고 인정하는 제도가 있다. 그 중에서 가장 역사가 깊은 것은 워싱턴에 본부를 둔 Disaster Recovery Institute International (DRII)이다. MBCP, CBCP, ABCP 3단계의 인정 자격 중에서 CBCP(비즈니스 지속 전문가)라고 하는 자격이 위기관리 매니저로서의 위치를 가지고 있다. 일본에서는 특정 비영리 법인 위기관리대책기구가 DRII의 과정을 실시중이다. 영국에서는 Business Continuity Institute(BCI)가 DRII와 같이 FBCI(Fellow), MBCI(Member), ABCI(Associate) 3단계 제도를 설치하고 있다. 이들 인정 제도는 세계 각지에 확대되어 있고 인정을 받은 업계 전문가가 매년 늘어나고 있다. 그리고 인정을 받는 것이 목적이 아니라 인정을 받은 후에도 서로 정보 교환을 해 절차탁마하면서 업계를 이루고 있다. 미국에는 한 회사에 한 명이 아니라 이러한 프로가 여러 명 있는 기업도 있어 기업위기관리에 몰두하는 기업으로서 높은 평가를 얻고 있다.

또 일본에서도 정보보안 관리시스템(ISMS)이 회사에 도입되어 있는가가 평가의 대상이 되고 있지만 위기관리 분야에서는 아직 도입되지 않고 있다. 향후에는 감사 항목에 위기관리 항목을 더해 취약성을 추출하는 감사시스템만이 아니라 좋은 평가를 하기 위한 감사 제도를 도입해야 한다.

2. 기업의 사회적 책임

'기업의 사회적 책임'이라는 것은 일반적으로 기업 본래의 자세이자 기업 철학이다. 최근에 우리 사회에서 '기업의 사회적 책임'이라고 하는 말을 자주 듣게 된다. 특히, 대형 재난이나 불상사와 같은 중대한 사건・사고를 일으킨 혹은 사회를 소란스럽게 한 기업의 대표자가 나서는 장면에서 반드시 사용되는 말이다. 우리나라에 반기업의 정서가 본격적으로 활동하게 된 배경에는 노무현 정부의 탄생과 함께 시민 운동이 활발해지면서이다. 특히, 그 동안 현대나 삼성, 대우, 한화 등 재벌기업들의 정치 헌금과 기업 윤리 등 비자금 문제가 집중적으로 부각되면서이다. 우리나라에서 자의든 타의든 '기업의 사회적 책임'이 강하게 이슈가 된 시기는 2008년 삼성 그룹이 사원들의 사회 봉사를 선언하면서 확산되기도 했다. 물론, 그 이전에도 기업의 사회적 책임으로서 경제적 가치를 사회에 제공하는 것이 좋은 기업의 증거였다. 하지만 최근에는 '보다 좋은 상품 · 서비스를 제공할 것', '수익을 올리고 세금을 낼 것', '주주와 오너에게 배당할 것' 등을 추가해 '법령을 준수하고 윤리적 행동을 취할 것' 등이 추가되었다.

2010대부터는 그린 운동을 도입해 환경 문제에 적극적으로 몰입하거나 사내에 사회 공헌 부서를 설치하는 등 관계 단체에 기부 활동을 실시하는 것도 기업의 사회적 책임 범위에 포함되어 있다. 또 사회적 책임이라고 하는 관점으로부터 위기에 직면했을 때 그 피해를 최소한으로 억제하기 위해서 안전 대처와 위기와 재해 대처를 시행하고 있다. 그렇기 때문에 어떤 문제나 위기에 직면한 경영자가 "예상 외의 사건이었습니다", "믿을 수 없습니다", '설마'라고 하는 코멘트가 하나의 정해진 문구가 되었을 때 그들의 말에서 경영자로서 책임을 느끼는 자세를 찾아 볼 수 없다고 느끼게 되었다.

2010년에는 세계적인 자동차 회사인 일본의 토요타 사장이 미국 의회 청문회에서 눈물을 흘리며 사과하기도 했다. 이와 같이 현대에는 "물의를 일으킨 것을 깊이 사죄드립니다"라고 우선은 잘못을 사죄하고 원인 추구를 하여 재발 방지책을 실시한다고 하는 흐름이 사회적 책임의 유행이 되고 있는 듯하지만, 이렇게 몇 번씩이나 같은 일을 반복해도 괜찮지는 않을 것이다. 과거의 교훈을 살리고 상상력을 살려 다양한 시나리오를 상정하여 위기가 표면화되고 나서 대응하는 것이 아니라 '기업의 사회적 책임'에 근거해 기업 내의 문제에 더욱 더 적극적으로 대처해야 한다. 기업 스스로의 자세로서 기업 위기관리에 몰두해 주변으로부터 "왜 거기까지 실시하는가"라고 하는 질문에 대해서 태연히 "기업위기관리는 우리 기업 문화다"고 가슴을 펴고 말할 수 있는 자랑스러운 기업인이 우리 사회에 늘어날 것을 진심으로 바라는 바이다.

제10장

재해대책본부의 조직과 역할 및 긴급비상연락체제

제 1 절 '재해대책본부'의 설치조건

1. 왜, 재해대책본부가 필요한가?

대규모의 재해를 입을 경우, 기업은 평소대로 업무를 계속하기가 곤란 하다. 또 자사에 대한 재해는 경미할지라도 거래처 등이 막대한 재해를 입게 된 경우는 자사에도 매우 큰 영향을 받게 된다. 이와 같은 경우에는 전 회사적 차원에서의 대응이 요구된다. 또한 의사결정도 보통 때와는 달리 속단속결이 요구된다. 그러기 위해서는 일상의 조직과는 다른 조직이 효율적이고 기능적일 수 있다. 그러한 역할과 목적을 가진 것이 재해 대책 본부이다.[1)]

물론, 모든 기업에서 다 설치할 필요가 있다는 것은 아니다. 재해 대책 본부를 설치할 것인가 아닌가는, 자 회사의 피재해 정도에 따라 다르다. 소규모인 곳이라면 새삼스럽게 대책 본부라고 내 세우지 않아도, 최고 경영자의 주의가 두루 미치고 있겠지만, 일반적으로 말해 〈그림 10-1〉과 같은 기준에 비추

1) 中村洋一郎,『企業の防災対策マニュアル』, 日本実業出版社, 1996年, p. 134.

• 그림 10-1 • **재해 대책 본부의 설치조건**[2)]

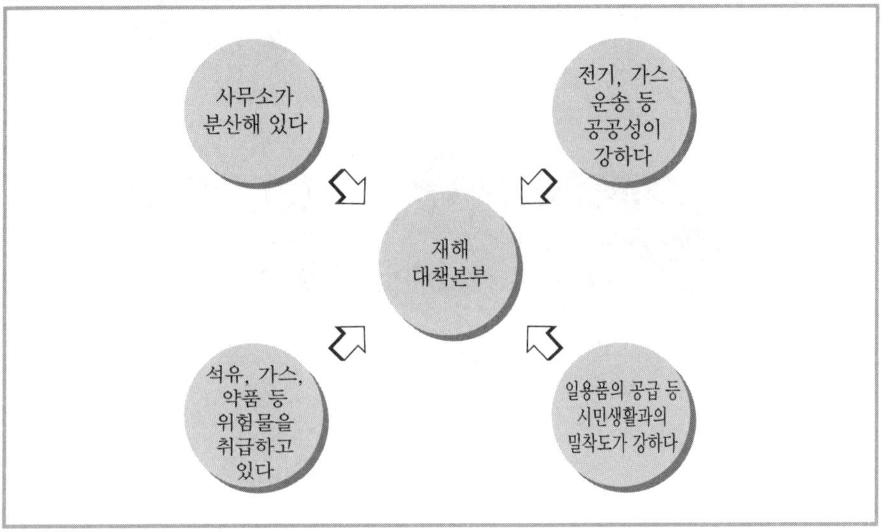

어 보아 해당하는 항목이 많으면 설치하는 것이 효과적이다.

이와 같이 재해대책 본부를 설치할 것인가 아닌가는 최고 경영자의 의향에 따르겠지만 무엇보다 재난발생 시 초동 대응이 중요하다고 하는 측면에서 말하면, 사전에 설치 기준을 정해 두는 것이 빠른 초동 대책이 될 수 있다.

재해발생에는 예견(豫見)[3)]이 가능한 것과 돌발적인 것이 있다. 가령 태풍이나 화재와 같은 피재해 코스는 예견이 가능하고, 또 피재해 범위도 좁은 지역으로 한정되어 있으며 자 회사가 그 예상 되는 피해 범위에서 벗어난다고 예측된다면, 업무는 그대로 계속할 수 있기 때문에 대책 본부의 필요성이 없어지겠지만. 이것에 비해, 자 회사가 재해를 입을 위험성이 매우 높기 때문에 재해대책 본부를 신속하게 설치해서, 예방대책부터 착수해 나가는 것이 바람직하다.

2) 中村洋一郎, 『企業の防災対策マニュアル』, 日本実業出版社, 1996年, p. 135.

3) 재해나 재난에서 사전에 피해를 알 수 있는 징조나 예견을 예지(豫知) 또는 감지라고도 한다.

2. 재해 대책 본부의 조직과 기능 및 역할

재해 대책 본부는 앞에서 말한 것처럼 재해, 또는 재난에 직면해 기업의 장래가 풍전등화와 같이 위급존망(存亡)의 시기에 봉착해 있을 때 최고 경영자가 전 조직을 장악해 기업의 복구에 착수하기 위한 컨트롤 타워(control tower)의 역할을 담당하는 곳이다. 기업 위기상태인지 아닌지는 최고 경영자가 판단하는 것이지만, 일단 본부를 설치하게 되면 모든 지휘・명령은 이 본부를 통해서 나오게 된다.

그렇기 때문에 본부의 조직은 통상의 조직과 겹치게(overlap) 설치해 두는 것이 효율적이다.

• 그림 10-2 • **재해 대책 본부의 기능**4)

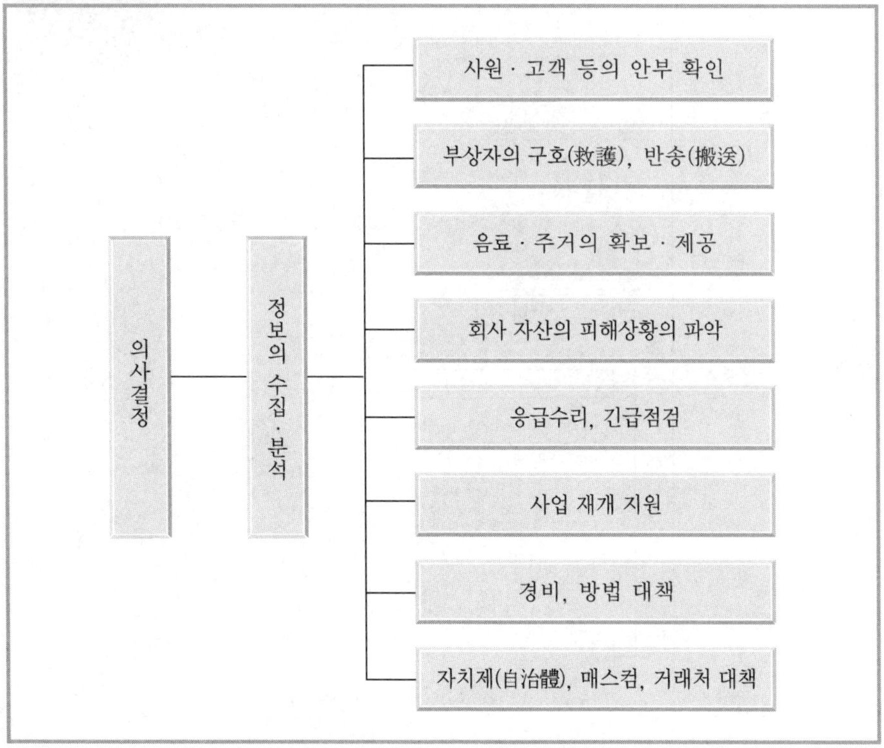

4) 中村洋一郎, 『企業の防災対策マニュアル』, 日本実業出版社, 1996年, p. 138.

• 그림 10-3 • 재해 대책 본부의 조직과 역할 분담 사례[5)]

- **재해 대책 본부**
  - • 사장, 간부 등으로 구성, 복구 대책의 중요 의사 결정을 행함.
- **실행 본부**
  - • 각 본부 대표 부장으로 구성
  - • 실제의 복구 실무 수준의 결정과 각 본부 간의 조정을 행함.
  - **시설 수리 · 복구 본부**
    - • 응급처치, 수리, 복구
    - • 재해 대책 대응에 관한 시설 등의 장비, 설영(設營), 관리, 보안
    - • 회사 시설 전반의 복구
    - • 대책 본부의 설영
    - • 사무실, 공장, 생산설비 등의 복원 등
    - • 손상 정도의 산정
    - • 수리, 복구의 자재의 조달
    - • 수선업자의 선정과 수배
  - **소방 · 방재 본부**
    - • 소방과 2차 재해의 방지
    - • 도난 등의 방지
  - **생산 · 제조 본부**
    - • 생산, 제조의 복구 · 대체
    - • 대체제품의 확보
    - • 대체생산 · 제조공장의 수배
  - **물류 · 보급 본부**
    - • 긴급 대응용 물품의 조달 · 관리
    - • 물류나 수송의 확보 · 분담
    - • 원재료 등의 각종 물자의 조달, 보급의 분담과 확보
    - • 현지 파견 팀과의 수송 확보
    - • 제품의 보관과 단골 거래처와의 배송 업무
    - • 그 외의 물류와 보급에 관련되는 업무
  - **영업 · 해외 · 판매 본부**
    - • 고객 · 대리점의 지원(support)
    - • 단골 거래처, 매입처 그 외의 관계처와의 연락
    - • 관련 회사와의 상호 지원
    - • 외부인의 안내, 절충
    - • 지방자치체나 지역 사회와의 상호 원조의 대응
    - • 자원 봉사 활동(volunteer)
  - **영업 · 해외 · 판매 본부**
    - **노무 · 인사**
      - • 인원 안부 확인
      - • 급식, 숙박, 생활 등에 관한 분담
      - • 보안, 위생, 의료
      - • 사원의 통근이나 주택 등 구제 지원
    - **정보 · 연락 · 홍보(에서)의 통신**
      - • 재해 정보 입수의 장악
      - • 전화 · 무선 등의 통신 수단의 확보
      - • 각 본부 사이와 현지와의 전화 그 외의 통신회선의 확보와 통제
      - • 가족과의 연락
      - • 주요 단골 거래처와의 연락 확보
      - • 일반 전화, 임시 전화의 확보와 통제
      - • 사내 외에 있어서의 정보발신의 일원화의 주지 · 철저
      - • 정보의 일원화와 매스컴 대응
      - • 사내외 홍보
    - **보험 · 법규**
      - • 보험처리방침의 결정
      - • 보험회사와의 연락
      - • 고문변호사 등 관계자와의 연락
      - • 그 외 보험 · 법규에 관한 업무
      - • 법무 · 규제 등의 대응
    - **서무 · 기록**
      - • 중요 서류의 보관
      - • 재해 기록
      - • 복구 실시 사항의 기록
      - • 그 외 재해에 따른 대책 본부의 서무 사항의 처리
  - **자금 경리 본부**
    - • 재해에 수반한 출납업무
    - • 경리 관련 업무의 복구
    - • 수선(수리), 복구에 관한 자금의 준비

재해 대책 본부가 해야 할 역할을 도시(圖示)하면, 〈그림 10-2〉와 같다. 따라서 그 기능을 효과적으로 완수하기 위해서는 〈그림 10-3〉과 같은 조직으로 역할을 분담하는 몇 개의 팀으로 구성해야 한다.

3. 재해 대책 본부의 설치 장소

재해 대책 본부는 보통 본사 내에 설치한다. 본사 이외의 지사가 재해를 입은 경우가 있어도, 본부는 본사 내에 설치하고 현지에는 현지 대책 본부를 설치하는 것이 좋다. 회사에 따라서는 미리 본부 설치를 예정한 장소를 확보해 두고, 전화나 TV, IPTV, DMB(지상파 포함), 그 밖에 긴급통신망이나 PC, 팩스, 복사기 등도 설치해 두는 것이 좋다. 대부분의 회사는 본사내의 회의실이나 상황실을 이용하고 있다. 단지, 회의실의 경우에는 전화 회선이 부족하거나 OA 기기가 설치되어 있지 않는 곳이 많아 갑자기 본부를 설치하게 되면 기능적으로 정보수집과 지휘명령이 불편할 경우가 있다. 본부 요원이 적은 경우에는 회장실이나 사장실에 여유가 있다면 본부에 인원을 파견해 보강해서 운영할 수도 있을 것이다.[6)]

또, 경우에 따라서는 예정돼 있던 설치 장소가 재해를 입어서 사용불능에 빠지는 경우도 있을 수 있다. 그러한 경우에 대비해서 어디에 어떻게 설치할 것인가를 사전에 미리 준비해 두어야 한다. 본사의 건물에 들어갈 수 없을 경우에는 가장 가까운 지사나 지점, 또는 영업소나 공장, 창고 등으로 대체할 수도 있다. 물론, 본사 가까운 곳에 임대 빌딩 등이 확보될 수 있다면 사무소의 이전도 포함해서 검토해 볼 수도 있다. 긴급 상황에 따라서는 간부의 자택 등을 긴급 본부로 하는 경우도 있다. 아무튼 대책본부의 설치장소는 교통수단이나 통신수단이 확보되고 접근하기(access)가 용이한 곳이라야 한다. 일반적으로 정부부처나 각 지방자치단체의 경우는 이미 영상시스템이나 긴급통신, CCTV 등이 잘 설치돼 있는 상황실을 많이 이용하기도 한다.

---

5) 中村洋一郎, 『企業の防災対策マニュアル』, 日本実業出版社, 1996年, pp. 138～139.

6) 田中正博, 『実践, 自治体の危機管理』, 時事通信出版局, 2007年, pp. 131～132.

4. 업무의 복구체제 구축 방법[7)]

(1) 업무 재개의 관점에서 피해 상황 파악

재해나 재난을 입어 업무가 정지, 또는 혼란을 겪고 있는 기업의 목표는 말할 것도 없이 정상적인 업무의 조기 복구다. 따라서 사원의 생사 여부나 안부 확인과 함께 자 회사의 피해(damage)가 어느 정도인지를 파악해야 한다. 소매업이나 서비스업 등에서는 지역 주민에게 부흥지원이라고 하는 사회적 책임과 사명의식에서 일부 개업이라도 괜찮으니 여하튼 빠른 시기에 서비스를 개업해야 한다. 그렇기 때문에 피해상황 파악과 업무 복구가 거의 동시 병행적으로 이루지는 경우도 있지만, 대체로는 피해상황 파악이 우선돼야 할 것이다.

그렇지만 그렇다고 해서 피해상황 파악에만 시간을 할애한다면, 복구는 점점 늦어지게 되며 전반적인 피해상황 파악이 종료될 때까지 업무 개시를 기다린다고 하는 것도 또한 비현실적이다. 여기에서의 피해상황 파악은, 업무 재개의 관점에서 보아야 할 것이다. 즉, 업무재개에 장해가 되는 부분의 피해상황 파악을 우선하여 거기에 인력을 투입해서 응급 처치를 서두르도록 해야 한다. 예를 들어, 컴퓨터시스템이 가동하지 않아서 업무가 지체된다고 한다면 그 피해 상황을 가장 먼저 조사하여 그 복원에 착수하지 않으면 안 된다. 소매업 등에서는 점포의 피해상황을 우선해서 파악하는 것이 될 수 있겠다. 이들의 파악은 보통 근무처 단위로 행해지지만, 인원이 부족한 곳에서는 재해대책본부 등에서 인력을 지원해야 한다.

아무튼, 피재해 현장 책임자는 먼저 자신의 부서의 업무 복구 예상을 최고 경영자에게 보고하는 것이 신속한 임무다. 이와 같이 피해상황 파악과 긴급 점검·응급 수리가 병행되는 예도 있다. 물론, 건물이나 공장 설비(plant)의 강도 조사나 안전도 조사와 같은 전문적인 기술이나 자격이 없는 일반인이 외견만으로 판단하는 것은 대단히 위험하기 때문에 졸속적인 방법은 피해야 한다. 피해 상황 파악은 자 회사 내의 시설에 한하지만은 않는다. 흔히 말하는 통신 회선이나 전기·가스·수도 등의 라이프라인의 피해상황조사는 자 회사만으로

7) 中村洋一郎, 『企業の防災対策マニュアル』, 日本実業出版社, 1996年, pp. 140~141.

는 파악할 수 없을 뿐더러, 그 복구도 자 회사의 관리 밖에 있다. 또한, 유통에 관계되는 도로·철도·항만·공항 등의 피해도 마찬가지로 자 회사의 업무 복구에 큰 영향을 미치기 때문에 복구 역시 자 회사의 생각대로는 진척되지 않는다. 따라서 그와 같은 피해 상황도 초기에 파악해서 대체 수단을 검토하지 않으면 안 될 것이다.

(2) 파견요원의 계획

재해복구에는 말할 것도 없이 많은 복구인력과 시간이 걸린다. 평상시의 인원만으로는 처리할 수 없을 정도로 대규모 인력이 필요한 경우도 있다. 우선 긴급하게 요구되는 복구 관련 업무로서는 다음과 같은 것들이 있다.

- 피해를 입은 건물이나 구내의 정리 정돈
- 집기나·설비기기 등의 정리 정돈
- 자료나 제품·상품 등의 분류와 정리 정돈
- 복구 자료의 수배
- 수선 업자의 수배

대규모의 재해를 당해서 생산 거점이나 영업소의 이동이라고 하는 일이 발생 된다면, 피재해지에서 손상을 입지 않은 서류나 기기 등의 이동과 반출을 시작하게 된다. 이와 같이 많은 업무를 효율적으로 처리해 나가기 위해서는, 본사 쪽에서 현장의 의견을 반영하여 적정한 인원배치계획을 세워야 한다. 특히, 전문 기능을 가진 사람은 어떻게 하더라도 과로하게 되는 경향이 있다. 그러한 사람을 어떻게 배치하는가가 중요한 일이다. 현지의 통근에 시간이 많이 걸리는 곳이라면 근처의 호텔을 확보하는 등의 배려도 필요하겠다.

부족한 인원 분의 확보로서는,

① 피 재해를 면한 사무소에서의 조력
② 대리점, 하청, 외주업체, 매입처 등 협력관계 회사에서의 조력
③ 정년 퇴임자, 결혼 퇴직자 등, 전(前) 사원이나 OB 등의 조력
④ 임시 고용이나 아르바이트, 파견 사원의 조력

등의 조력이 필요하다고 생각된다. 그렇지만 피재해 직후는 어느 회사나 가정에서도 “고양이의 손이라도 빌리고 싶다[8]”고 할 정도로 서로가 급박한 상태일 터이니 팔방으로 연줄을 찾아서 도움을 받을 수밖에는 없다.

거기에서는 재해 대책 본부 등의 조직 구성과 병행해서라도 모든 사원의 역할 분담을 명확하게 해야 한다. 이번 고베 지진 때에 한 사원이 긴급 업무를 돕기 위해 어떻게 해서 회사에 온 것까지는 좋았는데, 자신이 도대체 무엇을 해야 좋은지 알지 못한 채, 또한 누구에게도 지시받지 못해 거의 도움이 되지 못했다고 푸념하기도 했다는 사례가 있었다고 한다.

이와 같은 사례의 경우 지휘계통이나 자기의 임무라고 하는 것을 사전에 미리 정해 두지 않았다고 하는 것을 지적할 수 있다. 재해 대책 본부의 조직을 보면 아무 문제도 없는 것처럼 보이더라도, 그것이 과연 실제로 재해를 입었을 때 모두가 우왕좌왕하며 혼란해 있을 때에 사전에 정해진 대로 기능한다는 것은 너무 안일한 생각인지도 모른다.[9]

예를 들어, 실무업무의 역할 분담이나 요원 계획에 있어서 부족한 점이 있거나 같은 업무를 복수의 분야에서 담당해버리는 등의 문제가 발생하는 일도 드물지 않다. 따라서 대책 본부 혹은 총무부에서는 사원의 출근 상황을 보면서 복구를 향해서의 최우선 업무는 어느 부문이고 어디에서 담당할 것인가, 그 이외의 업무는 각각 누가 담당할 것인가, 하는 것을 현실성 있게 명확하게 지시하여 지휘·명령계통에 맞게 전달해야 한다. 그러한 경우에도 항상 최악의 사태를 가정해서 담당자를 할당해야 한다. 또한, 재해를 입은 현장 쪽에서도 긴급하게 사태에 대응해야 할 순발력 등에 대해서도 여운은 남겨 둘 필요가 있다. 그러기 위해서는 현장 책임자에게도 어느 정도의 의사를 결정해 지휘·명령이 가능하도록 하는 권한위양도 정해 둘 필요가 있다. 재해에서는 피재해 현장이 가장 중요하기 때문에 현장 책임자의 판단이나 주권을 존중하지 않으면 안 될 것이다.

---

8) 외국의 경우 사회적으로도 매우 바쁨을 비유해서 나타내는 말.

9) 田中正博, 『実践, 自治体の危機管理』, 時事通信出版局, 2007年, pp. 140～142.

(3) 특수 기능자의 부족 대책

피재해 직후 대 혼란 시에는 컴퓨터나 시설 영선(營繕) 등이 가능한 특수 기능자가 출근할 수 없을 경우가 있다. 그러한 사태를 회피하기 위해서는 다음과 같은 대책이 필요하다.

① 첫 번째로는, 특수기능 보유자는 2인 이상 확보해서, 사무소나 지역이 재해를 입더라도 어느 쪽이든 출근이 가능하면 "어떻게든 할 수 있다"라고 해둬야 한다. 기업에 따라서는 경영의 생명선이 되는 업무나 기기설비는 전 회사 차원에서 대응하는 것을 원칙으로 하고 있기 때문이다.

② 두 번째로 특수기능 보유자가 순회해서 각 사무소의 특수 업무를 처리하거나 전문가(specialist)를 지도할 전문인을 항상 2명 이상 확보해 두어서 재해를 입는 즉시 긴급히 달려 오도록 했다.

③ 세 번째로는 전문 업자와는 미리 긴급대응 계약을 체결해 두어야 한다. 단, 전문업자라고 해도 각 기업의 특수한 업무 내용이나 상세한 상황에 대응하기에는 한계가 있다는 것을 알고 있어야 한다.

5. 거래처와는 공동체제로

(1) 거래처와의 협조관계를 가장 중요시하라

업무의 복구에는 사내의 정비뿐만 아니라, 자 회사를 둘러싼 모든 조건을 정비하지 않으면 안 된다. 화재와는 달리 지진이나 수해 등의 경우 광역적으로 막대한 피해를 입은 경우에는 매입처부터의 원자재나 부품, 제품 등의 공급확보가 가능할지 어떨지가 하나의 포인트가 된다. 또, 언제부터 어떻게 업무를 재개할 것인가? 원자재의 매입이 가능하다 하더라도 외부의 거래처와 협력하지 않으면 안 된다. 그 시점에서 발주가 남아 있는 경우에는 그 취급에 대해서도 협조해 두어야 한다. 가령, 이들 매입처가 재해를 입어도 피해가 경미한 경우에는 특단의 대책은 필요 없지만, 매입처가 상당한 재해를 입은 경우에는 매입 경로를 어떻게 할 것인가를 포함해서 구매 전반에 걸쳐서 전략을 검토할 필요가 있다. 특히, 단독 납품업체로 그 납품업체가 큰 타격(damage)을 입었다면, 그 후에 매입처의 분산 등을 충분히 검토할 필요가 있다. 일시적으로는 해외로부터의 수입도 검토할 수 있을 것이다.

또한, 매입한 물건이 피해를 입어서 상품가치가 없어진 물건을 어떻게 처리할 것인가는 그 금액이나 평소의 거래 관계, 상품의 전용(轉用) 가능성 등을 검토한 후에 납품업체와 협의겠지만, 일방적인 반품처분은 장래에 큰 화근을 남기는 일이 된다.

이 때 상품을 계속적으로 공급받을 수 있도록 약속받아야 한다. 물론, 계약서 등에서 이러한 경우에 대해 어떻게 처리할 것인가 또 이후의 대책 등도 검토하는 것이 필요하다. 또한. 손해보험에 가입해 있는 경우에는 보험회사와의 협의를 우선시해야 한다.

한편, 자 회사가 재해를 입은 경우에는 상대편으로부터의 조회에 대해서 피해 상황을 설명함과 동시에 복구 예측을 전하는 것도 빠트릴 수 없다. 자 회사의 피해상황에 따라서는 납품업자가 자 회사의 장래에 대해서 불안이나 경계감을 가질 것으로도 예측된다. 또한. 사무소나 점포가 재해를 입어 임시 점포나 사무소에 이전해 있는 경우에는 그 연락처를 통지할 필요도 있다. 더욱이 매입처부터의 수송로의 확보도 큰 영향을 미친다. 일본의 고베 지진 때는 육로가 정체되었기 때문에 우회로를 선택하거나 해로(海路)나 공중수송으로 대응했다는 곳도 있었다. 이러한 대응이 가능했던 것도 운송 업계가 그날그날의 운행가부(可否)나 정체 상황정보 등을 무선으로 연락해, 그 때의 최적 경로를 본부에서 이용한 결과이기도 하다.

(2) 단골 거래처의 피해 상황을 파악한다

매입처는 자 회사가 협력을 요청하는 입장이지만, 단골 거래처의 피 재해는 자 회사의 업적에 직접적인 영향을 미친다. 특히, 자 회사가 하청기업인 경우에는 모기업이 대규모의 재해를 입게 되면 결국 조업 불능에 빠지게 되어, 향후 어떻게 대응할 것인가가 큰 경영과제가 된다. 따라서 자 회사의 생산계획이나 인원계획, 자금계획 등의 종합적인 검토가 필요하게 된다. 그토록 심각한 상황이 아닌 경우라도 단골 거래처가 생산 거점이나 판매 거점을 옮길 수도 있기 때문에, 그 정보도 빠르게 포착(catch)해 반송경로를 어떻게 할 것인가를 검토할 필요가 있다.

(3) 업무상의 상호 지원 체제

아이티 지진이나 고베 지진 등에서도 알 수 있듯이 전력·가스업계 등에서는 대규모의 재해의 경우에는 서로 지원을 하는 체제가 필요하다. 그러한 것은 일반 기업에서는 복잡한 문제가 있어서 실현되기 어렵지만, 이 후의 과제로서는 충분히 검토할 필요가 있다. 1995년 고베 지진 때의 경우, 고베 신문사와 교토(京都) 신문사가 사전에 미리 재해발생 시를 상정해 상호 업무협정체결을 해 두었기 때문에, 고베 신문사는 본사 빌딩이 파괴되어 신문을 발행할 수 없었음에도 불구하고 자사의 신문을 교토 신문사에서 제작해 필름을 가져와 신문 발행을 계속할 수 있었던 좋은 선례가 있다.

이 외에도, 통신기기나 OA기기 등의 기자재의 복구도 필요불가결하다. 그러기 위해서는 평상시부터 재해 등의 긴급재난발생 시에 상호 지원(support)을 해 줄 수 있는 공사업자나 기자제의 보수(maintenance)회사와의 연대협력이 확보되어 있어야 한다. 뿐만 아니라, 우선적으로 적정한 가격에 응급처치나 수선을 해 줄 상호 협력관계 구축도 필요하다.

6. 복구가 장기화 조짐이 보일 때[10)]

(1) 복구의 확인 방법

평소 업무 복귀까지 기간이 장기화할 것인가 아닌가는, 그것이 국지적(局地的)인 것인가, 광역인 것인가 등 외적 요인 이외에도 회사가 입은 타격의 정도나 또는 크게는 그 기업의 업종·업태에 따라서도 다르다. 복구가 장기화 될 것 같은 때에는 그 원인이 사내 요인인가, 사외 요인가를 검토하여 그에 적절한 대책을 강구해 나가야 한다.

완전 복구까지의 영업활동이 정체하거나 생산력이 떨어지면 당연히 그 사이에 자금 융통에도 영향을 미치게 된다. 그렇기 때문에 무계획적인 지시나 행동에 기인하는 인원의 혼란이나 쓸데 없는 지출은 피해 재산손실을 최소한으

---

10) 中村洋一郎,『企業の防災対策マニュアル』, 日本実業出版社, 1996年, pp. 145～146.

로 막도록 해야 한다. 또한, 국가나 자방자치단체의 긴급융자제도 등의 정보를 수집해, 유리한 자금 도입에 최대한 노력해야 한다.

마찬가지로 생산거점이 복수인 경우에는, 복구에 필요한 인원 이외는 근무처에 일시적인 변경을 하거나 영업거점을 피재해지 이외로 요청하는 등의 대책도 필요하다.

(2) 사원의 동요를 진정시킨다

지진이나 화재 등으로 사옥이나 공장이 붕괴상태가 되면, 다른 곳에 거점을 두지 않는 기업의 경우에는 사원은 복구에 대해 거의 절대적이다. 또한, 이와는 반대로 기업을 포기하는 사원이 나오지 않는다고 단언할 수도 없다. 또, 도산에 이르지 않더라도 사업의 축소나 일시 휴업, 인원 정리, 노동 조건의 감축(down)하지 않을 수 없는 경우도 있다. 재건에 몰두할 사원이 그러한 불안이나 동요를 보이기 이전에 회사는 재건의 전망과 재건 대책을 제시하고 그 실현을 향해서의 협력을 요청해야 한다.

제 2 절 긴급시의 비상연락체제

1. 긴급시의 비상연락체제

(1) 긴급시의 비상정보관리체제

재해를 입었으면 재해의 종류에는 관계없이 전화나 전용 회선 등 모든 통신 수단을 구사하여 같은 재해 구역 내에 있는 자 회사의 출근기관이나 각 사무소나 관계 거래처 등의 피해 상황에 관한 정보를 재빨리 수집해야 한다. 이 경우에 최우선해야 할 것은 거기에서 전속으로 일하는 사람(판매·서비스업이라면 고객도 포함)의 안부의 확인이다. 평일 취업 시간중의 재해라면, 화재 때 등의 확인과 거의 같은 수순으로 확인이 가능하겠지만, 야간이나 휴일 등의 재

• 그림 10-4 • 긴급비상체제 시의 정보 수집

- 사원의 안부
  - 사 망
  - 부 상
  - 불 명
  - 피난의 유무
- 가족의 안부
  - 사 망
  - 부 상
  - 불 명
  - 피난의 유무
- 고객 안부
  - 사 망
  - 부 상
  - 불 명
- 건물의 피해
  - 파 괴
  - 출입 불가[불능(不能)]
  - 빗물이 샘, 수몰
  - 금이 감, 창문 파괴[손괴(損壞)]
- 통신 수단
  - 전화불통
  - 사용 가능 전화
  - 그 외 통신 가능 수단
- 라이프 라인
  - 정 전
  - 통 전
  - 단수, 가스 정지
  - 누 수
- 화 재
  - 불이 남[출화(出火)]
  - 근처에서 화재
- 컴 퓨 터
  - 정 지
  - 이상 없음.
  - 파 손
  - 백업(back up)의 유무
- 중요 문서
  - 반 출
  - 일부 반출
  - 분실, 소실, 물에 젖음

해라면, 그 확인 작업은 평일의 재해와는 다른 수단과 방법이 필요하게 된다. 또한, 안부의 확인과 병행해서 중요한 것이 자 회사의 건물이나 설비, 점포, 창고, 공장, 등의 피해 상황의 확인이다. 이러한 정보는, 단편적으로 모으는 것이 아니라, 평상시부터 1장의 보고서 양식으로 정해 두어서 공란에 누구라도 틀리지 않고 누락되지 않게 기재할 수 있도록 해 두어야 한다.

긴급비상체제에서 요구되는 긴급정보로는, 〈그림 10-4〉와 같다.[11]

(2) 비상수집정보의 일원화

재해 발생 시에 긴급히 수집한 정보 중에는 악질적인 뜬소문이나 유언비어, 오보 등이 혼재할 수 있다. 특히, 떠들썩하고 혼란스러움 속에서 음성적으로 부정확한 정보가 전달되게 되면, 혼란을 더욱 더 야기시키거나 중대한 오해나 실수를 범하게 해 재해복구는커녕, 유언비어 때문에 사회질서는 극도로 혼란해질 수 있다. 1920년 관동 대지진 때의 경우가 대표적인 예로 '조선인 학살 사건'이 일본인들의 악질적인 유언비어 난무에서 희생되었다는 점을 명심할 필요가 있다. 특히, 재난시의 유언비어나 음해성 소문은 물에 기름을 붓는 격으로 엄청난 파괴력을 지닌다.[12] 극도로 불안한 군중심리는 유언비어나 자극적인 음해성 소문에는 더욱 더 힘을 발휘하기 때문이다. 따라서 재난발생 시에는 정확한 정보제공과 함께 유언비어나 음해성 소문을 방지하는 데 적극적으로 나서야 한다.

특히, 야간이나 휴일에 발생한 재해의 경우에는 더더욱 어려움을 겪는다. 비상소집체제를 편성해 있는 경우라도 피해 현장에 급히 달려 온 사원이 자기가 생각하는 대로 정보도 수집할 수 없을 뿐더러, 그것을 보고하는 것에 익숙하지 않는 사람도 있을 수 있다. 아무튼 재해의 '제 1 보'라고 하는 것은, 피재해 상황의 '1부의 정보'에서 시작하는 것이기 때문에, 자칫하면 낙관적인 재해정보가 되기 쉽다. 왜냐 하면, 초동단계에서 아직 정보가 들어오지 않는 상황에서 피해가 없다고 생각하기 쉽기 때문이다. 그러나 여기에서는 우리말의 '무소식이 희소식'이라는 말과는 달리, 재난발생 시는 '무소식은 무사하지 않다는 증거'라고 생각하는 편이 좋을 것이다.

시간의 경과와 함께 서서히 정보량이 증가함에 따라서, 2차 재해에 발생 가능성이 전해 오면, 피해는 예상 이상으로 중대해져 초기 판단이 허술했을 수도 있다. 재해대책본부나 현지 재해대책본부 간에 있어서 중요한 것은 정보의 공유화와 일원화이다. 이것이 잘 되지 않으면, 쓸데 없이 2, 3번 수고만 할 뿐

11) 中村洋一郎, 『企業の防災対策マニュアル』, 日本実業出版社, 1996年, pp. 149～150.

12) 田中正博, 『実践, 自治体の危機管理』, 時事通信出版局, 2007年, pp. 131～133.

아니라, 긴급 정도의 판단도 잘못하여 주요 용건의 앞뒤 순서가 뒤바뀌기도 한다. 정보는 현지에서의 발신을 전제로 해서, 그것을 중시해야 한다. 본사에서의 문의와 현지에서의 보고가 복잡하게 뒤얽히면, 정보관리에 실수(miss)를 범하기가 쉬워지기 때문이다. 따라서 현지에서의 정보는 일원화해서 보고 하도록 철저히 해야 한다. 불확실한 정보나 유언비어는, 재해의 공황(panic)에 박차를 가할 뿐이다.

또한, 본부에서 현지에 파견한 지원사원의 정보도 귀중하다. 현지에서 피해상황을 관찰하여 이것을 다 전달할 수 없는 일을 그가 대신하기 때문이다. 이런 정보들에 의해서 현장이 원하고 있는 사태에 조치해 나가는 것이 복구를 원활하게 하는 일이다.

(3) 회사 외에서의 통보체제와 정보 수집

재해에 관한 정보는 사내에서 수집하는 것에만 한하지 않는다. 풍수해에 관한 사전 정보는 시간적으로 여유가 있고 수집이 가능하지만, 돌발적인 재해는 피재해의 '제 1 보'부터 시작하게 된다. 야간이나 휴일에 있어서의 재해의 경우는 자 회사의 경비원 등을 상주하고 있지 않는 경우에는, 어떻게 해서 '제 1 보'를 통보받을까를 미리 정해 두어야 한다. 소방서에서는 방화관리자의 신고서부터 조사해서 통지하는 것도 있지만, 일각을 다툴 때에는 시간에 맞지 않는다. 빌딩의 관리인이나 근처에 거주하는 사원, 그것도 없다면 이웃한 사람들에게 긴급연락을 위탁해 두어야 한다.[13)]

통보를 받은 후에는, 자기 책임의 수집체제로 전환하게 되지만, 이 경우에도 재해가 완전히 멈추지 않은 동안은 재해의 상황을 계속해서 파악하지 않으면 안 된다. 지진이라면 그 후의 화재 발생상황, 태풍이라면 통과 후에도 하천의 붕괴나 홍수의 범람, 산사태 등의 2차 재해가 발생하는 것도 상정하지 않으면 안 된다. 이들에 대한 정보는, TV나 라디오나 소방서, 경찰서, 기초지자체인 시·군·구·읍·면·동 등에서 직접 수집해야 한다.

사무소 주변의 재해 상황이나 대책에 대해서 총체적으로 정보를 수집하기 위해서, 이웃에 정보수집 담당원을 파견하는 방법도 있을 수 있다. 그 이외에

13) 佐桑 徹,『ウェブ時代の企業広報』, 同友舘, 2000年, pp. 164～165.

도 업계나 시민단체 등이 귀중한 정보를 파악하고 있는 일도 있다.

(4) 적은 정보로 전체의 상황을 파악해야 한다

수집한 정보는 신속하고 정확하게 판단해, 현장에 지시를 하지 않으면 안 된다. 재해 정보의 혼란을 막기 위해서는 수집한 정보를 분석하고 정리하는 장소나 책임자를 확실히 정해서 정보를 정리·확인해야 한다. 피재 직후의 정보는 생각하는 만큼 수집되지 않는 것이 보통이다. 더구나 지진 등에서는 통신수단이 단절되거나 하면, 한 층 더 들어오는 정보는 적어지게 된다. 보통 상사들은 결단이 충분할 때까지 부하에게 정보를 계속 수집시키는 경향이 있다. 그러나 재해 직후의 경우에는 이와 같은 일을 하고 있기에는 재난대응에서 가장 중요한 초동 대응이 늦어지게 돼 버린다. 비상시에 정보가 적은 것은 당연한 것이다.

따라서 정보를 수집해서 판단하는 사람에게는, 한정된 정보에서 보이지 않는 곳의 부분을 보충해서 판단하는 리더십과 판단력이 요구된다. 그렇지 않아도 심리적으로 불안해 있는 상황에서 판단력을 발휘하는 일은 그렇게 쉬운 일은 아닐 것이다. 그러나 평소부터 책상 위 훈련 등을 거듭하는 것으로, 그러한 때를 위한 판단력을 키워가는 것이 필요하다. 최고 경영자가 결단에 망설일 때에는, '무엇이 필요한 가'라고 하는 재해 대책의 원점에 비추어 보는 것이 가장 중요하다고 생각된다.

2. 사원의 안부확인체제의 확립

(1) 24시간 재해에 대비한다

재해발생 시에는 무엇보다도 인명 존중과 안전 확보를 최우선으로 해야 한다. 자 회사의 업무의 보다 빠른 업무 복구를 위해서도 생명이 있는 사람 한 사람이라도 많이 필요하기 때문이다. 안전 확보에서는 초기 피난행동이 평상시부터 철저하게 널리 알려져 생활화되어 있는 것이 중요하다. 그리고 당면한 위기를 헤쳐나가 다음의 단계로서는 안부의 확인을 서둘러야 한다. 대체로 지금까지 사원의 안부확인 체제는, 평일 근무 시간중에 재해가 발생한 경우를 상정한 것이 많아서 그 이외의 시간대에 발생한 재해에 대해서는 바람직하게 적응할 수 없었다고 하는 회사가 많았다. 고베 지진이 그러한 경우이다. 즉, 재해 발생 시의 정보 관리 체제는 24시간을 상정한 것이 아니라면 충분히 기능을 다하지 못한다. 재해의 종류와 발생 시간대 별로 알맞은 체제를 확립하지 않으면 안 된다.

재해의 종류별로는, 테러나 전쟁, 지진(화재를 포함함), 풍수해(태풍뿐만 아니라, 집중호우나 허리케인 등도 있음) 폭발 등이 있다. 자 회사가 발생원이 되는 것도 있는가 하면, 불이 번져 오는 경우도 있다. 또한 비교적 좁은 범위에서 한정되는 경우도 있지만, 지진발생 후 진화(震火)와 같이 광역인데다가 대형 재해도 있다. 방화 대책의 모든 것이 그러하듯이 안부 확인 체제도 최악의 경우를 가정하지 않으면 안 된다.

재해의 발생 시간을 회사와 사원의 관계에서 보면 다음과 같다.[14] 물론, 더 세분하는 것도 가능하겠지만, 본고에서는 기업의 입장에서 이 세 분류로 나누어 보았다.

① 근무 시간중

② 통근 시간중

③ 야간이나 휴일중

(2) 안부 확인의 대상범위

안부의 확인체제라고 할 때에 자칫 잘못하면 연락수단 쪽에만 중점을 두기가 쉽다. 그러나 누구에 대해서 확인할 것인가가 애매모호하고, 또 막상 연락을 취하고자 하면 잘 모르고 당황하게 된다. 때문에 사전에 누구에 대해서 확인할 것인가, 그것에 맞는 명부를 미리 정비해 둘 필요가 있다. 일반적으로는, 사원과 간부, 그 동거가족이지만, 단신 부임자(전근자나 해외 주재원)의 빈집이나 계약제 직원, 아르바이트, 촉탁(囑託) 사원, 정년퇴임한 전(前)사원(특히 독신 생활을 하고 있는 경우), 채용 내정자 등도 포함해서 확인하는 사례도 있다. 사원 기숙사가 있는 경우에는 한데 묶어서, 거주자의 안부와 건물의 피해

14) 中村洋一郎, 『企業の防災対策マニュアル』, 日本実業出版社, 1996年, pp. 152～153.

상황도 한꺼번에 확인한다. 또한, 거래처의 주된 곳에도 재해 문안을 겸해서 사원의 안부를 묻도록 한다.

(3) 긴급 연락을 위한 연락조서 작성

회사가 재해를 맞았거나 재난 등으로 인해 근무중 사원의 신상에 사고가 일어나거나 비상사태에 대비해서 사원의 안부 확인 체제와 가족에의 연락하는 비상연락망체제를 정비하기 위해서 사원 한 사람 한 사람마다 카드로 긴급 연락조서를 작성해 둔다.

기재항목에는, 사원의 거주지 주소와 연락처 전화번호, 휴대폰 등의 연락 가능한 번호를 기록하도록 한다. 그 밖에 배우자나 친족 등의 근무처나 근처의 연락처 등 개인의 프라이버시의 특성이 대단히 강한 것이긴 하지만, 긴급시를 대비해 빠짐 없이 기입하도록 유도한다.

긴급 재난발생 시에는 그와 같은 항목이야 말로 유용하게 활용되는 것이고, 그 점을 충분히 설명해서 협조를 구한다. 기입한 조서는 당연히 비밀로 처리하고 긴급 시에 있어서도 책임자가 전적으로 채임을 지고 취급해야 한다. 이 조서에서 가장 중요한 것은 만든 이 후에도 계속해서 업데이트하는 일이다. 비밀이라고 해도 한번 기입해서 받으면 그대로 캐비닛의 안쪽 구석에 넣어두는 것이 아니라, 인사이동 때마다 재점검하거나 중요 항목에 변경이 있었다면 즉시 신고해 받도록 해야 한다.

그러기 위해서는, 매년 2회 정도의 방재 훈련 때 사원의 방재 의식이 높아져 있을 때에 수정해 둘 필요가 있다.

또 하나 야간이나 휴일중의 재해에 있어서 사원의 안부 확인 체제라고 하면, 평상시부터 반드시 사원의 주거분포지도를 작성해 두는 것이 좋다. 이것은 회사를 중심으로 해서 가능한 큰 지도 위에 간부부터 모든 사원에 이르기까지의 주소와 자 회사의 출근기관, 거래처 등을 표시한 것이다. 표시에는 성냥개비나 뗐다 부칠 수 있는 풍선 등으로 성명과 소속을 기재한 것이 좋다. 이와 같이 하면 회사를 중심으로 해서 어느 지역이나 어느 방면에, 어떤 사원이 거주하고 있는지 그 분포 상황의 일람이 가능하다. 뿐만 아니라, 이 자료에 의해서, TV나 라디오 등의 피재해 지역이나 재해 상황의 보도에 대조해서 자 회사 사원의 피해 상황도 어느 정도 추측이 가능하다.

또한, 이 분포지도와 주거지를 대조하면, 전화가 통하지 않거나 전차나 자동차도 제구실을 못하는 최악의 상황 아래에서도, 도보나, 자전거, 바이크 등으로 근처의 동료 안부를 확인해 나가는 일이 가능해진다. 최종적으로는 이 자료가 회사의 긴급 연락망으로써 사용될 수도 있다. 물론, 회사에서의 다양한 지시를 발령하는 것도 가능해진다.

(4) 긴급비상연락 망의 정비

회사와 사원의 자택을 연결하는 긴급연락망에는 두 가지 면이 있다. 한 가지는 회사에서 사원에게 연락을 전달하기 위한 것이고, 다른 한 가지는 사원이 회사 또는 상사, 동료 등 종적으로의 연락을 하기 위한 것이다. 이 연락망을 만드는 방법으로는, 부서별이나 지역별로 연락망을 정리한다.

모든 사원이 한 사람 한 사람 연락을 서로 취하는 것이 아니라, 피재해 시에 최소한 필요한 전화로 용건을 전해 나가게 하는 것이 중점이다.

3. 근무 시간중의 안부 확인[15)]

(1) 피난처를 정해 둔다.

근무 시간 중의 재해라고 해도 좀 더 자세하게 보면 다음과 같은 경우가 있다.

① 사 내
② 외출중
③ 출장중

이 중 외출중과 출장중이라고 하는 것은 근무 시간중에 공통되는 곳이 있기 때문에 여기에서는 사내에서 근무하고 있는 때를 상정하는 것으로 한다. 근무 시간중의 재해라도 피난할 정도가 아닐 경우에는 직장 단위로 점호를 하면 안부는 확인 가능하다.

15) 中村洋一郎,『企業の防災対策マニュアル』, 日本実業出版社, 1996年, pp. 157～158.

그러나 직장을 떠나 피난을 해야 하는 큰 재해가 되면, 사원의 안부 확인과 사원의 가족에게 통지해야 하는 두 방면이 필요하게 된다. 특히, 사원이 재해를 입었다고 하는 경우에는 회사는 가족에의 통지를 하지 않으면 안 된다. 문제는, 어떻게 해서 사원의 안부를 확인하는가이다. 이 경우, 재해의 발생 전에는 사원이 사내에 있다고 하는 것을 확인했다고 하는 것이 문제가 된다. 아침 점호나 출근부에 따라서 확인을 해 있어도, 그 후의 출입까지도 확인해야 한다. 이 외에도 사람은 깊게 믿는 구석이 있어서 외출해 있는 사람이 있는데도 '전원 무사'라고 보고하는 일이 있다고 한다. 또한, 피난처가 사전에 정해져 있지 않아서 각각의 생각한 장소에 피난하거나, 피난이 직장단위로 이루어지지 않거나 하면, 전원의 안부를 확인하는 데 번거로운 일이 되기도 한다.

(2) 가족과의 연락체제

근무시간중의 재해에 대해서 상정해야 하는 것은 사원의 가족과의 긴급연락이다. 사원의 가족으로부터의 회사에 문의가 집중하는 일도 생각된다. 반대로 사원으로부터 가족에 안부를 확인하기 위해서 전화에 쇄도하는 일도 있다. 어찌되었든 기업 중에는 "재해 시에는 모든 사원이 어떻게든 귀가해서 각각의 가정의 일을 최우선으로 처리하고, 그 다음 다시 회사에 달려와라"라고 하는 '가정제일 주의'의 기업도 있다. 이 경우에 있어서도 절대로 모든 사원을 일제히 퇴사시키는 것이 아니라, 회사의 업무 상황이나 각종 교통상황 등을 고려해서 유연하게 형편을 보면서 퇴사시킨다고 하는 배려도 필요하다.

사원은 자신의 가족 안부를 확실히 확인할 수 없는 한, 종처럼 회사 업무에 집중할 수 없을 것이다. 사원의 가족 안부까지 배려한다는 것은, 단순히 기업의 의무라고 하기보다는, 사원을 안심시켜서 회사업무 복구 등에 전념하기 위해서도 중요한 일이다. 근무 시간중 가족에게 연락하는 방법은 각 종 통신수단이라고 말할 수밖에 없다. 당연히 전화가 최고로, 전화밖에 없다고 말할 수 있다. 최근에는 가족이 무선호출기를 가지고 있는 사람도 있겠지만, 큰 재해라고 하는 때에는 그 중요한 전화나 통신이 복잡하게 뒤얽혀 회선이 불통되고 마는 일이 쉽게 생각되는 때이다.[16)]

---

16) 佐桑 徹, 『ウェブ時代の企業広報』, 同友舘, 2000年, pp. 154～155.

가족과의 연락관계에 있어서도, 그와 같은 경우에 대비해 대체 수단을 강구해야 한다.

4. 통근중의 안부 확인[17)]

(1) 회사에 연락하는 것을 널리 알림

통근중의 재해에는 출퇴근 시나 출장지로 이동중, 또는 출장지에서 자택에 바로 귀가하는 등 여러 케이스가 있을 수 있다. 이들이 통근중에 재해에 휘말릴 경우에는, 먼저 회사의 재해 상황을 확인하는 것을 원칙으로 한다. 회사가 크게 피해를 입어 버린 경우에는, 인원의 안부 확인 작업도 가족에의 연락체제도 불통이 된다. 따라서 통근 시간중에 재해가 있을 경우에는, 제일 먼저 회사에 연락을 하도록 모든 사원에게 널리 알려 둔다.

단지, 이 경우에 연락을 받는 회사 쪽에 누가 있는가라고 하는 것이 있다. 회사에 경비원이나 숙직원 등이 상주하지 않을 경우에 아침 이른 시각이었다면 아직 회사에는 아무도 없을 수 있다. 또한, 만일 조번(朝番)[18)]이나 지번(遲番)[19)]의 사람이 있다고 하더라도, 일제히 걸려오는 전화에 대응할 수 있을까 하는 현실적인 문제가 있다. 거기에서, 그러한 비상사태를 상정해서 만일 회사 자체가 재해를 입거나 혹은 피해 예측이 불분명일 경우를 대비해서, 긴급 대체 연락소를 제 1 차, 제 2 차, 제 3 차로 정해 두고, 그것을 모든 사원과 그 가족에게도 철저하게 주지시켜 둔다.

이 긴급 대체 연락소에는 회사를 대신해서 간부 · 사원을 연락처로 한다. 사장이나 최고 경영진에게 긴급 연락을 집중하는 것도 현실 문제로서는 가능하지 않기 때문에, 담당 간부나 부장급 등의 사람들이 최적임자가 될 것이다. 과장에서부터 부장까지의 연락을 보텀업(bottom up)[20)]하는 방법도 좋을 것이다. 이와 같은 방법이 연락하는 사원들도 부담감이 적고 친근감이 있어서 쉽게 이

17) 中村洋一郎, 『企業の防災対策マニュアル』, 日本実業出版社, 1996年, pp. 158～159.
18) (교대 근무에서) 일찍 드는 당번. 일찍 근무하는 차례.
19) (교대 근무에서) 늦게 드는 당번. 늦게 근무하는 차례.
20) (회사 등에서) 구체적인 업무를 담당하는 하부에서 상부에 정보를 제공해 의사 결정이 되는 관리 방식.

야기 할 수 있다는 장점이 있다.

그 외 사원 기숙사나 자사 연구소, 창고 등이 동일 지역 내에 있는 경우에는 그 곳을 긴급 대체 연락소로 하는 것도 고려해 볼만하다, 하지만, 전화회선이 적은 곳에서는 바로 회선이 막혀 불통되어 버리는 경우도 상정해야 할 것이다. 이처럼 통근 시간중의 재해에서는, 사원의 행동을 통일할 수도 없고, 또 사원으로부터의 연락이나 가족으로부터의 문의에도 능숙하게 대응할 수 없다는 점이 고민이다. 그런 의미에서 시차 통근도 실시하고 있으나, 그 모든 것을 해결할 수 있는 것도 아니다.

(2) 사원으로부터의 연락은 확실히

통근 시간 중의 재해에는, 회사에서 한 사람 한 사람의 사원 모두의 안부를 확인하는 것은 불가능하다. 당연히 사원으로부터의 연락을 기다릴 수밖에 없다. 재해 발생시부터 시간이 어느 정도 경과해서, 회사의 재난상태가 어느 정도 정비된 단계라면 적절한 대응도 가능하지만, 재난발생 직후에 출근 한 사원도 가끔씩 있다고 한다면, 출근하고 있는 사원에게만 긴급히 연락하는 체제를 취래야 할 것이다.

앞에서 논한 대체연락소를 정보의 중계거점으로 하는 방법도 있겠지만, 이 경우 회사에 걸려 오는 전화를 어떻게 효율적으로 처리할 것인가도 과제가 된다.

사원으로부터의 연락이 있으면 다음 요점들을 파악해서 기록해 두어야 한다.

① 어느 부서의 누구인지(얼굴도 모르는 사람일 경우도 있다.)

② 무사한가, 상처의 유무

③ 그 전화를 어디에서 걸고 있는가

④ 그곳의 주위 상황(같은 방면에서의 통근하는 사람의 참고가 된다)

⑤ 이제부터 어떻게 할 것인가(자택에 돌아갈 것인가, 출근할 것인가, 병원 등에 갈 것인가), 어떻게 하면 좋을 것인가(출근하도록 전할 것인가 말 것인가).

⑥ 다음의 연락은 어떻게 할 것인가(통신 수단이 단절되어 있는 경우 등에)

⑦ 만약 가족으로부터 회사에 연락이 있었던 때에 무엇을 전해 주고 싶

은가.

재해발생 후 상당한 시간이 지났는데도 사원이나 가족으로부터도 연락이 없고, 안부의 확인이 안 될 경우에는 본인이 무선 호출기나 휴대전화를 가지고 있다면, 회사에서 먼저 연락을 취해 봐야 한다. 본인에게 연락이 안 될 경우 긴급연락망 등을 통해서 분담해서 가족에게 연락하여, 본인으로의 연락 유무를 확인하는 일이다. 연락이 없다면 우선 출근을 위해서 자택을 나온 시각이나 회사를 나온 시각을 계산해서 재해의 발생 시각에는 어느 부근에 있었는가? 또한 도중에 들른 곳 등을 짐작하면서 안전을 확인할 수밖에 없다. 재해의 혼란 속에서도 이러한 작업들을 해 가는 것은 대단히 어려운 일이다.

대체로 이런 때에는 공중전화에도 긴 줄이 생기고, 또한 겨우 순서가 다가와도 회사 전화가 계속 통화중이어서, 뒤에 줄서 있는 사람을 보고 어쩔 수 없이 다시 제일 뒤에 서는 일이 반복되는 일이 있었다는 경험담도 있다. 게다가 그러한 때는 마침 가진 동전이나 전화카드조차 없어서, 그 때문에 시간이 걸려 버렸다고 하는 일도 있다. 연락이 없었다고 해서, 일방적으로 사원을 책망할 수는 없는 일이다.

(3) 가족으로부터의 문의에는 침착하고 냉정하게 대응

근무 시간중의 재해라면, 그 가족으로부터 회사에 본인의 안부를 문의하는 전화와, 또 가족들의 피해 상황을 본인에게 전하는 전화가 쇄도할 것이 예상된다. 앞에서 지적한 것처럼, 업무개시 전이거나 종업 후였기 때문에 그에 대응할 수 있는 사람은 제한된 사람이다. 게다가 가족 쪽이 재해를 입은 경우에는 냉정이 결여되어 동요할 것만 같은 전화가 걸려 올 것으로 예상된다. 이와 같은 일에는 평소부터 훈련받지 못한 사람은 대응하기 어렵다. 거의 개인의 재량만으로 극복하는 일이 된다. 이 때 본인에게 비록 연락을 취할 수 없는 경우에 있더라도, 가족에게 불필요한 긴박감을 전달하지 않도록 배려하는 것이 필요하다. 또한, 가족과 사원 사이에 연락 중개 역할도 필요하므로, 정보를 한 곳에 집중해서 연락에 누락을 내는 일이 없도록 해야 할 것이다.

5. 야간 · 휴일중의 안부 확인

(1) 원칙은 사원으로부터의 연락

근무시간 외의 야간이나 휴일중의 개인 시간중이라고 해도, 회사 측에서 일방적으로 재해에 있어서 사원의 안부 정보를 수집해야 된다는 것은 아니다. 효율성이라고 하는 점에서 말한다면, 오히려 사원 쪽에서

· 본인 및 가족의 안부
· 자택이나 주변의 피재해 상황
· 근처의 다른 사원의 안부

등에 대해서 정보를 회사에 제공하는 편이 좋다. 물론, 사원과 그 가족이 가벼운 상처 등의 피해가 없고, 자택의 피해가 경미하더라도 회사로 연락하는 것이 바람직하다. 이러한 정보의 수집 · 연락체제를 정비하는 것이 긴급연락망의 역할이다.

(2) 휴가 전에는 연락처 제출을 요청한다

야간 재해의 경우, 평소라면 회사에서 돌아오는중에 먹고 마시고 있다거나, 아니면 근처에 외출중이거나, 또는 본가에 들렀다가 오는 등 여러 가지 경우가 있을 수 있다. 그렇다 하더라도, 가족이나 동거하는 사람이 있다면 그 사람들을 통해서 안부를 확인하거나 연락을 의뢰하는 것도 가능하다.

독신자의 경우에는, 근처의 사람이나 관리인 등을 통해서 정보를 수집한다. 그러기 위해서도 앞에서 이미 언급한 대로 긴급시 연락을 취하는 연락 조서가 필요하다. 휴일중의 재해라고 하면, 일단은 연락을 취하는 방법이 어려워진다. 외출해 있거나 여행중이거나 하는 것으로, 사원이 자택에 있는 케이스가 적어지기 때문이다. 외출한 곳에서 교통정체나 교통이 불통돼 귀가할 수 없어서 현지에 발이 묶이는 사람이 있을지도 모른다.

예를 들면, 2010년 4월 15일 아이슬란드의 화산 폭발로 15일(현지시간) 화산 먼지 때문에 영국과 북유럽 주요 공항의 기능이 마비돼 수백 여 편의 항공

기가 발이 묶이기도 했다. 그 밖에도 홍수나 폭설 등이 있을 수 있다.[21)]

중・장기 휴가의 경우에는, 만약의 경우를 대비해서라도 휴가 전에 미리 연락처를 신고해야 한다. 특히, 해외여행 등을 계획하고 있는 사람이라면 사전에 여행 스케줄 등을 제출받아 두어야 한다. 적어도 빈집에 남는 사람에게는 연락처를 남겨 두도록 한다.

---

21) 『서울경제』, 2010년 4월 15일자.

제11장

기업의 홍보와 위기관리 커뮤니케이션

제1절 기업의 홍보와 위기관리

1. 기업홍보가 곧 경영이다

(1) 위기일수록 홍보로 대응하라

기업의 홍보는 홍보 그 자체가 곧 경영이자 위기관리이다. 기업 홍보의 목적은 다양한 위협으로부터 기업의 이미지를 보호할 뿐 아니라, 기업의 이미지 향상과 더불어 기업에 미치는 악영향을 경감시키고자 하는 데 있다. 뿐만 아니라, 보다 좋은 기업의 이미지를 유지하게 하는 동시에 실추된 기업의 이미지 회복도 도모하고 기업의 철학을 설명하며, 책임과 의무를 다하는 데 있다.[1)]

1) 田中正博, 『実践, 危機管理広報』, 時事通信出版局, 2008年, pp. 31～33.

(2) 위기 커뮤니케이션(crisis communication)

그러나 위기일 때 홍보는 평소와는 달리 다음과 같이 분리해서 대응하는 것이 바람직하다. 위기발생시 홍보의 종류는 기업 이미지에 대한 보호와 회복의 시점으로부터 사죄 표명, 책임 표명, 회수 책임, 재발 방지, 새로운 자세의 표명, 설명 책임, 정당성의 주장 등 7가지로 분류할 수 있다.[2)]

① 사죄 표명: 직접적・간접적으로 묻지 않고 피해가 생긴 경우에 법률 위반, 불상사, 사건, 사고 등으로 사회를 혼란하게 만든 것에 대한 사죄 등.

② 책임 표명 : 책임을 진 사임표명, 처분과 처우의 발표 등.

③ 회수 책임 : 결함 상품과 안전성에 문제의 우려가 있는 상품 등을 시장으로부터 회수하는 경우 등.

④ 재발 방지 : 법률 위반, 불상사, 사건, 사고 등의 발생 원인을 추궁하고, 개선책과 방지책의 발표 등.

⑤ 새로운 자세의 표명 : 새로운 체제와 신임의 결의 표명, 재건계획의 발표 등.

⑥ 설명 책임: 이해관계자에 대한 사정・상황 설명과 경과보고 및 정기보고, 설명 부족에 대한 보충 설명, 미디어로부터의 요구된 내용과 사회적으로 관심이 높은 내용에 대한 설명 등.

⑦ 정당성의 주장 : 오보와 소문의 정정, 부당한 내용에 대한 반론, 여론에 대한 주장 등.

위기 홍보의 이상적인 형태는 신속한 대응으로 말뿐이 아닌 성의 있고 적극적인 자세다. 또한 상대방에 대해서 친절하고 정중하게 성의를 다해서 알기 쉽게 설명한다. 때로는 단호한 결단이나 파격적인 처우를 담은 위기 홍보가 고객과 이해관계자로부터 긍정적 평가를 받는 것이 가능하다면 이상적이다.

위기 홍보 계획은 먼저 미디어 영향 분석을 실시하여 위기 홍보 방침과 운용 방침을 세우고 교육・감사를 실행하는 등의 사전 준비와 계획으로 이루

---

2) 山見博康,『広報は知らない企業は滅びる！』, HKビジネス書房, 2008年. p. 118.

어진다.[3)]

위기 홍보 계획이라는 것은 기업경영과는 별개 문제가 아니라 조직 전체 관리로서 위기 분석 결과에 근거해 스스로 필요한 보안 수준을 정하고 계획을 세워 조직적인 시스템으로 운용하는 것이다. 위기 홍보 계획의 기본적인 사고는 기업 이념에 근거해 기업의 이미지를 균형 있게 유지·개선하는 것이다. 위기 홍보 계획은 다음과 같이 6개의 단계로 확립된다. 위기 홍보 프로젝트는 반드시 최고 경영자로부터 서약을 받은 뒤에 시작한다.[4)]

1단계: 각각의 상황에 대한 여론과 미디어로부터의 영향을 분석하는 이미지 영향분석을 실시한다.

2단계: 이미지 영향분석 결과에 근거해 우선순위별로 홍보 대응 전략을 결정한다.

3단계: 전략에 근거해 위기 홍보 계획을 상정한다.

4단계: 계획을 검증하는 의미에서 미디어 훈련을 실시한다.

5단계: 정기적으로 위기 홍보 계획과 위기 홍보 체제를 감사한다.

6단계: 정기적으로 계획을 수정한다.

위기 홍보 계획의 포인트는 1년째부터 2, 3년째로, 연도별로 점점 진화하는 구조를 도입해 위기 홍보 계획을 작성할 뿐 아니라, 실제로 사용할 수 있는 계획으로 만들기 위해서 필요한 자원을 준비하는 것이다. 또한, 프레스 센터(Press Center)[5)]와 위기 홍보 체제를 구축해 정기적으로 사원의 교육과 훈련을 실시하는 동시에 계획을 갱신하고 이미지 영향 분석을 정기적으로 실시해 위기 홍보 계획의 개선이 매년 반복해 시행되어야 한다. 그것이 위기 홍보 수준을 향상하는 것이다.[6)]

---

3) 田中正博, 『実践, 危機管理広報』, 時事通信出版局, 2008年, pp. 35～39.

4) 佐桑　徹, 『ウェブ時代の企業広報』, 同友舘, 2000年, pp. 118～119.

5) 보도기관, 관계자용으로 설치된 장소.

6) 世耕広成, 『プロェッショナル広報戦略』, ゴマブックス, 2006年, pp. 50～51.

(3) 홍보력은 성장력이다[7)]

알리는 것은 곧 경영이다. 비즈니스의 최소 단위로써 행상을 생각해 보겠다. 행상인 군고구마장수는 먼저 고구마를 '구입'하고 마을로 운반하거나 구워서 '부가가치를 창조'해 상품화하여 '판매'한다. 그리고 '대금을 받아' 이익을 얻으면 '재투자'와 '급여 상승'도모하며 새로운 '구입'을 행한다.

이것이 기본적인 비즈니스의 순환이다.

이러한 순환법칙은 규모의 크고 작음에 관계없이 삼성이나 현대, LG, 마이크로소프트에도 마찬가지로 적용되는 모든 기업 경영의 변함 없는 진리다. 그러나 '부가가치의 창조'에서 바로 '판매'로 넘어가는 것은 절대로 불가능하다.

왜냐하면 삼성 이건희 회장이나 빌게이츠도 '모르는 물건은 살 수 없고', '알리지 않으면 팔 수 없기' 때문이다. 즉, 물건을 팔기 전에 소비자에게 미리 알리는 행위가 불가결하다. 그래서 앞서 말한 행상인의 경우에는 마을을 돌아다니며 '군고구마~!'라고 외치는 것이다. 이것이 바로 지금 이 순간에도 널리 이루어지고 있는 '홍보'행위이다.

결국 알리는 일에서부터 모든 비즈니스가 시작되는 것이라 하겠다. 알리면 알릴수록 판매가 촉진되는 것은 말할 것도 없다.[8)]

'홍보'는 그야말로 '경영' 그 자체이다. 즉, '홍보능력 = 성장능력'이다. 그 우열이 승패를 좌우하게 된다. 고객이 모르는 상품이나 기업은 존립할 수 없다. 그러므로 "팔리지 않는 것은 홍보 노력이 부족해서이다"라는 각오로 널리 알리기에 임하지 않으면 안 된다. 홍보 방법으로서 예로부터 '전단지'와 '간판' 즉, '선전'과 '광고'가 있다. 일본의 경우는 에도시대부터 시작한 '와판(기와조각 판화)', 즉 '기사(記事)'가 있을 정도다.

(4) 기사와 광고는 차원이 다르다

여기서 '기사・뉴스'와 '광고'의 차이에 대해서 설명하겠다. 양쪽 모두 '홍

---

7) 山見博康, 『広報は知らない企業は滅びる！』, HKビジネス書房, 2008年, p. 21.

8) 佐桑 徹, 『ウェブ時代の企業広報』, 同友館, 2000年, pp. 117～119.

보'라는 목적은 같지만, 각각 다른 목적을 가지고 있음을 알 수 있다.

① 기사 · 뉴스

기업이 미디어에 정보를 제공하여 미디어가 스스로의 판단과 사정에 따라 보도하는 것이다. 이러한 홍보 활동을 보통 퍼블리시티라고 한다.

② 광　　고

기업이 미디어의 공간(인쇄매체) · 시간(텔레비전, 라디오)을 구입하고, 미디어는 기업의 희망대로 홍보, CM으로서 보도하는 것이다. 최근에는 인터넷상의 홍보도 일반화되어 있다. 기업은 예산에 맞추어 계획적으로 홍보할 수 있으나, 효과를 거두기 위해서는 방대한 비용을 지불해야 한다.[9)]

③ 기사광고

퍼블리시티 홍보나 타이업(Tie-up) 홍보 혹은 애드버트라이얼(advertorial)이라고도 한다. 기사와 홍보의 중간쯤의 성격으로 돈이 든다는 점에서 광고와 같은 부류이다. 광고는 주관적이며 자화자찬의 성격이 강하므로 그 신뢰성이 낮을 수 있지만 기사는 제 3 자의 평가이므로 객관적인 가치임에 따라 신뢰성이 높고 그 전파력은 측정할 수 없을 정도다. 광고는 돈으로 사지만, 기사는 돈으로 살 수 없는 가치라고 이해하면 이해하기 쉬울 것이다. '돈보다 가치'라고 기억해 두는 것도 좋다. 이상적으로는 기사가 주도하며 광고가 뒤따르는 관계이다. 자금적인 여유가 있다면 기사와 더불어 광고도 대폭 이용하도록 하며, 광고로부터 시너지효과를 얻을 수 있다. 어떤 매체에 어떠한 타이밍에 기사와 광고를 실을 것인가 하는 미디어믹스가 가장 중요하다.

(5) 홍보의 안에는 마케팅과 브랜딩이 있다[10)]

훌륭한 인물이 되고자 하는 사람이 자신이 목표로 하는 길을 분명히 밝히는 것과 마찬가지로 기업은 "How to be good"(선언 善言)을 바탕으로 "How to do good"(선행 善行)을 항상 내외에 공표해야만 한다. 그것이 기업의 '브랜드가치'를 장기적으로 고양시키는 '코퍼레이트 홍보'이다. 광고활동이란 기업이 비

9) 田中正博, 『実践, 危機管理広報』, 時事通信出版局, 2008年, pp. 31～33.

10) 山見博康, 『広報は知らない企業は滅びる！』, HKビジネス書房, 2008年. p. 23.

전을 향해 '제품, 회사명, 이미지, 브랜드' 이 네 가지를 향상시키는 것이 일관된 활동이다. 구체적으로는 미디어를 통해 수행하는 퍼블리시티와 이벤트 개최를 비롯한 프로모션 등이 있다. 이는 기업이 자사가 어느 위치에 있는지 파악하는 것이 우선되어야 한다. 기업은 창업자로부터의 철학이 대대로 이어져 갈 필요가 있지만 그것은 쉬운 일이 아니다. 그러나 이를 영구적으로 나선형처럼 순환적으로 발전시킬 필요는 있다.[11)]

그 이유는,

① 경기의 변화와 법률의 개정, 기술혁신, 고객의 취향과 국내외의 환경 등의 변화

② 라이벌과의 경쟁이 있기 때문이다. 현재에 어느 위치에 있든지 신상품을 발매하면 최초로 돌아가 라이벌과 새로이 경쟁을 해야 한다. 여기서 승리하기 위해서는 항시 시대를 앞서 혁신해 나가는 브랜드화가 필요하며 이를 위해 창업의 뜻과 비전을 확실히 이어나가는 것은 경영자의 사명이다. 사장은 '기관차', 사원은 '엔진이 장착된 차량(車輛)'이다. 사장은 비전을 제시하는 리더이지만, 실제로 구현해 가는 것은 개개 사원의 노력이다. 전 사원이 이러한 사장의 비전을 자각하고 이에 자긍심을 갖는 회사는 반드시 발전할 것이다.

2. '대중홍보'에서 '경영홍보'로

(1) 홍보의 역사

신문의 역사는 고대 로마 카이사르(Caeser, B.C. 100 ~ 44)의 시대까지 거슬러 올라가지만, 세계적으로 보급된 것은 16세기 인쇄술이 발달한 이후이다. 일본에서는 에도 시대 중기 경(元祿 이후)부터 그림을 넣어 한 장씩 찍은 와판이 보급되어 그것이 기사가 되었던 시기부터라 한다. 사람들은 매일 여러 사건을 큰 소리로 읽으며 거리를 걸어 다녔다고 한다.

1871년(메이지 4년)에 일본 최초의 일간신문으로서 「요코하마 매일신문」이 발간되고, 그 후 「요미우리 신문」, 「오사카 아사히신문」이 등장했으며 이후 오늘날의 매스미디어로 발전하게 되었다.

11) 田中正博, 『実践, 危機管理広報』, 時事通信出版局, 2008年, pp. 34～35.

「퍼블릭 릴레이션」이란, 전후 미국에 의해 이루어진 '시민과 사회의 바람직한 관계형성을 위한 커뮤니케이션 활동'으로 이를 우리말로 번역하면 '(대중)홍보'가 된다. 그 후 고도 성장기에 'PR'로 줄여져 마케팅 커뮤니케이션의 한 방법으로서 '광고 선전'이라는 의미로 사용되게 되었다. 한편 '홍보'는 기업에 받아들이면서, 미디어 보도에 관한 활동을 가리키는 말이 되었다. 일본의 경우는 고도 성장기를 겪으면서 기업의 활동도 확대되어 홍보 활동도 점차 활성화되었다. 우리나라는 1998년 IMF 외환위기를 겪으면서 각 기업들이 홍보의 중요성을 절감하게 되었다. 그 후 각 기업들은 종래의 최고 담당자가 부장이나 이사 정도의 직위였으나 그 후에는 홍보의 중요성을 실감한 나머지 이사나 부사장 등으로 그 책임자의 격을 훨씬 상향 조정한 경우가 많았다.[12)]

(2) 퍼블릭 릴레이션(public relation)과 코퍼레이트(coorperate) 커뮤니케이션

'퍼블릭 릴레이션(대중홍보)'이란, 퍼블릭(=대중)과의 긍정적인 관계를 형성하는 것이 주목적이지만, 경제의 글로벌화와 기업 활동의 다양화에 따라 대상별로 여러 가지 커뮤니케이션 활동이 파생되어 왔다. 기업이 관계하는 대상은 '대중'이라고 하는 '막연한 대상'이 아니다. 오늘날의 기업홍보는 대상에 따른 세세한 방법을 통해 적절한 커뮤니케이션 활동을 수행하는 것이다. 그 대표적인 것이 '코퍼레이트 커뮤니케이션(경영홍보)'이다. 광의의 홍보를 의미하는 것으로 본서에서 말하는 홍보와 같은 의미라고 할 수 있다.[13)]

비전 실현을 향해 목적별로 실시하는 '토탈 커뮤니케이션 활동'으로 IR(투자가대상홍보)과 위기대응 등도 하위 범주에 들어간다. 가오(花王), 캐논(CANON), 파나소닉 등이 이 명칭을 사용하고 있다. 도요타 자동차에서는 '섭외, 홍보본부', 소니에서는 '홍보센터'라는 명칭이 사용되고 있는데, 모두 경영에 있어서 최고위에 위치하고 있다. 미디어 릴레이션에는 미디어에 정보를 제공하는 본래의 '퍼블리시티'(협의의 광고) 활동이 있고, 광고와의 중간에 위치하며 기사와 광고의 합성인 '퍼블리시티 광고'와, 그것이 전파매체화된 '인포머셜' 등 미디어의 발전과 함께 다양화되어 있다. 이후 인터넷과의 연동에 의해 새로운 커

12) 世耕広成, 『プロェッショナル広報戦略』, ゴマブックス, 2006年, pp. 52～53.

13) 田中正博, 『実践, 危機管理広報』, 時事通信出版局, 2008年, pp. 36～37.

뮤니케이션 활동도 창조될 것이다.[14)]

다시 말하자면, 사람이 각자 지향하는 인물상이 있듯이, 회사 역시 각자 지향하는 회사상이 있다. 그것이 바로 회사가 무엇을 위해 존재하는가 하는 비전이자 대의이다. 이를 실현하기 위해서는 바람직한 인물로서 존경받고 기업으로서 인정받도록 평소의 커뮤니케이션 활동에 힘써야만 한다. 그 프로세스가 좋은 이미지를 키워 좋은 브랜드를 구축하고, 바람직한 기업으로 명성을 높이는 일이다. 그 전체를 다스리는 것이 홍보활동이다.[15)]

(3) 홍보 중시는 경영의 의무이자 사명

경영전략에 따라 홍보활동을 진행하며 항상 갖추어야 할 모습이나 사고방식을 정해(To be good) 다양한 방법으로 바람직한 커뮤니케이션을 도모한다(To do good). 바람직한 방향으로 기업으로서의 의지를 표시해 가면 당연히 퍼블리시티 활동도 확고하고 통일되게 되어 좋은 기사가 나오게 된다. 기사가 나오면(미디어 보도) 그 효과는 매출과 연결되지만 실제로는 천천히 드러나게 된다. 즉, 일관적이고 착실하게 계속하는 것이 축적되어 달성되는 것이다.

〈대외적으로 얻어지는 것〉

우선 미디어 보도의 대외적인 효과를 생각해 보기로 하겠다.

① 많은 사람들에게 알리는 것이 가능하므로 지명도가 높아진다(나쁜 일도 마찬가지).

② 이미지와 브랜드력이 향상되어 비즈니스 찬스가 확대된다.

③ 타사에 강한 인상을 준다.

④ 인재기용에 도움이 된다.

보도에 의해 뜻밖의 전화가 오는 것은 많은 사람들에게 알린 결과의 구체적인 성과이다. 이름 없는 국수집이 텔레비전에 소개되자마자 장사진을 이루게 되는 것은 그 좋은 예이다. 알리는 능력의 향상은 비즈니스 찬스의 확대로

---

14) 佐桑 徹, 『ウェブ時代の企業広報』, 同友館, 2000年, pp. 177～178.

15) 佐桑 徹, 『ウェブ時代の企業広報』, 同友館, 2000年, pp. 134～135.

착실히 연결된다. 긍정적인 보도의 반복은 기업 이미지를 향상시켜 브랜드를 구축한다. '유명브랜드'는 만인에게 사랑받으며 이것이 인재 기용에 미치는 영향은 측정할 수 없다.[16]

〈사내(社内)적으로 얻어지는 것〉

홍보의 효과로는 대외적인 것에 시선이 가기 쉽지만, 실은 사내에서 얻어지는 효과도 큼을 놓쳐서는 안 된다.

① 기업비전과 경영방침이 잘 흡수된다.

② 화제가 생겨 사내가 활성화된다.

③ 지명도가 올라감에 따라 자신감과 자긍심이 생겨나, 회사에 대한 책임감도 향상된다.

④ 소속감과 동기가 향상된다.

이러한 효과는 미디어 보도에 의해서만 얻어지는 것이다.

(4) 홍보의 진정한 역할

이 장의 마지막으로, 경영에 있어서 홍보의 진정한 역할에 대해 정리해 보겠다.

> 사람도 회사도
> 조금이라도 유명한, 좋은 이미지를 가진 사람·회사와 사귀고 싶어한다.
> 조금이라도 더 존경받는 훌륭한 인물, 회사와 가까워지고 싶어한다.
> 즉, 지명도를 높이고 이미지를 좋게 하는 것은, 자사와 관계하는 기업과 인물은 말할 것도 없이, 고객, 주주, 지역주민 등, 기업을 둘러 싼 모든 사람들에게 기쁨과 긍지를 주게 된다. "Win-Win-Win"이란 말은 광고를 위해 존재하는 말이나 마찬가지다.[17]

> 기업경영에 있어서 '홍보란 숭고하고 전아(典雅)한 경영의 일'이다.
> 홍보의 중시는 '의무'이며 '사명'이다!

---

16) 田中正博, 『実践, 危機管理広報』, 時事通信出版局, 2008年, pp. 55～56.

17) 世耕広成, 『プロエッショナル広報戦略』, ゴマブックス, 2006年, pp. 55～56.

홍보의 경시는 '태만'이며 '오만'이다!

제2절 홍보의 기능과 역할

1. 홍보 전략을 세우는 법

(1) 홍보활동은 나선상의 구조

경영전략은 기업이 장래에 나아가고자 하는 방향에 맞추어, 그 실현을 위한 구체적인 전략을 나타내는 기본적인 설계도라고 할 수 있다. 회사를 배에 비유하면 사장은 선장이다. 경영전략이란 배가 목적지로 향하는 항로도라고 할 수 있다. 그 항로도를 기반으로 각 부서는 전략, 계획을 세워 각 사원이 그것을 실행에 옮기도록 해야 한다. 전 회사의 경영전략이란 경영자와 사원이 하나가 되어 추진·달성해야 할 지침이다. 그 경영정보체제를 경영자의 지시 하에 다스리는 것이 홍보의 역할이다.[18)]

홍보 전략이란 경영전략의 기반이 되는 모습을 그려, 그 중에서 어느 것을 어떻게 내외에 전달할 것인가를 책정하는 것. 그리고 그것을 전체의 일치된 총의로 인정하고 적절한 방법으로 내외에 흡수시키며 전략수행을 정보전략 면에서부터 주도해 가는 것이다. 목표 설정을 위해서는, 먼저 현상을 분석·파악하여 자사의 위치를 인식할 필요가 있다. 그리고 시장분석을 통하여 기업의 지명도는 어떠한가 이미지는 어떠한가 하는 자사의 실태를 파악하여, 경영의 목표에 맞는 홍보 전략을 수립하여 다음과 같이 단계들을 선순환시키는 것이 중요하다.[19)]

① 분석(Analyze): 지명도, 이미지, 호감도 등을 조사하여 분석한다.

② 목표설정(Plan): 어느 인지도를 어느 정도 올릴 것인가를 책정한다.

③ 미디어전략, 홍보 전략의 실행(Do): 입안한 전략을 순조롭게 실행한다.

---

18) 田中正博, 『実践, 危機管理広報』, 時事通信出版局, 2008年, pp. 50～51.

19) 佐桑　徹, 『ウェブ時代の企業広報』, 同友舘, 2000年, pp. 127～128.

④ 성과파악(Check): 목표달성의 정도를 적정히 평가한다.

⑤ 평가결과의 개선(Act): 전략을 수정하여 각 단계를 재순환시킨다.

홍보활동은 "Going Concern(영속적)"을 전제로 항상 최고경영자의 의향을 반영해가며, 단계적으로 추진하여 최후의 행동을 다음의 단계로 선순환으로 연결시켜 마치 나선과 같은 계속적인 전략상승을 도모한다.

드러커(Peter Ferdinand Drucker)가 "경영계획이란 체계적인 활동의 성과를 기대한 것과 비교 측정하는 연속된 프로세스이다"라고 말한 것처럼 그 나선상의 구조에 의해 홍보 전략목표를 효과적 효율적으로 달성할 수 있는 것이다.

2. 홍보의 위치설정과 전략

(1) 홍보의 위치설정

뇌와 얼굴의 밀착에 의해 인간의 지능이 기능하는 것과 같이 경영자와 홍보의 밀착에 의해 기업의 조직은 부드럽게 기능한다. 홍보는 조직적으로나 생리적으로도 가장 높은 곳과 지근 거리에 두는 것이 중요하다. 필요에 따라 어느 쪽에서든지 접촉이 가능해야 하기 때문이다. 경영자의 방에는 언제든지 자유롭게 출입할 수 있도록 하고 만일의 경우를 위해서라도 어떤 일이 있으면 최단 시간에 사장실로 달려 갈 수 있도록 해 두어야 한다. 또한 쌍방이 어떤 상황에 있더라도 휴대전화(문자메세지)로 긴밀히 연락할 수 있는 관계, 말하자면 연인과도 같은 관계에 있는 것이 이상적이다.

'홍보의 위치'에서 정보에 대한 기업의 자세를 알 수 있다. 정보소통을 원활히 하여 사내외에 분명히 하며 투명성을 높이고 정보개시(開示)력을 보이는 것은 장기적인 안목으로 보아 기업을 지속적인 성장으로 인도한다. 배의 선수에는 선장이 있어서 목적지로 향하는 항행거리는 명확히 표시하고 선내 각부에 전달한다. 외부로도 목적지를 가리키고 지침에 따라서 바다를 전진하며 그리고 그 동향을 무선이나 레이더, 기적, 수기신호 등으로 알린다. 그에 따라 관계자 모두가 본선의 항해 전략을 알 수 있다. 신속한 정보 개시가 충돌을 막으며 정확한 정보발신에 의해 외부로부터의 경계정보를 받아들여 코앞에서 좌초

되는 것을 피할 수 있게 해 준다.

정보를 중시하는 기업은 홍보부서에 일급의 인재를 투입한다. 정보담당에 임원을 등용하여 CCO(Chief Communication Officer) 최고홍보책임자를 두어 경영의 정보전략 기능을 충실하게 강화한다. 정보 전략이 기업의 성쇠를 좌우함을 인식하고 있는 것이다.

(2) 홍보부원의 역할

'행상의 비즈니스'에서 배웠듯이 비즈니스는 '구입, 제조, 홍보, 영업, 경리(결산)'의 다섯 가지 단계의 순환으로 이루어져 있다. 이것은 비지니스 규모의 대소나 업종에 관계없이 같으며 각 부서는 다른 부서와 전체 프로세스에 의해 구속된다. 그러나 홍보부서의 경우는 이에 구속되지 않는다. 이는 홍보부서가 전체 비즈니스와는 독립된, 최고 경영진과 직결된 부서이기 때문이다. 실제로 홍보부서의 스태프(홍보부원)는 다른 부서의 스태프와는 달리, 외부의 일에 전념할 수 있도록 최고 경영진을 지원하는 것이 최대의 일이다. 즉, 기업이 내부자료 제작이나 회의 등에 시간과 노력을 투자하는 만큼 항상 '밖으로도 향하는 기업'이 되도록 만든다는 것이다. 고객을 등한시하는 기업은 살아남을 수가 없다. 내부 중시의 '안으로만 향하는 기업'은 빠르건 늦건 쇠퇴하고 말 것이다. 오히려 내부로만 향하는 화살을 조금이라도 더 외부로 향하도록 하는 사원은 회사의 번영을 인도하고 있는 사원이다.

그 중에서도 특히 홍보부만이 내외를 연결하는 라인과 스태프를 겸비하고 있다. 내부의 폭넓은 업무, 사 내외를 잇는 경영의 동력선으로서의 그 책무는 상당히 무겁지만 중요하다.[20]

(3) 홍보는 경영활동의 일환

홍보가 경영활동의 일환이라는 것은 이미 앞에서도 밝혔듯이 신상품을 판매하기 위한 고객방문을 예로 들어 설명해 보겠다. 다음의 ①~⑦까지가 경영활동의 흐름이다.

① 명함을 교환한다.

---

20) 世耕広成,『プロェッショナル広報戦略』, ゴマブックス, 2006年. pp.62~63.

② 고객에게 신상품의 특징을 설명하고 차별화 포인트를 강조한다(신상품의 가치를 이해시키는 단계).

③ '고객이 얻을 수 있는 이익을 설명'하는 중요한 단계에 들어간다.

④ '질의응답'을 한다. 여기에서 고객이 만족할 수 있는 만전의 회답이 가능하다면,

⑤ '잠깐의 침묵'을 두되 '공감'을 얻어,

⑥ 진정한 '영업활동'인 가격, 납기를 상의한다. 그리고 그 결과,

⑦ '계약 성사'의 길이 열린다.

그 중에서 ①~⑤까지는 순번적인 프레젠테이션으로 고객의 공감을 얻기 위한 '가치선전활동'이다. 홍보활동은 미디어를 이용한 프레젠테이션으로서 영업활동과의 시너지 효과를 얻을 수 있게 한다. "고객은 가치를 알고 나서야 겨우 구매하며, 알리지 않으면 팔 수 없다"라는 말을 확실히 가슴에 새겨 두어야 한다.[21)]

3. 홍보활동 · 평소의 업무

(1) 미디어체크

홍보담당의 업무는 매일 아침 신문체크에서부터 시작된다. 인터넷 시대인 현재, 웹사이트나 트위터 등의 체크도 게을리해서는 안 된다. 물론 텔레비전 등의 영상물 체크도 빼놓을 수 없다. 많은 신문과 잡지를 체크하는 홍보는 회사 내 최대의 정보기지이다.[22)]

(2) 기사 클리핑(스크랩)

① 자사의 기사, ② 라이벌 타사의 기사, ③ 업계 관련 기사까지 클리핑하는 것이 보통이다. 그리고, ④ 장래 관계가 있을 수 있는 기사에도 주목해야 한다. 클리핑한 것을 경영자나 관계자에게 솔선하여 배포하면 좋다.

---

21) 田中正博, 『実践, 危機管理広報』, 時事通信出版局, 2008年, pp. 55～56.

22) 佐桑　徹, 『ウェブ時代の企業広報』, 同友館, 2000年, pp. 128～129.

누구든지 자신의 업무에 도움이 될 만한 정보는 반긴다. 설혹 바로 도움이 되지는 않더라도 "도움이 될 것 같다"라는 '제 3 자로부터의 정보'이기 때문에 더욱더 가치가 있는 것이다. 그 때 자신의 '코멘트'도 잊지 말도록 해야겠다. 신문의 체크와 클리핑을 단순작업으로 간주하지 말고 의미가 있는 일로 확신하고 열심히 하면 이후의 기업 성장에 큰 차이가 있을 것이다. 실은 이러한 일이야말로 정보에 대한 감성을 닦는 찬스인 것이다. 이러한 착실한 노력이 자신도 모르는 사이에 보이지 않던 것을 보이게 해 준다.

(3) 일제발표 · 프레스릴리스의 작성

일제발표 안건에 대한 프레스릴리스와 상정 문답집(Q&A)를 작성하거나, 사내 회의에도 빈번하게 참가한다. 그러는 동안에 기자로부터의 문의에도 대응해야 한다. 기자클럽에 자료를 배포하러 가는 일도 있다. 또한 임원들과의 면담도 중요한 일이다. 중요한 것은 기자와 만나는 일을 라이벌 회사보다 많이 하는 것이다. 그것이 바로 알리는 힘이자 홍보 활동이며, 회사 성패의 차이로 이어지는 것이다. 기자의 인사이동을 염두에 두고 항시 데이터베이스의 갱신을 수행하는 것도 중요한 업무다. 특히 전국 유력지의 기자는 자주 담당이 바뀌므로 주의해야 하겠다.

이와 같이 홍보담당자의 평상시 업무는 분초를 쪼갤 만큼 바쁘다. 하지만 이렇듯 매일 몸을 움직이는 실천경험을 통해 경력이 향상되고 더욱 기업 경영에 기여할 수 있게 되는 것이다.

4. 위기발생시 미디어에 대한 홍보정책

(1) 위기발생과 조직 커뮤니케이션

위기나 재난이 발생하면 어떤 국가나 기업 · 정부 조직이라도 현재의 위기 상황을 신속하게 국민에게 알릴 의무가 있다. 실제로 헌법에도 보장된 표현의 자유(freedom of press)나 국민의 알 권리(right to know), 그리고 정보공개법에 규정되어 있다. 특히 사건 · 사고가 일어났을 경우에는 국민 모두가 궁금해 하기 때문에 더욱더 그러하다. 따라서 재난이나 재해발생시 재난관리 또는 방재담당관(홍보담당)은 될 수 있는 대로 신속하게 재난정보를 공식적으로 발표해야 한다. 이 때는 비공식보다는 공식적인 정보공개가 원칙이다. 물론 전쟁이나 테러 및 국가안위에 중대한 사태가 발생했을 경우나 인위적으로 불가항력적인 특별한 경우(법률에 규정된 경우)를 제외하고는 재난정보를 즉시 국민에게 밝혀야 한다. 이 때 법률에 의해 제한하는 경우도 극히 제한적이어야 한다. 왜냐하면, 재난의 경우는 초기대응을 잘못하면 또 다른 대형 재난이나 2차 재난으로 이어져 다른 사건·사고와는 달리 구별해야 하기 때문이다.

우선, 재난이 발생하면 재난관리 책임자 또는 담당관은 기자회견을 통해서 국민에게 재난사실을 신속하게 전달해야 한다. 이때 재난보도 담당관의 경우는 단순히 보도 담당자와는 달리 재난 사실이나 재난정보에 대해 최고급 수준의 내부적 전문가여야 한다. 그렇지 않으면 재난 대응 시의 시행착오나 재난정보 전달 과정에서의 오류가 생길 수 있기 때문이다. 앞에서도 언급했지만 재난정보는 다른 언론정보와는 달리 국민의 생명과 재산이 담보된 중요한 정보이기 때문에 한 치의 오차나 거짓이 있어서는 안 된다. 현재 언론매체들은 재난관리책임의 대부분이 재난보도 담당자에게 달려있다고 보고 있다. 따라서 재난 담당자는 대 언론 취재관계나, 뉴스보도 관계를 잘 이해하고 이에 효과적으로 대처할 수 있도록 최선의 노력을 다해야 한다. 뿐만 아니라, 앞에서 언급한 대로 실제로 재난관리 담당자는 홍보책임자보다는 한 발 더 나아가, 재난관리에 있어서는 전문가여야 한다는 사실을 잊어서는 안 된다. 또한 위기발생 시 재난관리 대응계획의 일환으로 미디어에 대한 홍보 내지는 관계설정이 매우 중요하다고 하겠다. 다음은 그 중요성에 대해서 재난관리 담당자가 몇 가지 꼭 지켜야 할 사항에 대해 기술해보겠다.[23)]

① 위기관리 대응 매뉴얼에 재난발생 시 반드시 언론매체가 재난발생 현장에서 취재하게 된다는 사실을 명기해 둘 필요가 있다.

② 위기관리 담당자는 기자들에게 항상 다양한 방면에서 정보를 입수할 수 있도록 세심하게 배려해 줄 필요가 있다.

③ 위기발생 현장에는 유언비어나 무분별한 추측이 난무하기 쉽다. 따라

23) Laurence Barton, Crisis in Organizations: Managing and Communicating in Head of Choas, College Division South-Western Publishing Co., 1992.

서 재난관리 현장에는 유언비어나 의혹 및 추측성 정보가 가장 큰 적이 된다는 것을 명심해야 한다.

④ 위기발생시 홍보담당자가 언론매체에 대해서 '어떠한 뉴스거리를 제공할 것인가?'하는 궁리를 한다거나 '어떤 질문이 나올까?' 또는 '정보의 일부를 어떻게 언론에 발표할까?'하고 생각하는 것은 대단히 중요한 일이다.

⑤ 재난관리 대응계획에서는 우선 자기 조직이나 부서의 정책을 비공식적으로 언급하는 것에 대해서 찬성하고 있는지 또는 거부하고 있는지를 언론 관계자에게 사전에 명확하게 해 둘 필요가 있다. 성명이 나중에 다른 용도로 이용될 우려가 있기 때문에 대부분의 담당자들은 비공식적으로 발표하는 정도에서 그치는 경우가 많다.

⑥ 위기관리 대응 계획에는 재난 발생중에 소유하고 있던 사진 가운데, 어느 것을 허가 없이 사용해도 좋은지를 미리 검토해 둘 필요가 있다. 재난발생 이후에는 담당 부서의 사진 한 장도 그것이 자기 조직의 영향력이나 이미지를 대변할 수 있기 때문에 보도되는 사진은 재검토해 볼 필요가 있다.[24)]

⑦ 위기관리 대응계획에서 대변인 및 홍보담당자는 기자회견을 할 때도 항상 명확한 사실만을 강조해야 한다는 점을 재난관리팀에게 재인식시킬 필요가 있다.

⑧ 위기관리 대응계획에는 각 조직마다 기자회견에 대한 리허설이 꼭 필요하다는 점을 잊지 말아야 한다.

⑨ 위기관리 대응계획에서는 각 조직이 기자회견에서 발표할 내용에 관한 자료를 면밀하게 검토할 필요가 있다. 거기에는 조직에 대한 상황자료와 재난관리에 관한 매뉴얼 등도 포함된다. 또 대변인의 이름이나 자택 주소, 회사의 전화번호 및 팩스번호를 기재한 연락자료도 준비해 두어야 한다.

⑩ 위기관리 상황에 있어서 정부나 조직이 입게 될 피해의 가능성을 미리 예측하고, 보도관계자의 질문에 대응하기 위해서는 고문변호사와 미리 상담할 필요가 있다. 기자회견의 경우에는 특히 미묘한 문제가 상정될 수 있기 때문에 여러 경우에 대비해 고문변호사에게 조언을 구해야 한다.[25)]

---

24) 佐桑 徹, 『ウェブ時代の企業広報』, 同友館, 2000年, pp. 141～142.

25) 世耕広成, 『プロェッショナル広報戦略』, ゴマブックス, 2006年, pp. 66～67.

⑪ 위기관리 대응계획에서는 최신의 커뮤니케이션의 기술이나 수단에 대해서 충분히 파악해 두어야 한다. 특히, 최근에는 언론매체들 중에서도 인터넷이나 포털이 여론 동향을 적극적으로 잘 반영하고 있고, 위성통신이나 DMB(디지털케이블TV, 인터넷 등), IP-TV(인터넷 TV), 트위터 등도 저렴한 통신요금으로 이용할 수 있어, 이러한 기술들을 적극적으로 잘 활용하여야 한다.

⑫ 위기관리 대응계획에서 재난에 대응한 경험이 있는 조직은 반드시 교훈적인 평가를 기록으로 남겨, 재난발생 이후 30일 이내에 현재 처해 있는 실상을 대변인에게 재인식시켜 줄 필요가 있다. 재난에 대한 교훈을 거울삼는 것은 재난관리 차원에서 매우 중요한 자산으로 또 다른 재난발생에 대비하는 중요한 노하우가 된다.

(2) 기자회견 상에 있어서 주의할 점[26)]

① 공식회견

공식회견은 회견자나 참석자 모두가 실명과 직책이 그대로 사용되는 공식적인 회견이다. 특히 보도매체는 참석자의 실명과 직책을 그대로 보도할 수 있기 때문에 정보원에 대해서 신빙성이 높아진다. 이와 같은 회견이나 담화는 전향적으로 재난관리 대응 팀이 승인하는 성명에 한해서만 가능하다. 이런 경우 특별한 규정이나 설명이 없으면 회견장의 발언은 자동적으로 공식회견이 된다.[27)]

② 비공식 회견

비공식 회견에서 전달되는 정보는 뉴스의 일환으로 취급은 되지만 회견자나 대담자의 이름과 직책을 직접 공표할 수는 없다. '공공기관', '경영자', '회사 간부', '정부 측에 의하면', '관계 자에 의하면' 등의 형식으로 보도되는 것이 일반적이다. 비공식회견은 한 마디로 말해서 공식회견보다는 다소 많은 양의 정보가 보도 관계자에게 제공된다. 그러나 비공식 회견의 경우는 지나친 공론에 빠질 우려가 있기 때문에 사전에 주의하여야 한다. 비공식 회견의 경우는 회담자나 보도자 모두에게 책임감이나 부담이 적어 매우 유익할 수 있기는 하

26) 大泉光一,「打國籍企業の危機管理」, 白桃書房, 1990年, pp. 70~74.

27) 佐桑　徹,『ウェブ時代の企業広報』, 同友舘, 2000年, pp. 137~138.

지만, 국민이나 피해자의 입장에서 보면 다소 무책임하다는 평가를 받을 수 있다는 점도 충분히 인식될 필요가 있다.

③ 과도한 비공식회견

비공식 회견에서 정보가 과도하게 전달되면 아무래도 회견자를 공표하는데 부담이 따른다. 뉴스는 "~라는 것이다"라든가, "정부 당국에 의하면~"이라고 하는 표현을 해야 한다. 이런 경우 회견자 측은 흔쾌히 회견에 임할 수 있지만 기자는 발언자를 명시할 수 없기 때문에 불리한 입장에 처하게 된다. 그리고 이와 같은 방법으로 전달된 정보는 아주 신빙성이 떨어지게 된다. 따라서 테러나 유괴 사건처럼 심각한 사건일 경우에는 비공식적인 회견의 형태로 과도한 정보를 제공하지 않는 것이 좋다.

(3) 위기관리업무에 있어서 홍보담당자가 지켜야 할 가이드라인

① 홍보자료는 중요하고 정확한 정보를 상세하게 제공해야 한다.

② 헛소문이나 유언비어는 퍼지지 않게 사전에 관리해야 한다.

③ 처음부터 불요불급한 재난보도는 피하는 것이 좋다.

④ 위기상황이 표면화되지 않는 한 되도록이면 이쪽에서 먼저 선전하지 않아야 한다.

⑤ 어떤 상황에 관여하고 있는 관계 당국과 재난관리 관계자에게는 신뢰를 표시해야 한다.

⑥ 정기적으로 언론사에 간단하게 보고하고 다시 새로운 정보를 제공해야 한다.

⑦ 언론사에게는 간단한 보고나 인터뷰를 할 수 있는 장소를 제공해야 한다.

⑧ 정보가 전달되는 전화나 팩스, 멀티미디어, 인터넷 등 수신 장치를 설치해 두어야 한다.

⑨ 위기가 장기간 계속되는 경우를 대비해서 대리인을 미리 선정한다. 이 경우 계속성이 없어지거나 창구가 없어진다면 오보에 의한 손상 가능성도 매우 높아진다고 하겠다.

⑩ 언론의 신용성을 확인해야 한다.

⑪ 위기관리 대응 팀에게 악영향을 미칠 것 같은 발언은 삼가야 한다.

⑫ 선동적인 말은 피한다. 예를 들면, 유괴범이 신문이나 라디오, 텔레비전 등에 귀를 기울일지도 모르기 때문이다.

⑬ 불필요하게 미디어가 희생자의 가족이나 친구, 그 외의 종업원들에게 접근하지 않도록 유의해야 한다.

⑭ 위기발생 피해 현장은 원인 규명이나 사후 관리를 위한 중요한 판단의 근거자료가 된다. 따라서 보도관계자들이 함부로 재난 현장을 출입하거나 원형을 훼손하는 일이 없도록 각별히 주의하도록 해야 한다.

⑮ 위기발생 현장보도는 대 국민 경고보도이기도 하다. 따라서 보도관계자는 반드시 헬멧이나 안전모 등을 착용하여 국민들에게 경각심을 주고 주의를 환기시켜야 한다.

⑯ 취재하고자 하는 보도관계자의 취재나 카메라를 너무 물리적으로 가로막거나 방해해서는 안 된다. 오히려 이쪽에서 적극적으로 문을 열어젖히고 안내하면서 취재를 허용해야 불필요한 오보나 불신을 사전에 막을 수 있다.

참고문헌

Laurence, Barton, (1992), Crisis in Organizations : Managing and Communicating in Head of Choas, College Division South-Western Publishing Co.

Azar, Edward E., (1990), Protracted Social Conflict : An Anlytical Framework, Dartmouth Hampshire, 5-147.

Coser, L.A,, (1959), The Function of Social Conflict, Free Press(Glencore).

Dahendorf, R., (1959), Class and Conflict in Industrial Society, Stanford University Press(Stanford).

Hilhorst, J.G.M., (1978), Regional Studies and Rural Development, Avebury(Aldeshot).

Massey, Doreen, (1978), Regionalism : Some Current Issues, Capital and Class, Vol. 6.

Sandler, Todd, (2000), Economic Analysis of Conflict, Journal of Conflict Resolution, 44(6).

Theret, Bruno, Regionalism and Feralism : (1999), A Comparative Analysis of rhe Reguation of Economic Tension Between Regions, International Journal of Urban and Regional Research, 23(3).

Tarrow, S., (1994), Power in Movement, university of California Press(Berkeley).

Sandler, Todd, (2000), Economic Analysis of Conflict, Journal of Conflict Resolution, 44(6).

Stohr, W. & F. Todtling, (1977), Spatial Equity in Spatial Inequalities and Regional Development by H. Oosterhaven, Martines (London).

Stohr, W. & F. Todtling, (1977), Spatial Equity in Spatial Inequalities and Regional Development by H. Oosterhaven, Martines (London).

Theret, Bruno, Regionalism and Feralism : (1999), A Comparative Analysis of rhe Reguation of Economic Tension Between Regions, International Journal of Urban and Regional Research, 23(3).

Dahendorf, R., (1959), Class and Conflict in Industrial Society, Stanford University Press (Stanford)

Friedman, John, (1977), Territory and Function, University of California Press(LA), G ·

Gamson, W. A., (1990), SIMSOC : Simulated Society. 4th ed. New York : The Free Press.

Guimond, S. & Dube-Simard, L., (1983), Relative deprivation theory and the Quebec Nationalism Movment : The cognition-emotion distinction and the personal-group deprivation issue. Journal of Personality and Social Psychology.

Theodore C, Solensen, (1963), Decision-Making in the White House, New York : Columbia University Press, 1963.

Hornsey, M. J. & Hogg, M. A. (2000), Assimilation of the relation between equal status contact and intergroup attraction. Journal of Social Psychology Reviw. 4(2).

Livingstone, S. A. & Stoll, C. S. (1973). Simulation games. New York : The Free Press.

Meadows, D. H., Meadows, D.L., Randers, J. & Behrens III, W. W. (1972), The limits of growth : A report for the CLUB of ROME그 project on the predicament of mankind. Universe Book : NY.

Milgram, S., (1963), Behavioral study of obedience. Journal of Abnormal and Social psychology, 67, 371-378.ore, Charles, 1995,Regions in Question, Nethuen (London).

Friedman, John, (1977), Territory and Function, University of California Press(LA), Gore, Charles, (1995), Regions in Question, Nethuen(London).

Hechler, M., (1975), Internal Colonialism, university of California Press(berkeley).

Hilhorst, J.G.M., (1978), Regional Studies and Rural Development, Avebury(Aldeshot)

Massey, Doreen, (1978), Regionalism : Some Current Issues, Capital and Class, Vol. 6,

Sherif, M., Harvey, O. J., White, B. J., Hood, W. R. & Sherif, C. W., (1961). Inter-group conflict and cooperation : The Robber,s Cave experiment. Norman, OK : University of Oklahoma Press.

Tajfelm H., (1981), Differentiation between social groups : Studies in the social psychology of intergroup relations. London : Academic Press.

Tajfel H. & Turner, J., (1986), The social identity theory of intergroup behavior. In S. Worchel, & W. G. Austin (Eds.) Psychology of Intergroup relations. 2nd ed. Nelson-Hall.

Tajfel H. & Wilkes, A. L., (1963), Classification and quantitative judgement. British Journal of Social Psychology, 54.

Tajfel, H., Billig, M. G., Bundy, R. P. & Flament, C. (1971), Social categorization and inter group behavior. European Journal of Social Psychology, 23.

Gamson, W. A., (1990), SIMSOC : Simulated Society. 4th ed. New York : The Free Press.

Guimond, S. & Dube-Simard, L., (1983), Relative deprivation theory and the Quebec Nationalism Movment : The cognition-emotion distinction and the personal-group deprivation issue. Journal of Personality and Social Psychology, 44.

Hornsey, M. J. & Hogg, M. A., (2000), Assimilation of the relation between equal status contact and intergroup attraction. Journal of Social Psychology Reviw. 4(2).

Livingstone, S. A. & Stoll, C. S., (1973), Simulation games. New York : The Free Press.

Milgram, S., (1963), Behavioral study of obedience. Journal of Abnormal and Social psychology, 67.

Wilder, D. A., (1984), Intergroup conflict : The typical member and the exception to the rule. Journal of Experimental Social Psychology, 20.

大沼進, 人はどはどのような環境問題解決を望むのか： 社会的ジレンマからのアプローチ. ナカニシヤ出版, 2007年.

大沼進・広瀬幸雄, 仮想世界ゲームにおける環境問題解決策選好の規定因, ミュレーション&ゲーミング, 12, 2002年.

広瀬幸雄, シミュレーション世界の社会心理学, ナカニシヤ出版, 1997年.

垂澤由美子・広瀬幸雄, 地球規模の環境問題への対処が先進・途上地域の世界への帰属意識を高めるのか？－仮想世界ゲームを用いて, シミュレーション&ゲーミング, 13(1), 2003年.

垂澤由美子・広瀬幸雄・大沼進,　社会の中のマイノリティはいかにして帰属意識を得るのか？－仮想世界ゲームを用いて－. シミュレーション&ゲーミング,　11(2), 2001年.

山岸俊男, 心でっかちな日本人： 集団主義文化という幻想. 日本経済新聞社, 2002年.

世耕広成,『プロェッショナル広報戦略』, ゴマブックス, 2006年.

田中正博,『実践、自治体の危機管理』, 時事通信出版局, 2007年.

杉山徹宗,『中国4000年の真実』, 祥伝社, 1999年.

児玉幸多編,「日本史年表」, 吉川弘文館, 1995年.

菅原　裕,『東京裁判の正体』, 国書刊行会, 1961年.

田中正博,『実践、危機管理広報』, 時事通信出版局, 2008年.

竹内　均編,『巨大地震』, 教育社, 1995年.

和辻哲郎,『風土』, 岩波書店, 1935年.

杉山徹宗,『稲作民外交と遊牧民外交』, 講談社, 2004年 5月號.
原田泉,『情報セキュリティ企業は守れるのか, 企業危機管理マニュアル』, NTT出版, 2005.
中村洋一郎,『企業の防災対策マニュアル』, 日本実業出版社, 1996年.
堀 公俊, 組織を動かすファシリテーションの技術 — 「社員の意識」を変える協働促進マネジメント, PHP研究所, 2004-01.
山岸俊男, 心でっかちな日本人: 集団主義文化という幻想, 日本経済新聞社, 2002年.
季刊, 政策・経営研究三菱UFJリサーチ&コンサルティング.
鈴木敏正,『企業における防災管理実験』, 新日本法規出版株式会社, 2008年「災害報道と公共性」『放送文化』(春号), NHK出版, 2005年.
矢守克也,『防災人間科学』, 東京大学出版会, 2009年.
『気象業務はいま』, 気象庁, 2007年.
大泉光一 ,「打國籍企業の危機管理」, 白桃書房, 1990年.
『わが国の防災対策』, 内閣府政策統括官(防災担当), 2007年.
山見博康,『広報は知らない企業は滅びる!』, HKビジネス書房, 2008年.
『NHKポケット事典』, NHK広報室, 2006年.
『放送文化研究所年報』, 2006年度.
『消防白書』, 消防廳編, 2004年~2009年度版.
東京大學新聞研究所編,『災害と情報』, 東京大學出版會, 1986年.
『放送研究と調査』(3月, 5月號), NHK放送文化研究所, 2004年.
『災害報道と放送の公共性』, NHK放送文化研究所, 2003年.
廣井脩,『災害』, NHK放送文化基金, 2000年.
佐桑 徹,『ウェブ時代の企業広報』, 同友舘, 2000年.
平塚千尋,『災害情報とメディア』, リベルだ出版, 2000年.
防災行政研究會編,『災害對策基本法』, ぎょうせい, 1997年.
『災害情報緊急傳達システムに關する調査研究報告書』, 災害情報緊急傳達システムに關する調査研究會編, 2002年.

백승국, "디디털 이미지의 기호학적 접근",『기호학연구』(26집), 2009년.
김봉철, "지역갈등 및 지역감정해소방안", 동의대학교 석사논문, 1997년.
김진국,「심리학에서 본 지역감정」한국심리학회, 1997년.
문석남, "지역격차와 갈등에 관한 연구", 한국사회학회, 18집, 1998년.
민족통일연구원,「지역갈등 해소방안연구」, 민족통일연구원, 1995년.
이영환,「지역사회에 대한 갈등사회학적 접근방법」한국지역사회개발연구, 1997년.

임경수, “지역불균형과 지역주의”, 『한국지역개발학회지, 1(1)』, 1998년.
소방방재청, 『재난관리 책임기관 표준매뉴얼』, 연구보고자료, 2005년.
행정자치부 중앙재해대책본부, 『제 6 차(2002～2006) 방재기본계획』, 삼영문화, 2001년.
국무총리실 안전관리대책기획단, 『안전관리 종합대책』, 2000년.
행정자치부 방재계획담당관실, 『자연재해대책관련법령집』, 삼영문화, 2002년
이　연, 「재난과 재난방송시스템에 관한 연구」 『방송공학회』, 2009년.
______, 『재난홍보시스템 강화방안 연구』, 행정안전부, 2008년.
______, 『재난방송과 홍보의 이해』, 국립방재교육연구원, 2008년.
______, 『위기관리와 매스 미디어』, 학문사, 2006년.
______, 『재난방송 평가기준 마련을 위한 연구』, 방송위원회, 2006년.
______, 『재난방송체계 구축방안 연구』, 방송위원회, 2005년.
______, 『한국적인 재난방송 시스템 구축에 관한 연구』, 방송위원회, 2004년.
______, 『위기관리와 커뮤니케이션』, 학문사, 2003년.

국문색인

영문색인

저자 약력

이　연(李　鍊)

이 연 교수는 현재 선문대학교 언론광고학부 신문방송학과에 재직하고 있으며, 한국재난정보미디어포럼 회장을 맡고 있다. 그가 위기관리와 커뮤니케이션에 관심을 갖게 된 것은 1984년 日本上智大學 大學院 新聞學硏究科에 유학하면서부터이다. 그 후 동 대학 修士, 博士課程(新聞學博士)을 졸업하고, 1995년 고베지진을 계기로 본격적으로 '위기관리'에 대해 연구하게 된다. 그 동안 학회활동으로는 한국언론학회집행이사, 한국언론학회국제담당이사, 한국방송학회이사, 충청언론학회회장, 행정안전부 자문교수, 소방방재청 자문교수, 日本上智大學 客員教授, 일본 NHK자문교수(릿포로) 등이 있다.

〈저 서〉

『여론조작 위기의 시대』, 한국학술정보, 2009년(역저)
『위기관리와 매스미디어』, 학문사, 2006년
『일본의 방송과 방송문화사』, 학문사, 2006년
『マス・メディアと冷戦後の東アジア』, 学文社(日本：共著), 2005년
『サッカー文化の構図』, 道和書院(日本：共著), 2004년
『 グロ-バル社會とメディア』, ミネルバ一(共著), 2003년
『위기관리와 커뮤니케이션』, 학문사, 2003년
『朝鮮言論統制史』, 信山社(日本), 2002년
『일본 대중문화 베끼기』, 나무와 숲(공저), 1998년
『일본의 케이블TV』, 영풍문고(공저), 1997년 등 다수

〈관련 논문〉

「재난과 재난방송시스템에 관한 연구, 법과 제도를 중심으로」, 한국방송공학회, 2009년
「재난 홍보시스템 강화방안 연구」, 행정안전부, 2008년
「재난방송과 홍보의 이해」, 국립방재교육연구원, 2008년
「재난방송 평가기준 마련을 위한 연구」, 방송위원회, 2006년
「재난방송체계 구축방안 연구」, 방송위원회, 2005년
「일본의 통신·방송융합정책과 그 전망에 관한 연구」, 정보통신부, 2005년
「한국적인 재난방송 시스템 구축에 관한 연구」, 방송위원회, 2004년
「재난보도의 문제점과 재난보도준칙 제정방안」, 한국언론재단·한국기자협회, 2003년
「긴급방송(emergency broadcasting)」, 한국방송위원회, 2002년
「일본의 언론과 위기관리 시스템연구」, 한국PR협회, 1996년
「일본의 재난보도 시스템에 관한 연구」, 한국언론연구원, 1995년

정부와 기업의 위기관리 커뮤니케이션

2010년 8월 20일 초판인쇄
2010년 8월 30일 초판발행

저　자 이　연
발행인 안 종 만
발행처 (株)博 英 社
서울특별시 종로구 평동 13-31번지
전화 (733)6771 FAX (736)4818
등록 1959. 3. 11. 제300-1959-1호(倫)

www.pakyoungsa.co.kr e-mail: pys@pakyoungsa.co.kr

정 가 27,000원　　ISBN 978-89-6454-079-4